한 번에 합격, 자격증은 이기적

이렇게 기막힌 적중률

함께 공부하고 특별한 혜택까지!
이기적 스터디 카페

구독자 약 15만 명, 전강 무료!
이기적 유튜브

오직 스터디 카페 멤버에게만
주어지는 특별 혜택!

이기적 스터디 카페

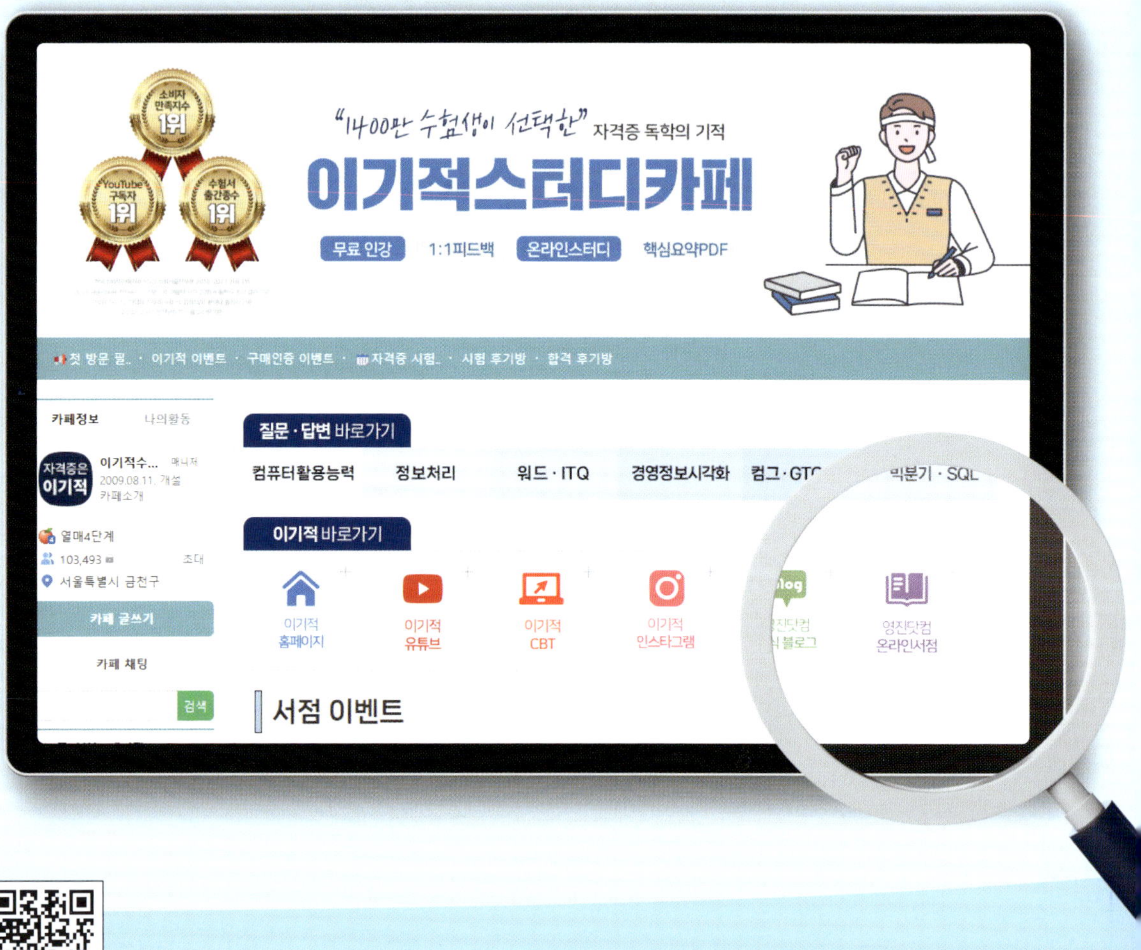

이기적 스터디 카페

 합격을 위한 기적 같은 선물
또기적 합격자료집

 혼자 공부하기 외롭다면?
온라인 스터디 참여

 모든 궁금증 바로 해결!
전문가와 1:1 질문답변

 1년 내내 진행되는
이기적 365 이벤트

 도서 증정 & 상품까지!
우수 서평단 도전

 간편하게 한눈에
시험 일정 확인

합격까지 모든 순간 이기적과 함께!
이기적 365 EVENT

QR코드를 찍어 이벤트에 참여하고 푸짐한 선물 받아가세요!

1. 기출문제 복원하기
이기적 책으로 공부하고 시험을 봤다면 7일 내로 문제를 제보해 주세요!

2. 합격 후기 작성하기
당신만의 특별한 합격 스토리와 노하우를 전해 주세요!

3. 온라인 서점 리뷰 남기기
온라인 서점에서 책을 구매하고 평점과 리뷰를 남겨 주세요!

4. 정오표 이벤트 참여하기
더 완벽한 이기적이 될 수 있게 수험서의 오류를 제보해 주세요!

※ 이벤트별 혜택은 변경될 수 있으므로 자세한 내용은 해당 QR을 참고해 주세요.

이렇게 기막힌 적중률

웹디자인개발기능사
필기 절대족보

"이" 한 권으로 합격의 **"기적"**을 경험하세요!

차례

이론
손에 잡히는 핵심이론

손에 잡히는 핵심이론 ▶ 합격 강의

1과목 기초 데이터 및 프로토타입 설계	14
2과목 프로토타입 및 심미성 설계	36
3과목 색채 계획 및 구현	58
4과목 웹 콘텐츠 개발 및 프로젝트 관리	74

기출
손에 잡히는 기출문제

과목별 대표 기출 문제 ▶ 합격 강의

1과목 기초 데이터 및 프로토타입 설계	102
2과목 프로토타입 및 심미성 설계	111
3과목 색채 계획 및 구현	119
4과목 웹 콘텐츠 개발 및 프로젝트 관리	127

기출 유형 문제

기출 유형 문제 01회	136
기출 유형 문제 02회	144
기출 유형 문제 03회	152
기출 유형 문제 04회	160
기출 유형 문제 05회	168
기출 유형 문제 06회	176
기출 유형 문제 07회	184
기출 유형 문제 08회	191
기출 유형 문제 09회	198
기출 유형 문제 10회	205
정답 & 해설	212

또기적 합격자료집

[이기적 스터디 카페]에 접속한 후 구매 인증을 하면 추가로 기출 유형 문제 11회분이 포함된 '또기적 합격자료집(PDF)'를 보내드립니다. 이기적은 여러분의 합격을 응원합니다!

이 책의 구성

01 손에 잡히는 핵심이론

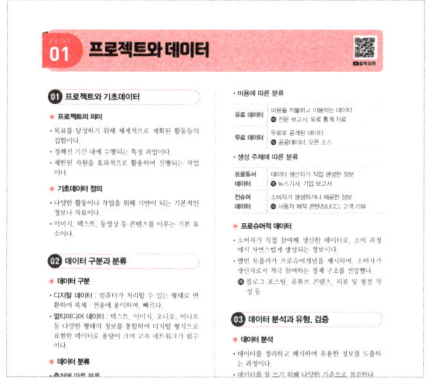

시험에 출제될 가능성이 높은 핵심이론 POINT43을 엄선하여 동영상 강의와 함께 학습할 수 있도록 구성했습니다.

02 단답형 & 객관식 문제

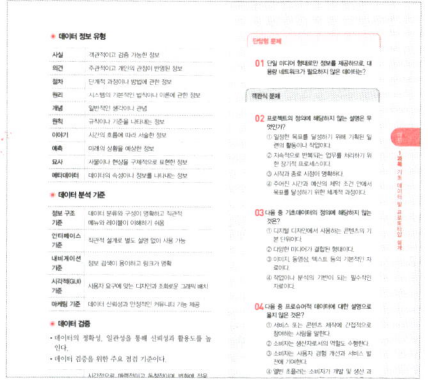

이론 학습 후 단답형 & 객관식 문제를 통해 공부한 내용을 확실하게 정리할 수 있습니다.

03 과목별 대표 기출 문제

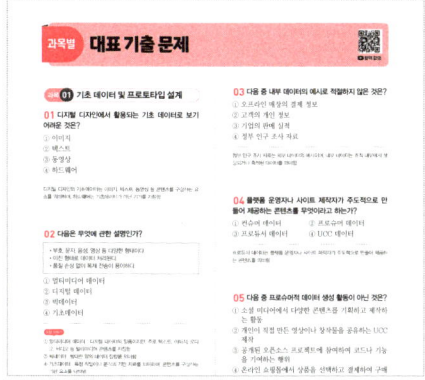

과목별로 자주 나오는 문제들을 확인하고 함께 풀어보면서 출제 유형을 파악할 수 있습니다.

04 기출 유형 문제 10회분

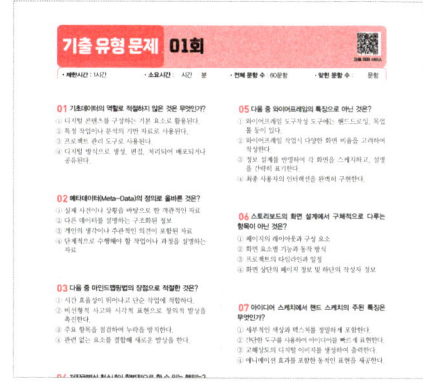

기출 유형 문제 10회분을 실제 시험처럼 풀어보면서 자신의 실전 감각을 빠르게 향상시킬 수 있습니다.

시험의 모든 것

01 응시 자격 조건

남녀노소 누구나 응시 가능

02 필기 원서 접수하기

- www.q-net.co.kr에서 접수
- 정기 검정 : 1년에 4회

03 시험 응시

- 신분증과 수험표 지참
- 100점을 만점으로 하여 과목당 60점 이상

04 필기 합격자 발표

www.q-net.co.kr에서 성적 확인 후 자격증 발급 신청

01 시험 과목

웹 디자인 구현, 웹페이지 제작

02 응시료

필기 : 14,500원(원서접수 마감일 18시까지 결제, 계좌 이체 및 신용카드 결제 가능)

03 합격 기준

100점을 만점으로 하여 과목당 60점 이상 득점자

04 자격증 수령

- 상장형 자격증을 원칙으로 하여 수첩형 자격증도 발급
- 자격 취득 사실 확인이 필요할 경우 취득사항확인서(한글, 영문) 발급

형태	상장형 및 수첩형
신청 절차	공단이 본인 확인용 사진을 보유한 경우, 인터넷 배송 신청 가능(q-net.or.kr)
수수료	• 인터넷 접수 수수료 : 3,100원 • 우편 발송 요금 : 3,290원
수령 방법	• 상장형 자격증은 인터넷을 통해 무료 발급 가능(1회 1종목) • 수첩형 자격증은 우편배송만 가능 • 신분 미확인자는 공단에 직접 방문하여 수령
신청 접수 기간	합격자 발표일 이후

05 출제기준

- 적용 기간 : 2025. 01. 01. ~ 2027. 12. 31.
- 필기 출제 기준

프로토타입 기초 데이터 수집 및 스케치	• 기초데이터 및 레퍼런스 수집 • 아이디어 스케치
프로토타입 제작 및 사용성 테스트	• 프로토타입 제작 • 사용성 테스트 • 테스트 수정사항 반영
디자인 구성 요소 설계 제작	• 스토리보드 설계 · 제작 • 심미성 · 사용성 구성 요소 설계 · 제작 • 매체성 구성 요소 설계 · 제작
구현 및 응용	• 콘텐츠 구현 · 구성 • 기능 요소 구현 · 활용 • 개발 요소 구현 및 협업
조색	• 목표색 분석 및 색 혼합 • 조색 검사 및 완성
배색	• 색채 계획서 작성 및 배색 조합 • 배색 적용 의도 작성
프로젝트 완료 자료정리	• 산출물 자료정리 • 프로젝트 결과 및 보고 자료 정리

시험 출제 경향

1과목 기초 데이터 및 프로토타입 설계

기초 데이터 및 프로토타입 설계는 웹사이트 개발 전 사용자 요구사항을 바탕으로 데이터 구조와 화면 흐름을 미리 설계하는 과정입니다. 원활한 개발과 소통을 위해 ER 다이어그램, 스토리보드, 와이어프레임 등을 활용하며, 출제 비율이 높은 경향을 보이고 있습니다.

빈출태그

항목	비율	빈출태그
01. 프로젝트 데이터 수집 및 분석	15%	프로젝트, 기초데이터, 멀티미디어데이터, 프로슈머적데이터, 페르소나
02. 아이디어 발상법 및 검증	5%	아이디어 발상법, 브레인스토밍법, 마인드맵핑법, 저작권, 굿디자인
03. 프로젝트 기획 의도	20%	와이어프레임, 레이아웃, 그리드, 스토리보드
04. 아이디어 시각화	12%	시각화, 아이디어스케치, 섬네일 스케치
05. UX 및 UI 설계	20%	UI, UX, 사용자 경험 디자인, GUI
06. 정보 구조 설계	18%	정보 구조 설계, 웹 페이지 정보체계화, 웹 페이지 정보 구조, 레이블링
07. 웹 레이아웃과 반응형	6%	웹 레이아웃, 반응형 웹, 적응형 웹
08. 디자인 트렌드	4%	디자인 리서치, 비주얼 콘셉트, 디자인 트렌드

2과목 프로토타입 및 심미성 설계

화면 설계와 시각 디자인의 원리에 대한 이해도를 평가하는 문제가 자주 출제되고 있습니다. 특히 디자인의 3요소와 레이아웃의 원리, 웹 디자인 실무 기준에 대해서도 확인하고 가는 것이 좋습니다.

빈출태그

항목	비율	빈출태그
01. 디자인 기초 이해	15%	픽셀, 비트맵 방식, 벡터 방식, RGB, CMYK, 이미지 파일 형식
02. 디자인 요소와 원리	12%	디자인 기본 요소, 디자인 시각 요소, 디자인의 원리, 게슈탈트 이론
03. 시각적 디자인 요소	15%	색상, 서체, 아이콘, 애니메이션, 콘텐츠 시각화
04. 프로토타입 제작	7%	프로토타이핑, 인터랙션디자인, 내비게이션, 업무분장
05. 웹사이트 사용성 및 조사 방법론	15%	웹사이트 사용성, 사용성 조사 방법론, 정량적 조사, 정성적 조사
06. 사용성 테스트 분석 및 결과	15%	사용성 테스트, 사용자 조사 프로세스, 라이프 스타일 분석, 테스트 환경, 체크리스트, 조사 결과 분석, 만족도 측정
07. 디바이스 특성 및 기술표준	6%	디바이스 특성, 컴퓨터, 모바일, 키오스크, 접근성, 보안표준
08. 디바이스별 설계 및 제작	15%	기기별 해상도, 웹 그래픽 형성과 포맷, 웹 표준, 디자인소프트웨어

시험 출제 경향

3과목 색채 계획 및 구현

색의 이론, 색채 심리, 웹 컬러 표현 방식과 같은 지식을 평가하는 문제가 자주 출제되고 있습니다. 색의 개념과 색 표현 방식에 대해 보다 꼼꼼하게 이해하는 것이 중요합니다.

빈출태그

항목	비율	빈출태그
01. 색의 기본 원리	12%	색의 원리, 물체의 색, 색 지각설, 색 지각과 관련된 현상
02. 색의 삼속성과 색 혼합	15%	색의 3속성, 가산혼합, 감산혼합, 병치혼합, 회전혼합
03. 색상환과 색체계	15%	색상환, 먼셀의 표색계, 오스트발트 표색계
04. 색의 대비와 효과	15%	색의 대비, 색의 지각, 색의 감정 효과
05. 색의 상징과 연상	7%	색의 연상, 색의 상징, 색채조절, 색의 효과
06. 색채 디자인 개념	15%	색채디자인, 유행색, 트렌드, 주조색, 강조색, 보조색
07. 색채 조화와 배색	10%	색조, 색채 조화론, 색채 배색
08. 색명 체계와 색채 이미지 스케일	11%	관용색명, 일반색명, 이미지 스케일

4과목 웹 콘텐츠 개발 및 프로젝트 관리

웹페이지 제작 과정에서의 개발 흐름과 팀 구성, 문서화, 유지보수, 일정 관리와 같은 실무적인 내용의 문제가 자주 출제됩니다. 특히 웹 콘텐츠의 개발 절차, 프로젝트 관리, HTML, CSS, 자바스크립트와 관련된 내용도 높은 출제율을 보이고 있습니다.

빈출태그

항목	비율	빈출태그
01. 멀티미디어	12%	멀티미디어, 멀티미디어 제작 기획, 멀티미디어콘텐츠 유형
02. 멀티미디어 저작	8%	멀티미디어 제작, 멀티미디어 저작, 멀티미디어 소프트웨어
03. 파일 포맷	14%	파일 포맷 종류, 파일 포맷의 특징
04. 웹 기초와 웹페이지 저작	14%	웹, 웹 페이지 저작, 웹 브라우저, 웹 페이지 검색, 검색 엔진
05. HTML, CSS, 그리고 자바스크립트	15%	HTML, CSS, 자바스크립트
06. 웹 프로그래밍 개발	15%	프로그래밍, 웹 프로그래밍 언어, 자바, 웹 페이지 저작 관련 기술
07. 산출물 수집 및 정리	3%	산출물, 작업분류체계, 산출물의 분류, 주요 산출물 정의
08. 콘텐츠 및 데이터 분류 · 보존 · 폐기	8%	산출물 체계화, 산출물 관리, 업무별 산출물, 체크리스트
09. 프로젝트 최종 보고서 작성 및 제출	11%	데이터 정리, 결과 보고서, 디자인 가이드, 프로젝트 이해 관계자

CBT 가이드

01 CBT란?

CBT는 시험지와 필기구로 응시하는 일반 필기시험과 달리, 컴퓨터 화면으로 시험 문제를 확인하고 그에 따른 정답을 클릭하면 네트워크를 통하여 감독자 PC에 자동으로 수험자의 답안이 저장되는 방식의 시험입니다.
오른쪽 QR코드를 스캔해서 큐넷 CBT를 체험해 보세요!

큐넷 CBT 체험하기

02 CBT 필기시험 진행 방식

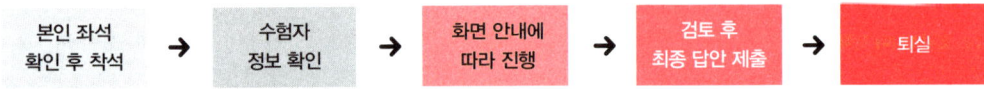

본인 좌석 확인 후 착석 → 수험자 정보 확인 → 화면 안내에 따라 진행 → 검토 후 최종 답안 제출 → 퇴실

03 CBT 응시 유의사항

- 수험자마다 문제가 모두 달라요. 문제은행에서 자동 출제됩니다!
- 답지는 따로 없어요!
- 문제를 다 풀면, 반드시 '제출' 버튼을 눌러야만 시험이 종료되어요!
- 시험 종료 안내방송이 따로 없어요.

04 Q&A

Q CBT 시험이 처음이에요! 시험 당일에는 어떤 것들을 준비해야 좋을까요?

A 시험 20분 전 도착을 목표로 출발하고 시험장에는 주차할 자리가 마땅하지 않은 경우가 많으므로, 대중교통을 이용하는 것을 추천합니다. 무사히 시험 장소에 도착했다면 수험자 입장 시간에 늦지 않게 시험실에 입실하고, 자신의 자리를 확인한 뒤 착석하세요.

Q 기존보다 더 어려워졌을까요?

A 시험 자체의 난이도 차이는 없지만, 랜덤으로 출제되는 CBT 시험 특성상 경우에 따라 유독 어려운 문제가 많이 출제될 수는 있습니다. 이러한 돌발 상황에 대비하기 위해 이기적 CBT 온라인 문제집으로 실제 시험과 동일한 환경에서 미리 연습해두세요.

05 CBT 진행 순서

좌석번호 확인 — 수험자 접속 대기 화면에서 본인의 좌석번호를 확인합니다.

↓

수험자 정보 확인 — 시험 감독관이 수험자의 신분을 확인하는 단계입니다.
신분 확인이 끝나면 시험이 시작됩니다.

↓

안내사항 — 시험 안내사항을 확인하고, 다음을 클릭합니다.

↓

유의사항 — 시험과 관련된 유의사항을 확인합니다.

↓

문제풀이 메뉴 설명 — 시험을 볼 때 필요한 메뉴에 대한 설명을 확인합니다.
메뉴를 이용해 글자 크기와 화면 배치를 조정할 수 있습니다.
남은 시간을 확인하며 답을 표기하고, 필요한 경우 아래의 계산기를 이용할 수 있습니다.

↓

문제풀이 연습 — 시험 보기 전, 연습을 해 보는 단계입니다.
직접 시험 메뉴화면을 클릭하며, CBT가 어떻게 진행되는지 확인합니다.

↓

시험 준비 완료 — 문제풀이 연습을 모두 마친 후 [시험 준비 완료] 버튼을 클릭하면 시험 감독관의 지시에 따라 시험이 시작됩니다.

↓

시험 시작 — 시험이 시작되었습니다. 수험자는 제한 시간에 맞추어 문제풀이를 시작합니다.

↓

답안 제출 — 시험을 완료하면 [답안 제출] 버튼을 클릭합니다. 답안을 수정하기 위해 시험화면으로 돌아가고 싶으면 [아니오] 버튼을 클릭합니다.

↓

답안 제출 최종 확인 — 답안 제출 메뉴에서 [예] 버튼을 클릭하면, 수험자의 실수를 방지하기 위해 한 번 더 주의 문구가 나타납니다. 완벽히 시험 문제 풀이가 끝났다면 [예] 버튼을 클릭하여 최종 제출합니다.

↓

합격 발표 — CBT 시험이 모두 종료되면, 퇴실할 수 있습니다.

이제 완벽하게 CBT 필기시험에 대해 이해하셨나요?
그렇다면 이기적이 준비한 CBT 온라인 문제집으로 학습해 보세요!

이기적 온라인 문제집 : https://cbt.youngjin.com

이기적 CBT 바로가기

Q&A

Q 필기시험에 합격한 이후 언제까지 필기시험이 면제되나요?

A 국가기술자격법 시행령 제21조 제1항의 근거에 의거 필기시험 면제 기간은 당회 필기시험 합격자 발표일로부터 2년간입니다. 2년 안에 합격할 때까지 횟수에 제한 없이 실기시험에 응시할 수 있습니다.

Q 과목별 과락이 있나요?

A 과락이 없습니다. 100점 만점에 60점 이상이면 합격입니다.

Q 원서 접수 시 유의해야 할 사항이 있나요?

A
- 원서 접수는 온라인(인터넷)으로만 가능하며, 스마트폰이나 태블릿 PC 사용자는 모바일 앱 프로그램을 설치한 후 접수 및 취소·환불 서비스를 이용할 수 있습니다.
- 수험표 출력은 접수 당일부터 시험 시행일까지 출력 가능(이외 기간은 조회 불가)합니다. 출력 장애 등을 대비하여 사전에 출력 후 보관하시기 바랍니다.
- 수험 일시와 장소는 접수 즉시 통보됩니다. 본인이 신청한 수험 장소와 종목이 수험표의 기재 사항과 일치하는지 확인하시기 바랍니다.

Q 수험자가 직접 시험장을 선택할 수 있나요?

A 네, 직접 시험을 치를 지역과 시험장을 선택할 수 있습니다.

Q 필기시험 당일 준비물은 무엇인가요?

A 신분증과 수험표를 준비하시면 됩니다.

Q 신분증으로 인정되는 것은 무엇이 있나요?

A
- 시험에 응시할 때는 신분증이 필요합니다. 신분증으로는 주민등록증, 운전면허증, 공무원증, 장애인등록증, 국가유공자증 등이 가능합니다.
- 초·중·고 및 만 18세 이하인 자는 학생증, 신분확인증명서, 청소년증, 국가자격증 등이 신분증으로 인정됩니다.

※ 자세한 사항은 한국산업인력공단 홈페이지를 참고하시기 바랍니다.

손에 잡히는
핵심이론

1과목 기초 데이터 및 프로토타입 설계 ·········· 14
2과목 프로토타입 및 심미성 설계 ·········· 36
3과목 색채 계획 및 구현 ·········· 58
4과목 웹 콘텐츠 개발 및 프로젝트 관리 ·········· 74

POINT 01 프로젝트와 데이터

01 프로젝트와 기초데이터

◉ 프로젝트의 의미
- 목표를 달성하기 위해 체계적으로 계획된 활동들의 집합이다.
- 정해진 기간 내에 수행되는 특정 과업이다.
- 제한된 자원을 효과적으로 활용하여 진행되는 작업이다.

◉ 기초데이터 정의
- 다양한 활동이나 작업을 위해 기반이 되는 기본적인 정보나 자료이다.
- 이미지, 텍스트, 동영상 등 콘텐츠를 이루는 기본 요소이다.

02 데이터 구분과 분류

◉ 데이터 구분
- 디지털 데이터 : 컴퓨터가 처리할 수 있는 형태로 변환하여 복제 · 전송에 용이하며 빠르지만, 단일 미디어 형태로만 정보를 제공한다.
- 멀티미디어 데이터 : 여러 매체(텍스트, 이미지, 오디오)를 결합한 콘텐츠 유형이며, 디지털 환경에서 사용되므로 용량이 크며 고속네트워크가 필수이다.

◉ 데이터 분류
- 출처에 따른 분류

외부 데이터	외부에서 수집된 데이터 예) 날씨 정보, 주식 정보
내부 데이터	내부에서 생성된 데이터 예) 매출 기록, 직원 정보

- 비용에 따른 분류

유료 데이터	비용을 지불하고 이용하는 데이터 예) 전문 보고서, 유료 통계 자료
무료 데이터	무료로 공개된 데이터 예) 공공데이터, 오픈 소스

- 생성 주체에 따른 분류

프로듀서 데이터	데이터 생산자가 직접 생성한 정보 예) 뉴스 기사, 기업 보고서
컨슈머 데이터	소비자가 생성하거나 제공한 정보 예) 사용자 제작 콘텐츠(UCC), 고객 리뷰

◉ 프로슈머적 데이터
- 소비자가 직접 참여해 생산한 데이터로, 소비 과정에서 자연스럽게 생성되는 정보이다.
- 엘빈 토플러가 『제3의 물결』에서 '프로슈머'라는 개념을 소개하며, 소비자가 생산자로서 적극 참여하는 경제 구조를 전망했다.
  예) 블로그 포스팅, 유튜브 콘텐츠, 리뷰 및 평점 작성 등

03 데이터 분석과 유형, 검증

◉ 데이터 분석
- 데이터를 정리하고 해석하여 유용한 정보를 도출하는 과정이다.
- 데이터를 잘 쓰기 위해 다양한 기준으로 점검한다.

● 데이터 정보 유형

사실	객관적이고 검증 가능한 정보
의견	주관적이고 개인의 관점이 반영된 정보
절차	단계적 과정이나 방법에 관한 정보
원리	시스템의 기본적인 법칙이나 이론에 관한 정보
개념	일반적인 생각이나 관념
원칙	규칙이나 기준을 나타내는 정보
이야기	시간의 흐름에 따라 서술된 정보
예측	미래의 상황을 예상한 정보
묘사	사물이나 현상을 구체적으로 표현한 정보
메타데이터	데이터의 속성이나 정보를 나타내는 정보

● 데이터 분석 기준

정보 구조 기준	• 데이터 분류와 구성이 명확하고 직관적 • 메뉴와 레이블이 이해하기 쉬움
인터페이스 기준	직관적 설계로 별도 설명 없이 사용 가능함
내비게이션 기준	정보 검색이 용이하고 링크가 명확함
시각적(GUI) 기준	사용자 요구에 맞는 디자인과 조화로운 그래픽 배치
마케팅 기준	데이터 신뢰성과 안정적인 커뮤니티 기능 제공

● 데이터 검증

• 데이터 검증을 위한 주요 점검 기준

디자인 기준	시각적 요소의 일관성과 독창성을 유지하면서도, 변화에 유연하게 대응하여 신선함을 유지하는지를 평가하는 과정(디자인의 통일성, 시각적 완성도, 사용자 피드백 반영 여부, 콘텐츠와의 조화 등)
비즈니스 기준	사용자에게 실질적인 혜택을 제공하며, 비즈니스 목표와 전략을 반영하고, 기능의 효율성과 목표 달성을 위한 전략 실행 여부를 평가하는 과정
콘텐츠 기준	최신 정보를 반영하며, 독창적이고 품질이 높은 콘텐츠를 제공하고 사용자가 쉽게 이해하고 활용할 수 있는지 평가하는 과정

단답형 문제

01 단일 미디어 형태로만 정보를 제공하므로, 대용량 네트워크가 필요하지 않은 데이터는?

객관식 문제

02 프로젝트의 정의에 해당하지 않은 설명은 무엇인가?
① 일정한 목표를 달성하기 위해 기획된 일련의 활동이나 작업이다.
② 지속적으로 반복되는 업무를 처리하기 위한 장기적 프로세스이다.
③ 시작과 종료 시점이 명확하다.
④ 주어진 시간과 예산의 제약 조건 안에서 목표를 달성하기 위한 체계적 과정이다.

03 다음 중 기초데이터의 정의에 해당하지 않는 것은?
① 디지털 디자인에서 사용하는 콘텐츠의 기본 단위이다.
② 다양한 미디어가 결합된 형태이다.
③ 이미지, 동영상, 텍스트 등의 기본적인 자료이다.
④ 작업이나 분석의 기반이 되는 필수적인 자료이다.

04 다음 중 프로슈머적 데이터에 대한 설명으로 옳지 않은 것은?
① 서비스 또는 콘텐츠 제작에 간접적으로 참여하는 사람을 말한다.
② 소비자는 생산자로서의 역할도 수행한다.
③ 소비자는 사용자 경험 개선과 서비스 발전에 기여한다.
④ 엘빈 토플러는 소비자가 개발 및 생산 과정에 직간접적으로 참여하는 시대가 올 것이라고 주장했다.

정답 01 디지털 데이터 02 ② 03 ② 04 ①

POINT 02 사용자 분석 및 페르소나

01 사용자 분석

● 사용자 분석의 정의와 목적
- 서비스나 제품의 사용자를 이해하기 위해 데이터를 수집하고 분석하는 작업이다.
- 사용자의 필요와 행동, 선호도를 파악하여 더욱 향상된 사용자 경험(UX)을 제공한다.
- 제품이나 서비스의 개선 방안을 도출하는 데 활용한다.

● 사용자의 유형

주 사용자	서비스나 제품을 주로 사용하는 핵심 사용자
부 사용자	영향을 받거나 간접 사용에 참여하는 사용자

● 사용자의 특성

숙련도 수준	사용자의 기술적 숙련도 및 이해 수준
경험 측면	서비스나 제품 사용 경험과 활용 능력
개인적 특징	나이, 직업, 관심사 등 사용자의 배경적 요소

● 사용자의 분석 방식

인지 기반 분석	사용자의 정보 처리 및 의사결정 과정 이해
역할 기반 분석	사용자의 역할과 책임 정의
페르소나 모델링	가상의 사용자 유형을 통해 필요와 행동 분석
사회-기술적 접근	사회적·기술적 환경에서의 사용자 상호작용 분석

02 페르소나(Persona)

● 페르소나의 개념과 활용
- 페르소나는 특정 제품이나 서비스를 사용하는 가상의 대표 사용자 모델을 뜻한다.
- 목표 사용자의 특성을 구체적으로 정의하고 세부 요소를 포함한다.
- 여러 페르소나를 정의할 수 있으며, 사용자 프로파일, 역할 정의, 고객 프로파일 등으로 표현한다.

● 페르소나의 주요 특징
- 실제 사용자의 행동과 목표를 기반으로 설계된다.
- 대다수 사용자에게 공통적으로 나타나는 특성을 바탕으로 대표성을 가진다.
- 가상의 전형적인 인물로 설정되어 팀원 간의 이해를 지원한다.
- 프로젝트 목표나 대상 사용자가 바뀌면 페르소나도 수정하거나 업데이트할 수 있다.

● 페르소나 기반 사용자 분석 단계

사용자 그룹 정의	분석할 사용자 집단 선정
행동과 니즈 분석	사용자의 행동 및 니즈를 분석
사용자 특성 세분화	공통점과 차이점을 나눠 그룹을 세분화
페르소나 검토	만든 페르소나와 데이터가 잘 맞는지 검토
페르소나 작성	대표적인 가상 사용자 구체적으로 작성
우선순위 설정	가장 중요한 행동, 요구사항 정리
최종 정리	완성된 페르소나 문서에 정리

● **페르소나 작업 시 유의해야 할 점**
- 실제 사용자 데이터를 기반으로 작성해야 한다.
- 이름, 나이, 직업 등 구체적인 정보를 포함해 현실감을 높인다.
- 사용자 그룹의 공통된 특성과 니즈를 충분히 반영해야 한다.
- 다양한 출처의 데이터를 참고하여 편향을 줄이는 것이 중요하다.
- 프로젝트 목표와 연결되며 설계 및 의사결정 과정에 활용될 수 있어야 한다.
- 팀원과 정보를 공유하여 모두가 동일한 이해를 바탕으로 협업할 수 있도록 한다.
- 데이터나 환경 변화가 있을 경우, 페르소나를 지속적으로 수정하고 업데이트한다.

단답형 문제

01 특정 제품 또는 서비스를 사용할 만한 가상의 사용자 유형을 대표하는 인물을 창조하는 것은?

객관식 문제

02 사용자 분석에서 페르소나의 정의로 옳지 않은 것은?
① 가상의 사용자 유형을 대표하는 인물이다.
② 시장 변화에 따라 정기적으로 업데이트될 필요가 있다.
③ 주관적 가정에 기반하여 작성한다.
④ 프로젝트의 타깃 사용자 특성을 구체적으로 반영한다.

03 다음 중 사용자 분석의 목적으로 적절하지 않은 것은?
① 사용자의 필요와 행동을 파악하여 UX를 향상시키기 위해
② 제품이나 서비스 개선 방안을 도출하기 위해
③ 기업 내부 직원의 성과 평가 기준을 수립하기 위해
④ 사용자 데이터를 수집하고 분석하여 이해도를 높이기 위해

04 다음 중 '페르소나 기반 사용자 분석 단계'에 포함되지 않는 것은?
① 페르소나 캐릭터 디자인 작업
② 행동과 니즈 분석
③ 사용자 그룹 정의
④ 우선순위 설정

정답 01 페르소나 02 ③ 03 ③ 04 ①

POINT 03 아이디어 발상법과 저작권

01 아이디어 발상법

● 브레인스토밍법
- 창의적인 아이디어를 도출하기 위해 자유로운 환경에서 다양한 의견을 제시하고 이를 논의하는 기법이다.
- 아이디어의 품질보다는 양을 우선시하여 더 많은 가능성을 탐색한다.
- 아이디어를 평가하거나 비판하지 않으며, 모든 의견을 존중하는 분위기를 유지한다.
- **진행 단계** : 문제 정의 → 아이디어 제시 → 주요 아이디어 선정 → 최종방안 도출

● 체크리스트 기법
- 작업의 중요한 단계를 빠짐없이 수행하기 위해 목록을 작성하고 확인하는 방법이다.
- 누락을 방지하고 작업의 완성도를 높이는 데 유용하며, 복잡한 프로젝트나 일상 관리에 효과적이다.
- 너무 세부적으로 작성하면 오히려 실행 효율이 떨어질 수 있으므로, 목적에 맞는 수준으로 간결하게 작성해야 한다.

● 마인드맵핑법
- 핵심 개념을 중심으로 관련 정보를 확장하는 방식이다.
- 정보를 시각적으로 구조화해 창의적 사고와 문제 해결에 유용하다.
- 복잡한 아이디어를 한눈에 파악하고 생각을 확장할 수 있도록 돕는다.
- **진행 단계** : 주제 설정 → 주요 가지 작성 → 세부 사항 작성 → 시각적 강조

● 시네틱스
- 비유와 은유를 활용해 문제를 새로운 관점에서 바라보며 창의적인 아이디어를 도출하는 기법이다.
- 창의성 증진과 발상 확장에 유용하며, 주로 제품 개발과 문제 해결에 활용된다.

● 형태 분석법
- 문제를 구성 요소로 나누고 변수들의 조합을 분석해 다양한 해결책을 모색하는 방법이다.
- 복잡한 문제를 구조화하고 전략적 해결책을 찾는 데 효과적이다.

● 강제 결부법
- 무관한 요소를 의도적으로 결합해 혁신적인 아이디어를 창출하는 기법이다.
- 기존의 틀을 벗어난 발상에 유용하며, 제품 혁신, 마케팅, 디자인에 활용된다.

● 육색모 사고법
- 여섯 가지 색상을 통해 다양한 사고방식을 적용하여 문제를 다각적으로 접근할 수 있다.
- 종합적 사고 촉진, 팀워크 강화, 다양한 관점에서의 해결책 도출에 도움을 준다.
- 육색모 사고법 색상의 역할

흰색	객관적 사고
빨간색	감정적 사고
검은색	비판적 사고
노란색	긍정적 사고
초록색	창의적 사고
파란색	사고 과정을 조율하고 전체를 통제

02 저작권

● 저작권의 정의
- 창작자가 창작물에 대해 가지는 고유한 권리이다.
- 인간의 사상과 감정을 표현한 창작물만 보호 대상이며, 단순한 데이터는 제외된다.
  - **예** 소설, 시, 음악, 영화, 사진, 건축물, 소프트웨어
- **공표권** : 창작자가 자신의 창작물을 처음으로 공개할지 여부를 결정할 수 있는 권리이다.

디지털 시대의 저작권

디지털 저작권 관리(DRM)	불법 복제 방지 기술
저작권 필터링	저작권 침해 콘텐츠를 자동 감지 및 차단

CC 라이선스

구성 요소	설명
(인물 아이콘)	저작자 표시
($ 금지 아이콘)	비영리
(= 아이콘)	변경금지
(순환 아이콘)	동일조건변경허락

03 굿디자인 조건

디자인 5대 조건

합목적성	목적에 부합하며 기능적으로 적합할 것
경제성	효율적이고 비용이 합리적일 것
심미성	시각적으로 아름답고 매력적일 것
독창성	창의적이고 차별화된 요소를 가질 것
질서성	디자인 4개의 조건이 모두 조화로울 것

굿디자인

- 심미성, 독창성 같은 주관적 요소와 합목적성, 경제성 같은 객관적 요소가 조화를 이룬 디자인이다.
- 단순히 아름다움이 아니라 문제 해결을 목표로 한다.

단답형 문제

01 작업의 중요한 단계를 빠짐없이 수행하기 위해 목록을 작성하고 확인하는 방법은?

객관식 문제

02 다음 중 디자인의 5대 조건에 해당하지 않는 것은?
① 합목적성 – 디자인이 기능적으로 적합해야 한다.
② 경제성 – 효율적이고 비용이 합리적이어야 한다.
③ 대중성 – 누구나 쉽게 접근할 수 있어야 한다.
④ 독창성 – 창의적이고 차별화된 요소를 포함해야 한다.

03 브레인스토밍법에 관한 설명으로 옳지 않은 것은?
① 참여자들이 자유롭게 아이디어를 내놓는 방법이다.
② 아이디어의 질을 우선시하며, 신중하게 평가한 후 제출한다.
③ 비판 없이 양적으로 아이디어를 모으는 것을 목표로 한다.
④ 집단의 지혜를 통해 다양한 아이디어를 도출할 수 있다.

04 다음 중 저작권에 대한 설명으로 틀린 것은?
① 저작권은 창작자가 창작물에 대해 가지는 권리를 의미한다.
② 소설, 음악, 미술 작품 등은 저작권 보호 대상이다.
③ 일반적인 데이터나 사실 기록은 저작권 보호 대상이다.
④ 소프트웨어 코드도 저작권 보호를 받을 수 있다.

정답 01 체크리스트 기법 02 ③ 03 ② 04 ③

POINT 04 그리드, 와이어프레임, 스토리보드

01 그리드

그리드의 개념 및 역할
- 화면이나 페이지의 구성 요소를 정렬하고 배치하기 위해 사용되는 가상의 격자이다.
- 콘텐츠의 균형을 유지하며 정돈된 디자인을 돕는 도구이다.
- 웹, 인쇄물, 그래픽 등 다양한 시각적 설계 분야에서 활용된다.
- 단(Column)의 수에 따라 레이아웃과 이미지 배치가 달라지며, 공간의 비례와 수치를 바탕으로 구성된다.

그리드의 구성 요소
- 행(Row) : 가로 방향 선으로, 콘텐츠가 수평으로 정렬되는 기준이다.
- 단(Column) : 세로 방향 선으로, 콘텐츠가 수직으로 정렬되는 기준이다.
- 모듈(Module) : 가상의 열(Column)과 행(Row)이 교차하여 형성되는 사각형 단위로, 콘텐츠 배치의 기준이 되는 최소 단위이다.
- 마진(Margin) : 콘텐츠 영역과 페이지 가장자리 사이의 외부 여백으로, 전체 레이아웃의 여유 공간을 의미한다.
- 거터(Gutter) : 단 간의 내부 여백으로, 요소 간의 시각적 구분과 정렬 간격을 조정하는 역할을 한다.

그리드의 유형
- 1단 그리드, 2단 그리드, 컬럼 그리드, 모듈러 그리드, 베이스라인 그리드 등 여러 형태가 있다.
- 단의 수에 따라 구분되며, 단이 많아질수록 더 세밀한 배치가 가능하다.

02 와이어프레임

와이어프레임의 정의와 목적
- 웹사이트나 애플리케이션의 구조와 콘텐츠 배치를 시각적으로 단순하게 도식화한 청사진이다.
- 디자인 초기 단계에서 페이지 구조를 명확히 한다.
- 사용자 흐름과 인터페이스를 계획하여 팀 간 소통과 프로젝트 방향성을 설정하는 데 도움을 준다.

와이어프레임의 특징
- 선, 사각형 등 기본 요소로 화면 구조를 간단하게 표현한다.
- 세부 디자인 없이 화면 구조와 배치에 집중한다.
- 페이지 간 연결과 사용자의 흐름을 시각적으로 명확히 나타낸다.
- 디자이너, 개발자, 기획자 간의 아이디어 공유 및 방향을 설정하는 데 유용하다.
- 단순한 형태로 제작되어 수정과 업데이트가 빠르고 용이하다.
- 미리 구조를 검토해 오류를 줄이고 개발 비용을 절약할 수 있다.

와이어프레임 제작 방식
- 핸드드로잉 : 종이와 펜으로 간단히 와이어프레임을 스케치하는 방법이다.
- 전용 툴 : 와이어프레임 작업에 특화된 프로그램을 사용한다.
  예 Figma, Balsamiq 등

03 스토리보드

● 스토리보드의 의미
- 프로젝트 기획 단계에서 사용자 흐름과 화면 구성을 시각적으로 표현한 설계 도구이다.
- 각 화면의 내용, 기능, 서비스 흐름 등을 상세히 정의한다.
- 프로젝트의 전체 구조와 흐름을 쉽게 파악할 수 있도록 돕는다.
- 기획 의도를 명확히 전달하며 팀 간 원활한 커뮤니케이션을 지원한다.

● 스토리보드의 구성
- 표지 : 프로젝트명, 작성자, 작성일, 버전 정보 등 기본 정보를 포함한다.
- 개정 이력 관리 : 수정 내용과 날짜, 버전 정보를 기록해 변경 사항을 관리한다.
- 정보 아키텍처(I.A) : 메뉴와 정보 흐름을 체계적으로 정리해 한눈에 이해 가능하도록 작성한다.
- 서비스 흐름도(Flow Chart) : 메뉴와 기능의 절차를 시각화해 서비스 동작 과정을 쉽게 파악한다.
- 화면 설계 : 각 페이지에 포함될 구성 요소와 기능 배치를 중심으로 화면의 구조를 설계한다.

● 스토리보드 작성 시 유의사항
- 디자인보다는 주요 구성 요소를 명확하게 설명한다.
- 페이지별 구성과 기능을 명확히 작성한다.
- 누구나 쉽게 이해할 수 있도록 작성한다.
- 화면 흐름이나 기능 설명이 부족한 경우 별도의 시나리오 문서나 설명서를 함께 제공한다.

단답형 문제

01 그리드의 구성 요소 중 세로 방향 선으로 콘텐츠가 수직으로 정렬되는 기준이 되는 것은?

객관식 문제

02 그리드 시스템에서 단(Column)과 단(Column) 사이의 여백을 의미하는 용어는 무엇인가?
① 모듈(Module)   ② 마진(Margin)
③ 거터(Gutter)   ④ 행(Row)

03 다음 중 와이어프레임에 대한 설명으로 옳지 않은 것은?
① 웹사이트나 애플리케이션의 구조와 레이아웃을 시각적으로 표현하는 설계 도구이다.
② 페이지의 이동 경로와 기능 연결 상태를 시각적으로 표현한다.
③ 세부적인 디자인 요소까지 구체적으로 표현하는 도구이다.
④ 사용자 흐름을 계획하고 전체 페이지 구조를 설계하는 데 사용된다.

04 스토리보드 작성 시 유의 사항으로 옳지 않은 것은?
① 각 페이지의 기능과 콘텐츠 설명을 반드시 포함해야 한다.
② 디자인 요소보다는 페이지에 노출되는 주요 구성 요소를 표현하는 것이 중요하다.
③ 화면설계는 각 페이지의 세부적인 디자인 요소를 구체적으로 작성해야 한다.
④ 페이지의 흐름과 구조가 쉽게 이해되도록 작성해야 한다.

05 다음 중 와이어프레임 작성 도구에 해당하지 않는 것은?
① 핸드 드로잉   ② 목업 툴
③ 벡터 프로그램   ④ 서비스 흐름도

정답 01 단(Column) 02 ③ 03 ② 04 ③ 05 ④

POINT 04 그리드, 와이어프레임, 스토리보드

POINT 05 레이아웃과 아이디어 시각화

01 레이아웃

◉ 레이아웃 정의와 목적
- 텍스트, 이미지, 그래픽 요소 등을 효과적으로 배치하여 콘텐츠를 전달하는 구조적 설계이다.
- 시각적 흐름을 조정하고 메시지를 명확히 전달하며 사용자의 관심을 유도한다.
- 레이아웃의 목적은 정보를 체계적으로 분류하고 위계 구조를 설정해 쉽게 이해하도록 돕는다.

◉ 레이아웃 시각적 구성 요소
- 그리드(Grid) : 콘텐츠를 체계적으로 정렬하고 배치하기 위한 가상의 격자 구조이다.
- 마진(Margin) : 콘텐츠와 페이지 가장자리 사이의 공간으로, 균형과 시각적 여유를 제공한다.
- 패딩(Padding) : 콘텐츠와 요소의 경계 사이의 간격으로, 가독성과 요소 간 분리를 도와준다.
- 여백(Whitespace) : 디자인에서 비워둔 공간으로, 대비를 높이고 핵심 콘텐츠를 강조하는 데 사용한다.

◉ 레이아웃 설계의 단계
- 기본 구조 설정 : 디자인의 틀을 잡는 단계로, 대칭, 비대칭 등 다양한 균형 방식을 적용해 시각적 구조를 만든다.
- 초점선 설정 : 시선의 이동을 유도하는 시각적 축 또는 안내선을 설정하여 콘텐츠의 흐름을 제어한다.
- 구성 막대 활용 : 초점선을 따라 흐름을 강화하고 크기, 굵기, 여백 등을 조정해 디자인에 변화를 준다.
- 시각 계층 설정 : 정보를 위계적으로 배치해 주요 메시지를 강조하며, 상단은 지시, 하단은 함축적 내용을 표현한다.

02 시각화

◉ 시각화의 정의와 역할
- 정보를 시각적 이미지로 변환하여 이해를 돕는 과정이다.
- 데이터나 내용을 그림, 그래프, 다이어그램 등으로 표현한다.
- 복잡한 데이터를 쉽게 파악하고, 예상치 못한 패턴이나 속성을 발견하도록 돕는다.
- 데이터의 특성을 이해하고 새로운 아이디어나 가설을 도출하는 데 기여한다.

◉ 시각화의 표현 방식
- 1차원 : 문자, 점자 등 단일 정보 전달 방식이다.
  - 예 텍스트 출력, 음성 안내, 점자 정보
- 2차원 : 위치, 크기, 방향 등 공간적 속성을 활용한 시각적 표현이다.
  - 예 그래프, 히트맵
- 3차원 : 깊이감을 활용한 3D 공간 기반 표현 방식이다.
  - 예 3D 모델링, 입체 그래프, 가상현실 시각화

◉ 아이디어 시각화 단계

> 에스키스 → 아이디어 수정 및 보완 → 아이디어 명확화 → 완성 및 마무리

- 1단계 에스키스(Esquisse) : 초기 단계로 아이디어를 빠르게 시각적으로 표현하여 초안을 설정하는 작업이다.
- 2단계 아이디어 수정 및 보완 : 1단계에서 생성된 스케치를 정리하고 보완하는 작업이다.
- 3단계 아이디어 명확화 : 아이디어를 보다 구체적으로 표현하고 클라이언트의 요구를 자세히 반영하는 작업이다.
- 4단계 완성 및 마무리 : 최종 결과물을 정리하고 시각적으로 완성도 있게 마무리하는 단계이다.

03 아이디어 스케치

● 아이디어 스케치 개념과 특징

- 아이디어를 빠르게 시각화하여 개념을 구체화하는 작업이다.
- 창의적인 문제 해결의 첫걸음으로 초기 단계에서 중요한 도구로 활용된다.
- 자유롭고 빠르게 선, 도형 등을 활용하여 표현한다.
- 아이디어를 기록하고 시각적으로 구체화하여 팀원과의 의사소통 자료로 활용한다.

● 아이디어 스케치 종류

- 러프 스케치
  - 전체 구상과 개념을 간단히 표현하며, 선과 간단한 음영으로 아이디어를 구체화한다.
  - 아이디어를 간단하고 빠르게 나타낼 수 있다.
- 스크래치 스케치
  - 빠른 속도로 아이디어를 자유롭게 휘갈겨 스케치하는 방식으로, 초기 디자인 단계에 활용한다.
  - 주로 미술과 그래픽 디자인에서 사용된다.
- 섬네일 스케치
  - 작은 크기로 간략히 아이디어를 표현하며, 핵심 콘셉트에 중점을 둔다.
  - 여러 콘셉트나 생각을 표현한다.

단답형 문제

01 빠른 속도로 휘갈겨 그린 스케치 방식은?

객관식 문제

02 다음 중 레이아웃의 정의에 해당하는 설명으로 옳은 것은?
① 텍스트와 이미지를 효과적으로 배치하여 정보를 전달하는 시각적 구조이다.
② 화면의 배치와 흐름을 시각화한 도식적 스케치이다.
③ 디자인을 구체적으로 완성하는 최종 비주얼 작업이다.
④ 사용자 경험을 분석하고 정리한 가상의 사용자 유형을 설정하는 과정이다.

03 시각화의 역할로 옳지 않은 것은?
① 방대한 데이터를 쉽게 이해할 수 있도록 돕는다.
② 데이터를 텍스트로만 표현하여 정보의 정확성을 높인다.
③ 예기치 못한 속성을 빠르게 인지할 수 있게 한다.
④ 데이터의 특성을 파악하고 가설을 형성하는 데 기여한다.

04 시각화 과정의 첫 번째 단계로서 구상을 빠르게 그리는 작업을 의미하는 용어는?
① 러프 스케치
② 덮어놓고 그리기
③ 에스키스
④ 완성

05 아이디어 스케치의 종류 중, 작은 크기로 대략적인 아이디어를 스케치하는 것을 의미하는 용어는?
① 러프 스케치
② 섬네일 스케치
③ 스크래치 스케치
④ 에스키스

정답 01 스크래치 스케치 02 ① 03 ② 04 ③ 05 ②

POINT 06 근현대 디자인의 역사

01 근대 디자인 운동

미술공예운동
- 19세기 후반 산업혁명 이후 발생하였다.
- 기계 생산에 의한 품질 저하와 예술성 결여에 반발하며 등장한 운동이다.
- 수공예의 가치를 강조하고 인간적인 노동과 예술의 결합을 추구한다.
  - 예 윌리엄 모리스

아르누보
- 19세기 말에서 20세기 초 유럽 전역에 퍼졌던 예술 양식이다.
- 식물 등 자연에서 영감을 받은 유기적인 곡선과 장식적 모티프의 특징을 지닌다.
  - 예 알폰스 무하

독일 공작연맹
- 산업 디자인과 장인정신의 조화를 모색한 독일 단체이다.
- 예술성과 기계 생산의 효율성 결합을 시도하였다.
  - 예 헤르만 무테지우스, 피터 베렌스

큐비즘
- 사물을 기하학적으로 해체하고 재구성하는 방식이 특징이다.
- 사실적 표현을 탈피하고 실물을 입방체적으로 표현하였다.
  - 예 피카소, 브라크

구성주의
- 1910년대 러시아에서 출발한 예술·디자인 운동이다.
- 기하학적 형태와 기능적 목적을 강조한다.
- 사회주의 이념을 반영하며, 예술을 산업과 사회 변혁에 활용하려는 목적이 강했다.

데스틸
- 1917년 네덜란드에서 시작된 예술 운동이다.
- 빨강, 파랑, 노랑 삼원색과 기하학적 형태를 중심으로 한 추상주의 운동이다.
- 수직과 수평의 직선, 기본 삼원색과 무채색을 사용한 순수한 조형을 추구한다.
- 기하학적 단순성과 시각적 균형을 바탕으로 미니멀한 디자인을 강조한다.
  - 예 피에트 몬드리안

바우하우스
- 1919년 독일 바이마르에서 설립된 종합 예술학교이다.
- 다양한 분야의 융합 교육을 통해 실용성과 기능성을 강조한다.
- 현대디자인 교육의 모델이 된다.
- 장식보다 기능을 중시한다.

아르데코
- 기하학적 무늬와 대칭적인 장식이 특징이다.
- 화려한 외관과 대중성을 겸비하여 다양한 분야에서 적용할 수 있다.
- 기계 시대의 속도감과 기술적 진보를 상징적으로 표현하는 데 중점을 둔다.

02 근현대 미술 사조

● 다다이즘
- 1910년대 중반 제1차 세계대전의 참상에 대한 반발로 등장한 예술 운동이다.
- 스위스 취리히를 중심으로 전개되었다.
- 기존 질서나 논리에 대한 거부, 비합리적이고 우연적인 표현이 특징이다.

● 초현실주의
- 1920년대 프랑스를 중심으로 나타난 예술 사조이다.
- 현실을 벗어난 초현실적 이미지와 상징이 특징이다.
  예 살바도르 달리, 르네 마그리트

● 추상표현주의
- 1940년대 미국 뉴욕에서 시작된 예술 운동이다.
- 작가의 감정과 에너지를 자유롭게 표현하는 것이 특징이다.

● 모더니즘
- 20세기 중반부터 전개된 디자인 사조이다.
- 불필요한 장식을 배제하고, 기능성과 실용성을 최우선으로 하는 디자인을 지향한다.
- 단순함과 논리적인 구조, 대량생산에 적합한 형태를 강조한다.
- 현대 산업디자인의 중심 이념으로 자리 잡았다.

● 팝아트
- 1950년대 후반부터 1960년대에 걸쳐 미국과 영국을 중심으로 전개된 예술 사조이다.
- 디자인에서는 색채, 반복, 패턴 등 대중적 시각 언어를 활용하여 친근하고 강렬한 이미지를 표현한다.
  예 앤디 워홀, 로이 리히텐슈타인

● 포스트모더니즘
- 모더니즘의 단순함과 기능주의에 대한 반발로 시작되었다.
- 해체, 풍자, 감성, 혼합 양식 등 다양성을 중시한다.

단답형 문제

01 1919년 독일에서 설립된 종합 예술학교로, 실용성과 기능성을 강조하며 현대 디자인 교육의 모델이 된 이 학교의 이름은 무엇인가?

객관식 문제

02 다음 중 미술공예운동에 대한 설명으로 옳은 것은?
① 산업혁명을 통해 기계 생산을 적극 장려한 운동이다.
② 기계 생산의 효율성을 높이기 위해 설립된 바우하우스와 같은 학교를 중심으로 전개되었다.
③ 수공예의 가치를 강조하며 예술성과 노동의 결합을 추구한다.
④ 20세기 후반 미국에서 시작된 디자인 사조이다.

03 다음 중 아르데코 디자인의 특징으로 적절한 것은?
① 기하학적 무늬와 대칭적인 장식을 특징으로 하며, 화려한 외관을 갖춘다.
② 기계 생산에 대한 반발로 수공예적 요소를 강조한다.
③ 자연에서 영감을 받은 곡선과 장식적인 패턴을 활용한다.
④ 예술성과 기계 생산의 조화를 모색하며 장인 정신을 강조한다.

04 다음 설명 중 빈칸에 들어갈 단어로 알맞은 것은?

> 대중매체, 광고, 만화 등에서 영감을 받아 친숙하고 강렬한 색감, 반복적인 패턴, 그리고 산업적 생산 방식을 활용한 디자인 스타일을 특징으로 하는 것은 ( )이다.

① 큐비즘
② 구성주의
③ 초현실주의
④ 팝아트

정답 01 바우하우스 02 ③ 03 ① 04 ④

POINT 07 사용자인터페이스(UI)와 그래픽사용자인터페이스(GUI)

01 사용자인터페이스(UI, User Interface)

UI 개념과 목적
- 사용자가 시스템이나 제품과 상호작용하도록 설계된 시각적, 기능적 인터페이스이다.
- 시스템을 쉽게 이해하고 사용할 수 있도록 돕는다.
- 목표를 효율적으로 달성할 수 있도록 유용성을 고려해 설계한다.

UI 종류

명령 줄 인터페이스(CLI)	텍스트 명령어를 입력하는 방식의 인터페이스
텍스트 사용자 인터페이스(TUI)	텍스트 기반이지만 메뉴나 폼 기반의 시각적 구조를 갖춘 인터페이스
그래픽 사용자 인터페이스(GUI)	아이콘, 버튼, 창 등 시각적 요소를 사용해 시스템과 상호작용하는 인터페이스
터치 사용자 인터페이스(TUI)	화면을 손가락으로 터치하거나 제스처로 조작하는 인터페이스
음성 사용자 인터페이스(VUI)	사용자가 음성을 통해 명령을 입력하고 시스템과 소통하는 인터페이스
제스처 사용자 인터페이스(GUI)	손이나 몸의 동작(제스처)을 감지하여 시스템을 제어하는 인터페이스

UI 가이드라인 원칙
- 메타포(Metaphor) : 친숙한 비유를 사용해 복잡한 개념을 쉽게 이해하도록 돕는 방식이다.
- 직접 조작 : 사용자가 시스템을 직접 제어하는 느낌을 제공한다.
- 옵션 선택 방식 : 여러 선택지를 제공해 사용자가 작업을 진행할 수 있도록 지원한다.
- 피드백 제공 : 사용자 조작에 대해 시각적, 청각적, 촉각적 신호를 제공해 상호작용을 강화한다.
- 심성 모형 : 사용자가 기존 경험을 바탕으로 시스템 기능을 쉽게 유추하도록 설계한다.
- 접근성 : 모든 사용자가 불편 없이 시스템을 사용할 수 있도록 설계한다.
- 심미성 : 미적 요소를 통해 사용자에게 시각적 만족감을 주는 설계이다.
- 사용성 : 일관성, 간결성, 명료성을 바탕으로 쉽게 이해하고 사용할 수 있도록 설계한다.

UI 사용성 요건

학습성	사용자가 인터페이스를 쉽게 배우고 사용할 수 있도록 설계
효율성	최소한의 노력으로 작업을 빠르고 정확하게 완료할 수 있도록 지원
기억성	사용자들이 조작 방법을 쉽게 기억하도록 일관성과 논리적인 흐름 제공
오류 예방	실수를 줄이고, 오류 발생 시 쉽게 수정할 수 있는 기능 제공
만족도	사용자 기대에 부응하는 기능과 긍정적인 경험을 제공

02 그래픽사용자인터페이스(GUI, Graphic User Interface)

● GUI 개념과 목적

- 사용자가 시각적 요소(아이콘, 창, 메뉴 등)로 시스템과 상호작용하는 인터페이스이다.
- 그래픽 요소를 통해 사용하기 쉬운 환경을 제공하여 작업 효율성을 향상시킨다.

● GUI 장점

- 직관적이고 사용하기 쉽다.
- 초보자도 빠르게 이해 가능하다.
- 다중 창으로 효율적 작업이 가능하다.

● GUI 단점

- 시스템 자원 소모가 크다.
- 화면 요소가 많아지면 사용자가 정보 과부하를 느낄 수 있다.

단답형 문제

01 사용자가 시스템을 텍스트 명령어로 제어하며, 숙련된 사용자가 많이 사용하는 UI의 종류는?

객관식 문제

02 다음 중 사용자 인터페이스(UI)의 정의로 옳지 않은 것은?
① 사용자가 시스템이나 제품과 상호작용하는 시각적, 기능적 인터페이스이다.
② 사용성이 낮을수록 사용자가 시스템을 쉽게 이용할 수 있다.
③ 사용자가 목표를 효율적으로 달성할 수 있도록 설계된 환경이다.
④ 시스템과 사용자 간의 소통을 돕는 인터페이스이다.

03 다음 중 명령 줄 인터페이스(CLI)에 대한 설명으로 적절한 것은?
① 시각적 요소를 통해 시스템과 상호작용하는 방식이다.
② 손가락이나 터치펜으로 조작하는 인터페이스이다.
③ 숙련된 사용자가 주로 사용하는 텍스트 기반의 인터페이스이다.
④ 음성 명령을 사용하여 시스템과 상호작용하는 방식이다.

04 Jakob Nielsen의 UI 가이드라인 중, 복잡한 개념을 사용자에게 익숙한 방식으로 이해할 수 있게 돕는 원칙은?
① 직접 조작
② 메타포
③ 피드백
④ 심성 모형

정답 01 명령 줄 인터페이스(CLI) 02 ② 03 ③ 04 ②

POINT 08 사용자 경험(UX)

01 사용자 경험(UX, User Experience)

UX의 개념
사용자가 제품, 서비스, 시스템 등을 이용하면서 느끼는 총체적인 경험 및 감정을 의미한다.

UX의 목적
- 사용자가 불편함을 최소화하고 긍정적인 경험을 느끼도록 설계한다.
- 직관적 디자인과 쉬운 접근성으로 사용자가 목표를 더 쉽게 달성할 수 있도록 돕는다.
- 좋은 UX는 긍정적인 인상을 남겨 재방문과 브랜드 충성도를 높인다.
- 사용자 경험의 단계 : 사용자 기대 → 사용자 경험 → 사용자 반성

UX를 다루는 분야

인터랙션 디자인	사용자와 시스템 간의 상호작용을 설계해 목적 달성을 돕는 디자인
정보 설계	정보를 체계적으로 구성해 사용자가 쉽게 탐색할 수 있도록 지원
인터페이스 디자인	시각적·물리적 상호작용을 직관적으로 설계
정보 디자인	데이터를 시각적으로 정리·표현해 명확히 전달
시각 디자인	색상·이미지·타이포그래피로 감성적이고 직관적인 경험 제공
서비스 디자인	사용자 여정을 일관되게 설계하며 문제점을 분석

UX 설계의 주요 원칙

사용성	제품이 쉽고 편리하게 사용될 수 있도록 설계
기능성	사용자 요구를 충족하는 유용한 기능과 정보를 제공
심미성	미적 가치를 통해 사용자에 긍정적 영향을 미침
접근성	모든 사용자가 불편 없이 접근할 수 있도록 설계. 다양한 환경에서도 사용 가능하도록 지원
신뢰성	시스템이 안정적으로 작동하고, 데이터 보호와 보안을 통해 사용자와의 신뢰를 구축
탐색 용이성	필요한 정보를 빠르고 쉽게 탐색할 수 있도록 내비게이션 제공
가치 전달	의미있는 경험을 통해 사용자에게 만족도를 제공

UX 설계 시 유의 사항
- 사용자의 요구와 기대를 최우선으로 고려한다.
- 사용자 피드백과 데이터를 기반으로 설계한다.
- 사용성 테스트로 문제를 발견하고 개선한다.
- 나쁜 UX는 사용자 불편과 서비스 이탈을 초래한다.

02 사용자 경험 디자인

사용자 경험 디자인 정의
- 사용자가 제품, 서비스, 또는 시스템을 이용하면서 느끼는 전반적인 경험을 설계하는 과정이다.
- 사용자의 요구, 감정, 기대를 충족시켜 긍정적인 경험을 제공하는 것을 목표한다.
- UX 디자인 프로세스 : 리서치 → 요구 분석 → 정보 설계 → 프로토타입 제작 → 사용성 테스트 → 개선 및 최적화

UX 디자인에 따른 감정

- UX 디자인이 좋을 때 : 만족감, 편안함, 즐거움, 신뢰감, 몰입감, 브랜드 충성도
- UX 디자인이 나쁠 때 : 좌절감, 짜증, 혼란, 불신, 포기감, 부정적 이미지

UX 디자인의 중요성

- UX 디자인은 사용자 만족도를 높이고 서비스 이탈을 줄인다.
- 브랜드의 긍정적 이미지를 형성하고 사용자 충성도를 강화한다.
- 제품 경쟁력을 높여 사용자 증가와 매출 성장을 돕는다.

03 모바일 UX

모바일 터치 제스처

길게 누르기 (Press)	화면 위를 손가락으로 일정 시간 동안 눌러 특정 기능을 활성화하는 동작 예 아이콘 편집 모드 진입
탭(Tap)	화면을 짧고 가볍게 터치한 후 즉시 손을 떼는 기본 입력 방식 예 앱 실행, 항목 선택, 버튼 작동
드래그(Drag)	손가락으로 화면의 요소를 터치한 상태에서 원하는 위치로 이동시키는 제스처 예 파일 이동
핀치(Pinch)	두 손가락을 화면에 대고 벌리거나 오므려 화면을 확대하거나 축소하는 동작 예 확대/축소

단답형 문제

01 다음 중 UX 설계 원칙 중, 장애인이나 고령자를 포함한 모든 사용자가 불편 없이 시스템을 사용할 수 있도록 고려한 설계 요소는 무엇인가?

객관식 문제

02 UX(User Experience)의 정의로 옳은 것은?
① 사용자가 시스템을 빠르고 정확하게 조작할 수 있도록 돕는 인터페이스이다.
② 사용자가 제품, 서비스, 시스템 등을 이용하면서 느끼는 총체적인 경험이다.
③ 시스템이 오류를 최소화하기 위한 구조를 설계하는 과정이다.
④ 시각적 아름다움을 중점으로 한 사용자 인터페이스의 일종이다.

03 UX를 다루는 분야 중, '콘텐츠를 체계적으로 분류하고 배치하여 사용자가 필요한 정보를 쉽게 찾을 수 있도록 하는 과정'을 의미하는 것은?
① 인터랙션 디자인
② 정보 설계
③ 시각 디자인
④ 인터페이스 디자인

04 다음 중 사용자 경험(UX) 디자인의 특징으로 옳지 않은 것은?
① 제품의 사용 과정에서 발생하는 정서적, 심리적 경험을 설계에 반영한다.
② 사용자 요구를 중심으로 설계하고, 제품의 전반적인 경험을 고려한다.
③ 사용자와의 상호작용에서 기능적 효율성만을 최우선으로 한다.
④ 일관성과 예측 가능성을 통해 사용 편의성을 향상시키는 것을 목표로 한다.

정답 01 접근성 02 ② 03 ② 04 ③

POINT 09 정보 구조 설계

01 정보 구조 설계

● 정보 구조 설계 개념
- 인터페이스 구조와 내비게이션 체계를 설계하는 과정이다.
- 사용자의 행동을 분석해 편리하고 효율적인 시스템 구축을 목표로 한다.
- 선형, 계층, 하이퍼텍스트, 데이터베이스 등 다양한 구조 방식으로 설계한다.
- 정보 흐름을 플로 차트로 시각화한다.
- 목적에 적합한 구조 방식을 선택하는 것이 중요하다.

● 정보 구조 설계 종류

계층 구조	정보를 상·하위 관계로 구성하여 체계적으로 구분하는 방식 예 주제별 학습 사전, 트리 구조의 사이트 맵
선형 구조	정보를 순차적으로 배열하여 단계적으로 접근할 수 있도록 구분하는 방식 예 온라인 튜토리얼, 설문 작성 단계 등 순차적으로 진행되는 정보 흐름
하이퍼텍스트 구조	하이퍼링크를 통해 정보를 유연하게 연결하는 방식 예 위키피디아의 표제어 링크
데이터 베이스 구조	데이터 속성을 중심으로 정보를 연계하여 검색과 필터링에 적합한 방식 예 전자 도서관 시스템

● 정보 구조 설계 시 유의사항
- 사용자가 혼란을 겪지 않도록 정보는 최소화하고 간결하게 구성한다.
- 정보를 명확히 카테고리화하고 관련성 기준으로 그룹화한다.
- 정보량은 적절히 분산해 과부하를 방지한다.
- 사용자 행동과 니즈를 반영해 주요 동선을 효율적으로 설계한다.
- 상위 정보는 간략히, 하위 정보는 세부적으로 구성해 탐색 효율성을 높인다.

02 웹 디자인 정보 구조

● 웹 디자인 정보 구조화의 필요성
- 사용자에게 필요한 정보를 쉽고 빠르게 탐색할 수 있도록 돕는다.
- 사용자의 이해 및 활용 시간을 단축하도록 돕는다.

● 웹 디자인 정보의 종류

사실	특별한 설명 없이 이해할 수 있는 구체적 정보
개념	대상을 이해하기 쉽게 정의한 정보
절차	순차적으로 진행되는 과정에 대한 정보
과정	진행 흐름이나 절차에 관한 정보

● 웹 디자인 정보 체계화 방법
- **특징이 명확한 정보** : 정보의 고유 속성을 기준으로 정렬하여 체계화한다.
  - 예 자음 순, 날짜 순, 지리적 위치 순 등
- **특징이 불명확한 정보** : 정보 간의 유사성이나 목적성을 기준으로 그룹화한다.
  - 예 주제별, 기능별, 연령별 등

● 웹 디자인 정보 구조 설계 요소
- 하향식 계층 구조로 폭 5~9개, 깊이 최대 5단계로 설계한다.
- 정보 위치와 연결을 명확히 설정해 체계적으로 구성한다.
- 친화적 네이밍과 레이블링으로 직관적인 탐색을 제공한다.
- 유사한 정보를 그룹화해 논리적인 흐름을 만든다.
- 효율적 접근성을 통해 필요한 정보를 빠르게 찾도록 지원한다.

● 레이블링
- 레이블링은 웹 페이지 정보 체계에 이름을 부여하는 작업이다.
- 레이블은 정보 구조와 위치를 명확히 전달해 사용자 혼동을 방지한다.
- 정보 체계화, 정보 종류, 웹사이트 구조와 내비게이션은 웹 기획의 핵심 요소이다.
- 웹사이트 구조를 이해하고 명확한 레이블을 부여하는 것이 중요하다.

03 웹 디자인 과정
- 웹 디자인은 여러 단계로 이루어지며, 체계적인 절차를 따라야 효과적인 결과를 얻을 수 있다.
- **기획** : 웹사이트의 목적을 정의하고, 사용자 요구를 분석하여 정보 구조를 설계한다.
- **설계** : UX 흐름을 계획하고, 와이어프레임과 내비게이션 구조를 시각적으로 구성한다.
- **디자인** : 색상, 타이포그래피, 아이콘 등의 시각적 요소를 적용하고, 프로토타입을 제작한다.
- **구현** : HTML, CSS, JavaScript 등을 활용하여 웹사이트를 개발한다.
- **테스트** : 브라우저 호환성과 반응형 디자인을 검토하고, 오류를 수정한다.
- **배포 및 유지보수** : 서버에 웹사이트를 배포하고, 지속적으로 업데이트한다.

단답형 문제

01 웹사이트, 애플리케이션 등의 인터페이스 구조와 내비게이션 체계를 만드는 활동은 무엇인가?

객관식 문제

02 다음 중 정보 구조 설계의 목적으로 옳지 않은 것은?
① 사용자가 시스템을 쉽게 이용할 수 있도록 편리하게 설계한다.
② 사용자의 행동을 예측하고, 효율적으로 정보를 탐색할 수 있도록 구조를 만든다.
③ 데이터를 저장하는 물리적 서버 구조를 설계한다.
④ 정보 흐름을 플로 차트로 시각화하여 사용자 경험을 최적화한다.

03 정보 구조의 유형 중, 정보를 상위 - 하위 관계로 구성하는 방식은?
① 선형 구조
② 계층 구조
③ 하이퍼텍스트 구조
④ 데이터베이스 구조

04 다음 중 웹사이트 정보 구조화가 필요한 이유로 옳은 것은?
① 사용자가 필요한 정보를 빠르고 효율적으로 찾을 수 있도록 돕는다.
② 웹사이트의 콘텐츠를 더 복잡하게 만들어 다양한 정보를 담을 수 있게 한다.
③ 검색 엔진의 크롤링을 방지하여 정보 접근을 제한한다.
④ 정보의 중복을 늘려 사용자가 여러 번 확인하도록 유도한다.

정답 01 정보 구조 설계 02 ③ 03 ② 04 ①

POINT 10. 웹 레이아웃과 반응형 레이아웃

01 웹페이지 레이아웃

● 웹페이지 레이아웃 구성 요소

헤더(Header)	• 대부분 페이지 상단에 위치하나 레이아웃에 따라 다양한 위치에도 배치될 수 있음 • 사이트의 핵심 요소(로고, 로그인, 회원가입 등) 포함
내비게이션 (Navigation)	사용자가 원하는 정보를 빠르게 찾아 안내하는 것을 돕는 시스템
바디(Body)	사이트의 주요 콘텐츠가 표시되는 영역으로 주 콘텐츠 영역과 사이드바(어사이드)로 구성됨
푸터(Footer)	• 페이지 하단에 위치하여 사이트 운영과 관련된 기본 정보 제공 • 사이트의 필수 정보(저작권 정보, 주소, 이메일 등) 포함
광고 (Advertisement)	다양한 크기 및 방향으로 진행되며 하이퍼링크와 앵커링크로 구분함

02 웹페이지 그리드 시스템

● 웹페이지 레이아웃 디자인

F 패턴	사용자가 좌측에서 우측으로 정보를 스캔하여 읽는 방식으로, 가장 일반적인 패턴임
Z 패턴	사용자가 Z 형태로 시선 이동을 통해 콘텐츠를 빠르게 읽는 방식으로, 텍스트가 적은 페이지에 적합

03 반응형 웹

● 반응형 웹의 개념
디자인과 콘텐츠가 다양한 기기에서도 일관되게 표현될 수 있다.

● 반응형 웹의 필요성
- 모바일 기기의 사용이 증가하고 있다.
- 하나의 사이트만 관리하여 수정이 쉽고 효율적이다.
- URL이 동일하여 SEO(Search Engine Optimization)에 유리하므로 디자인과 콘텐츠가 의도한대로 표현된다.
- 디바이스별 사이트를 따로 만들 필요가 없다.

04 웹 레이아웃

● 고정형 레이아웃
- 화면 크기에 관계없이 고정된 너비와 높이를 사용하는 레이아웃이다.
- 사용자의 화면을 줄이거나 늘릴 때, 스크롤이 발생하여 여백 또는 화면에서 벗어날 수 있다.
- 설계와 개발이 단순하다.

● 반응형 웹 디자인 레이아웃

유동형 패턴 (Mostly Fluid)	• 화면 크기에 맞춰 유동적으로 콘텐츠가 조정되는 패턴 • 작은 화면에서는 가로 배치를 수직으로 전환하여 콘텐츠를 재배열함
칼럼드롭 (Column Drop)	• 화면 크기가 작아지면 다단 레이아웃이 한 단씩 떨어지는 패턴 • 모바일 화면에서 자주 사용
레이아웃 시프터 패턴(Layout Shifter)	• 디바이스에 따라 완전히 다른 레이아웃을 제공하는 패턴 • 작업량이 많고 유지 관리가 복잡

미세조정 패턴 (Tiny Tweaks)	• 화면 크기에 맞춰 소소하게 변동되는 패턴 • 블로그에서 자주 사용
오프캔버스 패턴 (Off-canvas)	• 메뉴나 사이드바가 숨겨져 있다가 버튼 클릭 시 슬라이드로 나타나는 패턴 • 모바일 내비게이션에서 자주 사용

● **적응형 웹 디자인 레이아웃**

유동형 테이블 (Fluid Table)	여러 열을 가진 표 형태로 스마트폰 환경에서는 가로 해상도로 인해 가독성이 떨어짐
크로스탭 그리드 (Crosstab Grid)	• 행과 열을 반대로 배치하여 가로 스크롤로 다수의 열 확인이 가능한 방식 • 스마트폰에 최적화됨
점진적 컬럼 숨김 그리드 (Progressive Hide Grid)	해상도에 따라 중요하지 않은 칼럼을 숨기고 모바일에서 핵심 요소만 표현하는 방식
반응형 스크롤 그리드(Responsive Scroll Grid)	중요한 컬럼은 고정하고 나머지 컬럼은 가로 스크롤로 확인하는 방식
아코디언 탭 (Accordion Tab)	• 데스크톱에서는 일반 탭, 모바일에서는 아코디언 탭으로 바뀌어 유연하게 콘텐츠 확인이 가능 • 터치 기반 모바일 기기에서 적합

단답형 문제

01 다양한 디바이스에서 동일한 URL로 일관된 사용자 경험을 제공하며, 화면 크기에 따라 자동으로 레이아웃이 변경되는 웹 페이지 설계 방식은?

객관식 문제

02 웹 페이지 주요 레이아웃 구성 요소 설명 중 연결이 틀린 것은?
① 내비게이션 - 실제 콘텐츠가 담기는 영역
② 광고 - 다양한 형태와 크기로 구성
③ 푸터 - 페이지 하단에 위치
④ 어사이드 - 바로가기 버튼, Top, 기타 기능 배치

03 다음 중 반응형 웹(Responsive Web)의 주요 특징으로 옳지 않은 것은?
① 다양한 디바이스의 화면 크기에 자동으로 적응한다.
② 하나의 사이트만 관리하면 되므로 유지보수가 쉽다.
③ 별도의 모바일 버전 웹사이트 제작이 필요하다.
④ 가변 이미지와 유연한 그리드를 사용하여 레이아웃이 유동적으로 변한다.

04 다음 중 반응형 웹 정보 설계 시 고려해야 할 사항으로 옳은 것은?
① 정보의 깊이를 최대한 복잡하게 설정하여 다양한 경로를 제공한다.
② 직관적인 네이밍과 레이블링으로 사용자가 정보를 쉽게 탐색할 수 있도록 한다.
③ 모든 정보를 한 페이지에 배치하여 탐색 단계를 줄인다.
④ 화면 크기에 관계없이 모든 정보를 동일하게 표시한다.

정답 **01** 반응형 웹 **02** ① **03** ③ **04** ②

POINT 11 디자인 트렌드

01 디자인 리서치

◉ 디자인 리서치 정의 및 목적
- 사용자 요구와 시장 트렌드를 파악하고, 문제 해결을 위해 정보를 수집, 분석하는 과정이다.
- 사용자의 요구와 기대를 파악하여 디자인 개선 방향을 도출한다.

02 비주얼 콘셉트

◉ 비주얼 콘셉트 정의
- 디자인의 시각적 방향과 스타일을 정의해 목표와 메시지를 시각적으로 표현한다.
- 다양한 시각적 요소를 조화시켜 일관된 디자인을 만든다.

◉ 웹사이트 비주얼 콘셉트 전략
- 웹사이트 성격에 따라 정보 전달형, 서비스 제공형, 커뮤니티형으로 분류한다.
- 사용자 데이터를 분석해 전략을 수립하고 기획 단계에서 구현 계획을 세운다.
- 메인 비주얼 전략으로 텍스트와 이미지를 결합해 사이트 성격에 맞게 시각적으로 구현한다.

03 웹·모바일 환경의 트렌드

◉ 트렌드에 따른 디자인

마이크로 인터랙션	사용자와 시스템 간의 작은 상호작용 요소를 뜻하며 작은 애니메이션이나 동작을 통해 직관적인 상호작용 제공
카드 디자인 기반 레이아웃	카드 기반의 레이아웃으로 정보를 시각적으로 명확하게 정리
플랫 디자인	그라데이션이나 텍스처 효과를 최소화하여 직관적이고 깔끔한 디자인 강조
스마트 내비게이션	사용자가 쉽게 탐색할 수 있도록 디자인을 단순화하고 위치 검색을 도와주는 기능
고화질의 비주얼	고해상도 이미지를 통해 강렬한 시각적 효과와 경험을 제공
유연형 레이아웃 (탈 그리드)	• 다양한 디바이스 화면에 맞춰 유연한 레이아웃을 적용한 디자인 방식 • 전통적인 그리드에서 벗어난 자유로운 배치 방식을 특징으로 함
다크 모드	• 눈부심을 줄이고 전력 소모를 감소시키는 디자인 옵션 • 사용자 선호에 따라 밝은 모드와 어두운 모드 간 전환 가능
3D 디자인 및 요소	• 웹과 모바일에서 3D 그래픽과 애니메이션 효과를 활용 • 제품 시뮬레이션, 가상 경험, 게임 및 엔터테인먼트 사이트에서 널리 사용

트렌드에 따른 콘셉트 개발

AI 맞춤형 콘텐츠	빅데이터와 AI 딥 러닝 기술 이용하여 개인화에 초점을 맞춘 콘텐츠
감정 기반 디자인	친근한 이미지와 요소를 이용하여 사용자와 정서적 공감을 강화하는 디자인
비주얼 중심 콘셉트	시각적 요소를 활용하여 주제를 직관적으로 전달
스토리텔링 중심 접근	감성적인 스토리를 기반으로 브랜드 이미지를 전달하여 사용자와의 연결성을 강화
제로 UI와 음성 인터페이스	화면 인터페이스를 최소화하고 스마트 디바이스와의 연결성을 강화하여 사용자 편의성을 높임
3D 인터랙티브 디자인	3D 그래픽과 몰입형 효과를 통해 사용자의 참여도를 높임 **예** 제품 시뮬레이션, 게임 · 가상현실(VR), 증강현실(AR)

AR, VR, AI를 활용한 최신 디자인 트렌드

증강 현실(AR)	• 실제 환경에 디지털 요소를 접목한 기술 • 고가의 기술 장비가 필요하며 사용자의 카메라 및 위치 정보로 인해 프라이버시 침해 우려 **예** 가구나 의류 쇼핑몰에서 제품을 실제 공간에 배치해보도록 AR 기능 제공
가상 현실(VR)	• 사용자가 가상 공간에서 활동하는 기술 • 기기의 비용이 비싸고 장시간 사용 시 멀미 및 피로감을 유발할 가능성 큼 **예** VR를 이용하여 프랑스 파리를 여행하는 듯한 가상 투어 제공
인공지능(AI)	• 인간의 인지 능력을 컴퓨터가 모방하여 수행하는 기술 • 학습 중 편향된 데이터를 습득할 가능성이 있고, 프라이버시 침해 발생 가능성 큼 **예** 고객지원, 웹사이트 로그인 코드 자동 생성

단답형 문제

01 다음 중 웹과 모바일 디자인 트렌드 중, 미세한 애니메이션이나 동작을 통해 사용자의 흥미를 유발하는 작은 상호작용은?

객관식 문제

02 다음 중 마이크로 인터랙션의 설명으로 적절한 것은?
① 사용자의 로고를 클릭할 때만 발생하는 애니메이션이다.
② 사용자의 흥미를 유발하는 작은 상호작용이다.
③ 웹 페이지의 레이아웃을 결정하는 요소이다.
④ 모바일뿐만 아니라 웹사이트에서도 마케팅 및 온드 미디어 전략으로 사용된다.

03 플랫 디자인의 주요 특징으로 옳지 않은 것은?
① 모던하고 직관적인 디자인 스타일을 추구한다.
② 그라데이션과 같은 시각적 효과를 최소화하여 단순한 색상과 형태를 사용한다.
③ 복잡한 3D 효과와 그림자를 활용하여 깊이 감을 강조한다.
④ 주로 최신 웹사이트와 모바일 애플리케이션에서 많이 적용된다.

04 웹 디자인에서 레이아웃의 주된 역할은 무엇인가?
① 검색 엔진 최적화(SEO)에 도움이 된다.
② 웹사이트의 데이터베이스 구조를 설계한다.
③ 사용자 경험을 개선하고 정보를 효과적으로 전달한다.
④ 웹사이트의 보안을 강화하여 데이터 유출을 방지한다.

정답 01 마이크로 인터랙션 02 ② 03 ③ 04 ③

POINT 12 컴퓨터 그래픽 이해

01 그래픽 이미지 표현

● 픽셀(Pixel)

- 디지털 이미지를 구성하는 가장 작은 단위이다.
- 각 픽셀은 단일 색상 정보를 가지고 있으며, 해상도를 결정한다.
- 픽셀 수가 많을수록 이미지가 더 세밀하고 선명하게 표현된다.
- 픽셀 크기가 작을수록 고해상도를 구현할 수 있다.

● 비트(Bit)

- 비트는 각 픽셀의 색상 정보를 표현하는 단위로, 비트 수가 클수록 색상 수가 증가한다.
- 비트 수가 많을수록 색상 표현 범위가 증가하고, 파일 크기도 커진다.

1bit	흑백만 표현
8bit	• 256가지 색상 표현 • GIF 및 그레이스케일 이미지에 사용
24bit	• 16,777,216가지 색상 표현 • 트루컬러 • 디지털 사진, 고해상도 그래픽에 사용
32bit	• RGB + 알파 채널(투명도) • 투명 효과, 영상 편집, 3D 렌더링에 활용

● 이미지 표현 방식

비트맵 방식	• 작은 픽셀로 이루어진 방식 • 사진을 현실감 있게 표현 가능 • 해상도에 따라 품질과 파일 크기 변화 • 크기 확대 시 품질 저하 • 저장 · 전송 시 많은 용량 소모 • 대표 파일 형식 : JPG, PNG, GIF • 포토샵, 페인트샵 프로 등
벡터 방식	• 점, 선, 면 등 수학적 계산 기반 이미지 표현 • 크기 확대 시 품질 저하 없음 • 단순한 로고 · 아이콘 디자인에 적합

- 세밀한 디테일 표현에 한계
- 대표 파일 형식 : SVG, AI, EPS
- 일러스트레이터, 코렐드로 등

● 이미지 변환

- 래스터라이징 : 벡터 이미지를 픽셀 기반의 이미지로 변환한다.
- 벡터라이징 : 픽셀 기반의 이미지를 벡터 이미지로 변환한다.

02 해상도

● 해상도

- 디지털 이미지나 출력물의 세밀함과 선명도를 나타낸다.
- 해상도는 픽셀 수, 비트 깊이, 출력 밀도에 의해 결정되며, 픽셀이 많을수록 세밀한 이미지를 표현한다.
- 이미지 해상도는 픽셀 수에 따라 결정, 픽셀 많을수록 세밀한 이미지 표현한다.
- 출력 해상도는 1인치당 찍히는 점의 수에 따라 인쇄물의 선명도가 결정된다.

● 해상도 단위

PPI(Pixel Per Inch)	디스플레이에서 1인치당 픽셀 수
DPI(Dots Per Inch)	프린터에서 1인치당 점(dot) 수

● 색상체계

RGB	• 빨강(R), 초록(G), 파랑(B) • 색을 더할수록 밝아지며, 모두 합하면 흰색(가산혼합) • 예 모니터, 스마트폰, TV 등 디지털 장치
CMYK	• 청록(C), 자홍(M), 노랑(Y), 검정(K) • 색을 더할수록 어두워지며, 모두 합하면 검정색(감산혼합) • 예 책, 포스터, 잡지 등 출력 작업

그레이스케일	흑백 단계(0~255)의 밝기값만 사용, 회색조 표현
인덱스 컬러	256색 한정 팔레트 기반의 색상 인덱스 매핑 방식
HSB 컬러	색상(H), 채도(S), 밝기(B)로 색상 표현
LAB 컬러	밝기(L)와 색상(a, b) 기반의 인간 시각 중심 색상 모델
듀오톤	두 가지 색상을 혼합해 흑백 이미지에 색감을 추가
비트맵	흑백 픽셀만으로 이미지를 표현

● 안티앨리어싱(Anti-Aliasing)

- 디지털 이미지의 계단 현상을 완화하는 기술이다.
- 글자, 그래픽, 선을 부드럽게 보이도록 개선한다.

● 디더링(Dithering)

- 제한된 색상 팔레트에서 부드러운 색상 전환을 구현하는 기술이다.
- 저해상도 이미지를 자연스럽고 풍부하게 보이게 한다.

03 파일 형식

● 이미지 파일 형식

PSD	포토샵 기본 포맷, 레이어·채널·패스 저장 가능, 수정·재사용 가능, 용량 큼
BMP	비트맵 포맷, 빠른 입출력, 압축 미지원, 용량 큼
GIF	웹 표준 포맷, 256색, 무손실 압축, 투명 배경·애니메이션 지원
EPS	주로 벡터 기반 인쇄용 포맷이며, 포스트스크립트 언어 기반으로 고해상도 인쇄에 적합
PDF	포스트스크립트 변형, 적은 용량, 높은 호환성
PNG	GIF·JPEG보다 높은 압축률, 투명 배경 지원
TIFF	무손실 압축, 다양한 이미지 모드 지원, 윈도우·맥 호환성 우수
JPEG	손실 압축, 최대 24비트 색상, 웹·디지털 환경에서 활용

단답형 문제

01 디지털 이미지를 구성하는 가장 작은 단위를 무엇이라 하는가?

객관식 문제

02 비트맵 이미지의 특징으로 적절한 것은?
① 이미지를 확대해도 품질이 저하되지 않는다.
② 복잡한 디테일을 표현하는 데 적합하다.
③ 이미지 크기 확대 시 픽셀이 깨져 품질이 저하된다.
④ 파일 크기가 작아 저장과 전송이 용이하다.

03 다음 중 벡터 방식의 대표적인 파일 형식이 아닌 것은?
① AI
② EPS
③ SVG
④ JPEG

04 1인치당 픽셀 수를 의미하며, 디지털 디스플레이에서 사용되는 해상도 단위는?
① DPI
② PPI
③ Bit
④ Pixel

05 해상도에 대한 설명으로 가장 적절한 것은?
① 디지털 이미지에서 해상도는 색상 수에 따라 결정된다.
② 해상도는 픽셀 수가 적을수록 세밀한 표현이 가능하다.
③ 출력 해상도는 1인치당 찍히는 점의 수에 따라 결정된다.
④ 이미지 해상도는 비트 깊이에 따라 결정된다.

정답 01 픽셀(Pixel) 02 ③ 03 ④ 04 ② 05 ③

POINT 13 디자인 요소

01 디자인 기본 요소

시각적 결과물을 이루는 가장 기본적이고 필수적인 구성 요소를 의미한다.

● 디자인 개념 요소

점	• 가장 작은 조형 요소 • 위치는 있으나 실제적인 크기, 길이, 깊이는 없는 가장 기본적인 시각 요소
선	• 점이 연결되어 만들어지는 조형 요소 • 길이를 가지며 방향성과 운동감을 표현
면	• 선이 확장되어 형성된 2차원적인 조형 요소 • 길이와 너비를 가지고 있음 • 공간을 구분하고 배치하며, 시각적 영역을 형성하는 데 중요한 역할
입체	• 점, 선, 면이 결합하여 길이, 너비, 깊이를 가진 3차원적 조형 요소 • 실질적인 부피와 공간감을 표현하며, 물리적 또는 시각적으로 깊이를 전달

● 선의 종류와 느낌

직선	강함, 질서, 안정감 표현
곡선	부드러움, 유연함, 감성적 느낌 표현
대각선	역동성, 긴장감, 에너지 표현
점선	연결, 암시, 임시적 느낌 전달
유기적인 선	• 자연에서 흔히 볼 수 있는 부드럽고 곡선적인 선 • 자유롭고 유연한 느낌
무기적인 선	• 직선, 규칙적 패턴, 기하학적 형태를 가지는 선 • 구조적이고 기계적인 느낌

● 디자인 시각 요소

- 디자인에서 시각적으로 인지되는 구성 요소들을 의미한다.
- 디자인의 형태와 구조를 결정하며, 미적 완성도를 높이는 데 중요한 역할을 한다.

형	• 점과 선이 연결되어 만들어진 2차원적인 면적 • 기본적인 기하학적 형(원, 사각형, 삼각형)과 자유로운 유기적 형으로 나뉨
형태(도형)	• 형이 확장되어 만들어진 3차원적인 입체감 있는 구조 • 깊이와 부피를 포함하여 공간감과 현실감을 표현
색상	• 빛이 반사되어 눈으로 인식되는 시각적 속성 • 색상, 명도, 채도로 구성 • 시각적 매력을 높이고 메시지를 전달
질감	• 표면의 시각적·촉각적 특성을 나타냄 • 시각적 질감 : 매끄럽거나 거친 느낌을 시각적으로 표현 • 촉각적 질감 : 실제로 느낄 수 있는 표면의 특성
빛	• 빛은 밝기와 그림자를 통해 형태와 디테일을 드러냄 • 디자인에 생동감을 부여하고, 시선을 특정 방향으로 유도
명암	• 빛과 그림자의 차이에 의해 밝고 어두운 영역이 형성되는 효과 • 디자인의 중심을 강조하고 특정 영역에 시선을 집중

● 디자인 상관 요소

- 디자인 요소들의 관계를 나타내는 중요한 개념이다.
- 디자인 요소들이 결합되었을 때 나타나는 연관된 속성을 의미한다.

위치	• 공간 안에서 배치된 위치를 나타냄 • 요소 간의 관계와 조화를 형성하며, 초점과 강조점을 설정
방향	• 디자인 요소가 가지는 시각적 흐름이나 동세를 의미 • 수평, 수직, 대각선으로 안정감·역동성 표현
공간	• 디자인 요소들 사이의 거리와 깊이감을 의미 • 요소 간 여백으로 시각적 호흡과 정돈 제공
중량	요소의 크기·색상·밀도에 따른 시각적 무게감

● 디자인 실제 요소

- 디자인의 시각적 요소가 전달하는 메시지, 분위기, 인상 등의 총체적 결과물이다.
- 단순한 미적 표현을 넘어, 의미 있고 목적에 부합하는 디자인을 창출한다.

단답형 문제

01 길이, 두께, 형태에 따라 다양한 시각적 감각을 전달할 수 있으며, 방향성과 운동감을 나타내는 디자인의 개념 요소는?

객관식 문제

02 디자인에서 2차원적인 공간을 구분하고 배치하는 데 중요한 요소는 무엇인가?
① 점 ② 선
③ 면 ④ 입체

03 다음 중 직선의 시각적 느낌으로 옳지 않은 것은?
① 안정감
② 질서
③ 유연함
④ 강한 느낌

04 다음 중 디자인 상관 요소로 옳지 않은 것은?
① 위치
② 공간
③ 중량
④ 명암

05 다음 중 디자인의 시각 요소에 해당하지 않는 것은?
① 형 – 점과 선이 연결되어 만들어진 2차원적인 면적
② 색상 – 빛의 반사에 의해 눈으로 인식되는 시각적 속성
③ 구조 – 제품의 내부 설계와 기능을 결정하는 요소
④ 질감 – 표면의 시각적&촉각적 특성을 나타내는 요소

정답 01 선 02 ③ 03 ③ 04 ④ 05 ③

POINT 14 디자인 원리

01 조화와 균형

● 조화

- 서로 다른 요소들이 조화롭게 어울려 시각적 균형을 이루는 상태이다.
- 안정적이고 일관된 느낌을 주며 편안함과 만족감을 제공한다.

유사 조화	• 비슷한 색상, 형태, 질감으로 통일감 제공 • 차분하고 안정된 분위기를 연출
대비 조화	• 대조적인 요소로 긴장감을 주면서 균형 유지 • 역동적이고 생동감 있는 분위기 연출

● 균형

- 시각적 요소들이 조화롭게 배치되어 안정감을 형성하는 상태이다.
- 조화로운 비율과 구성을 통해 시각적 안정감을 제공한다.

대칭 균형	• 좌우 또는 상하가 동일하거나 대칭을 이루는 균형 • 정돈되고 안정된 느낌 • 대칭 구조의 종류 : 선, 방사, 확산 대칭
비대칭 균형	• 좌우 또는 상하가 동일하지 않지만, 시각적 무게를 조절해 균형을 맞춘 형태 • 자유롭고 역동적인 느낌 • 크기, 색상, 형태, 질감 등을 활용해 시각적 무게감을 조절

● 비례

크기, 길이, 공간 등의 비율을 조정하여 시각적 균형과 조화를 이루는 원리이다.

황금 비례	• 약 1:1.618의 비율로, 자연에서 많이 발견되며 가장 아름다운 비율 • 피보나치 수열, 건축물(파르테논 신전), 명화(모나리자)
등차수열 비례	• 각 요소 간의 차이가 일정한 비례 • 2, 4, 6, 8처럼 동일한 간격으로 요소가 배열
등비수열 비례	• 각 요소가 일정한 비율로 증가하거나 감소하는 비례 • 2, 4, 8, 16처럼 요소 간의 비율이 일정
정수 비례	• 서로 다른 요소가 정수 간의 비율을 이루는 방식 • 종이 규격(A4)의 비율($\sqrt{2}:1$)
루트 비례	• 루트 값($\sqrt{2}$, $\sqrt{3}$ 등)을 이용한 비례로 안정감을 제공 • 정돈되고 안정된 느낌 • 종류 : 선, 방사, 확산 대칭
금강 비례	한국 전통 건축에서 유래된 자연과 인간 중심의 비례 원리
상가수열 비례	요소 간 일정한 간격을 유지하며 반복적으로 배열되어 리듬감을 형성하는 비례 방식

02 율동

- 시각적 요소들이 반복되거나 리듬감 있게 배치되어 움직임을 느끼게 하는 원리이다.
- 단조로움을 피하고, 시선을 자연스럽게 이동시키며 생동감을 부여한다.

반복과 교차	• 반복 : 동일한 요소(모양, 색상, 크기 등)를 일정 간격으로 배치하는 방식 • 교차 : 두 가지 이상의 요소를 규칙적으로 교차하며 배치하는 방식
점이(점층)	크기, 색상, 형태 등의 요소가 점진적으로 변화하며 시선을 자연스럽게 유도
방사	• 중심점에서 여러 방향으로 퍼지는 형태 • 중심에서 외부로 확산되는 리듬감 형성

● 강조와 대조(대비), 주도, 종속

강조	특정 요소를 크기, 색상, 위치 등으로 차별화하여 주목받게 하는 방법
대조(대비)	• 서로 다른 요소 간의 차이를 극대화해 시각적 긴장감을 유발 • 밝기, 색상, 형태 등의 차이로 변화와 흥미를 제공
주도와 종속	• 주도 : 디자인의 주요 요소로, 시선을 끌고 중심이 되는 부분 • 종속 : 주도를 보조하며 전체적인 조화를 유지

● 통일과 변화

통일	• 모든 디자인 요소가 조화를 이루어 일관된 느낌을 제공 • 색상, 형식, 스타일 등의 통일로 안정감과 일체감 부여
변화	• 요소들을 다르게 표현해 시각적 흥미를 유발 • 크기, 색상, 방향, 질감의 변화를 통해 단조로움을 피하고 생동감 추가

● 동세

- 움직임이나 흐름을 시각적으로 표현해 정적인 이미지를 동적으로 전달한다.
- 디자인에 생동감과 역동적인 느낌을 부여한다.

단답형 문제

01 비슷한 색상, 형태, 질감 등을 사용해 부드럽고 자연스러운 연결을 이루는 조화를 무엇이라 하는가?

객관식 문제

02 다음 중 비대칭 균형의 특징으로 적절한 것은?
① 좌우가 동일하게 구성되어 안정적이다.
② 좌우가 동일하지 않지만 시각적 무게를 조절하여 균형을 이룬다.
③ 대칭적이어서 시각적 긴장감을 준다.
④ 동일한 패턴이 반복된다.

03 디자인에서 동일한 요소들이 규칙적으로 반복되거나 교차하는 방식으로 시각적 안정감을 주는 원리는 무엇인가?
① 주도와 종속
② 강조
③ 반복과 교체
④ 대조(대비)

04 다음 중 전통 건축과 예술에서 사용되는 자연적이고 인간적인 비례는 무엇인가?
① 상가수열 비례
② 황금비례
③ 등차수열 비례
④ 금강 비례

정답 01 유사 조화 02 ② 03 ③ 04 ④

POINT 15 시각적 인식의 기초

01 형태 분류와 게슈탈트 이론

● 형태 분류

포지티브 형태	• 주요 대상이나 주목할 요소로 인식되는 형태 • 실질적인 물체나 메인 콘텐츠를 나타냄
네거티브 형태	• 포지티브 형태를 둘러싸는 배경 영역이나 비어 있는 공간 • 공간의 여백이나 배경을 통해 시각적 안정감과 형태를 돋보이게 함

● 게슈탈트 이론

인간이 시각적 정보를 처리하고 전체적인 형태로 인식하는 방식을 설명하는 심리학적 원리이다.

근접성의 원리	가까운 요소들을 하나의 그룹으로 인식
유사성의 원리	비슷한 모양, 색상, 크기의 요소들을 그룹화
연속성의 원리	선이나 패턴이 끊기지 않고 이어지는 형태로 인식
폐쇄성의 원리	불완전한 형태도 완전한 형태로 인식
전경과 배경의 원리	주목할 대상(전경)과 배경을 구분하여 인식
대칭성과 단순성의 원리	대칭적이고 단순한 형태를 더 쉽게 인식하고 기억

02 항상성과 착시

● 항상성

- 시각적 환경이나 관찰 조건에 따라 동일하게 인식되는 현상이다.
- 인간의 뇌가 시각 정보를 해석할 때 일관성을 유지하려는 심리에서 비롯된다.

크기	물체가 멀리 있거나 가까이 있어도 실제 크기를 일정하게 인식
형태	각도에 따라 보이는 형태가 달라져도 실제 형태를 동일하게 인식
색상	조명 조건이 달라져도 물체의 색상을 일정하게 인식하는 능력
위치	관찰자의 움직임이나 시각적 배경이 변하더라도 물체의 위치를 일정하게 인식

● 착시

- 시각적으로 인지된 이미지가 실제와 다르게 보이는 현상이다.
- 눈이 받아들인 정보와 뇌의 해석 방식 차이로 발생한다.

반전과 명도 착시	형태가 반대로 인식되거나, 명암 대비로 실제보다 다르게 보임
각도와 방향 착시	각도나 방향에 따라 동일한 물체가 기울어지거나 회전된 것처럼 보임
면적과 크기 대비 착시	동일한 크기의 대상이 주변 요소의 영향으로 상대적으로 더 크거나 작게 인식됨
길이 착시	동일한 길이의 선이 주변 요소나 방향에 따라 더 길거나 짧아 보임
색채 명암 대비 착시	배경색 대비로 동일한 색상이 더 밝거나 어둡게 보임
속도의 착시	정지된 이미지에서 반복된 형태나 선들이 움직이는 것처럼 느껴지는 착시 현상
수평 수직 착시	수평선과 수직선이 함께 있을 때 수직선이 더 길어 보이거나 왜곡됨
상방 거리 과대 착시	수직 방향으로 멀어지는 선이나 객체가 실제 거리보다 과장되어 인식되는 현상

단답형 문제

01 인간이 시각적 정보를 처리하고 전체적인 형태로 인식하는 방식을 설명하는 심리학적 원리는 무엇인가?

객관식 문제

02 게슈탈트 이론에서 가까이 위치한 요소들을 하나의 그룹으로 인식하는 원리는 무엇인가?
① 유사성의 원리
② 근접성의 원리
③ 폐쇄성의 원리
④ 연속성의 원리

03 색상에서 명도의 역할로 적절한 설명은 무엇인가?
① 색의 선명함이나 강렬함을 나타낸다.
② 색의 밝고 어두운 정도를 나타내며, 정보의 위계와 강조를 표현한다.
③ 색상 간의 대비를 나타내며, 배경과의 차이를 극대화한다.
④ 색의 감정적 효과를 결정한다.

04 수직으로 멀어지는 물체가 실제보다 더 멀리 있는 것처럼 보이는 착시는 무엇인가?
① 길이 착시
② 속도의 착시
③ 수평 수직 착시
④ 상방 거리 과대 착시

정답 01 게슈탈트 이론 02 ② 03 ② 04 ④

POINT 16 시각적 디자인 요소

01 타이포그래피

● 서체

- 글자의 모양과 스타일을 의미한다.
- 텍스트의 분위기와 가독성을 결정하는 요소이다.
- 서체의 종류

세리프 서체 (Serif)	글자 끝에 장식이 있어 전통적이고 우아한 느낌 예 책, 신문 등 장문의 텍스트
산세리프 서체 (Sans Serif)	장식이 없는 깔끔한 글자로 스크린 환경에서 가독성이 높고, 디지털 매체에 적합 예 웹사이트, 디지털 매체
스크립트 서체 (Script)	손글씨 기반의 유연하고 부드러운 서체 예 초대장, 장식용 디자인
모노스페이스 서체 (Mono space)	모든 글자가 동일한 간격으로 배열된 서체 예 코딩, 표 작성

● 타이포그래피

- 서체의 배열과 디자인으로, 텍스트를 목적에 맞게 효과적으로 표현하는 과정이다.
- 타이포그래피 구성 요소

서체(Typeface)	세리프(본문용), 산세리프(제목용)
무게(Weight)	글자 획의 두께로 강조나 정보 구분
크기(Size)	글자의 크기로 정보의 위계나 중요성 표현
스타일(Style)	장체, 평체, 이탤릭체 등 다양한 형태
자간(Tracking)	글자 사이의 간격, 가독성에 중요한 역할
커닝(Kerning)	특정 글자 간의 간격을 미세하게 조정하는 방법
행간(Line Height)	줄과 줄 사이의 간격으로 텍스트의 가독성 결정

- 가독성 향상을 위한 타이포그래피 가이드
  - 한 줄에 50~60자 배치가 적당하다.
  - 서체는 제한적으로 사용하고, 다양한 스타일을 활용한다.
- 타이포그래피 구성 요소

베이스라인 (Baseline)	글자의 가장 하단부가 놓이는 가상의 선
높이(Height)	글자의 전체 높이
어센더 (Ascender)	소문자에서 x-height를 넘어서 위로 돌출된 부분
디센더 (Descender)	소문자에서 베이스라인 아래로 내려간 부분

02 그래픽 이미지

● 아이콘

- 사용자와 소통하는 중요한 시각적 언어이다.
- 메타포를 활용해 정보와 기능을 간결하고 직관적으로 전달하는 요소이다.
- 아이콘의 특징 : 직관성, 일관성, 보편성, 가독성
- 아이콘의 디자인 원칙 : 단순함, 명확성, 일관성, 적절한 크기와 간격

- **픽토그램**
  - 사물, 개념, 정보를 직관적으로 표현한 상징적 아이콘 또는 기호이다.
  - 언어가 통하지 않는 환경에서 언어를 보완하여 그림으로 정보를 전달한다.
  - 공공장소와 안내 표지판에 자주 사용된다.
  - 픽토그램의 특징 : 단순성, 보편성 직관성

- **다이어그램**
  - 정보, 데이터, 개념 등을 도식적으로 표현한 시각적 도구이다.
  - 복잡한 정보를 구조화하여 쉽게 이해하도록 도와준다.

03 콘텐츠 시각화

- **콘텐츠 시각화 의미**
  - 정보를 시각적으로 표현하여 사용자가 쉽게 이해하도록 돕는 기술이다.
  - 복잡한 데이터를 그래픽 요소로 전환해 직관적 전달과 사용자 경험 개선에 기여한다.
  - 콘텐츠 시각화 과정 : 기획 → 자료 수집 → 구조 설계→ 문제점 분석 → 포맷 결정 → 시각화 방법 선택 → 정리와 검토

- **인포그래픽**
  - 정보(Information)와 그래픽(Graphic)의 합성어이다.
  - 복잡한 데이터를 간결하게 시각적으로 전달하는 도구이다.
  - 장점 : 정보를 빠르고 효율적으로 전달이 가능하다.
  - 단점 : 지나친 단순화로 세부 정보가 누락될 수 있다.

- **키네틱 타이포그래피(Kinetic Typography)**
  - 글자나 문장을 움직이게 하여 의미나 감정을 시각적으로 강화하는 타이포그래피이다.
  - 음악이나 음성에 맞춰 텍스트가 화면에 나타나는 방식이다.

단답형 문제

01 모든 아이콘이 통일된 스타일을 유지하여 사용자 경험을 일관되게 하는 것은 아이콘의 무슨 원칙인가?

객관식 문제

02 서체의 종류 중에서 전통적이고 우아한 느낌을 주며, 주로 인쇄물에서 사용되는 서체는?
① 산세리프 서체
② 세리프 서체
③ 스크립트 서체
④ 모노스페이스 서체

03 사용자 인터페이스(UI)에서 아이콘이 중요한 이유는 무엇인가?
① 인터페이스의 미적 완성도를 높이기 위해서이다.
② 메타포를 사용하여 정보를 간결하고 직관적으로 전달하기 때문이다.
③ 텍스트보다 많은 정보를 포함할 수 있기 때문이다.
④ UI 요소 사이의 일관성을 해치지 않기 위해서이다.

04 다음 중 타이포그래피의 구성 요소와 이에 대한 설명으로 옳지 않은 것은?
① 높이 : 글자의 전체 높이
② 디센더 : 소문자에서 베이스라인 아래로 내려간 부분
③ 세리프 : 글자의 획 앞에 붙는 장식적인 선이나 꼬리 부분
④ 베이스라인 : 글자의 가장 하단부가 놓이는 가상의 선

정답 01 일관성 02 ② 03 ② 04 ③

POINT 17 애니메이션

01 애니메이션

◉ 애니메이션 정의

- 정지된 이미지를 연속적으로 움직이게 만들어 생동감을 부여하는 시각적 기술이다.
- 프레임의 변화를 통해 연속된 동작을 표현한다.
- 2D와 3D를 포함해 영화, 게임, 광고 등 다양한 분야에서 활용된다.
- 애니메이션 제작 과정 : 기획/시나리오 → 스토리보드 제작 → 애니메이션 제작 → 음향 및 더빙 → 편집과 특수효과 → 최종렌더링

◉ 애니메이션 방식

프레임 방식	모든 프레임을 일일이 수작업으로 그려 움직임을 표현 예 전통 애니메이션, 2D 애니메이션
키 프레임 방식	시작과 끝 프레임을 지정하고 중간 프레임을 자동 생성하는 트위닝(Tweening) 기법 활용 예 3D 애니메이션, After Effects 작업

◉ 애니메이션 종류

전통 애니메이션	손으로 그린 이미지를 한 프레임씩 촬영하여 움직임을 표현
2D 디지털 애니메이션	컴퓨터 소프트웨어로 2차원 이미지를 프레임 단위로 제작
3D 디지털 애니메이션	컴퓨터로 3차원 모델을 만들어 움직임
스톱 모션	물리적인 인형이나 물체를 조금씩 움직여 한 프레임씩 촬영
컷아웃 애니메이션	캐릭터나 배경을 여러 조각으로 나누어 개별적으로 움직임
셀 애니메이션	투명 셀룰로이드 시트에 캐릭터를 그려 배경과 함께 촬영
투광 애니메이션	빛을 이용해 투명한 시트지나 물체를 조명하여 만듦
로토스코핑	실제 촬영한 영상을 바탕으로 캐릭터를 손으로 그려 디지털 애니메이션 제작
플립북	여러 장의 그림을 책으로 묶고 빠르게 넘겨 애니메이션처럼 보이게 함

◉ 애니메이션 특수기법

모션캡처	실제 배우나 인물의 움직임을 디지털 데이터로 기록 후 3D 캐릭터에 적용
크로마키	특정 색상(일반적으로 녹색이나 파란색)을 배경으로 촬영하여 그 색을 다른 영상이나 이미지로 대체
키네틱 타이포그래피	움직이는 텍스트를 활용하여 메시지 전달
모션그래픽	텍스트, 이미지, 아이콘, 그래픽 요소 등을 움직이게 하여 시각적인 효과를 전달
모핑	두 이미지 사이를 부드럽게 변형하면서 전환됨

02 3D 모델링

● 3D 모델링의 정의

3D 모델링은 가상의 3차원 공간에서 객체(모델)를 생성하는 과정이다.

● 3차원 모델링 종류

와이어프레임 모델링 (Wire-frame Modeling)	• 객체의 구조를 선과 점으로 표현 • 가장 기본적인 모델링 형태로, 모델의 윤곽을 빠르게 확인할 수 있음
서페이스 모델링(Surface Modeling)	곡면을 활용하여 복잡한 형태를 표현 예 주로 자동차 디자인, 제품 디자인 등
솔리드 모델링(Solid Modeling)	• 부피와 질감을 포함하여 실체감을 구현 • 제조업 및 엔지니어링에서 활용되며, 충돌 감지 및 물리적 시뮬레이션에 유리함
파라메트릭 모델링 (Parametric Modeling)	수학적 매개변수를 조정하여 형상을 자동 생성 예 CAD, 건축 설계, 기계 설계 등
프랙탈 모델링(Fractal Modeling)	• 수학 원리를 이용하여 복잡한 자연 형태를 생성 • 규칙적인 패턴이 반복적으로 나타나는 구조를 가지며, 자연 속에서 자주 발견됨
파티클 시스템 (Particle System)	수많은 작은 입자를 시뮬레이션하여 특정한 효과를 표현 예 연기, 불꽃, 폭발, 눈, 비, 먼지 같은 자연 현상을 표현할 때 사용됨

단답형 문제

01 시작 프레임과 끝 프레임을 지정하여 중간 프레임이 자동으로 생성되는 트위닝 기법 방식은 무엇인가?

객관식 문제

02 다음 중 애니메이션 기법에 관한 설명으로 올바른 것은?
① 플립북은 디지털 방식의 애니메이션이다.
② 스톱 모션은 물체를 조금씩 움직여 촬영하는 방식이다.
③ 모핑은 프레임마다 직접 그려서 움직임을 표현하는 전통 방식이다.
④ 키네틱 타이포그래피는 정적인 텍스트만을 사용한다.

03 애니메이션에서 트위닝(Tweening) 기법의 역할은 무엇인가?
① 캐릭터의 움직임을 손으로 직접 그리는 기법이다.
② 중간 프레임을 자동으로 생성하여 부드러운 움직임을 만드는 기법이다.
③ 특정 색상을 배경으로 촬영한 영상을 다른 영상과 합성하는 기법이다.
④ 빠르게 넘기면 움직이는 것처럼 보이는 플립북 애니메이션 기법이다.

정답 01 키 프레임 방식 02 ② 03 ②

POINT 18. 렌더링 및 프로토타입 제작

01 렌더링

● 렌더링의 정의
3D 모델을 실제 화면에 출력할 수 있도록 그래픽 데이터를 시각화하는 과정이다.

● 레이 트레이싱
- 빛의 진행 경로를 따라 반사, 굴절, 그림자 등을 계산하는 렌더링 방식이다.
- 사실적인 조명과 시각 효과 표현에 유리하다.
- 고품질 영상, 건축 시각화, 일부 게임 그래픽에 활용된다.

● 쉐이딩 기법

플랫 쉐이딩 (Flat shading)	폴리곤마다 단색으로 칠하는 가장 단순한 쉐이딩 방식
고러드 쉐이딩 (Gouraud shading)	면과 면이 만나는 부분의 불연속성을 보간법으로 제거하는 기법
퐁 쉐이딩 (Phong shading)	픽셀 단위로 정교한 렌더링을 수행하는 고급 쉐이딩 기법

● 렌더링의 과정

투영	3D 공간의 모델을 2D 화면에 맞게 변환
클리핑	카메라 뷰에서 보이지 않는 부분을 제거
은면처리	보이지 않는 면을 삭제하여 처리 속도를 최적화
쉐이딩	빛과 재질을 적용하여 모델에 현실감을 부여
매핑	2D 이미지를 3D 모델 표면에 입혀 질감을 표현

● 3D 형상 제작 과정
개념설계 > 모델링 > 재질 및 조명 설정 > 투영 > 클리핑 > 은면처리 > 쉐이딩 > 렌더링

02 프로토타입

● 프로토타입의 정의
- 제품, 서비스, 시스템의 초기 모델로, 디자인과 기능을 테스트하고 피드백을 수집한다.
- 유형으로 폐기 처분용, 빠른 개발용, 시험용, 입출력만, 진화형이 있다.
- 제작 과정: 구상 및 스케치 → 발표 및 평가 → 프로토타이핑 → 테스트 및 수정

03 인터랙션 디자인

● 인터랙션 디자인 정의 및 목적
- 사용자와 시스템 간의 상호작용을 원활히 설계해 사용자 경험(UX)을 개선한다.
- 사용자가 시스템을 직관적으로 이해하고, 효율적으로 목표를 달성하도록 돕는 인터페이스를 설계한다.

04 내비게이션

● 내비게이션의 정의
- 사용자가 원하는 정보나 기능에 쉽게 접근하도록 돕는 구조와 인터페이스이다.
- 효과적인 내비게이션은 사용자 경험(UX)를 크게 향상시키며, 목적을 빠르게 달성하도록 돕는다.

● 내비게이션의 유형

글로벌 내비게이션 (Global Navigation)	모든 페이지에서 공통적으로 제공되는 메뉴
로컬 내비게이션 (Local Navigation)	특정 섹션의 세부 항목 안내
콘텍스트 내비게이션 (Contextual Navigation)	현재 콘텐츠와 관련된 추가 옵션 제공

내비게이션의 주요 구성 요소

메뉴	내비게이션의 기본 요소로, 웹사이트의 주요 페이지로 이동할 수 있는 링크
드롭다운 메뉴	상위 메뉴 항목을 클릭하거나 마우스를 올렸을 때 하위 메뉴가 나타나는 형태
검색창	웹사이트 내에서 특정 정보를 검색할 수 있는 기능
햄버거 메뉴	모바일에서 주로 사용되며, 세 줄의 아이콘을 클릭하면 메뉴 리스트가 나타나는 방식
사이트맵	웹사이트의 페이지 구조를 한눈에 파악할 수 있도록 트리 구조로 도식화한 형태
브레드크럼	사용자가 현재 페이지의 위치를 알 수 있도록 도와주는 요소

내비게이션 구조 유형

연속형 구조	순차적으로 페이지가 연결되는 구조로, 사용자가 정해진 흐름에 따라 탐색하게 됨 예 튜토리얼, 설문
그리드 구조	여러 콘텐츠나 항목이 병렬적으로 나열되어 있는 구조로, 선택 후 다음 단계로 이동 예 갤러리, 포트폴리오
계층형 구조	상위→하위→세부 단계로 이동하는 계층적 구조 예 기업 사이트, 쇼핑몰 카테고리
네트워크 구조	다양한 페이지가 서로 유기적으로 연결되어 있어 자유로운 이동 가능 예 위키백과, 블로그

업무 분장

- 정의 : 프로젝트의 역할 분담으로 효율성을 높이는 작업 방식이다.
- TFT(Task Force Team) : 특정 프로젝트를 위해 임시로 구성된 팀으로, 단기 목표 달성을 위해 집중 작업을 수행한다.

단답형 문제

01 사용자가 현재 페이지의 위치를 알 수 있도록 도와주는 요소로, 계층적 구조를 명확하게 하고 탐색 경로를 추적할 수 있게 하는 것은 무엇인가?

객관식 문제

02 제품, 서비스, 또는 시스템의 초기 모델로, 실제 사용 환경에서 기능과 디자인을 테스트하기 위해 만들어진 시제품을 무엇이라고 하는가?
① 페이퍼 프로토타입 ② 프로토타입
③ 인터랙션 디자인 ④ 모션 그래픽

03 인터랙션 디자인의 주된 목적은 무엇인가?
① 사용자와 시스템 간의 원활한 상호작용을 설계해 사용자 경험을 개선하는 것
② 제품의 초기 디자인을 테스트하고 피드백을 수집하는 것
③ 제품과 서비스의 프로토타입을 설계하는 것
④ 시각적 디자인 요소를 배치하는 것

04 다음 중 쉐이딩 기법에 대한 설명으로 옳지 않은 것은?
① 플랫 쉐이딩은 면 단위로 단순하게 색상을 표현한다.
② 고러드 쉐이딩은 픽셀 단위로 계산하여 정교한 그림자를 표현한다.
③ 퐁 쉐이딩은 픽셀 단위 보간을 통해 사실적인 표현이 가능하다.
④ 고러드 쉐이딩은 면과 면 사이의 불연속성을 완화하는 기법이다.

05 TFT(Task Force Team)의 정의로 알맞은 것은 무엇인가?
① 특정 프로젝트나 문제 해결을 위해 임시로 구성된 팀
② 디자인의 일관성을 유지하기 위한 팀
③ 특정 회사의 제품을 개발하기 위한 상설 팀
④ 내비게이션 구조를 설계하는 팀

정답 01 브레드크럼 02 ② 03 ① 04 ② 05 ①

POINT 19 사용성 평가 및 사용자 조사 방법

01 웹사이트 사용성 평가

● 웹사이트 사용성 평가의 정의
- 사용자가 웹사이트를 얼마나 쉽고 효율적으로 사용할 수 있는지 평가하는 과정이다.
- 사이트의 역할과 방문 목적을 명확히 정의한 후, 주요 서비스와 기능의 사용 용이성을 점검한다.

● 웹 사용성 평가의 주요 항목

위치의 정확성	사용자가 필요한 기능이 기대하는 위치에 적절히 배치되었는지 평가
이동의 용이성	웹 페이지 간 이동이 쉽고 직관적인지 평가
레이아웃	웹 페이지의 구성과 배치가 명확하고 사용하기 편리한지 평가
메뉴의 배치	메뉴가 적절히 배치되어 사용자가 쉽게 접근할 수 있는지 평가
검색	사용자가 원하는 정보를 빠르고 쉽게 검색할 수 있는지 평가
반복성	웹 페이지의 디자인과 패턴이 일관성을 유지하고 있는지 평가
명확성	웹 페이지의 정보가 명확하고 쉽게 전달되는지 평가

02 사용자 조사 방법

● 사용자 조사 방법론의 구분

정량적 조사	• 데이터를 수치화하여 객관적 분석과 통계적 결론을 도출하는 조사 방법 • 장점 : 명확한 수치를 통한 객관적 판단 가능 • 단점 : 표면적인 정보에 치중 예 설문조사, 실험, 웹 분석 등 대규모 데이터 수집
정성적 조사	• 사용자의 의견, 감정, 행동을 심층적으로 이해하는 조사 방법 • 장점 : 사용자의 숨겨진 니즈 파악 가능 • 단점 : 결과의 일반화 어려움 예 인터뷰, 포커스 그룹, 관찰 등 소규모 심층 조사

● 사용자 행동 분석
- 사용자 행동을 분석하는 방법이다.
- 간접적 방법 : 웹로그 분석, A/B테스트, 사용자 패널 조사 등
- 직접적 방법 : 유지빌리티 테스트, 아이트레킹 등

● 사용자 태도 분석
- 사용자의 태도를 조사하는 방법이다.
- 간접적 방법 : 사용자 설문, 고객 자료 분석
- 직접적 방법 : 인터뷰, 포커스 그룹 인터뷰, 요구 사항 조사, 다이어리, 카메라 조사 등
- 정량적 조사 방법

설문조사	• 사용자 데이터를 수집해 객관적 결론 도출 • 장점 : 대규모 데이터를 빠르게 수집, 통계 분석 가능 • 단점 : 심층 감정 분석 및 맥락 파악에 한계
A/B 테스트	• 두 가지 버전을 비교해 더 나은 성과를 평가 • 장점 : 실제 환경에서 직접적인 피드백을 수치화 가능 • 단점 : 구체적 이유나 맥락 이해에 한계
웹 로그 분석	• 사용자 이동 경로와 행동 추적해 사용 패턴 분석 • 장점 : 대규모 사용자 행동 분석 가능, 사용성 개선에 활용 가능 • 단점 : 사용자의 의도나 감정을 직접적으로 분석 불가

- 정성적 조사 방법

심층 인터뷰	• 사용자와 1:1 인터뷰를 통해 제품이나 서비스에 대한 심층적인 의견과 경험 수집 • 장점 : 심층적 이해 가능, 사용자의 숨겨진 요구 파악 • 단점 : 소규모 대상이라 대표성 부족, 시간과 비용 많이 소요
포커스 그룹 인터뷰	• 여러 사용자를 그룹으로 모아 토론을 통해 다양한 의견 수집 • 장점 : 그룹 간 아이디어 교환으로 다양한 의견 획득 • 단점 : 그룹 다이나믹에 영향받을 수 있음, 일부 사용자가 의견 억누를 가능성
사용자 관찰	• 사용자가 제품/서비스를 실제 사용하는 환경에서 행동과 패턴 관찰 • 장점 : 실제 사용 상황 관찰 가능, 생생한 데이터 획득 • 단점 : 사용자의 내면적 감정 파악에 한계
페이퍼 프로토 타입 테스트	• 초기 스케치나 프로토타입을 종이로 제작해 사용자에게 테스트 • 장점 : 빠르고 저렴하게 초기 설계 문제 파악 가능 • 단점 : 디지털 UI에서 발생할 수 있는 상호작용이나 시나리오 흐름을 충분히 반영하지 못함

03 어포던스

● 어포던스의 정의와 특징

- 사용자가 물체나 시스템을 보고 어떤 행동이 가능한지 인식하도록 돕는다.
- 디자인의 형태, 색상, 배치 등을 통해 사용자가 기능을 즉각적으로 이해하도록 한다.
- 사용자 매뉴얼이나 설명 없이도 직관적으로 사용 가능하게 만드는 것이 핵심이다.
  > 예) 텍스트 입력 상자에서 깜빡이는 커서는 "여기에 글을 입력할 수 있다"는 직관적 행동 유도를 제공한다.

단답형 문제

01 수치화된 데이터를 통해 객관적 분석과 통계적 결론을 도출하는 방법은 무엇인가?

객관식 문제

02 웹사이트 사용성 테스트에서 가장 중요한 목표는 무엇인가?
① 웹사이트의 외관을 개선하는 것
② 웹사이트의 접근성을 높이는 것
③ 문제점을 발견하고 웹사이트의 사용성을 향상시키는 것
④ 웹사이트의 콘텐츠를 추가하는 것

03 A/B 테스트의 단점으로 적절한 것은?
① 대규모 데이터를 수집하기 어렵다.
② 심층적인 감정 분석이 가능하다.
③ 구체적인 이유나 맥락을 파악하는 데 한계가 있다.
④ 사용자의 내면적 감정 분석에 적합하다.

04 다음 중 정량적 조사 방법에 해당하는 것은 무엇인가?
① 심층 인터뷰
② A/B 테스트
③ 사용자 관찰
④ 포커스 그룹 인터뷰

정답 01 정량적 조사 02 ③ 03 ③ 04 ②

POINT 20 사용성 테스트 및 평가

01 사용성 테스트

● 사용성 테스트의 정의
- 사용자가 제품/서비스를 얼마나 쉽게 사용하고, 어떤 문제를 겪는지 평가하여 효율성과 편리성을 개선한다.
- 수행력 측정, 멘탈 모델 조사, 반복적인 전문가 평가를 통해 문제를 발견하고 개선안을 도출한다.
- 사용자 조사 프로세스 : 사용성 분석 → 선호도 분석 → 사용자 프로파일 정의 → 참여자 선발 및 인터뷰

● 형성적 사용성 테스트
- 개발 초기 단계(프로토타입 또는 UI 설계 단계)에서 시행
- 소수의 사용자를 대상으로 개별 테스트를 진행한다.
- 사용자 피드백을 기반으로 문제점을 개선한다.
- 반복적 수행을 통해 점진적으로 완성도를 향상한다.

● 선호도 분석

트레저 헌터	최고의 가치를 찾기 위해 정보를 탐색하는 소비자
아티젠	직관적이고 창의적인 콘텐츠를 선호하는 사용자
크리슈머	창조적 소비자로, 제품 개발·판매에 참여
몰링	오프라인/온라인 공간을 여가처럼 활용하는 소비자
마이크로 미디어	콘텐츠를 생산·공유하며, 확산을 주도

● 사용성 테스트 평가 항목

효율성	작업 수행에 걸리는 시간과 노력
학습 용이성	새로운 사용자가 얼마나 쉽게 적응할 수 있는지를 확인
오류 발생률	사용자 실수 빈도와 복구 용이성
만족도	사용자 경험에 대한 주관적 평가

- 사용성 테스트 과정 : 테스트 계획 수립 → 테스트 실행 → 결과 분석 → 보고 및 개선
- 사용성 테스트 환경 구축 절차 : 테스트 목표 설정 → 테스트 항목 정의 → 테스트 참여자 확보 → 테스트 룸 설정 → 테스트 환경 설정 → 테스트 인원 구성
- 사용성 테스트 준비물 : 테이블, 의자, 컴퓨터, 녹음기, 비디오카메라, 필기도구, 테스트 스크립트 등

● 사용성 테스트 인력 역할

진행자	• 참여자의 의도를 파악하고 실수 시 문제를 확인 • 참여자가 당황하거나 멈출 경우 이유를 묻고 의견 경청 • 과제 시간이 초과되면 종료 후 사후 인터뷰 진행
관찰자(기록자)	장애, 오류, 주요 의견 등 수행 중 발생한 모든 내용을 상세히 기록
커뮤니케이션 소통자	내부 질문을 진행자에게 전달하며, 관찰자가 대신 가능
안내자	사전 준비 사항 안내 및 참여자 지원, 관찰자가 대신 가능

02 사용성 테스트 분석

● 체크리스트
- 작업, 절차, 또는 항목을 체계적으로 정리해 점검과 확인을 돕는 도구이다.
- 활용 : 관찰 도구(행동 기록)나 질문지(응답 항목 선택)로 사용하여 효과적인 체크리스트를 작성한다.

● 사용자 이해를 위한 접근 방식

사용자 분석	조사 자료를 통해 목표 사용자의 경향 파악
트렌드 분석	디지털 문화와 소비자 라이프스타일 트렌드를 지속적으로 연구
심리적 통찰	소비자 경험 욕구와 최신 동향을 참고해 사용자 요구 파악
벤치마킹	유사 사이트를 분석해 사용자 행동과 효과적인 전략 참고
심층 인터뷰	명확한 목표 사용자와의 인터뷰를 통해 구체적인 의견 수집

● 사용성 평가 항목 및 측정 기준

1단계	사용자 만족도 평가
2단계	작업 성공 여부 확인
3단계	작업 수행 용이성 측정
4단계	수행 중 발생 요인 분석
5단계	전체 사용성 점검

단답형 문제

01 콘텐츠를 직접 생산하고 공유하는 소비자 유형으로, 블로그나 SNS를 통해 콘텐츠 배포와 확산을 주도하는 미디어는?

객관식 문제

02 사용성 평가의 질문법 중 사용자의 경험과 의견을 수집하기 위해 사용하는 방법은 무엇인가?
① 설문법
② 발견적 평가
③ 속성 검사
④ 수행 측도

03 웹사이트 사용성 평가에서 검색 기능을 평가하는 이유는 무엇인가?
① 웹사이트의 속도를 평가하기 위해
② 사용자가 원하는 정보를 쉽게 찾을 수 있는지 평가하기 위해
③ 웹사이트의 디자인 요소를 분석하기 위해
④ 사용자 피드백을 수집하기 위해

04 사용성 테스트에서 참여자가 작업을 수행하는 데 어려움을 겪을 때, 진행자의 역할은 무엇인가?
① 문제를 해결해주고 빠르게 진행하게 한다.
② 참여자의 행동을 무시하고 다음 단계로 넘어간다.
③ 참여자가 당황하지 않도록 이유를 묻고 의견을 경청한다.
④ 참여자에게 해결 방법을 알려준다.

05 다음 중 사용성 테스트 과정에서 첫 번째로 진행해야 할 단계는 무엇인가?
① 결과 분석
② 테스트 실행
③ 테스트 계획 수립
④ 보고 및 개선

정답 01 마이크로 미디어 02 ① 03 ② 04 ③ 05 ③

POINT 21 디바이스 특성 및 기술표준

01 디바이스 특성

● 컴퓨터(Computer)
- 하드웨어와 소프트웨어로 구성된다.
- 고성능 하드웨어로 다양한 소프트웨어 실행이 가능하다.
- 대형 모니터와 고해상도 화면을 지원한다.
- 멀티미디어 처리 능력이 뛰어나 4K 영상과 고품질 그래픽을 지원한다.

● 모바일(Mobile)
- 이동성을 기반으로 전화, 인터넷, 앱 사용이 가능한 휴대용 디바이스이다.
- 항상 사용 가능하며, 인터넷에 즉시 연결되는 올인원 디바이스이다.
- 24시간 실시간 연결로 사용자와 원활한 소통이 가능하다.
- 모바일 환경에 최적화된 기획, 디자인, 개발이 요구된다.
- 휴대성과 편리함을 바탕으로 다양한 디지털 서비스 지원한다.

● 태블릿 PC(Tablet PC)
- 모바일 기기의 편리함과 개인용 컴퓨터의 기능을 갖춘 디바이스이다.
- 입력 장치 없이 터치로 조작이 가능하다.
- 스마트폰보다 큰 화면과 뛰어난 데이터 처리 능력을 제공한다.
- 물류, POS 시스템 등 다양한 분야에 활용이 가능하다.

● 키오스크(Kiosk)
- 공공장소에서 정보 서비스와 무인 자동화를 위해 설치된 무인 단말기이다.
- 터치스크린으로 간단한 검색과 서비스를 제공한다.
- 직관적인 그래픽과 아이콘을 활용한 UX 디자인이 필요하다.
  - 예 민원 서류 발급, 도서 검색, 예약 등 다양한 서비스 제공

● 디지털 사이니지(Digital Signage)
- 광고 및 정보 제공을 위해 공공장소나 상업공간에 설치된 디지털 디스플레이 장치이다.
- 원격 제어와 콘텐츠 업데이트가 가능하다.
- 안정성과 내구성이 중요한 요소이다.

02 기술 표준

● 웹(Web)
- 월드 와이드 웹(World Wide Web)의 약자로, 텍스트, 이미지, 동영상 등 다양한 정보를 하이퍼텍스트 형식으로 제공하는 시스템이다.
- 사용자는 웹 브라우저를 통해 정보를 검색하고 접근 가능하다.
- 웹사이트는 텍스트, 이미지, 비디오, 애니메이션, 인터랙티브 요소로 구성된다.
- HTML, CSS, JavaScript 등으로 구현되며, 기본 언어는 HTML이다.
- 하이퍼링크를 사용해 관련된 정보를 상호 연결한다.

◉ 반응형 웹 디자인(RWD, Responsive Web Design)

- 다양한 디바이스(데스크톱, 모바일, 태블릿 등)에서 최적의 사용자 경험을 제공하기 위해, 화면 크기에 따라 레이아웃과 콘텐츠를 자동으로 조정하는 설계 방식이다.
- 반응형 웹 디자인의 특징
  - 콘텐츠와 이미지가 화면 크기에 맞게 유연하게 조정된다.
  - CSS 미디어 쿼리를 활용해 디바이스의 화면 폭과 해상도에 적합한 스타일을 적용한다.
  - 하나의 HTML, CSS로 모든 디바이스에서 일관된 사용자 경험을 제공한다.
- 단점
  - 다양한 화면 크기를 고려한 설계로 개발에 시간이 소요될 수 있다.
  - 리소스 최적화를 하지 않으면 모바일 환경에서 로딩 시간이 늘어날 수 있다.

◉ 접근성 표준

- 장애인, 고령자 등 다양한 사용자가 웹사이트나 애플리케이션을 문제없이 사용할 수 있도록 설계한다.
- 목표 : 신체적, 시각적, 청각적, 인지적 장애를 가진 사용자들이 콘텐츠와 기능에 쉽게 접근 가능하도록 보장한다.

◉ 주요 접근성 기술

- 시각 콘텐츠에 대체 텍스트를 제공한다.
- 키보드 조작으로 모든 기능이 사용 가능하다.
- 텍스트와 배경의 색상 대비를 높인다.
- 동영상과 오디오에 자막 제공하여 청각 장애인을 지원한다.

◉ 성능 최적화 표준

디바이스에 맞는 성능을 위해 이미지 압축, 파일 크기 줄이기, 캐싱 등 기술을 활용하여 웹사이트의 속도와 효율성을 개선한다.

◉ 보안 표준

- HTTPS 사용으로 안전한 통신과 데이터 보호를 보장한다.
- 사용자 인증 및 권한 관리로 보안을 강화한다.
- 데이터 통신 암호화로 웹사이트와 사용자 간의 안전한 연결을 제공한다.

단답형 문제

01 월드 와이드 웹을 줄여 부르는 말로, 텍스트, 이미지, 동영상 등의 다양한 정보를 하이퍼텍스트 형식으로 연결해 제공하는 시스템은 무엇인가?

객관식 문제

02 다음은 무엇에 대한 설명인가?

- 웹 기술로 구현
- 텍스트, 이미지, 비디오, 애니메이션, 인터랙티브 요소 등으로 구성
- 하이퍼텍스트 형식으로 정보를 제공하고, 하이퍼링크로 관련된 정보를 연결

① 컴퓨터　② 웹
③ 모바일　④ 디지털 사이니지

03 다음 중 디바이스 특성에 대한 설명으로 옳지 않은 것은?
① 모바일은 언제든지 사용 가능하며 즉시 인터넷에 접속할 수 있다.
② 태블릿 PC는 휴대성이 뛰어나며, 입력 장치 없이 터치로 조작 가능하다.
③ 디지털 사이니지는 공공장소에서 정보를 제공하는 용도로 설치된다.
④ 키오스크는 컴퓨터의 일부로, 사무실에서 개인 작업용으로 주로 사용된다.

04 '접근성(Accessibility)' 표준에 대한 설명으로 옳지 않은 것은?
① 모든 사용자가 쉽게 이용할 수 있도록 설계하는 것이다.
② 신체적, 시각적 장애를 가진 사용자도 이용할 수 있다.
③ 텍스트와 배경의 색상 대비를 높인다.
④ 모든 사용자에게 동일한 폰트 크기를 제공한다.

정답 01 웹(Web) 02 ② 03 ④ 04 ④

POINT 22 디바이스별 설계 및 제작

01 컴퓨터 그래픽스의 해상도

● 웹 브라우저 표준 해상도의 종류

HD(720p)	1280X720
Full HD (1080p)	1920X1080
QHD(1440p)	2560X1440
4K UHD	3840X2160

● 모바일 해상도

- 모바일 디바이스의 화면에서 픽셀의 수를 의미하여 디바이스 종류에 따라 다르게 적용된다.
- DPI : 화면의 밀도를 나타내며, 다양한 해상도와 화면 크기를 지원하고자 모바일 개발에서는 종종 독립적인 단위(DP)를 사용한다.
- DP : 화면 밀도에 따라 px 변환값이 달라지는 독립적 단위이다.
  예 320dpi(xhdpi)에서 1dp = 2px
  480dpi(xxhdpi)에서 1dp = 3px

● 안드로이드 해상도

제조사와 단말기 특징에 따라 화면 크기와 해상도가 다르다.

LDPI	120dpi
MDPI	160dpi
HDPI	240dpi
XHDPI	320dpi
XXHDPI	480dpi
XXXHDPI	640dpi

02 웹 표준

● 웹 표준

- 웹 콘텐츠와 기능이 모든 기기와 브라우저에서 일관성 있게 동작하도록 정의된 기술 규칙과 가이드라인이다.
- W3C(World Wide Web Consortium)와 같은 국제 표준화 기관에서 개발 및 관리한다.
- 웹 접근성, 상호운용성, 호환성을 보장하여 사용자 경험이 향상된다.
- 다양한 디바이스와 플랫폼에서 안정성과 유연성을 제공한다.
  예 HTML, XHTML, CSS, JavaScript, 웹 콘텐츠 접근성 지침(WCAG)

● 웹 표준 스펙

HTML	• 웹 페이지의 구조와 내용을 작성하기 위한 마크업 언어 • 제목, 문단, 목록, 이미지, 링크 등을 정의함
CSS	• 웹 문서의 스타일(색상, 글꼴, 여백, 레이아웃 등)을 정의하는 스타일 시트 언어 • HTML과 분리된 디자인 요소를 구성
XML	• 사용자 정의 태그를 사용하여 데이터를 구조화하고 저장할 수 있는 마크업 언어 • 주로 데이터 전달 및 구성에 사용됨

● 웹 표준 검사 방법

- W3C 유효성 검사 도구란 웹 페이지의 표준 준수 여부와 접근성을 확인한다.
- 오류 식별 및 웹 품질 개선에 도움을 준다.
- W3C Validator를 통해 검사가 가능하다.

03 디자인 소프트웨어 활용 기술

● 2D 디자인 소프트웨어

어도비 포토샵 (Adobe Photoshop)	• 이미지 편집, 사진 보정, 그래픽 디자인 • 그래픽 디자인, 사진 편집, 웹 디자인에 적합
어도비 일러스트레이터 (Adobe Illustrator)	• 벡터 그래픽 제작, 로고, 아이콘, 일러스트 작업 • 로고, 포스터, 일러스트 디자인에 활용
코렐드로우 (CorelDRAW)	• 벡터 그래픽, 레이아웃, 타이포그래피 • 브랜딩, 마케팅 자료, 포스터 제작에 적합
스케치 (Sketch)	• UI/UX 디자인 및 프로토타이핑에 특화 • 웹 및 앱 디자인 작업에 활용
피그마 (Figma)	• UI/UX 디자인에 특화된 클라우드 기반 협업 도구 • 벡터 기반 디자인과 실시간 협업 지원

● 3D 디자인 소프트웨어

오토데스크 3ds 맥스 (Autodesk 3ds Max)	• 고급 3D 모델링, 렌더링, 애니메이션 제작 • 건축 시각화, 게임 개발에 활용
블렌더 (Blender)	• 무료 오픈소스, 모델링, 렌더링, 애니메이션 지원 • 게임 디자인, 애니메이션, 시각 효과에 적합
시네마 4D (Cinema 4D)	• 모션 그래픽과 방송 타이틀 제작에 특화된 도구 • 애프터이펙트와 연동이 뛰어나 방송 그래픽과 영상 콘텐츠 제작에 적합
오토데스크 마야 (Autodesk Maya)	• 영화, 게임 산업에서 널리 사용 • 캐릭터 애니메이션, 시각 효과 제작에 활용
스케치업 (SketchUp)	• 사용자 친화적 3D 모델링 도구 • 건축 설계, 인테리어, 도시 계획 작업에 적합

단답형 문제

01 웹 표준화를 주도하는 국제 표준화 기구는 무엇인가?

객관식 문제

02 다음 중 표준 해상도와 해상도 값의 연결이 옳은 것은?
① HD(720p) – 1920X1080
② Full HD(1080p) – 1280X720
③ QHD(1440p) – 2560X1440
④ 4K UHD – 1280X720

03 다음 중 저해상도를 나타내는 안드로이드 해상도 등급은?
① LDPI   ② HDPI
③ XHDPI   ④ XXHDPI

04 DP 개념에 관한 설명으로 옳지 않은 것은?
① 160dpi의 디바이스에서 1dp는 1px에 해당한다.
② 320dpi의 디바이스에서 100dp는 100px로 표시된다.
③ DP는 화면 밀도와 관계없이 같은 크기로 보이도록 하는 단위이다.
④ UI 요소의 크기를 100dp로 설정하면, 밀도에 따라 픽셀 수가 달라진다.

05 다음 설명에 해당하는 매크로미디어사 소프트웨어는?

> 웹 디자인과 코딩을 동시에 지원하며, 시각적 편집과 코드 편집 기능을 함께 제공하는 HTML 편집기

① Fireworks
② Flash
③ Dreamweaver
④ Photoshop

정답 01 W3C 02 ③ 03 ① 04 ② 05 ③

POINT 23 색의 원리

01 색의 지각 원리

● **색의 정의**
- 빛이 물체에 반사되거나 흡수되어 인간의 눈과 뇌에서 인식되는 시각적 현상이다.
- 빛의 파장이 망막의 원추세포에 감지되어 뇌로 전달되면 특정 색으로 인식된다.
- 색 지각의 3요소 : 빛(광원), 물체, 관찰자(눈)

빛(광원)	• 색의 근원 • 파장에 따라 색이 결정됨 • 가시광선 : 380~700nm • 적외선 : 700nm 이상 긴 파장 • 자외선 : 380nm 이하 짧은 파장
물체	• 빛을 반사, 흡수, 투과하여 특정 색으로 인식 • 재질, 광택 등이 영향을 미침
관찰자	• 망막의 원추세포가 빛을 감지해 색을 인식 • 경험과 문화적 차이가 심리적 반응에 영향
색채	• 유채색 : 색상, 명도, 채도 포함 • 무채색 : 명도만 존재(흰색, 회색, 검정)
스펙트럼	• 빛의 굴절로 분해된 색(빨강~보라) • 짧은 파장은 굴절률이 큼(보라, 파랑) • 긴 파장은 굴절률이 작음(주황, 빨강)

02 물체의 색과 색의 종류

● **물체의 색**
- 빛이 물체에 닿으면 반사, 흡수, 투과되어 색이 나타난다.
- 특정 파장을 흡수하면 해당 색상은 보이지 않는다.
  - 예) 빨간색 물체는 빨간 파장을 반사하고 나머지 파장을 흡수한다.

흰색	모든 파장의 빛을 반사
검정	모든 파장의 빛을 흡수
회색	빛의 반사율이 부분적으로 제한된 중간색

● **물체의 색 종류**

광원색	빛 자체가 발하는 색 예) 전구의 노란빛, LED의 백색빛
투과색	투명 물체에 빛이 투과하여 나타나는 색 예) 스테인드글라스 색상
표면색	물체 표면에서 빛을 반사해 나타나는 색 예) 빨간 사과의 표면색
금속색	금속 표면에서 빛이 반사되어 나타나는 광택색 예) 금, 은, 철의 광택
거울색	거울 표면에서 모든 빛이 동일 각도로 반사되어 나타나는 색 예) 거울의 반사 색상
공간색	대기 중 빛의 산란, 굴절로 나타나는 색 예) 하늘의 파란색, 노을의 붉은색

03 색 지각

● **색 지각 주요 현상**

색의 항상성	조명 조건이 변해도 물체의 색을 일정하게 인식하는 현상 예) 낮과 밤 모두 빨간 사과를 동일한 색으로 인식
색순응	특정 색에 지속적으로 노출되면 감각이 둔감해지는 현상 예) 파란 배경을 오래 보면 다른 색상이 덜 푸르게 느껴짐

명암순응	• 밝기 변화에 따라 눈이 적응하는 과정 • 명순응 : 어두운 곳에서 밝은 곳에 적응(암소시 → 명소시) • 암순응 : 밝은 곳에서 어두운 곳에 적응(명소시 → 암소시)
연색성	조명이 물체 색상에 영향을 주어 다르게 보이게 하는 현상 **예** 자연광과 형광등에서 물체 색상이 다르게 보임
조건등색 (메타머리즘)	서로 다른 두 색상이 특정 조건에서 동일하게 보이는 현상 **예** 형광등과 자연광 아래에서 동일하게 보이는 색
푸르킨예 현상	어두운 환경에서 파란색은 더 밝고 빨간색은 더 어둡게 보이는 현상 **예** 어두운 방 안에서 붉은 물건은 잘 안 보이지만, 파란 물건은 비교적 잘 보임
색음 현상	색이 다른 감각(소리, 촉각)과 연관되어 인식되는 현상 **예** 빨간색은 뜨거운 느낌, 차가운 색은 시원한 느낌을 줌
박명시	• 낮과 밤 중간 상태에서 원추세포와 간상세포가 함께 작용하여 명암으로 물체 구분 • 명소시와 암소시의 중간 단계 • 푸르킨예 현상이 일어남

● 색 지각설

영·헬름홀츠의 3원색설	• 인간의 눈은 세 가지 기본색(R, G, B)으로 모든 색을 인식 • 세 가지 색을 다양한 비율로 혼합해 모든 색상이 형성 • 디지털 디스플레이 색상 표현의 기초 이론
헤링의 반대색설	• 인간은 빨강, 초록, 노랑, 파랑의 4원색을 기반으로 색을 지각 • 빨강-초록, 노랑-파랑의 상반된 색 시스템을 통해 색상 인식 • 동시 대비와 보색 잔상 현상 설명에 기여

단답형 문제

01 어두운 곳에서 밝은 곳에 적응하는 현상을 무엇이라고 하는가?

객관식 문제

02 색 지각의 3요소에 포함되지 않는 것은?
① 빛(광원)
② 물체
③ 망막의 간상세포
④ 관찰자(눈)

03 가시광선의 범위는 몇 nm인가?
① 100~300nm
② 380~700nm
③ 500~800nm
④ 700~1000nm

04 표면색에 대한 설명으로 옳은 것은?
① 대기 중의 입자와 빛이 산란하거나 굴절되어 나타나는 색
② 표면에서 빛을 반사하여 나타나는 색
③ 물체에 빛이 투과하여 나타나는 색
④ 표면에 모든 빛이 동일한 각도로 반사되어 나타나는 색

05 물체가 모든 파장의 빛을 흡수할 때 물체의 색은?
① 흰색
② 회색
③ 검정색
④ 빨간색

정답 01 명순응 02 ③ 03 ② 04 ② 05 ③

POINT 24. 색의 속성과 혼합, 이미지 스케일

01 색의 속성

색의 3속성

색상	• 색의 기본적인 특성 • 빛의 파장에 따라 결정되며, 색 인식의 기준 • 먼셀의 표준 20색상환으로 분류
명도	• 색의 밝고 어두운 정도를 나타냄 • 0(어두움)~10(밝음)까지 11단계로 구분 • 유채색과 무채색 모두에 적용되며, 색의 밝기를 결정
채도	• 색의 선명함을 의미 • 고채도 : 선명하고 강렬 • 저채도 : 흐릿하고 탁함 • 1(저채도)~14(고채도)로 구분

채도의 구분

순색	다른 색이 섞이지 않은 순수한 색
청색	• 순색에 흰색 또는 검정을 혼합한 색 • 명청색 : 순색 + 흰색(예 밝은 파랑) • 암청색 : 순색 + 검정(예 어두운 파랑)
탁색	순색 또는 청색 + 회색(탁함)

02 색의 혼합

원색과 혼색

- **원색** : 혼합으로 만들 수 없는 가장 기본적인 색이다.
- **혼색** : 두 가지 이상의 색을 혼합해 새로운 색을 만드는 작업이다.

혼합 방식

가산혼합	• 빛의 혼합으로 색이 더해질수록 밝아짐, 가법혼합 • 빛의 삼원색 : 빨강(R), 초록(G), 파랑(B) • TV, 모니터, 스마트폰 화면, 무대 조명 • 빨강 + 초록 + 파랑 = 흰색 • 빨강 + 초록 = 노랑 • 빨강 + 파랑 = 마젠타 • 파랑 + 녹색 = 시안
감산혼합 (감법혼색)	• 색료의 혼합으로 색이 더해질수록 어두워짐, 감법혼합 • 색료의 삼원색 : 시안(C), 마젠타(M), 노랑(Y) • 물감, 잉크, 염료 • 시안 + 마젠타 + 노랑 = 검정 • 시안 + 마젠타 = 파랑 • 시안 + 노랑 = 녹색 • 마젠타 + 노랑 = 빨강
중간혼합 (중간혼색)	• 두 가지 이상의 색이 혼합되어 중간 명도와 채도를 나타냄 • 중간혼합 시 평균 명도로 나타남 • 병치혼합 : 색을 나란히 배열해 심리적으로 혼합된 색으로 인식 • 회전혼합 : 색칠된 원판을 고속 회전시켜 혼합된 색으로 보이는 현상

03 색명 체계

색명

- 색명은 색을 식별하고 소통하기 위해 사용되는 이름이다.
- 색을 쉽게 구분하고 전달하는 데 중요한 역할을 한다.

기본색명	• KS(한국산업규격)에서 정의한 기본적인 색 이름 • 빨강, 노랑, 파랑, 초록, 검정, 흰색 등 색상의 기초가 되는 명칭 • 색상의 조합이나 수식어를 통해 다양한 색을 표현
일반색명	• 체계적으로 분류된 계통색명 • 색의 명도, 채도, 색상 등의 특성을 기준으로 분류 • 기본색명에 수식어(밝은, 어두운, 흐린 등)를 추가하거나 색상 혼합을 통해 더욱 구체적인 색을 나타냄
관용색명	• 전통적으로 사용되어 온 색 이름 • 자연물, 지역, 문화에서 유래한 명칭 • 쉽게 사용할 수 있으나 정확한 색상 전달에 제한이 있음 예 하늘색, 호박색, 감색 등

04 색채 이미지 스케일

● 이미지 스케일

- 색채가 주는 감정적 효과, 연상, 상징성을 분석해 객관적으로 표현한 시각적 도구이다.
- 지역, 문화, 환경, 스타일에 따라 다르게 활용된다.
- 특정 주제나 목적에 적합한 이미지 스케일을 설계하고 활용하는 것이 중요하다.

단색 이미지 스케일	• 한 색의 명도·채도를 중심으로 감성을 체계적으로 분석 • 중심은 온화한 색, 주변은 강한 색으로 이루어짐
배색 이미지 스케일	• 3색 배색으로 미묘한 차이를 표현 • 비슷한 느낌의 배색을 묶어 키워드를 부여 • 묶인 배색 특징을 쉽게 이해할 수 있음
형용사 언어 이미지 스케일	• 비슷한 의미의 형용사들을 그룹으로 묶어 이해하기 쉽도록 구성 예 '우아한' 형용사 중심에서 강한 느낌을 주고, 멀어질수록 그 강도가 약해짐

● 색채 분포도

- 디자인, 패션 등에서 사용된 색의 비율과 배치를 시각적으로 나타낸다.
- 색상 조화와 대비를 분석하여 디자인 균형과 적합성을 평가한다.

단답형 문제

01 혼합으로 만들 수 없는 가장 기본적인 색은 무엇인가?

객관식 문제

02 채도에 대한 설명 중 틀린 것은?
① 중심축이 무채색이다.
② 색입체의 수평 방향에 위치한다.
③ 채도의 단계가 11단계로 나뉜다.
④ 가장 바깥쪽은 순색이다.

03 명청색은 어떤 색인가?
① 순색에 회색이 섞인 색
② 순색에 흰색이 섞인 부드러운 색
③ 순색에 검정이 섞인 어두운 색
④ 순색에 빨강이 섞인 색

04 가산혼합에서 빨강(R)과 초록(G)을 혼합하면 어떤 색이 나오는가?
① 파랑
② 자주
③ 노랑
④ 청록

05 병치혼합은 무엇을 의미하는가?
① 두 가지 이상의 색을 나란히 배열하여 시각적으로 혼합된 것처럼 보이게 하는 현상
② 물리적으로 색을 섞는 방식
③ 색을 빛의 원리로 섞는 방식
④ 회전판을 이용해 색을 섞는 방식

정답 01 원색 02 ③ 03 ② 04 ③ 05 ①

POINT 25 색상환과 표색계

01 색상환

● 표준 색상환

- 색상환은 색을 원형으로 배열해 색상의 관계와 혼합, 대비, 조화를 이해하는 도구이다.
- 우리나라에서는 먼셀의 20색상환이 널리 사용된다.

유사색	• 색상환에서 서로 인접한 위치에 있는 색 • 조화롭고 부드러운 느낌 제공 예 빨강-주황-노랑 / 파랑-청록-녹색
보색	• 색상환에서 정반대 위치에 있는 색 • 강한 대비와 시각적 긴장감 제공 예 빨강-초록 / 파랑-주황
근접 보색	• 보색에 가까운 약간 떨어진 위치의 색 • 부드러운 대비와 적절한 대조 제공 예 빨강-청록 / 파랑-황록 / 주황-보라

02 표색계

● 표색계의 정의

- 표색계는 색을 체계적으로 분류하고 표현하기 위한 체계이다.
- 색을 수치화하거나 표준화하여 정의할 수 있는 기준과 방법을 제공한다.
- 표색계는 현색계와 혼색계로 분류된다.

현색계	• 색상, 명도, 채도를 기준으로 인간의 색 지각을 체계화한 색상 체계 • 물체의 색을 인식하는 데 초점 예 먼셀 표색계, 오스트발트 표색계, KS, NCS
혼색계	• 빛의 파장에 따른 색광을 표시하며, 빛의 혼합 실험에 기반 • 색광 측정과 색 재현 및 분석에 사용 예 CIE 표색계

03 먼셀, 오스트발트, CIE 표색계

● 먼셀의 표색계

먼셀이 개발한 색상 체계로, 색상, 명도, 채도를 기준으로 색을 체계적으로 정의했다.

먼셀의 색상환	• 빨강, 노랑, 녹색, 파랑, 보라, 주 5색을 기본 • 주 5색의 중간색을 포함(주황, 연두, 청록, 남색, 자주) • 총 10개 주요 색상에 대표 숫자 '5' 붙임
먼셀의 색입체	• 3차원 입체 모형으로, 색상, 명도, 채도를 표현 • 색상 : 바깥 부분에 위치 • 명도 : 색입체의 중심축 위치, 위로 갈수록 밝고 아래로 갈수록 어두움(11단계) • 채도 : 색입체의 수평에 위치, 중심에서 바깥쪽으로 갈수록 순색 • 채도가 가장 높은 색(순색)은 14
수직 단면	• 등색상면 : 같은 색상이 나타남 • 무채색을 중심으로 보색 대비 • 명도와 채도의 변화를 확인 가능
수평 단면	• 등명도면 : 같은 명도의 색들이 방사형으로 배열 • 무채색이 중심에 위치, 채도와 색상의 차이를 비교 가능
색 표기법	• 표기 형식 : H V/C 예 5R 5/10 • 해석 : 색상(5R), 명도(5), 채도(10)

● 오스트발트 표색계

- 독일 물리학자 빌헬름 오스트발트가 개발한 표색계이다.
- 순색(C), 백색(W), 흑색(B)의 혼합 비율로 색을 체계화한 것이 특징이다.

오스트발트 색상환	• 헤링의 4원색 이론 기반 • 빨강-초록, 노랑-파랑의 보색과 그 사이의 색으로 총 24색상 구성 • 순색(C) : 백색과 흑색이 섞이지 않은 가장 순수한 색 • 백색(W) : 빛의 반사율이 높은 흰색 • 흑색(B) : 빛의 흡수율이 높은 검정색
오스트발트 색입체	• 원뿔을 위아래로 겹친 구조 • 순색(C), 백색(W), 흑색(B)의 혼합 비율에 따라 구성 • 중심축 : 맨 위에 백색(W), 아래에 흑색(B) 배치 • 유채색 : W, B, C 비율 합산 100% • 무채색 : W와 B의 혼합 비율이 100%
등색상 3각형	• 등백색 : 백색이 일정량 섞여 밝은 계열 형성 • 등흑색 : 흑색이 일정량 섞여 어두운 계열 형성 • 등순색 : 순색 그대로의 형태로, 흑백 혼합물 없음

● **CIE 표색계**

- 1931년에 국제조명위원회(CIE)에서 발표되었으며, 가법 혼색 원리가 기반이다.
- 빛의 혼색을 기초한 표시 방법으로, 인간의 시각적 특성을 반영한다.
- CIE XYZ 색 공간은 삼자극치를 이용해 인간의 시각을 기반으로 색을 표현한다.
- 색을 객관적이고 정량적으로 표현할 수 있는 국제 표준으로, 다양한 산업과 연구 분야에서 활용된다.

● **기타 색체계**

KS	한국산업표준 색체계. 산업용 색상 기준. 먼셀 기반
NCS	스웨덴에서 개발된 자연 색채 시스템. 인간의 시지각 중심
JIS	일본산업규격 색체계. 제품 디자인과 공업 분야에 활용
DIN	독일산 산업표준 색체계. 색상, 재료, 공정 표준화
RAL	독일에서 제정한 색상 번호 체계. 도료 및 건축용 색상 기준

단답형 문제

01 먼셀의 표색계는 색의 3가지 속성을 기준으로 정의하고 표현한다. 3가지 속성은 무엇인가?

객관식 문제

02 현색계의 설명 중 틀린 것은?
① 색의 시각적 특성을 기준으로 체계화하였다.
② 대표적으로 먼셀 표색계, 오스트발트 표색계, KS(한국산업규격)가 있다.
③ 물리적이고 과학적인 색 측정에 중점을 두었다.
④ 색상, 명도, 채도에 따라 물체의 색을 체계적으로 배열한 색상 체계이다.

03 가산혼합이 적용되지 않는 예시는?
① TV
② 컴퓨터 모니터
③ 무대 조명
④ 인쇄물

04 근접 보색이란 무엇인가?
① 인접한 색
② 보색에서 약간 떨어진 색
③ 채도가 낮은 색
④ 명도가 같은 색

05 먼셀의 색상환에서 주 5색에 포함되지 않는 색은?
① 빨강(R)
② 노랑(Y)
③ 주황(O)
④ 파랑(B)

정답 01 색상, 명도, 채도 02 ③ 03 ④ 04 ② 05 ③

POINT 26 색의 대비와 효과

01 색의 대비

● 동시대비

두 가지 색상이 나란히 있을 때, 시각적으로 달라 보이는 현상이다.

명도대비	밝고 어두운 색이 나란히 배치될 때 명도의 차이가 더 뚜렷하게 보이는 효과
채도대비	채도가 높은 색과 낮은 색이 나란히 있을 때 차이가 더 강하게 느껴지는 효과
색상대비	서로 다른 색상들이 나란히 있을 때 더 두드러지게 보이는 효과
면적대비	• 색의 면적 크기에 따라 색이 다르게 보이는 효과 • 큰 면적이 더 밝고, 작은 면적이 어두워 보이는 현상
한난대비	따뜻한 색과 차가운 색이 나란히 있을 때 따뜻함과 차가움이 더 강조되는 효과
보색대비	• 색상환에서 마주보는 색이 나란히 있을 때 • 강한 시각적 대비 효과가 나타남 예 빨강-초록, 파랑-주황
연변대비	• 경계대비라고도 함 • 두 색상이 접하는 경계에서 색이 더 선명하게 보이는 효과

● 계시대비

- 한 색상을 일정 시간 바라본 뒤 느껴지는 대비 효과이다.
- 계속대비 또는 연속대비라고도 한다.
- 특정 색의 잔상이 남아 다른 색 인식에 영향을 미치는 현상이다.
- 소극적 잔상 효과로, 처음 본 색의 자극이 다음 색 인식에 영향을 미친다.

02 색의 지각 효과

● 색의 동화

- 주변 색에 영향을 받아 색이 실제보다 더 유사하게 느껴지는 현상이다.
- 인접한 색상이 서로 영향을 주어 색상이 비슷하게 보인다.

● 색의 잔상

색 자극이 사라진 후에도 시각에 남아 있는 현상을 의미한다.

정의 잔상	강한 색이나 빛을 본 후, 원래 색상이 시야에 남는 현상
부의 잔상	오랫동안 본 색의 보색이 시야에 남는 현상

● 주목성과 명시성

주목성	색상이나 디자인 요소가 주변에서 눈에 잘 띄는 특성 예 난색 고채도 색상은 주목성이 높음
명시성	색상이나 형태가 배경과의 구별 정도를 나타내는 특성 예 고명도·고채도 색상은 명시성이 높음

● 진출(팽창)색과 후퇴(수축)색

진출 (팽창)색	시각적으로 더 커 보이거나 가까이 있는 것처럼 느껴지는 색상 예 난색 계열(빨강, 주황 등)과 고명도의 색상
후퇴 (수축)색	시각적으로 더 멀리 물러나 보이거나 작게 느껴지는 색상 예 한색 계열(파랑, 초록 등)과 저명도의 색상

03 색의 감정적 효과

온도감	색상에 따라 따뜻함과 차가움을 느끼는 특성 예 난색(따뜻함), 한색(차가움), 중성색
중량감	• 색에서 느껴지는 무겁거나 가벼운 느낌 • 명도에 따라 영향을 받음 예 저명도(무겁고 견고함), 고명도(가볍고 부드러움)
강약감	• 색에서 느껴지는 강한 느낌과 약한 느낌 • 채도에 따라 영향을 받음 예 고채도(강한 인상), 저채도(약한 인상)
경연감	명도와 채도에 따라 단단하거나 부드러운 느낌 예 어두운 색(단단하고 거침), 밝은 색(부드러움)
흥분감/ 진정감	• 흥분감 : 난색 계열, 고채도, 고명도 색상 → 활기차고 자극적 • 진정감 : 한색 계열, 저채도, 저명도 색상 → 시원하고 고요함
계절감	• 봄 : 파스텔, 고명도(따뜻하고 부드러움) • 여름 : 고명도, 고채도(시원하고 강렬함) • 가을 : 난색, 중명도, 중채도(편안하고 따뜻함) • 겨울 : 한색, 저명도, 저채도, 무채색(차가움)

단답형 문제

01 한 색상을 본 후 다른 색을 볼 때, 앞 색의 잔상으로 인해 본래 색과 다르게 보이는 현상은 무엇인가?

객관식 문제

02 동시대비는 무엇을 설명하는 개념인가?
① 두 가지 색상을 같은 시간에 보는 효과
② 두 가지 색상이 나란히 배치될 때 시각적으로 서로 달라 보이는 현상
③ 한 색상을 본 후 다른 색을 볼 때 나타나는 효과
④ 색상의 밝고 어두운 정도에 따른 효과

03 면적대비에 대한 설명 중 틀린 것은?
① 면적대비는 면적 크기에 따라 다르게 보이는 효과이다.
② 같은 색이라도 면적이 클수록 명도와 채도가 높게 느껴진다.
③ 같은 색이라도 면적이 작을수록 명도와 채도가 높게 느껴진다.
④ 같은 색이라도 면적이 작을수록 명도와 채도가 낮게 느껴진다.

04 색의 동화에 대한 설명으로 옳은 것은?
① 색의 잔상이 남는 효과이다.
② 주변 색에 영향을 받아 색이 유사하게 느껴지는 현상이다.
③ 색이 대비될 때 달라 보이는 현상이다.
④ 색이 서로 반대 되는 위치에 있을 때 발생되는 현상이다.

05 다음은 무엇에 관한 설명인가?

• 눈에 잘 띄며 주변 환경에서 쉽게 인식
• 형태나 색상이 배경과 명확하게 구별

① 주목성과 안전성   ② 명시성과 주목성
③ 안전성과 심미성   ④ 주목성과 기능성

정답 01 계시대비 02 ② 03 ③ 04 ② 05 ②

POINT 27 색의 상징과 기능

01 색의 연상

● 색의 연상 의미

- 특정 색상을 볼 때 떠오르는 형상이나 이미지를 말한다.
- 추상적 연상과 구체적 연상으로 나뉜다.
- 색의 연상은 문화와 개인의 경험에 따라 다르다.

빨강	열정, 사랑, 에너지, 위험, 경고, 분노, 열망, 야망
파랑	안정, 신뢰, 차분함, 평화, 슬픔, 차가움, 시원함, 냉혹
노랑	밝음, 기쁨, 경고, 경쾌함, 낙관, 성실
초록	자연, 생명, 성장, 치유, 희망, 휴식, 위안
보라	신비, 창의성, 고귀함, 영성, 우아함, 섬세함, 침울, 그늘
주황	활력, 창의성, 따뜻함, 모험
흰색	결백, 순수, 청순, 신성, 순결, 웨딩드레스, 청정, 청결
회색	소극적, 평범, 중립, 차분, 쓸쓸함, 안정, 절제
검정	밤, 죽음, 공포, 침묵, 부패, 죄, 악마, 슬픔, 모던, 장엄함, 두려움

● 색의 상징

- 색은 사회적, 문화적 맥락에서 특정 의미나 개념을 나타내는 상징으로 활용된다.
- 문화와 풍습에 따라 색의 의미가 달라진다.

신분 구분	• 의상의 색상 : 신분과 계급을 상징 • 왕족의 의복 : 황금색과 자주색으로 권위를 표현
방위 표시	• 동양에서는 방위를 색으로 표시하며, 이를 오방색이라 함 • 적색 : 남쪽 • 청색 : 동쪽 • 황색 : 중앙 • 백색 : 서쪽 • 흑색 : 북쪽
지역 구분	• 올림픽 오륜기는 다섯 개 대륙을 상징하는 색 사용 • 파랑 : 유럽 • 검정 : 아프리카 • 빨강 : 아메리카 • 노랑 : 아시아 • 초록 : 오세아니아
종교 상징	• 기독교 : 빨강, 파랑 • 천주교 : 하양, 검정 • 이슬람교 : 초록 • 불교 : 황금색
기업 상징	• 기업은 고유의 CI 색상 사용 • 브랜드를 상징하는 색상 선택

● 색의 공감각

색과 다른 감각이 함께 느껴지는 현상을 공감각이라고 한다.

미각	• 단맛 : 적색, 주황, 노란색 • 신맛 : 노랑, 연두 • 쓴맛 : 그린, 갈색 • 짠맛 : 연녹색, 연파랑, 회색 • 매운맛 : 빨강, 주황, 자주
후각	• 좋은 향 : 고명도, 고채도의 난색 • 나쁜 향 : 저명도, 저채도의 한색
청각	• 높은 음 : 고명도, 고채도의 강한 색 • 낮은 음 : 저명도, 저채도의 어두운 색 • 거친 음 : 고명도의 난색 계열 • 부드러운 음 : 고채도의 선명한 색
촉각	• 부드러움 : 밝은 난색 (밝은 핑크, 노랑, 하늘색 등) • 거침 : 저명도, 저채도의 한색 및 어두운 무채색 • 촉촉함 : 고명도의 한색(파랑, 청록 등)

02 색의 기능

● 색채조절
색을 과학적으로 선택하고 활용하여 작업 효율을 높이고 쾌적한 환경을 조성한다.

● 색채조절의 효과
- 피로 감소와 기분을 개선한다.
- 집중력 향상 및 실수를 감소시킨다.
- 안전 사고를 예방한다.
- 건물 내부 및 외부의 보호와 유지에 효과적이다.

● 안전 색채

빨강	금지, 정지, 소화설비, 매우 위험한 상황
주황	위험, 보안시설, 구급차
노랑	경고, 주의, 장애물 및 위험물
초록	안전, 안내, 비상구, 구급장비
파랑	행동 지시, 수리 중 주의
보라	방사능 경고
흰색	문자 표기, 정돈, 방향 지시
검정	문자 표기, 보조색으로 활용

● 색의 효과와 치료

빨강	혈압상승, 혈액순환, 식용자극, 분노 유발
주황	원기 회복, 소화계 영향, 성적 감각 자극
노랑	신경계 강화, 근육 에너지 생성, 피로 해소, 식욕 상승
초록	신체적 균형, 혈액순환, 심호흡
파랑	진정 효과, 자신감, 창의력 향상, 불안감, 불면증 감소
남색	마취 효과, 창조력 향상
보라	신경 진정, 신진대사의 균형, 감수성 자극

단답형 문제

01 밝음, 기쁨, 경고, 경쾌함, 성실 등과 같은 이미지를 떠오르게 하는 색은 무엇인가?

객관식 문제

02 다음 중 색상의 연상과 관련된 설명으로 옳은 것은?
① 색상은 물리적 특성에 국한되며, 감정적 반응을 유발하지 않는다.
② 특정 색상을 보면 이미지나 형상이 떠오르는 것을 의미한다.
③ 모든 색상은 동일한 연상을 제공한다.
④ 색의 연상은 불변하며, 문화나 배경에 따라 차이가 생기지 않는다.

03 다음 중 검정색이 연상시키는 이미지는?
① 활력, 창의성
② 밤, 죽음, 공포
③ 쓸쓸함, 중립
④ 평화, 차분함

04 공감각이란 무엇을 의미하는가?
① 두 가지 이상의 색상이 서로 간섭하며 시각적 인상을 바꾸는 현상
② 사회적, 문화적 맥락에 의해 색이 상징하는 의미가 변화하는 현상
③ 여러 빛의 파장이 결합하여 새로운 색조가 형성되는 과정
④ 한 감각이 자극되면 다른 감각도 활성화되는 현상

05 파란색이 연상시키는 촉각적 느낌은 무엇인가?
① 촉촉함
② 건조함
③ 거침
④ 부드러움

정답 01 노랑 02 ② 03 ② 04 ④ 05 ①

POINT 28 색채 디자인

01 색채 디자인 이해

● 색채 디자인의 역할
- 색채와 디자인의 합성어로, 다양한 분야에서 활용한다.
- 색상을 통해 제품 및 서비스의 부가가치를 높이고 경쟁력을 강화한다.
- 색채 디자인 프로세스 : 색채 계획 → 조사·분석 → 콘셉트 설정 → 색채 디자인 → 색채 관리

● 주조색, 보조색, 강조색

주조색	디자인의 분위기를 결정하며 핵심 색상으로 통일성을 제공
보조색	주조색을 보완하고 균형과 다양성을 제공
강조색	특정 요소를 돋보이게 하며 주목을 끄는 포인트 색상

02 디자인 분야

● 디자인 분류

디자인 분류	시각디자인	제품 디자인	환경 디자인
2D 디자인 (평면)	광고 디자인, 편집 디자인, 타이포그래피, 레터링 디자인, 일러스트레이션, 웹 디자인	텍스타일 디자인, 벽지 디자인, 패브릭 디자인	
3D 디자인 (입체)	POP 디자인, 패키지디자인	디지털/전자 제품 디자인, 생활용품 디자인 가구디자인	도시 디자인, 조경 디자인, 인테리어 디자인
4D 디자인	영상 디자인, 애니메이션, 가상현실	운송 수단 디자인, 의료 기기 디자인	디스플레이 디자인, 무대 디자인

● 시각 디자인
- 메시지를 시각적 요소를 통해 효과적으로 전달하는 디자인 분야이다.
- 시각 디자인 매체 : 포스터, 신문, 잡지, TV광고

● 광고 디자인
- 상품이나 서비스를 소비자에게 효과적으로 전달하기 위한 디자인 분야이다.
- 다양한 플랫폼에서 사용되며, 소비자의 관심을 끌고 구매 욕구를 자극하는 것이 목표이다.

● 웹 디자인
- 사용자에게 정보를 효과적으로 전달하는 디자인이다.
- 사용자 접근성과 가독성을 고려하여 고채도나 강한 대비는 적절하게 조절하여 사용해야 한다.
- 웹 디자인 과정 : 프로젝트 기획 → 웹사이트 기획 → 사이트 디자인 → 사이트 구축 → 유지 및 관리

● 아이덴티티
- 기업, 브랜드, 조직의 고유한 성격과 이미지를 시각적으로 표현하는 체계이다.
- 브랜드 아이덴티티(BI)와 기업 아이덴티티(CI)는 마케팅과 디자인에서 중요한 역할을 한다.

CI	기업의 이미지를 시각적으로 표현하는 디자인
BI	브랜드의 이미지를 시각적으로 표현하는 디자인
베이직 시스템	CI 디자인의 기초적인 구성 요소를 체계화하여 일관성 있게 적용하기 위한 기준 예 심벌마크, 로고타입, 전용색상 등
어플리케이션 시스템	기업의 CI가 실제로 다양한 환경에 적용되는 방식 예 명함, 편지지, 봉투, 외부 사인물 등

● 레터링 디자인

- 문자를 손으로 직접 그리거나 디지털 방식으로 독창적으로 표현하는 디자인이다.
- 브랜드 로고, 포스터, 광고 등에서 강한 시각적 인상을 주기 위해 사용된다.

● POP 광고 디자인

- Point of Purchase의 약어로 판매시점 주변에서 브랜드를 홍보하기 위한 광고이다.
- POP 광고는 구매 시점에서 소비자의 주의를 끌고 구매 욕구를 자극하는 것을 목표이다.
  예 화장품 매장에서 인기 제품을 홍보하기 위해 제품 주변에 설치된 미니 배너

● 제품 디자인

- 기능성과 심미성을 고려하여 대량 생산 제품을 설계하는 디자인 분야이다.
- 디지털 제품 디자인, 가구디자인, 운송 수단 디자인 등이 있다.

● 환경 디자인

- 인간의 생활 공간을 계획·설계하며, 자연환경과 인공환경의 조화를 추구한다.
- 건축 디자인, 조경 디자인, 도시 디자인, 인테리어 디자인, 스트리트 퍼니처, 에코 디자인 등이 있다.

단답형 문제

01 색채 디자인 프로세스에서 디자인의 목적과 방향에 맞는 색채 사용 계획을 세우고 색채 전략을 수립하는 단계는 무엇인가?

객관식 문제

02 색채 디자인이란 무엇을 의미하는가?
① 제품의 기능성만을 강조한 디자인
② 시각적 요소를 통해 제품의 부가가치를 높이는 디자인
③ 환경에 맞춘 색채 조절 없이 사용되는 색상
④ 기술적인 요소만 고려한 디자인

03 다음 중 시각 디자인에 해당하는 것은?
① 가구 디자인
② 편집 디자인
③ 텍스타일 디자인
④ 도시 디자인

04 다음은 무엇에 관한 설명인가?

- 기업의 정체성을 시각적으로 표현하여 대중에게 인식시키는 디자인
- 통일된 시각 요소를 통해 기업의 이미지와 가치를 효과적으로 전달하며, 브랜드의 일관성을 유지하는 것이 중요함
- 심벌마크, 로고타입, 전용 색상 등이 포함됨

① 편집 디자인
② 레터링 디자인
③ BI 디자인
④ CI 디자인

05 다음 중 환경 디자인에 해당하는 것은?
① 가전제품 디자인
② 실내 디자인
③ 가구 디자인
④ 패션 디자인

정답 01 색채계획 02 ② 03 ② 04 ④ 05 ②

POINT 29 색채 조화와 조화론

01 색채 조화

● 색조(Tone)
- 색상의 밝기와 채도를 변화시켜 다양한 느낌을 표현한 개념이다.
- 같은 색상이라도 명도와 채도를 조절하여 다양한 느낌을 줄 수 있다.

● 색조 조절

틴트(Tint)	흰색 추가, 밝고 부드러운 색상
셰이드(Shade)	검정 추가, 어둡고 강렬한 색상
톤(Tone)	회색을 추가하여 채도를 낮추고, 부드럽고 차분한 색상

● 색채 조화
- 서로 다른 색상들이 어우러져 시각적 안정감을 주는 것을 의미한다.
- 색의 조합에 따라 감정적, 심리적 영향을 미칠 수 있으며, 다양한 느낌을 표현한다.

유사색 조화	• 색상환에서 인접한 색상끼리 조합하는 방식 • 색상 간의 변화가 부드럽고 자연스러워 시각적으로 안정감을 줌 ◎ 색상조화, 명도조화, 주조색 조화
대비색 조화	• 색상환에서 반대되는 색상이나 보색을 조합하는 방식 • 강한 대비를 통해 역동적이고 강렬한 느낌을 줌 ◎ 보색대비 조화, 근접보색대비 조화, 명도대비 조화

- 색채 디자인 프로세스

  색채계획 → 조사·분석 → 콘셉트 설정 → 색채 디자인 → 색채 관리

02 색채 조화론

● 저드의 색채 조화론
미국 색채학자 도널드 저드의 이론이다.

질서의 원리	색을 규칙적이고 체계적으로 배열해 안정감을 제공하는 원리
친근감의 원리	유사한 성질의 색상을 사용해 조화로움을 느끼게 하는 원리
유사성의 원리	명도, 채도, 색상이 비슷할 때 조화를 이루는 원리
명료성의 원리	대비와 명도 차이를 통해 명확하게 구분 되는 원리

● 슈브뢸의 색채 조화론
- 미셸 외젠 슈브뢸의 이론으로 현대 색채 조화론의 기초를 확립하였다.
- 유사성과 대조를 통해 색채 조화가 이루어진다고 주장하였다.

- 유사 조화

인접색 조화	색상환에서 가까운 색상끼리 조합하여 얻는 조화
주조색 조화	주요 색 중심으로 유사 색상 배치하여 얻는 조화

- 대비 조화

반대색 조화	색상환 반대 위치의 색(보색)으로 강한 대비를 통한 조화
근접 보색 조화	보색과 가까운 색으로 적절한 대비를 통한 조화
등간격 3색 조화	색상환에서 일정 간격의 세 색 조합

● **파버 비렌의 조화론**

- 미국 색채학자 파버 비렌의 이론으로 심리학적 색채 이론을 정립하였다.
- 색입체 모델을 기반으로 명도, 채도, 색상의 수학적 관계를 설명하며, 심리적 안정감을 주는 조화 이론을 제시하였다.
- 연구를 통해 따뜻한 색과 차가운 색을 구분한다.

● **요하네스 이텐의 색채 조화론**

- 스위스 화가 요하네스 이텐의 이론이다.
- 12색상환을 활용해 색상 관계와 조화를 설명하였다.
- 삼각형, 사각형 등 도형을 통해 2색, 3색, 다색 조화를 연구하였다.

● **문·스펜서의 색채 조화론**

- 미국 색채학자 P. 문과 D. E. 스펜서의 이론으로 오메가 공간의 배색을 설명하였다.
- 정량적 색채 조화론으로, 동일 조화, 유사 조화, 대비 조화로 구분한다.
- 면적과 배치를 기반으로 조화 여부를 계산하며, 미도 계산식 M = C/O를 제안하였다.
- 조화로운 배치를 위해 면적에 따라 차분한 색과 강조 색을 배치하였다.

단답형 문제

01 색상환에서 서로 인접한 색상 간의 배색으로 부드럽고 조화로운 분위기를 표현하는 배색을 무엇이라 하는가?

객관식 문제

02 색채기획의 주요 목표는 무엇인가?
① 제품의 모양을 결정
② 디자인의 목적과 방향에 맞는 색채 사용 계획 및 전략 수립
③ 시장 조사 없이 감각적으로 색상을 선택
④ 색상을 무작위로 선택

03 다음 중 색채 디자인의 비율 60-30-10 원칙에 맞는 설명은 무엇인가?
① 주조색 60%, 보조색 30%, 강조색 10%
② 주조색 10%, 보조색 60%, 강조색 30%
③ 주조색 30%, 보조색 60%, 강조색 10%
④ 주조색 50%, 보조색 25%, 강조색 25%

04 색조(Tone)란 무엇을 의미하는가?
① 색상의 밝기만을 조절한 것
② 색상의 채도만을 조절한 것
③ 색상의 밝기와 채도의 변화를 통해 다양한 느낌을 표현하는 것
④ 색상의 온도를 조절한 것

05 슈브뢸의 색채 조화론에 따르면, 다음 중 대비 조화를 이루는 색상 조합은?
① 파랑과 초록
② 빨강과 노랑
③ 빨강과 초록
④ 노랑과 녹색

정답 01 유사색 조화(유사배색) 02 ② 03 ①
04 ③ 05 ③

POINT 30 배색과 유행색

01 색채 배색

● 배색
- 배색은 색상을 조합하여 특정 분위기나 목적을 표현하는 과정이다.
- 색상, 명도, 채도 간의 조화를 고려하며, 주로 색상에 중점을 둔다.

● 색상 배색

동일 색상 배색	• 동일 색상 내 명도와 채도를 다르게 하여 배색 • 차분하고 통일된 느낌 표현
유사 색상 배색	• 색상환에서 인접한 색상 간의 배색 • 부드럽고 조화로운 분위기를 표현
반대 색상 배색	• 색상환에서 반대편에 있는 색상 간의 배색 • 두 색상이 서로를 더욱 돋보이게 만들어 생동감 있는 느낌 표현

● 명도 배색

유사 명도 배색	• 명도가 비슷한 색상으로 차분하고 안정적인 느낌을 형성 • 고명도 배색 : 밝은 색상 위주로 가볍고 밝은 분위기 연출 • 중명도 배색 : 중간 밝기의 색상 조합으로 중립적이고 차분한 느낌을 제공 • 저명도 배색 : 어두운 색상 조합으로 무겁고 진지한 분위기를 형성
반대 명도 배색	고명도와 저명도를 결합해 강한 대비를 형성

● 채도 배색

유사 채도 배색	• 채도가 비슷한 색상 간의 조합으로 부드럽고 자연스러운 느낌을 줌 • 고채도 배색 : 선명한 색상들로 활기차고 역동적인 분위기를 연출 • 저채도 배색 : 낮은 채도의 색상들로 차분하고 편안한 느낌을 제공
반대 채도 배색	고채도와 저채도 색상을 결합하여 강렬한 시각적 효과를 형성

● 효과 배색

전통 배색	• 전통적으로 내려오는 색 조합으로, 한국에서는 음양오행설에 기초 • 오정색 : 적현, 청색, 황색, 백색, 흑색 → 남성, 하늘, 양 상징 • 오간색 : 녹색, 청록색, 홍색, 황록색 → 여성, 땅, 음 상징
톤온톤 / 톤인톤	• 톤온톤 : 같은 색상 내 명도·채도 차이를 활용해 다채롭고 일관된 느낌 표현 • 톤인톤 : 다른 색상 간 유사한 명도·채도로 조화로운 조합
토널 배색	하나의 색상에서 명도·채도를 변형해 부드럽고 조화로운 분위기 연출
까마이외 / 포 까마이외	• 까마이외 : 한 색상에서 명도만 변화를 준 배색 • 포 까마이외 : 명도와 채도를 모두 변형한 배색

비콜로 / 트리콜로	• 비콜로 : 두 가지 색으로 강렬한 대조 또는 조화를 이루는 배색 • 트리콜로 : 세 가지 색으로 균형과 대비를 통한 다채로운 효과 연출
강조 배색 / 분리 배색	• 강조 배색 : 단조로운 배색에서 특정 부분을 강렬한 색으로 강조 • 분리 배색 : 두 색상 사이에 무채색을 넣어 시각적으로 분리
그라데이션 / 반복 배색	• 그라데이션 : 색상이 점진적으로 변하는 배색 • 반복 배색 : 동일한 색상이나 조합을 반복해 리듬감과 일관성 부여

02 유행색과 트렌드

● 유행색

- 짧은 기간 동안 대중과 시장에서 인기를 얻는 색상이다.
- 패션, 디자인, 인테리어 등 다양한 분야에서 사용되며, 트렌드와 밀접하게 연결된다.
- 경제적·문화적 변화에 따라 변하며, 시대적 흐름을 반영한다.

● 트렌드

- 특정 시기 동안 사회 전반에 영향을 미치는 장기적 흐름이다.
- 일반적으로 5~10년 지속되며, 유행보다 더 긴 기간동안 유지된다.
- 사회, 문화, 경제, 디자인 등 다양한 분야에서 나타나는 복합적인 경향이 있다.

단답형 문제

01 색상, 명도, 채도 간의 조화를 고려하여 특정 분위기나 목적을 표현하기 위해 색을 조합하는 과정을 무엇이라 하는가?

객관식 문제

02 톤온톤(Tone-on-Tone) 배색은 무엇을 의미하는가?
① 동일 색상 내에서 명도와 채도를 다르게 한 배색
② 유사한 색상끼리 조합한 배색
③ 대비되는 색상을 사용하는 배색
④ 다른 색상들이지만 유사한 명도와 채도를 가진 배색

03 명도·채도를 모두 변형하여 다양한 톤을 구성하는 배색 방식은 무엇이라고 하는가?
① 까마이외 배색
② 포 까마이외 배색
③ 톤온톤 배색
④ 그라데이션 배색

04 '밝은 빨간색'의 계통색명 표기법에 해당하는 구성 방식은 무엇인가?
① 색상 수식형 + 기본색명
② 명도 수식어 + 기본색명
③ 명도 수식어 + 색상 수식형 + 기본색명
④ 기본색명 + 명도 수식어

05 형용사 언어 이미지 스케일의 특징은?
① 형용사 중심에서 멀어질수록 강도가 강해진다.
② 비슷한 의미의 형용사들을 그룹으로 묶어 이해하기 쉽도록 구성한다.
③ 색채의 비율과 분포를 시각적으로 나타낸 도구이다.
④ 국가, 문화, 양식, 환경 등에 따라 동일하다.

정답 01 배색 02 ① 03 ② 04 ③ 05 ②

POINT 31 멀티미디어

01 멀티미디어

◉ 멀티미디어 개요

- 텍스트, 이미지, 오디오 등 두 가지 이상의 미디어 형태가 결합된 콘텐츠이다.
- 멀티미디어 특성 : 통합성, 상호작용, 비선형성, 디지털화
- 멀티미디어 분야 : 웹사이트, 광고, 프레젠테이션, 교육, 게임, 가상 현실, 키오스크 등
- 멀티미디어 표준 기구 : ISO/IEC JTC 1 협동기술위원회, ITU-T

그래픽 관련 표준	CGM, OpenGL
정지 화상 표준	JPEG, PNG
동영상 관련 표준	MPEG, H.264, H.265(HEVC)
비디오 방송 표준	NTSC, PAL
문서 관련 표준	ODA, SGML, HTML, XML, MHEG, OMFI
오디오 표준	MIDI, WAV, MP3

◉ 멀티미디어 시스템 구성

- PC 구성 요소 : 사운드 카드, 스피커, 마이크, 오디오 편집 소프트웨어, CD-ROM 등
- 저장 장치 : 하드 디스크, CD-R, CD-RW, SSD(고속 저장 장치)
- 통신 장치 : 동기형 통신 장치(화상 통신), 비동기형 통신 장치(VOD : 주문형비디오)

하드웨어 환경	메모리, 프로세서, 하드 디스크, CD-ROM, 사운드, 비디오 장치, 스캐너, 디지털카메라 등
소프트웨어 환경	미디어 편집, 이미지 편집, 사운드 편집, 3D 그래픽, MIDI, 애니메이션, 비디오 제작 소프트웨어 등 콘텐츠 제작 도구

◉ 멀티미디어 제작 기획

프로젝트 매니저(PM)	프로젝트의 시작부터 완료까지 전체 과정을 총괄, 각 업무를 계획하고 관리
내용 전문가	프로젝트의 목표와 관련된 전문 지식을 제공하며, 내용의 정확성을 보장
작가	내용 전문가의 의견과 주제를 글로 표현하여 사용자에게 전달
인터페이스 디자이너	사용자와 시스템 간의 상호작용을 설계, 시각적 디자인과 사용성을 함께 고려
그래픽 전문가	화면 구성 요소 디자인과 레이아웃을 설계, 프로젝트의 시각적 스타일을 결정
프로그래머	멀티미디어 요소들을 통합하고 구현하여 프로젝트의 최종 결과물을 완성

- 멀티미디어 제작 순서 : 요구 분석과 목표 정의 → 콘셉트 설정 → 자료 수집 및 참조모델 설정 → 제작 기획서 작성

◉ 멀티미디어 콘텐츠 유형

영상 콘텐츠	텍스트, 이미지, 소리 등 다양한 미디어 요소가 통합되어 시청각적으로 전달하는 콘텐츠
애니메이션 콘텐츠	• 정지된 이미지를 연속적으로 표시하여 움직임을 표현하는 디지털 콘텐츠 • 컴퓨터로 제작된 애니메이션으로 2D와 3D로 구분
이미지 콘텐츠	정지된 시각적 요소로 정보를 전달하거나 감정을 표현하는 콘텐츠
사운드 콘텐츠	• 청각을 통해 정보를 전달하는 콘텐츠 • 아날로그 사운드를 디지털 파일 형태로 저장 및 사용
텍스트 콘텐츠	• 글자와 언어로 정보를 전달하는 가장 기본적이고 보편적인 콘텐츠 • 데이터 용량이 작아 정보 전달 수단으로 효과적

02 멀티미디어 제작

● 멀티미디어 저작 개요

- 다양한 미디어 요소를 결합해 하나의 통합된 콘텐츠를 제작하는 과정이다.
- 사용자와 상호작용할 수 있는 콘텐츠를 제작한다.

● 멀티미디어 저작 도구

- 문자, 이미지, 사운드, 동영상 등을 결합하여 콘텐츠를 제작하는 프로그램이다.
- 직관적 인터페이스로 비전문가도 사용 가능하다.
- 안정적 품질을 제공하며 버그 발생률이 낮다.
- 작업 과정 단순화로 인원 효율적 배치가 가능하다.

● 멀티미디어 제작 소프트웨어

페인팅 및 드로잉	일러스트레이터, 코렐 페인터
이미지 편집	포토샵, 코렐 포토페인트
사운드 편집	골드웨이브, 오디션
3D 그래픽	3D 스튜디오 맥스, 마야
MIDI 제작	Cakewalk, Sonar
애니메이션 편집	플래시, 마야
비디오 제작	프리미어, 파이널 컷 프로
웹 페이지 제작	• 드림위버, 워드프레스, 비쥬얼 스튜디오 코드 • WYSIWYG 방식으로 코드 없이 웹사이트 제작 가능

● 멀티미디어 재생 소프트웨어

Windows Media Player	다양한 오디오 및 비디오 재생 지원
Real Player	스트리밍 포함 다양한 멀티미디어 파일 지원
Xing MPEG Player	MPEG 비디오 파일 재생 특화

단답형 문제

01 텍스트, 이미지, 오디오, 애니메이션 등 다양한 미디어 형태를 복합적으로 결합한 콘텐츠를 무엇이라고 하는가?

객관식 문제

02 멀티미디어 콘텐츠의 특성 중 사용자가 관심 있는 부분을 선택적으로 접근할 수 있는 기능을 의미하는 것은?
① 통합성 ② 상호작용
③ 비선형성 ④ 디지털화

03 멀티미디어 시스템의 구성 요소 중 통신 저장 장치에 해당하지 않는 것은?
① 하드 디스크
② CD-R
③ 비동기형 통신 장치
④ CD-RW

04 인터페이스 디자이너의 주요 역할로 옳은 것은?
① 콘텐츠의 구조와 시각적 스타일을 제작
② 다양한 미디어 요소를 통합하여 최종 결과물을 완성
③ 시각적 표현과 전자 매체 간 상호작용을 설계하여 사용자 경험을 만듦
④ 프로젝트 전반을 총괄하고 관리

05 멀티미디어 제작진 직무와 내용 연결이 틀린 것은?
① 프로젝트 매니저 – 모든 과정을 총괄
② 그래픽 전문가 – 멀티미디어 요소를 통합해 최종 결과물 완성
③ 내용 작가 – 의견과 주제를 글로 표현하여 콘텐츠 완성
④ 분야별 전문가 – 각종 멀티미디어 요소를 제작

정답 01 멀티미디어 콘텐츠 02 ③ 03 ③ 04 ③ 05 ②

POINT 32 파일 포맷

01 이미지 파일 포맷

GIF (*.gif)	• 256색의 제한된 색상 팔레트를 사용하는 파일 형식 • 투명 배경 지원, 간단한 애니메이션 제작 가능, 무손실 압축 방식을 사용 • 복잡한 이미지 표현에 적합하지 않음
JPEG (*.jpg, *.jpeg)	• 손실 압축을 사용하여 파일 크기를 줄임 • 16.7백만 색상을 지원해 사진 및 고화질 이미지 표현 가능 • 여러 번 압축 시 화질 저하 발생
PNG (*.png)	• 무손실 압축 지원 • 투명 배경 지원, 웹 그래픽에 적합 • JPEG보다 품질 손실이 없음 • 파일 크기가 JPEG보다 큼
BMP (*.bmp)	• 비압축 형식으로 매우 뛰어난 이미지 품질 제공 • 주로 Windows 운영 체제에서 사용 • 고품질 이미지 제공 • 파일 크기가 매우 크고 전송 및 저장 비효율적
TIFF (*.tiff)	• 무손실 압축 지원 • 고화질 이미지 저장 가능 • 다양한 색상 모드 지원, 인쇄 및 출판에 적합 • 파일 크기가 크며 저장 공간이 많이 필요
AI (*.ai)	• Adobe Illustrator의 기본 파일 형식 • 벡터 기반 그래픽 저장 • 확대/축소 시 품질 유지

02 동영상 파일 포맷

MP4 (*.mp4)	• 비디오, 오디오, 자막 등을 하나로 통합하는 멀티미디어 파일 형식 • MPEG-4 압축 기술을 사용하여 데이터 용량을 줄이는 동시에 고화질 지원 • 다양한 플랫폼과 미디어 플레이어에서 재생 가능 • 스트리밍 기술을 지원하여 네트워크 환경에서도 원활하게 재생 가능
MPEG (*.mpg, *.mpeg)	• 영상과 오디오 데이터를 효율적으로 압축하는 국제 표준 형식 • 각각의 해상도와 용도에 따라 사용됨 • MPEG-1 : 320×240 해상도, CD-ROM 등 저해상도 저장 매체에 적합 • MPEG-2 : 720×480 해상도, 방송, 통신, DVD에 사용 • MPEG-4 : 720×480 해상도, 웹 기반 고압축 및 저노이즈 용도 • MPEG-7 : 영상 검색 및 메타데이터 관리용
AVI (*.avi)	• 오디오와 영상 데이터를 함께 저장하는 파일 형식 • Windows에서 기본적으로 지원 • 다양한 미디어 플레이어에서 재생 • 파일 크기가 크며, 압축 코덱에 따라 품질과 용량이 달라짐
ASF (*.asf)	• 마이크로소프트에서 개발한 스트리밍용 멀티미디어 형식 • 다운로드와 동시에 재생이 가능 • 멀티미디어 품질이 제한적
WMV (*.wmv)	• 마이크로소프트가 개발한 동영상 압축 형식 • 고압축으로 작은 용량에서도 우수한 화질 유지 • 고품질 비디오 스트리밍 가능
MOV (*.mov)	• 애플의 퀵타임 기술 기반 동영상 파일 형식 • 고품질 영상과 음성 저장 가능 • 영상 편집 및 제작에 적합 • 다양한 플랫폼에서 재생 가능

03 웹 관련 파일 포맷

HTML (.html, .htm)	• 웹 페이지의 구조 정의 • 텍스트, 이미지, 링크 등의 요소를 브라우저가 해석하고 표시
CSS (*.css)	• 웹 페이지의 스타일과 레이아웃 정의 • 색상, 글꼴, 여백, 정렬 등 시각적 요소를 설정 • HTML과 함께 사용하며, 유지보수와 재사용 용이
JavaScript (*.js)	• 웹 페이지에 동적 기능 추가 • HTML, CSS와 함께 사용해 인터랙티브한 사용자 경험 제공

04 사운드 관련 파일 포맷

WAV (*.wav)	• 고품질 및 무손실 오디오 파일 형식 • 음악, 음성 녹음 등 전문적인 오디오 작업에 적합 • 파일 크기가 커 저장 공간 많이 차지
MP3 (*.mp3)	• 손실 압축 방식으로 파일 크기를 줄이면서도 음질 유지 • 음악 및 오디오 콘텐츠에 널리 사용 • 압축 과정에서 일부 음질 손실 발생
MIDI (*.midi)	• 악기 연주 정보를 디지털 형태로 저장하는 파일 형식 • 실제 오디오가 아닌 연주 데이터로, 사운드 품질은 재생 환경에 따라 달라짐 • 디지털 작곡, 게임 사운드, 벨소리 등에 활용됨

05 문서 및 기타 멀티미디어 포맷

PDF (*.pdf)	• 텍스트와 이미지를 포함한 문서 파일 형식 • 읽기 전용으로 사용되어 원본 파일 보호 가능 • 다양한 기기와 플랫폼에서 호환 • 인쇄와 공유에 적합한 표준 문서 형식
SWF (*.swf)	• 애니메이션과 멀티미디어 콘텐츠 저장 • 과거 플래시 기반 웹 애니메이션 제작에 주로 사용(현재 지원 종료)
RM (*.rm)	• 스트리밍 기술을 활용한 멀티미디어 파일 형식 • RealNetworks에서 개발 • 네트워크를 통해 효율적으로 전송 가능 • 스트리밍 비디오 및 오디오 콘텐츠에 사용

단답형 문제

01 인쇄 및 출판 작업에 적합하며, 무손실 압축을 지원하는 포맷은 무엇인가?

객관식 문제

02 손실 압축을 사용하여 이미지 크기를 줄이지만, 여러 번 압축 시 화질 저하가 발생할 수 있는 이미지 파일 포맷은?
① JPEG
② PNG
③ GIF
④ BMP

03 다음 중 비디오, 오디오, 자막 등을 모두 한 파일에 담을 수 있고, 고화질 영상을 작은 파일 크기로 저장할 수 있는 멀티미디어 컨테이너 파일 포맷은?
① AVI
② MOV
③ MP4
④ ASF

04 MPEG-1의 주요 사용 용도와 해상도는?
① 720×480 해상도, DVD 및 방송 용도
② 320×240 해상도, 저해상도 디지털 저장 매체
③ 720×480 해상도, 웹용 고압축
④ 320×240 해상도, 영상 검색

05 다음 중 MP3의 특징이 아닌 것은?
① 손실 압축 방식 사용
② 파일 크기 작음
③ 무손실 오디오 형식
④ 다양한 기기에서 지원

정답 01 TIFF 02 ① 03 ③ 04 ② 05 ③

POINT 33 웹 기초와 웹페이지 제작

01 인터넷의 개념

◉ 인터넷 개념
- 전 세계의 컴퓨터가 서로 연결되어 정보를 주고받는 통신망이다.
- 다양한 장치와 시스템이 공통의 규약(프로토콜)을 통해 데이터를 주고받는다.
- 웹, 이메일, 파일 전송 등 다양한 서비스를 제공한다.

◉ 주요 인터넷 프로토콜
서로 다른 장치나 시스템이 원활하게 데이터를 송·수신할 수 있도록 정의된 규칙이다.

TCP/IP	인터넷의 핵심 전송 규약. 데이터 흐름과 주소 지정 담당
IP	데이터를 목적지까지 전달하기 위한 주소 체계
DNS	도메인 이름을 IP 주소로 변환해주는 시스템
SMTP	메일 송신용 프로토콜
POP3	메일 수신을 담당하는 프로토콜
IMAP	메일을 저장하고, 여러 기기에서 동기화하며 읽는 방식

◉ 기타 인터넷 서비스

웹(Web)	HTTP를 이용해 텍스트, 이미지, 영상 등 다양한 정보를 제공하는 서비스
이메일 (Email)	SMTP, POP3, IMAP 등을 통해 전자우편을 송수신하는 서비스
FTP(File Transfer Protocol)	인터넷을 통해 파일을 주고받는 서비스
텔넷 (Telnet)	원격지의 컴퓨터에 명령어 기반으로 접속하여 조작할 수 있는 서비스
VoIP (인터넷전화)	음성 데이터를 IP 네트워크로 전송하여 통화하는 서비스(예 카카오톡 전화)
원격접속(Remote Access)	네트워크를 통해 다른 컴퓨터를 원격 제어할 수 있는 기능(텔넷 포함)

02 웹(Web)

◉ 웹의 개요
- 인터넷 기반의 정보 공유 시스템으로, 다양한 정보를 검색하고 상호작용할 수 있는 플랫폼이다.
- 월드 와이드 웹(WWW)으로도 불리며, 1989년 팀 버너스 리가 제안, 1990년대 초 대중화되었다.
- 인터넷은 네트워크 인프라, 웹은 그 위에서 작동하는 서비스이다.

◉ 웹의 구성 요소

웹 페이지 (Web Page)	• 정보를 제공하는 문서로, HTML, CSS, JavaScript를 사용하여 구성 • 텍스트, 이미지, 동영상 등 다양한 콘텐츠 포함
웹 브라우저 (Web Browser)	• 사용자가 웹 페이지를 탐색하고 표시하는 소프트웨어 • 입력된 URL을 통해 서버에 요청을 보내고, 받은 HTML을 해석하여 콘텐츠를 렌더링
웹 서버 (Web Server)	• 웹 페이지와 리소스를 클라이언트(브라우저)에 제공하는 컴퓨터 시스템 • 요청받은 파일(HTML, CSS, 이미지 등)을 전송하는 역할
HTML(Hypertext Markup Language)	• 웹 페이지의 구조와 콘텐츠를 정의하는 언어 • 텍스트, 이미지, 링크 등 다양한 요소를 포함
CSS(Cascading Style Sheets)	• 웹 페이지의 디자인과 레이아웃을 정의하는 스타일 언어 • 폰트, 색상, 배치 등 시각적 요소 설정

JavaScript	• 웹 페이지에 동적인 기능을 추가하는 언어 • 사용자와의 상호작용 및 애니메이션 구현
HTTP/HTTPS	• 브라우저와 서버 간 데이터 전송 프로토콜 • HTTP는 일반 데이터 전송, HTTPS는 암호화를 통해 보안을 강화한 버전
FTP(File Transfer Protocol)	• 서버와 클라이언트 간 파일 전송을 위한 프로토콜 • 웹사이트 개발 및 유지보수 시 파일 업로드와 다운로드에 사용
URL	• 웹 상에서 자원의 위치를 나타내는 고유 주소 • 도메인과 프로토콜 정보를 포함하여 자원을 식별
하이퍼텍스트 (Hypertext)	• 다른 문서나 페이지로 연결되는 텍스트 링크 • 사용자가 클릭하여 관련 정보를 탐색할 수 있도록 지원
하이퍼링크 (Hyperlink)	• 하이퍼텍스트를 포함하며, 웹 페이지 간 이동을 가능하게 하는 클릭 가능한 링크 • 웹의 핵심 요소로 문서 간 연결성을 제공
VRML	웹 브라우저에서 3D 가상현실 콘텐츠를 표현하기 위한 언어(Web 3D 지원 목적)
CGI	웹 서버와 외부 프로그램 간에 데이터를 주고받는 서버 측 처리 기술

● **주요 웹 브라우저**

모자이크 (Mosaic)	최초의 그래픽 기반 웹 브라우저로 웹 대중화의 시초
넷스케이프 (Netscape)	모자이크 개발자들이 만든 브라우저로 초기 웹 시장을 주도
크롬 (Chrome)	구글에서 개발한 브라우저로 빠른 속도와 안정성으로 점유율 1위를 유지
파이어폭스 (Firefox)	모질라 재단에서 개발, 오픈소스 기반으로 사용자 확장성이 뛰어남
엣지(Edge)	마이크로소프트가 개발한 브라우저
사파리(Safari)	애플에서 개발한 브라우저로 macOS와 iOS에서 기본 제공됨
오페라(Opera)	다양한 기능과 가벼운 성능을 지닌 브라우저

단답형 문제

01 웹 사용자가 웹 페이지를 탐색하고 표시하는 데 사용하는 소프트웨어는 무엇인가?

객관식 문제

02 다음 중 연결이 잘못된 것은 무엇인가?
① TCP/IP – 인터넷 데이터 전송을 위한 핵심 프로토콜
② DNS – IP 주소를 도메인 이름으로 변환해주는 시스템
③ POP3 – 메일 수신 프로토콜
④ FTP – 파일을 전송하기 위한 프로토콜

03 FTP에 대한 설명으로 가장 적절한 것은?
① 웹 페이지를 시각적으로 스타일링하기 위한 프로토콜이다.
② 전자우편 송신을 위한 프로토콜이다.
③ 서버와 클라이언트 간 파일을 전송하기 위한 프로토콜이다.
④ 브라우저와 서버 간 HTML 문서를 암호화하여 전송하는 프로토콜이다.

04 다음 중 웹 브라우저에서 3D 가상현실 콘텐츠를 표현하기 위해 사용되는 언어는?
① CGI
② CSS
③ VRML
④ HTML

05 웹 서버와 외부 프로그램 간 데이터를 주고받으며 서버 측에서 실행되는 기술은?
① VRML
② CGI
③ CSS
④ Telnet

정답 01 웹 브라우저(Web Browser) 02 ② 03 ③ 04 ③ 05 ②

POINT 34 한글 인코딩과 정보 검색

01 한글 코드와 인코딩

● 한글 코드

한글(KS) 완성형 코드 (KSC-5601)	• 모든 가능한 한글 음절(가, 나, 다 등)을 미리 정의하여 코드로 표현 • 2,350개의 한글 음절을 지원 • 단점 : 한글의 모든 조합을 표현하지 못함
유니코드 (ISO-10646)	• 전 세계 모든 문자를 통합 표현할 수 있는 국제 표준 문자 인코딩 체계 • 한글 포함 모든 언어를 지원 • 대표 인코딩 방식 - UTF-8 : 가변 길이 인코딩. 파일 크기 효율적. 웹에서 가장 많이 사용 - UTF-16 : 가변 길이(2~4바이트). 더 많은 문자 표현 가능. 일부 시스템에서 유리

● 인코딩

- 텍스트 데이터를 컴퓨터가 이해할 수 있는 코드로 변환하는 방식이다.
- 한글 인코딩 : 컴퓨터가 한글 문자를 인식하고 처리할 수 있도록 변환한다.
- 인코딩의 중요성
  - 파일 크기, 처리 속도, 호환성에 영향을 미친다.
  - 웹 및 데이터 처리에서 적합한 인코딩 방식 선택을 필수로 해야 한다.

● 웹페이지 한글 깨짐 현상

- 웹 브라우저가 한글 문자를 제대로 인식하지 못해 이상한 문자나 기호로 표시되는 문제를 말한다.
- 발생 원인 : 웹페이지의 인코딩 방식과 브라우저의 인코딩 설정이 불일치일 때 일어난다.
- 해결 방법 : 웹 페이지 작성 시 UTF-8과 같은 표준 인코딩으로 저장하거나 브라우저 인코딩 설정을 웹 페이지의 인코딩 방식과 일치시켜야 한다.

02 웹페이지 검색 요약

● 정보 검색

- 특정 주제나 키워드에 대한 정보를 탐색하는 과정으로, 검색 엔진 또는 웹사이트 검색 기능을 활용한다.
- **중요성** : 효율적인 정보 접근을 통해 사용자가 원하는 내용을 신속하게 확인이 가능하다.

● 정보 검색 관련 용어

시소러스 (Thesaurus)	주요 키워드 간의 동의어 및 관련어 관계를 정리한 어휘집
리키지 (Leakage)	검색 과정에서 필요한 정보 일부가 누락되는 현상
가비지 (Garbage)	검색된 정보 중 불필요하거나 사용 가치가 없는 정보
스패밍 (Spamming)	동일한 키워드를 반복 입력하여 검색 순위를 인위적으로 높이는 방법
불용어 (Stop Words)	검색에 포함되지 않는 의미 없는 단어나 문자(예 "그리고", "의")
색인 (Indexing)	웹 페이지 내용을 분석하고 주요 키워드를 데이터베이스에 저장하는 과정
로봇 에이전트 (Robot Agent)	자동으로 웹 페이지를 탐색하고 정보를 수집하는 프로그램(검색 엔진 크롤러로 활용)

03 검색 엔진

● 검색 방법

키워드 기반 검색	사용자가 입력한 키워드와 관련된 문서를 단순 매칭해 결과 제공
불리언 검색	AND, OR, NOT 논리 연산자를 사용해 검색 범위를 조정
메타 검색	여러 검색 엔진을 동시에 활용하여 종합적인 결과 제공
통합 검색	웹, 이미지, 뉴스, 동영상 등 다양한 정보 유형을 한 번에 검색

● 검색 연산자

AND	입력한 모든 키워드를 포함하는 결과 제공
OR	입력한 키워드 중 하나라도 포함된 결과 제공
NOT	특정 키워드를 제외한 결과 제공
" " (따옴표)	정확히 일치하는 구문 검색
− (마이너스)	특정 단어나 구문을 제외
* (와일드카드)	여러 글자가 올 수 있는 자리를 대체

단답형 문제

01 웹페이지의 한글 깨짐 현상을 해결하려면 웹페이지를 작성할 때, 어떤 것을 표준 인코딩으로 저장해야 하는가?

객관식 문제

02 한글을 포함한 전 세계의 모든 문자를 표현할 수 있는 표준화된 문자 인코딩 체계는?
① 한글 완성형 코드
② ASCII
③ 유니코드
④ UTF-8

03 다음 중 정보 검색에서 주요 키워드 간의 동의어 및 관련어 관계를 정리한 어휘집을 무엇이라고 하는가?
① 불용어
② 로봇 에이전트
③ 가비지
④ 시소러스

04 검색 엔진에서 정확히 입력한 구문과 일치하는 결과를 찾는 연산자는 무엇인가?
① ""(따옴표)
② OR 연산자
② NOT 연산자
④ *(아일드카드)

정답 01 UTF-8 02 ③ 03 ④ 04 ①

POINT 35. HTML과 태그

01 HTML(HyperText Markup Language)

◉ HTML 개념

- 월드 와이드 웹(WWW)에서 웹 문서를 작성하기 위해 사용하는 마크업 언어이다.
- 웹 페이지에서 텍스트, 이미지, 동영상, 링크 등의 요소를 구조화한다.
- 시각적 콘텐츠를 제공하며, 웹 페이지의 기본적인 구조적 뼈대를 제공한다.
- HTML 문서는 에디터, 메모장, 홈페이지 제작 도구로 작성한다.
- HTML 문서의 확장자는 .htm또는 .html이다.

◉ HTML 기본 구조

- HTML 문서는 태그(Tag)로 이루어지며, 시작 태그와 종료 태그로 구성한다.
- HTML 주석은 〈!--로 시작하고 --〉로 끝나며, 코드에 설명을 추가할 때 사용한다.
- HTML 문서 구조

〈html〉	– HTML 문서 시작
〈head〉	– 머리(head) 시작
〈title〉문서 제목〈/title〉	– 문서 제목
〈/head〉	– 머리(head) 끝
〈body〉	– 본문(body) 시작
문서 내용	– 문서 내용
〈/body〉	– 본문(body) 끝
〈/html〉	– HTML 문서 끝

02 HTML 태그

◉ 〈head〉 영역 태그

- 웹 페이지에 대한 설명을 작성한다.
- 문서의 제목, 키워드, 작성자 등을 포함한다.

〈title〉〈/title〉	• 문서의 제목을 나타냄 • 브라우저 탭에 표시
〈meta〉	• 웹 페이지 정보(작성자, 설명, 키워드, 문자 인코딩 등)를 정의 • SEO 및 웹 성능 최적화에 중요
〈style〉〈/style〉	• HTML 문서 내에서 직접 CSS를 작성해 스타일 정의 • 색상, 폰트, 레이아웃 등 제어
〈link〉〈/link〉	외부 문서를 연결 예 외부 css 파일, js 파일

◉ 〈body〉 영역 태그

시맨틱 태그는 콘텐츠를 논리적이고 체계적으로 구분하는 방법이다.

〈header〉 〈/header〉	웹 페이지의 상단 영역 예 로고, 메뉴 포함
〈footer〉 〈/footer〉	웹 페이지의 하단 영역 예 주소, 개인정보취급방침, 대표자, 회사 정보 포함
〈nav〉〈/nav〉	웹페이지 주요 내비게이션 영역
〈section〉 〈/section〉	웹 페이지에서 공통 주제를 묶는 영역
〈article〉 〈/article〉	웹 페이지에서 독립적인 콘텐츠 영역 예 뉴스 기사, 블로그 포스트 등
〈aside〉 〈/aside〉	본문 내용과는 별개로 관련 정보를 제공하는 부분 예 광고
〈hn〉〈/hn〉	제목을 정의하는 태그
〈p〉〈/p〉	단락을 정의하는 태그
〈br〉	줄 바꿈 태그
〈hr〉	수평선 태그
〈div〉〈/div〉	문서를 그룹화하여 구분하는 태그

● 목록 관련 태그

태그	설명
⟨ul⟩⟨/ul⟩	순서가 없는 목록 정의
⟨ol⟩⟨/ol⟩	순서가 있는 목록 정의
⟨li⟩⟨/li⟩	목록의 리스트를 정의
⟨dl⟩⟨/dl⟩	정의 목록 정의
⟨dt⟩⟨/dt⟩	정의 목록 제목 정의
⟨dd⟩⟨/dd⟩	정의 목록 내용 정의

● 문자 관련 태그

태그	설명
⟨i⟩⟨/i⟩	글자를 이탤릭체로 표시하는 태그
⟨b⟩⟨/b⟩	글자를 굵게 표시하는 태그
⟨strong⟩⟨/strong⟩	글자를 강조하며, 의미론적으로 중요한 내용을 나타냄
⟨em⟩⟨/em⟩	텍스트를 기울여 문맥상 강조가 필요할 때 표시하는 태그
⟨sub⟩⟨/sub⟩	아래첨자 텍스트를 표시하는 태그
⟨sup⟩⟨/sup⟩	윗첨자 텍스트를 표시하는 태그
⟨cite⟩⟨/cite⟩	저작물의 출처나 참고 문헌을 표시하는 태그
⟨code⟩⟨/code⟩	프로그래밍 코드를 표시하는 태그
⟨blockquote⟩	인용문을 나타내는 블록 요소
⟨pre⟩	공백과 줄 바꿈을 그대로 유지하는 태그

단답형 문제

01 웹 페이지의 제목을 지정할 때 사용하는 태그는 무엇인가?

객관식 문제

02 자바스크립트에서 외부 파일로 작성된 스크립트를 HTML 문서에 연결하려면 어떤 태그를 사용해야 하는가?
① ⟨link⟩
② ⟨meta⟩
③ ⟨script⟩
④ ⟨style⟩

03 다음 중 HTML에 대한 설명으로 옳지 않은 것은?
① HTM 문서는 에디터, 메모장, 홈페이지 제작 도구로 작성한다.
② HTML 문서의 확장자는 .htm 또는 .html 이다.
③ HTML은 프로그래밍 언어로서 사용자 입력을 처리하고 계산을 수행한다.
④ HTML 문서는 웹 페이지의 기본적인 구조적 뼈대를 제공한다.

04 다음 중 순서가 있는 목록을 정의하는 태그는 무엇인가?
① ⟨ul⟩⟨/ul⟩
② ⟨ol⟩⟨/ol⟩
③ ⟨dt⟩⟨/dt⟩
④ ⟨dd⟩⟨/dd⟩

정답 01 ⟨title⟩ 02 ③ 03 ③ 04 ②

POINT 36 멀티미디어 및 입력 태그

01 멀티미디어 관련 태그

● 멀티미디어 태그

⟨img⟩	• 이미지 삽입 태그 • 속성 : src(이미지 파일 경로), alt(이미지 대체 텍스트)
⟨map⟩ ⟨area⟩ ⟨/map⟩	• map : 이미지 맵을 정의하기 위한 태그 • area : 이미지 맵의 각 영역을 정의하는 태그 예 ⟨area shape="rect" coords="34,44,270, 350" href="링크"⟩
⟨embed⟩ ⟨/embed⟩	• 멀티미디어 콘텐츠 삽입 • HTML5에서 지원 예 mp3, mp4, wma 등
⟨iframe⟩ ⟨/iframe⟩	• HTML 문서 내 다른 HTML 문서를 보여줄 때 사용 • 외부 콘텐츠 임베딩이나 유튜브 영상 삽입에도 자주 사용됨 • 속성 : src(불러올 문서의 URL), width, height(프레임 크기 지정)

● ⟨a⟩ 태그

문서 또는 이미지 클릭 시 다른 페이지로 연결하는 태그이다.

예 ⟨a href="https://www.youngjin.com/" target="_blank" title="영진닷컴 연결"⟩

- href : 연결할 링크의 URL을 지정하는 속성
- target : 링크를 새 탭이나 현재 탭에서 열리도록 설정
- title : 링크에 마우스를 올렸을 때 나타나는 설명 텍스트를 지정
- ⟨a⟩ 태그 target 속성

_self	현재 창이나 프레임에서 열기(기본값)
_blank	새 창 또는 새 탭에서 열기
_parent	부모 프레임에서 열기
_top	전체 창에서 열기

02 표 태그

● 표 관련 태그

⟨table⟩ ⟨/table⟩	표의 시작과 끝 정의
⟨caption⟩ ⟨/caption⟩	표에 제목 정의
⟨tr⟩⟨/tr⟩	표의 행(가로) 정의
⟨th⟩⟨/th⟩	표의 열 중 제목 정의
⟨td⟩⟨/td⟩	표의 열(세로) 정의
⟨caption⟩ ⟨/caption⟩	표의 제목 정의

- 표 관련 속성

colspan	셀의 가로 방향 병합 수 설정
rowspan	셀의 세로 방향 병합 수 설정
align	셀 내 텍스트의 가로 정렬 방식

03 입력 관련 태그

● 입력 관련 태그

⟨form⟩ ⟨/form⟩	입력 양식 그룹화 정의
⟨input⟩	다양한 유형의 사용자 입력 필드를 정의
⟨select⟩ ⟨/select⟩	드롭다운 목록을 정의
⟨button⟩ ⟨/button⟩	클릭 가능한 버튼 정의
⟨textarea⟩ ⟨/textarea⟩	여러 줄의 텍스트 입력 필드를 정의

- ⟨input⟩ 태그 type 속성

text	텍스트 입력 필드 예 아이디, 이름, 주소
password:	비밀번호 입력(숨김 처리)
radio	라디오 버튼(단일 선택)
checkbox	체크박스(다중 선택 가능)
submit/ reset/ button	• submit : 폼 제출 버튼 • reset : 폼 초기화 버튼 • button : 일반 버튼
tel	전화번호 입력 필드
date	날짜 선택 필드

예 ⟨input type="text"⟩

04 HTML 특수문자

HTML에서는 특수 문자를 직접 입력하면 코드 해석에 문제가 발생할 수 있어 이를 해결하기 위해 HTML 엔티티를 사용한다.

HTML 엔티티	출력 결과	설명
	(공백)	Non-breaking space(줄바꿈 없는 공백)
&lt;	⟨	Less than(작다 기호)
&gt;	⟩	Greater than(크다 기호)
&amp;	&	Ampersand(& 기호)

단답형 문제

01 이미지 삽입 시 사용하는 태그는 무엇인가?

객관식 문제

02 다음 중 표 관련 속성으로 옳지 않은 것은?
① colspan
② rowspan
③ align
④ target

03 다음 중 클릭 가능한 버튼을 정의하는 태그로 옳은 것은?
① ⟨input⟩
② ⟨textarea⟩ 줄바꿈 ⟨/textarea⟩
③ ⟨button⟩ 줄바꿈 ⟨/button⟩
④ ⟨select⟩ 줄바꿈 ⟨/select⟩

04 다음 중 ⟨input⟩ 태그에 대한 설명으로 옳지 않은 것은?
① tel : 전화번호 입력 필드
② checkbox : 체크박스(단일 선택)
③ date : 날짜 선택 필드
④ text : 텍스트 입력 필드

05 다음 중 HTML 엔티티(HTML Entities)에 대한 설명으로 올바른 것은?
① 는 웹 페이지에서 줄바꿈을 강제하는 태그이다.
② <는 HTML에서 ⟨⟨작다 기호⟩를 표현하는 엔티티이다.
③ HTML 엔티티는 모든 웹 브라우저에서 지원되지 않는다.
④ HTML에서는 공백 여러 개를 입력하면 그대로 표시된다.

정답 01 ⟨img⟩ 02 ④ 03 ③ 04 ② 05 ②

POINT 37 CSS와 자바스크립트

01 CSS

● CSS 개요
- HTML 요소의 스타일을 정의하는 스타일시트 언어이다.
- 웹 페이지의 디자인, 글꼴, 색상, 레이아웃, 애니메이션 등 다양한 스타일 속성의 설정이 가능하다.
- CSS문서의 확장자는 .css이다.
- CSS 기본구조
  선택자 {속성명: 속성값; 속성명: 속성값;}
  예) h1{color:red; font-size: 20px;}
- 선택자 : 스타일을 적용할 HTML 요소 지정
- 속성 : 스타일을 정의하는 요소(예) 색상, 글꼴 크기)
- 값 : 속성에 설정할 구체적인 값

● CSS 작성 방법

인라인 스타일	태그 안에 style 속성으로 직접 정의
내부 스타일	• HTML 문서 내 〈style〉 태그를 사용 • HTML 문서 〈head〉 내 정의
외부 스타일	• 별도의 CSS 파일을 생성 • 〈link〉 태그를 사용해 HTML 문서와 연결

● CSS 속성 지정 예시

a:link	방문하지 않은 링크 스타일 예) a:link{color:#ff0000}
a:visited	방문한 링크 스타일 예) a:visited{color:#ffff00}
a:active	클릭 순간의 링크 스타일 예) a:active{color:#00ff00}
a:hover	마우스 올릴 때 링크 스타일 예) a:hover{color:#0000ff}

02 자바스크립트

● 자바스크립트 개념
- 넷스케이프에서 개발된 웹 페이지의 동작을 제어하는 클라이언트 측 프로그래밍 언어이다.
- 웹 페이지를 동적으로 만들고 사용자와 상호작용을 구현한다.
- 브라우저에서 바로 실행되며, DOM 조작, 데이터 검증, 비동기 통신(AJAX)을 지원한다.
- 프로토타입 기반의 객체지향 언어이며, 객체 간 상속과 확장이 가능하다.

● 자바스크립트 작성 방법

내부 스크립트	• 〈script〉...〈/script〉 태그 안에 작성 • 〈head〉, 〈body〉 태그 영역 작성
외부 스크립트	• 별도의 .js 파일 생성 • 〈script〉 태그의 src 속성을 사용해 외부 파일 경로 지정 • 〈head〉또는 〈body〉태그 내에 삽입 예) 〈script src="파일경로.js"〉〈/script〉

- 자바스크립트 주석

〈script〉 //한 줄 주석 〈/script〉	〈script〉 /* 이것은 여러 줄 주석 */ 〈/script〉

03 변수

● 변수의 정의
- 변수는 데이터를 저장하기 위해 이름을 부여한 메모리 공간이다.
- 자바스크립트에서 값을 저장하고 관리하는 데 사용된다.

● **변수 선언 규칙**
- 문자, 밑줄(_), 달러 기호($)로 시작해야 하며, 숫자로 시작할 수 없다.
- 자바스크립트 예약어는 변수명으로 사용할 수 없다.
- 변수명에 공백을 사용할 수 없다.

● **변수의 종류**

전역 변수	• 프로그램 전체에서 접근 가능 • 모든 함수와 코드 블록에서 참조 가능 • 메모리를 과다 사용하고 유지보수가 어려움
지역 변수	• 특정 함수나 블록 내에서만 유효 • 함수 외부에서는 접근 불가 • 외부 영향 없이 안전하며, 메모리를 효율적으로 사용

● **변수 키워드**

var	• 전통적인 변수 선언 방법 • 재할당 가능
let	• 변수 선언 • 재할당 가능 • 재선언 시 오류 발생
const	• 상수로 선언 후 값을 변경할 수 없음 • 선언 시 반드시 값을 넣어줘야 함 • 재선언 시 오류 발생

● **자바스크립트 데이터 형태**

숫자형 (Number)	정수와 실수를 모두 표현 예 let num = 42;
문자형 (String)	큰따옴표(") 또는 작은따옴표(')로 감싸서 표현 예 let str = "Hello";
논리형 (Boolean)	참(true) 또는 거짓(false) 값을 가짐 예 let isTrue = false;
Null	값이 없음을 의도적으로 표현 예 let empty = null;
Undefined	변수가 선언되었으나 값이 할당되지 않은 상태 예 let a; // 변수 선언만 되었고 값은 undefined

---

단답형 문제

01 데이터를 저장하기 위해 이름을 부여한 메모리 공간을 무엇이라 하는가?

객관식 문제

02 다음 중 전역 변수에 대한 내용으로 옳지 않은 것은?
① 메모리를 효율적으로 사용한다.
② 유지보수가 어렵다.
③ 모든 함수와 코드 블록에서 참조가 가능하다.
④ 프로그램 전체에서 접근이 가능하다.

03 자바스크립트 데이터 타입 중 참(True) 또는 거짓(False) 값을 나타내는 데이터 형태는?
① Number
② String
③ Boolean
④ Array

04 다음 중 CSS 작성 방법으로 옳지 않은 것은?
① 인라인 스타일 : 태그에 직접 스타일 작성
② 내부 스타일 : 별도의 CSS 파일을 생성
③ 외부 스타일 : 〈link〉 태그를 사용해 HTML 문서와 연결
④ 내부 스타일 : HTML 문서 〈head〉 내 정리

정답 01 변수 02 ① 03 ③ 04 ②

자바스크립트 연산자와 함수, 객체

01 연산자

● 연산자 종류

산술 연산자	+, -, *, /, %
증감 연산자	++, --
복합 대입 연산자	+=, -=, *=, /=, %=
비교 연산자	>=, <=, >, <, ==, !=
논리 연산자	!(Not연산자), &&(And연산자), ||(Or연산자)

● 연산자 우선순위

1. 괄호 연산자 ( )
2. 단항 연산자 (++, --, !)
3. 산술 연산자 (*, /, %, +, -)
4. 비교 연산자 (), <, >=, <=, ==, ===, !=, !==)
5. 논리 연산자 (&&, ||)
6. 대입(복합 대입) 연산자 (=, +=, -=, *=, /=, %=)

● 제어문, 선택문, 반복문

if-else문	if의 조건을 검사 후, 참이면 실행문을 실행하고 거짓이면 else 실행문을 실행
switch문	하나의 표현식을 평가한 후, 그 값에 따라 여러 case 중 하나를 실행하는 조건문
while문	자바스크립트의 반복문이며, 조건문이 참일 동안 반복 실행하고 거짓이면 반복문이 종료됨
for문	• 자바스크립트의 반복문이며, while문과 비슷함 • 초기값, 조건, 증감식을 통해 반복 횟수를 제어하는 반복문

02 함수와 내장 함수

● 함수

- 특정 작업을 수행하는 독립된 코드 블록이다.
- 여러 번 재사용이 가능하다.
- 매개변수를 받아 처리한 후 결과 반환이 가능하다.

```
function 함수명(){
              자바스크립트 코드;
}
함수명();//함수 호출을 해야 실행 됨;
```

● 내장 함수

alert()	간단한 경고 메시지를 팝업창으로 표시하는 함수
eval()	문자열로 된 자바스크립트 코드를 실행하는 함수이나, 보안상 사용이 권장되지 않음
parseInt()	문자열을 정수로 변환하는 함수
parseFloat()	문자열을 부동소수점 숫자로 변환하는 함수
setTimeout()	일정 시간이 지난 후에 특정 코드를 한 번 실행하는 함수
setInterval()	일정 간격으로 특정 코드를 반복 실행하는 함수

● 자바스크립트 객체

- 객체는 속성과 메서드를 가지며, 자바스크립트는 객체 기반 언어이다.
- 개발자가 객체를 직접 생성 가능하다.
- 자바스크립트는 미리 정의된 내장 객체를 제공한다.

객체.속성;	객체의 속성을 가져온다.
객체.속성=값;	객체의 속성에 값을 할당한다.
객체.메서드();	객체의 메서드를 실행한다.

• 내장 객체 종류

Date 객체	날짜와 시간을 처리하기 위한 내장 객체
Math 객체	수학적 계산을 쉽게 수행할 수 있는 내장 객체
Array 객체	여러 개의 값을 저장하고 관리할 수 있는 내장 객체
String 객체	문자의 길이, 검색, 추출, 변환 등 작업을 할 수 있는 내장 객체

• Array 객체 메서드

push()	배열의 끝에 요소를 추가하고, 배열의 새로운 길이를 반환
pop()	배열의 끝에서 요소를 제거하고, 제거된 요소를 반환
unshift()	배열의 앞에 요소를 추가하고, 배열의 새로운 길이를 반환
shift()	배열의 앞에서 요소를 제거하고, 제거된 요소를 반환
join()	배열의 모든 요소를 문자열로 병합하여 하나의 문자열 반환
sort()	배열 요소를 정렬. 기본적으로 문자열 기준 정렬, 숫자 정렬 시 비교 함수 필요

• String 객체 메서드

toUpperCase()	문자열을 모두 대문자로 변환
toLowerCase()	문자열을 모두 소문자로 변환
split()	문자열을 특정 구분자를 기준으로 배열로 분할
concat()	두 개 이상의 문자열을 병합
slice()	문자열의 특정 부분을 추출하여 새로운 문자열 반환
substring()	문자열의 특정 부분을 추출, 음수 인덱스는 0으로 처리됨

단답형 문제

01 특정 작업을 수행하는 독립된 코드 블록을 무엇이라 하는가?

객관식 문제

02 자바스크립트 내장 객체 중 현재 날짜와 시간을 처리하는 데 사용되는 객체는?
① Math
② Date
③ Array
④ String

03 다음 중 내장 객체의 종류와 이에 대한 설명으로 옳지 않은 것은?
① Date 객체 : 날짜와 시간을 처리
② Math 객체 : 수학적 계산을 쉽게 수행
③ Section 객체 : 영역별 검색을 쉽게 정리
④ Array 객체 : 여러 개의 값을 저장하고 관리

04 다음 중 Array 객체 메서드에 대한 설명으로 옳은 것은?
① unshift( ) : 배열의 뒤에 요소를 추가
② shift( ) : 배열의 앞에서 요소를 제거
③ push( ) : 배열의 앞에 요소를 추가
④ join( ) : 배열의 몇 몇 요소를 문자열로 병합

05 다음 설명에 해당하는 자바스크립트 함수는?

> "지정한 시간이 지난 뒤, 특정 코드를 한 번만 실행한다."

① setInterval( )
② alert( )
③ setTimeout( )
④ parseInt( )

정답 01 함수 02 ② 03 ③ 04 ② 05 ③

POINT 39 브라우저 내장 객체

01 브라우저 내장 객체

브라우저 내장 객체의 개념

- 웹 브라우저에서 제공하는 객체이다.
- 웹 페이지와 브라우저 간의 상호작용을 가능하게 한다.
- 브라우저 자체를 제어하는 기능(창, 화면, 위치, 정보)을 가진다.
- Window, Document, Navigator, Screen, History, Location 객체 등이 있다.

- 브라우저 내장 객체 종류

window	• 최상위 객체 • 브라우저 창을 제어 • 모든 브라우저 객체의 부모 객체
document	• DOM의 핵심 객체 • 웹 페이지의 구조를 표현 • HTML 요소를 조작 가능
navigator	브라우저와 사용자 환경 정보(브라우저 이름, 버전, 플랫폼 등)를 제공
screen	디스플레이 화면 정보(해상도, 색상 깊이 등)를 제공
history	• 사용자가 방문한 페이지 기록을 관리 • 이전/다음 페이지로 이동 가능
location	현재 페이지의 URL 정보를 제공

- window 객체의 메서드 및 속성

open()	새 브라우저 창을 열 수 있음
close()	브라우저 창을 닫음
alert()	경고 창을 띄움
setTimeout()	지정한 시간 후에 함수를 실행
setInterval()	지정된 시간 간격으로 함수를 반복 실행

- location 객체의 메서드 및 속성

location.href	현재 페이지의 URL을 나타내며, 이 값을 변경하면 페이지가 로드
location.reload()	현재 페이지를 새로 고침
location.replace()	• 현재 페이지를 새로운 페이지로 교체 • 히스토리 기록을 남기지 않음

- navigator 객체의 메서드 및 속성

navigator.userAgent	브라우저의 사용자 에이전트 문자열을 반환
navigator.platform	사용자의 운영체제 정보를 나타냄
navigator.language	브라우저 기본 언어 설정 정보를 제공

- screen 객체의 메서드 및 속성

screen.width	화면의 너비
screen.height	화면의 높이
screen.availWidth	사용 가능한 화면의 너비
screen.availHeight	사용 가능한 화면의 높이

02 이벤트 핸들러

● 이벤트 핸들러의 개념

- 웹 페이지에서 사용자가 발생시키는 이벤트에 반응하도록 설정된 함수이다.
- 이벤트 핸들러의 종류

onFocus()/onBlur()	입력 필드에 포커스를 얻었을 때/포커스를 잃었을 때 발생하는 이벤트
onClick()	요소를 클릭할 때 발생하는 이벤트
onKeyDown()/onKeyUp()	키보드를 누를 때/키보드에서 손을 뗄 때 발생하는 이벤트
onKeyPress()	키보드 키가 눌린 상태에서 입력되는 이벤트(최신 JS에서는 더 이상 권장되지 않음)
onMouseDown()/onMouseUp()	마우스 버튼을 누를 때/마우스 버튼을 뗄 때 발생하는 이벤트
onMouseOver()/onMouseOut()	마우스를 요소 위로 올릴 때/마우스가 요소를 떠날 때 발생하는 이벤트

단답형 문제

01 현재 페이지를 새로 고침하는 location 객체의 메서드는 무엇인가?

객관식 문제

02 다음 중 브라우저 내장 객체에 대한 설명으로 옳지 않은 것은?
① 웹 브라우저에서 제공되는 객체로, 웹 페이지와 브라우저 간 상호작용을 가능하게 한다.
② 브라우저 내장 객체는 창 크기 조절, 화면 해상도 확인, URL 정보 조회 등의 기능을 수행할 수 있다.
③ 브라우저 내장 객체는 HTML 구조 설계나 콘텐츠 배치에는 영향을 주지 않는다.
④ 브라우저 내장 객체에는 Window, Document, Navigator, Screen, History, Location 등이 포함된다.

03 다음 중 이벤트 핸들러의 종류로 옳지 않은 것은?
① onFocus()/ononBlur()
② onKeyPress()
③ onKeyDown()/onKeyUp()
④ addEventListener()

04 다음 중 winodw 객체 메서드에 대한 설명으로 옳지 않은 것은?
① SetInterval() : 변경된 시간에 함수를 반복 실행
② open() : 새 브라우저 창을 열 수 있음
③ close() : 브라우저 창을 닫음
④ alert() : 경고 창을 띄움

05 다음 중 브라우저의 화면 해상도, 색상 깊이 등을 제공하는 객체는?
① screen   ② history
③ document   ④ navigator

정답 01 location.reload() 02 ③ 03 ④ 04 ① 05 ①

POINT 40 웹 프로그래밍 개발

01 프로그래밍

● 프로그램 개발 과정

- **소스 코드 작성** : 에디터를 사용해 프로그램의 로직과 기능을 정의한다.
- **컴파일** : 소스 코드를 기계어로 변환하여 오브젝트 파일을 생성한다. 오류 발생 시 수정 후 재컴파일한다.
- **링킹** : 오브젝트 파일, 라이브러리, 외부 코드를 하나의 실행 파일로 통합한다.
- **로딩** : 실행 파일을 메모리에 적재하여 실행 준비를 완료한다.
- **프로그램 실행** : 모든 과정이 완료된 후 실행 가능한 프로그램을 완성한다.

● 객체 지향 언어

- 객체 지향 프로그래밍은 코드 재사용성을 높이고 성능 개선을 위해 도입되었다.
- **객체 지향의 기본 요소** : 객체, 클래스, 연산과 메소드, 메시지
- **객체 지향의 주요 특성** : 상속성, 자료 추상화, 캡슐화, 다형성, 관계성

● 웹 프로그래밍 언어

- 웹 애플리케이션과 웹사이트 개발에 사용되는 언어이다.
- 프런트엔드(클라이언트 측)와 백엔드(서버 측) 언어로 나뉜다.

● 웹 기반 멀티미디어 프로그래밍 언어

서버 측 스크립트 언어	CGI, ASP, ASP.NET, PHP, JSP, Python, Ruby
클라이언트 측 스크립트 언어	JavaScript, VBScript, HTML, CSS, DHTML, SGML, XML, VRML, ActiveX

02 주요 웹 기술

● DHTML(Dynamic HTML)

- HTML의 정적인 한계를 극복하기 위해 JavaScript, CSS, DOM을 활용하여 동적인 웹 콘텐츠와 인터랙션을 가능하게 만든 기술이다.
- 페이지를 다시 로드하지 않고 실시간으로 변경이 가능하다.
- Ajax를 활용해 서버와 비동기 데이터를 교환한다.

● XML(Extensible Markup Language)

- 데이터를 구조화하고 저장, 전송하는 마크업 언어이다.
- 문법이 엄격하며 트리 구조를 통해 복잡한 데이터를 표현한다.
- JSON이 XML보다 경량화되어 API 교환에서 더 자주 사용한다.

● ASP(Active Server Pages)

- Microsoft가 개발한 서버 측 스크립트 언어이다.
- 동적 웹 페이지 생성 및 데이터베이스와 연동이 가능하다.

● JSP(JavaServer Pages)

- Java 기반의 서버 측 스크립트 언어이다.
- HTML과 Java 코드를 결합해 실시간 데이터를 처리한다.

● PHP(Hypertext Preprocessor)

- 오픈 소스 서버 측 언어로 동적 웹 페이지를 생성한다.
- 다양한 데이터베이스와 연동이 가능(MySQL 등)하다.
- 빠른 처리 속도와 높은 보안성을 제공한다.

● CGI(Common Gateway Interface)

- 웹 서버와 외부 프로그램 간의 데이터 전달을 지원하는 기술이다.
- HTTP 요청 방식
  - GET 방식 : URL에 데이터가 포함되어, 데이터 크기가 제한되고, 캐싱이 가능하다.
  - POST 방식 : HTTP 메시지 본문에 데이터가 포함되어 데이터 크기 제한이 없고, 보안성이 높다.

03 Java와 웹 기술

● Java

- Sun Microsystems(현재 Oracle)에서 개발된 객체 지향 프로그래밍 언어이다.
- 플랫폼 독립성과 보안성이 뛰어나다.
- 웹, 모바일, IoT까지 폭넓게 활용할 수 있다.
- Java 기반 프로그램
  - Java 애플리케이션 : JVM에서 실행되는 독립 애플리케이션
  - Java 애플릿 : 웹 브라우저 내 실행되던 프로그램

● 웹 서버

- 클라이언트 요청을 처리하고 웹 페이지를 제공하는 시스템이다.
- 주요 웹 서버
  - Apache : 리눅스에서 주로 사용된다.
  - Nginx : 성능이 뛰어나고 가벼운 현대적 웹 서버에서 사용된다.
  - Microsoft IIS 윈도우 기반 서버이다.
- 작동 원리 : 연결 설정 → 요청 수신 → 응답 생성 → 반환 → 연결 종료

● 데이터베이스(DB)

- 데이터를 구조화하여 저장하고, 효율적인 검색과 접근을 제공한다.
- 특징 : 멀티유저 환경 지원, SQL을 통해 데이터를 검색 및 조작한다.

단답형 문제

01 Java 기반의 서버 측 스크립트 언어로 동적 웹 페이지를 생성하며, HTML과 Java 코드를 함께 사용하여 웹 애플리케이션을 만들 수 있는 언어는 무엇인가?

객관식 문제

02 객체 지향 프로그래밍의 캡슐화에 대한 설명으로 옳은 것은?
① 객체 간의 관계를 정의하여 복잡한 시스템을 구성하는 특성
② 동일한 메소드나 연산이 객체 타입에 따라 다르게 동작하는 특성
③ 데이터와 메소드를 하나의 객체로 묶어 외부 접근을 제한하는 특성
④ 기존 클래스의 속성과 메소드를 다른 클래스에서 상속받는 특성

03 웹 서버에서 GET 방식의 주요 특징으로 옳은 것은?
① URL에 데이터가 포함되며 데이터 크기에 제한이 있음
② HTTP 메시지 본문에 데이터가 포함되며 캐싱이 가능함
③ 보안성이 높으며 데이터 크기에 제한이 없음
④ 간단한 데이터 조회보다는 파일 업로드에 주로 사용됨

04 다음 중 PHP의 특징으로 옳지 않은 것은?
① 오픈 소스이며 다양한 데이터베이스와 연동이 가능하다.
② 플랫폼 독립적이며 JVM에서 실행된다.
③ 서버 측에서 실행된 결과만 클라이언트에 전달된다.
④ HTML과 함께 사용되어 동적 콘텐츠 생성을 지원한다.

정답 01 JSP 02 ③ 03 ① 04 ②

POINT 41 디자인 산출물

01 산출물

● 산출물 정의
- 프로젝트를 진행하면서 생성된 자료와 결과물을 의미한다.
- 각 단계에서 발생하는 문서, 디자인 시안, 코드, 보고서 등이 포함된다.
- 프로젝트의 진행 상황과 결과를 명확히 보여준다.
- 이해관계자 간의 의사소통을 위해 문서 형태로 관리된다.

02 작업분류체계(WBS)

● 작업분류체계 정의
- 프로젝트를 체계적으로 관리하기 위해 전체 작업을 세부적으로 나누는 작업이다.
- 필요한 작업을 계층적으로 분할하고, 작업 범위, 일정, 비용 등을 제공한다.
- 우리나라에서는 업무분류체계, 역무분류체계 등 다양한 용어로 불린다.

● 작업분류체계 특징
- 작업 분류를 피라미드 형태 계층적으로 구성된다.
- 작업을 세부적으로 구체화한다.
- 프로젝트 일정, 자원, 예산을 효과적으로 관리한다.
- 작업 패키지 단위로 책임자를 지정하여 역할을 명확히 정의한다.
- 작업분류체계 작성 단계 : 프로젝트 목표 설정 → 범위 설정 → 작업 분류 및 세분화 → 검토 및 조정

03 산출물 분류 방법

● MaRMI-III 개발방법론의 산출물
- 한국전자통신연구원(ETRI)에서 개발한 컴포넌트 기반 소프트웨어 개발 방법론이다.
- 4개 주요 공정과 30개의 활동으로 구성된다.
- 각 활동은 세부 작업을 포함하여 프로젝트 수행을 지원한다.

계획 단계	요구사항 이해, 요구사항 정의, 개발전략 수립, 프로젝트 계획
설계 단계	요구사항 분석, 컴포넌트 식별, 아키텍처 정의, 컴포넌트 명세작성, 아키텍처 프로토타이핑, 점진적 개발계획
개발 단계	미니 프로젝트 준비, 요구사항 및 아키텍처 정제, 컴포넌트 설계, 컴포넌트 구현, 지침서 개발, 컴포넌트 테스트, 컴포넌트 통합 테스트, 미니 프로젝트 점검
인도 단계	시스템 설치, 사용자 교육, 설치 후 관리, 사용자 인수 테스트

● 객체지향 및 CBD(Component-based software) 산출물
- 한국정보화진흥원은 객체지향 및 CBD 개발 표준 가이드를 제공한다.
- 단계별 필수 산출물 25개를 포함하여 일관성, 완전성, 추적성을 확보한다.

분석	사용자 요구사항 정의서, 유스케이스 명세서, 요구사항 추적표
설계	클래스 설계서, 사용자 인터페이스 설계서, 컴포넌트 설계서, 인터페이스 설계서, 아키텍쳐 설계서, 총괄시험 계획서, 시스템시험 시나리오, 엔티티 관계 모형 기술서, 데이터베이스 설계서, 통합시험 시나리오, 단위시험 케이스 등
구현	프로그램 코드, 단위시험 결과서, 데이터베이스 테이블
시험	통합시험 결과서, 시스템시험 결과서, 사용자 지침서, 운영자 지침서, 인수시험 시나리오, 설치 결과서

● **산출물 체계화**

- 디지털 산출물은 검색, 가공, 분석을 통해 체계화한다.
- 체계화를 통해 시간, 인력, 원가를 효율적으로 관리하고 불필요한 작업을 줄일 수 있다.
- 프로젝트에 사용된 코드와 미디어 파일을 체계적으로 관리해 클라이언트에게 제공한다.
- 산출물의 체계화를 통해 작업자와 클라이언트에게 효율성을 제공하게 된다.

● **디지털 산출물의 관리**

- 중앙에서 효율적으로 관리하고, 정보를 안전하게 공유할 수 있도록 한다.
- 업무 절차를 통일해 협업을 원활히 하고, 문서의 생성부터 폐기까지 관리한다.
- 정리 정돈을 하고, 총비용(TCO)을 줄이며, 필요한 정보를 열람할 수 있도록 업무 절차를 체계화한다.

04 산출물 제출 및 체크리스트

● **작업물 분석 및 최종 구성**

- 프로젝트 마감을 위해 전체 작업물을 산출물로 정리한다.
- 전 과정에서 생성된 자료를 검토하여 최종 제출 항목을 결정한다.

유의미한 데이터 추출	프로젝트 수행 중 수집된 데이터를 선택하여, 고객 요구에 대한 증거로 활용
작업물 분석	생성된 산출물을 검토하여 최종 제출할 항목을 판단
데이터 통합	중간 단계에서 사용된 데이터는 업데이트와 변경 사항을 반영해 통합

● **체크리스트 작성**

- 필요한 데이터가 누락되지 않도록 체크리스트를 작성하고 점검한다.
- 체크리스트는 프로젝트 중 생성된 디자인 작업물을 기준으로 작성한다.
- 각 콘텐츠 구성 요소를 반영하여 체크리스트를 관리한다.

단답형 문제

01 프로젝트를 체계적으로 관리하기 위해 전체 작업을 세부적으로 나누고 작업 범위, 일정, 비용 등을 계층적으로 정리하는 체계를 무엇이라 하는가?

객관식 문제

02 작업분류체계(WBS) 작성 단계의 순서로 올바른 것은?
① 작업 분류 및 세분화 → 검토 및 조정 → 프로젝트 목표 및 범위 정의
② 검토 및 조정 → 작업 분류 및 세분화 → 프로젝트 목표 및 범위 정의
③ 프로젝트 목표 및 범위 정의 → 작업 분류 및 세분화 → 검토 및 조정
④ 작업 분류 및 세분화 → 프로젝트 목표 및 범위 정의 → 검토 및 조정

03 ERD(Entity Relationship Diagram)에 대한 설명으로 옳은 것은?
① 프로그램 실행 순서를 시각적으로 표현한 다이어그램
② 데이터베이스 내 엔터티와 관계를 시각적으로 표현한 다이어그램
③ 사용자 요구사항을 도식화한 차트
④ 소프트웨어 모듈 간의 의존성을 나타내는 다이어그램

04 산출물의 정의로 옳은 것은?
① 소프트웨어 개발 과정에서 버그가 발생한 결과물
② 작업 또는 프로세스 결과로 생성된 자료
③ 소프트웨어가 실행 중에 생성하는 임시 파일
④ 프로그램 설치 시 필요한 파일

정답 01 작업분류체계(WBS) 02 ③ 03 ② 04 ②

POINT 42 프로젝트 최종 보고서

01 프로젝트 최종 보고서

● 프로젝트 초기화 단계

고객 프로파일	고객에 대한 기본 사항 기술
프로젝트 개요서	프로젝트 목적, 범위, 요구사항, 일정 등 상세히 기술
프로젝트 계획서	프로젝트 계획을 정의
예산안	자금 출처와 활용 방안 기술
이해관계자 분석서	프로젝트 이해관계자 분류 및 역할 설명

● 요구사항 분석 단계

용어집	프로젝트에 사용되는 주요 용어 정리
요구사항 수집서	요구사항을 수집하여 정리한 문서
요구사항 기술서	명확히 정의된 요구사항을 기술
쓰임새 기술서	사용자가 눈에 보이는 기능을 인식하고, 컴퓨터 시스템과 상호작용하는 방식을 설명
프로젝트 표준 기술서	프로젝트 진행 시 준수해야 할 표준과 규칙 기술

● 상세 설계 단계

화면 정의서	화면 구성과 시나리오 설명
테이블 설계서	데이터베이스 테이블과 그 관계 설명
단위 테스트 계획서	각 기능의 테스트 절차와 방법론 설명

● 아키텍처 설계 단계

산출물	세부 내용
정보 아키텍처 설계	사이트 콘텐츠 및 메뉴 구조 정의
하드웨어 및 네트워크 설계	전체 시스템 아키텍처 및 소프트웨어 구성
메뉴 구조도	사이트의 모든 메뉴 구성
콘텐츠 정의서	사이트에 필요한 콘텐츠 종류와 내용 정리
콘텐츠 구축 정의서	콘텐츠 생성 및 구축 방법 기술
DB 공간 설계서	데이터베이스 공간 구성 설계

● 구현 단계

단위 테스트 결과서	테스트 통과기준, 레벨, 통과율 내용 정리
테스트 케이스 아이디 정의서	테스트 항목별 식별자(ID), 입력값, 예상 결과 등을 정의

● 통합 및 테스트 단계

테스트 개요서	테스트 된 모듈과 결과 요약
테스트 절차서	통합 테스트 절차 및 방법 설명

● 인도 및 운영 단계

고객 교육 및 훈련 계획서	교육 계획, 대상, 강사, 장소, 시간 등 협의 내용 포함
사용자 매뉴얼과 관리자 매뉴얼	시스템 사용과 유지 관리를 위한 매뉴얼

● 클라이언트를 위한 보고서 항목

초기 기획안	• 사이트 분석, 메뉴 구조, 디자인 방향, 내비게이션 설계 • 작업 프로세스 설명 등 프로젝트 전반에 대한 개요를 포함
플로우차트	• 사이트의 전체 흐름과 사용자 동선을 시각적으로 표현 • 주요 기능과 화면 간 연결 관계를 명확히 설명
개발 가이드라인	디렉터리 구조, 파일 명명 규칙, CSS 스타일 정의 등 프로젝트 진행 시 준수할 기술적 규칙 명시
화면 설계 문서	필드 정의, 내비게이션 흐름, 화면 설계 및 스토리보드로 구체적인 화면 배치, 동작 시나리오 작성
프로젝트 일정표	단계별 작업 일정과 타임라인을 명확히 제시하여 프로젝트 진행 계획을 체계적으로 정리
디자인 시안	메인 및 서브 페이지 스타일의 초안을 포함하여 초기 디자인 방향성을 제시
디자인 개발	최종 확정된 디자인 스타일에 따라 프로그램 파일 및 응용 디자인 요소 제작
HTML 및 코드 구현	디자인을 기반으로 HTML, CSS, JavaScript 등을 활용하여 웹 페이지로 변환 및 구현
스타일 가이드	웹사이트 유지보수를 위해 텍스트, 색상, 버튼 스타일 등 주요 디자인 요소에 대한 가이드를 문서화
완료 보고서	• 프로젝트 완료 후 작성 • 전체 작업 과정을 정리하고 주요 결과물 및 성과를 요약

단답형 문제

01 사이트의 전체 흐름과 사용자 동선, 화면 간의 연결 관계를 시각적으로 표현한 것은 무엇인가?

객관식 문제

02 산출물 체계화의 중요성으로 옳지 않은 것은?
① 시간, 인력, 원가를 효율적으로 관리할 수 있다.
② 불필요한 작업을 줄여 원가 절감이 가능하다.
③ 산출물 체계화는 프로젝트의 가치를 높이는 데 기여하지 않는다.
④ 체계화된 산출물은 클라이언트에게 유용한 자료로 활용될 수 있다.

03 업무 단계별 산출물 중 프로젝트 초기화 단계에서 생성되는 산출물은?
① 단위 테스트 결과서
② 프로젝트 개요서
③ 테이블 설계서
④ 사용 매뉴얼

04 고객 교육 및 훈련 계획서는 어느 단계에서 작성되는 산출물인가?
① 요구 사항 분석 단계
② 통합 및 테스트 단계
③ 아키텍처 설계 단계
④ 인도 및 운영 단계

05 상세 설계 단계의 주요 산출물이 아닌 것은?
① 화면 정의서
② 테이블 설계서
③ 하드웨어 및 네트워크 설계서
④ 단위 테스트 계획서

정답 01 플로우차트 02 ③ 03 ② 04 ④ 05 ③

POINT 43 최종보고

01 데이터 정리 및 분류

● 데이터 정리
- 산출물 정리를 위해 필요한 데이터를 선별하고 목록화한다.
- 정리된 데이터를 검토하여 보존 또는 폐기 여부를 결정한다.

● 데이터 분류
- 작업 단계별로 산출물의 흐름을 관리할 수 있도록 분류 체계를 수립한다.
- 고유 ID를 각 산출물에 부여하여 추적이 쉽도록 구성한다.
- 모든 산출물이 일정한 양식에 따라 기록되었는지 업무 단계별로 점검한다.
- 네이밍 규칙에 따라 산출물 명칭을 일관성 있게 작성한다.

- 네이밍 규칙

> 프로젝트 코드 + 카테고리 + 파일 위치 + 미디어의 종류 + 파일 이름과 성격

● 데이터 관리 기법
- 프로젝트 단계부터 세부 태스크까지 하향식 계층 구조로 데이터 관리 체계를 편성한다.
- 작업 단위별로 단계-세그먼트-태스크 순으로 색인을 수행하여 체계적으로 정리한다.

02 결과 보고서

● 결과 보고서 개요
- 프로젝트 방향의 큰 변화와 작은 변경 사항을 구체적인 산출물을 근거로 정리한다.
- 프로젝트 산출물에 영향을 미친 내부 및 외부 요인을 설명한다.
- 유사한 프로젝트 수행 또는 담당자 교체 시 산출물 간의 연관성을 쉽게 이해할 수 있도록 작성한다.

● 보고서 작성 시 필요사항
- 작업 완료 후 과정을 순서대로 정리하여 클라이언트에게 최종 보고서를 제출한다.
- 작업 내용을 체계적으로 정리하여, 다음 작업 준비를 위한 기초 자료로 활용한다.
- 산출물과 작업 내용을 포함한 Work Table을 작성하여 이후에도 유용하게 사용할 수 있도록 한다.
- 프로젝트 진행 중 발생한 문제와 해결 과정을 보고서에 포함해 참고 자료로 제공한다.
- 클라이언트 피드백 반영 결과와 주요 성과를 요약해 포함한다.

● 유지보수
- 유지보수는 디자인 측면에서의 시각적 요소 수정과 프로그램적 측면에서 기능 개선, 시스템 안정성 및 성능 최적화를 포함한다.
- 디자인 시스템과 스타일 가이드의 통일을 통해 색상, 폰트, 버튼 스타일 등을 일관되게 유지하여 유지보수를 용이하게 한다.
- 디자인 과정과 시스템을 문서화하여 새로운 디자이너나 개발자가 쉽게 이해하고 수정할 수 있다.
- 이전 디자인 요소를 추적하고 복구할 수 있도록 버전 관리를 체계적으로 운영한다.

● **디자인 가이드**
- 프로젝트의 디자인 원칙과 방향성을 정리하여 일관된 스타일과 브랜드를 유지할 수 있도록 작성된 지침서이다.
- 디자인 작업 후 필요한 내용을 체계적으로 정리하여, 별도의 교육 없이도 지침만으로 관리할 수 있도록 한다.
- 디자인 가이드는 최종 산출물로 구성되며, 가이드 파일과 작업 종료 후의 산출물 파일을 포함한다.

● **프로젝트 이해관계자**
- 시스템 개발 및 유지보수를 위한 협업 시, 이해관계자의 역할과 요구사항을 명확히 이해하는 것이 중요하다.
- 산출물 문서를 통해 이해관계자 간 의사소통을 지원하며, 이해관계자별로 필요한 산출물 정보를 체계화한다.

관리자(PM)	프로젝트를 총괄 관리하며, 일정과 자원을 조정
디자이너	사용자 경험을 고려한 시각적 요소와 인터페이스 설계 담당
개발자	시스템 기능 구현 및 개발, 코드 작성, 문제 해결 수행
설계자	시스템 구조와 인터페이스 설계, 사용자 경험 고려
분석가	요구사항 분석 및 시스템 요건 정의
사용자	시스템을 직접 사용하며, 피드백을 통해 개선점 제공
클라이언트	시스템을 의뢰하고 요구사항을 제공하는 주체로, 최종 결과물에 피드백 제공
유지보수자	시스템 운영 후 문제 해결 및 지속적인 개선 담당

단답형 문제

01 프로젝트를 총괄 관리하며, 일정과 자원을 조정하는 이해관계자를 무엇이라 하는가?

객관식 문제

02 유지보수 시 기술적 문서화의 중요성은 무엇인가?
① 담당자가 교체되어도 쉽게 이해할 수 있도록 함
② 모든 변경 사항을 자동 반영하기 위해
③ 클라이언트의 요구사항을 무시하기 위해
④ 유지보수를 중단하기 위해

03 프로젝트 이해관계자 중 개발자의 주요 역할은 무엇인가?
① 시스템 기능 구현 및 코드 작성
② 시스템 운영 후 문제 해결
③ 클라이언트 요구사항 수집
④ 프로젝트 일정 관리

04 PM의 주요 역할은 무엇인가?
① 디자인 작업을 총괄
② 프로젝트 계획 및 자원 조정
③ 시스템 유지보수만 담당
④ 클라이언트 피드백을 무시

05 결과 보고서 작성 시 클라이언트에게 제출하는 주요 산출물에 포함되지 않는 것은?
① 프로젝트 완료 보고서
② 사용자 매뉴얼
③ 내부 코드 구조
④ 디자인 가이드

정답 **01** 관리자(PM) **02** ① **03** ① **04** ② **05** ③

자동 채점 서비스 사용 방법

01 QR 코드 접속하기

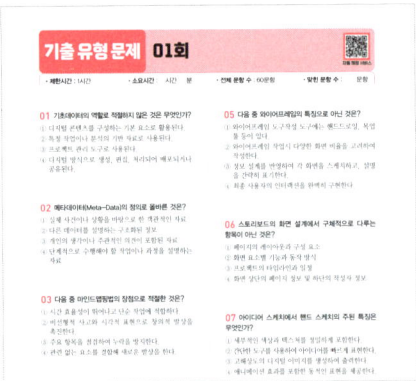

기출 유형 문제 상단의 자동 채점 서비스 QR 코드를 스마트폰 카메라로 스캔하면 쉽고 빠르게 채점할 수 있습니다.

02 OMR 답안 표기하기

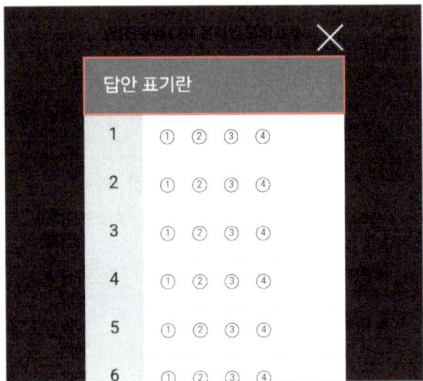

QR 코드를 스캔하면 생성되는 해당 기출문제의 OMR 답안 표기란에 자신이 풀이한 답안을 바로 입력해 보세요.

03 답안 제출하기

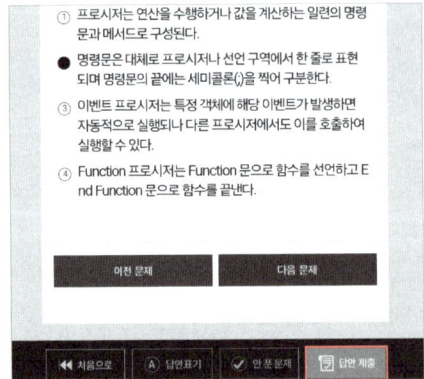

'답안 제출'을 클릭하면 자동으로 채점이 진행됩니다. 답안을 제출하기 전 하단의 '답안표기'와 '안 푼 문제'를 클릭하여 답안을 제대로 기입했는지 확인할 수 있습니다.

04 합격 여부&해설 확인하기

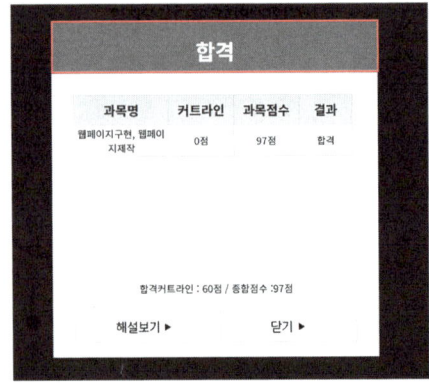

채점 결과를 통해 합격 여부와 과목별 점수 등을 확인할 수 있습니다. '해설보기'를 클릭하여 틀린 문제의 해설을 체크해 보세요.

손에 잡히는 기출문제

CBT 온라인 문제집
시험장과 동일한 환경에서
문제 풀이 서비스

- QR 코드를 찍으면 원하는 시험에 응시할 수 있습니다.
- 풀이가 끝나면 자동 채점되며, 해설을 즉시 확인할 수 있습니다.
- 마이페이지에서 풀이 내역을 분석하여 드립니다.
- 모바일과 PC로 이용 가능합니다.

과목별 대표 기출 문제	102
기출 유형 문제	136
정답 & 해설	212

과목별 대표 기출 문제

과목 01 기초 데이터 및 프로토타입 설계

01 디지털 디자인에서 활용되는 기초 데이터로 보기 어려운 것은?
① 이미지
② 텍스트
③ 동영상
④ 하드웨어

> 디지털 디자인의 기초데이터는 이미지, 텍스트, 동영상 등 콘텐츠를 구성하는 요소를 의미하며, 하드웨어는 기초데이터가 아닌 기기를 지칭함

02 다음은 무엇에 관한 설명인가?

- 부호, 문자, 음성, 영상 등 다양한 형태이다.
- 이진 형태로 데이터 처리된다.
- 품질 손상 없이 복제 전송이 용이하다.

① 멀티미디어 데이터
② 디지털 데이터
③ 빅데이터
④ 기초데이터

오답 피하기
- ① 멀티미디어 데이터 : 디지털 데이터의 일종이지만, 주로 텍스트, 이미지, 오디오, 비디오 등 멀티미디어 콘텐츠를 지칭함
- ③ 빅데이터 : 방대한 양의 데이터 집합을 의미함
- ④ 기초데이터 : 특정 작업이나 분석의 기반 자료를 의미하며, 콘텐츠를 구성하는 기본 요소를 나타냄

03 다음 중 내부 데이터의 예시로 적절하지 않은 것은?
① 오프라인 매장의 결제 정보
② 고객의 개인 정보
③ 기업의 판매 실적
④ 정부 인구 조사 자료

> 정부 인구 조사 자료는 외부 데이터의 예시이며, 내부 데이터는 조직 내부에서 생성되거나 축적된 데이터를 의미함

04 플랫폼 운영자나 사이트 제작자가 주도적으로 만들어 제공하는 콘텐츠를 무엇이라고 하는가?
① 컨슈머 데이터
② 프로슈머 데이터
③ 프로듀서 데이터
④ UCC 데이터

> 프로듀서 데이터는 플랫폼 운영자나 사이트 제작자가 주도적으로 만들어 제공하는 콘텐츠를 의미함

05 다음 중 프로슈머적 데이터 생성 활동이 아닌 것은?
① 소셜 미디어에서 다양한 콘텐츠를 기획하고 제작하는 활동이다.
② 개인이 직접 만든 영상이나 창작물을 공유하는 UCC를 제작한다.
③ 공개된 오픈소스 프로젝트에 참여하여 코드나 기능을 기여하는 행위이다.
④ 온라인 쇼핑몰에서 상품을 선택하고 결제하여 구매하는 행동이다.

> 단순한 소비 활동에 해당하며, 생산 과정에 참여하거나 새로운 가치를 창출하지 않음. 따라서 프로슈머적 데이터 생성 활동이 아님

[정답] 01 ④ 02 ② 03 ④ 04 ③ 05 ④

06 유료 데이터의 특징으로 가장 적절한 것은?

① 무료로 제공되는 콘텐츠
② 목적에 적합한 데이터를 구매하는 콘텐츠
③ 광고 수익을 목적으로 제공되는 콘텐츠
④ 항상 높은 보안성을 제공

오답 피하기
- ① : 무료로 제공되는 콘텐츠는 유료 데이터의 특징이 아님
- ③ : 일반적으로 무료 서비스의 특징이며, 유료 데이터의 특징이 아님
- ④ : 유료 데이터가 항상 더 높은 보안성을 제공하는 것은 아니며, 보안성은 데이터 제공자와 사용 목적에 따라 다를 수 있음

07 다음은 데이터 유형 중 무엇에 관한 설명인가?

- 제조업에서 원자재 투입부터 최종 제품 완성까지의 각 단계별 데이터
- 주문 접수, 결제, 포장, 배송, 배달 완료까지의 각 단계별 데이터

① 사실(Fact)
② 의견(Opinion)
③ 원리(Principle)
④ 과정(Process)

주어진 설명은 과정 데이터의 전형적인 예시임. 과정(Process) 데이터의 주요 특징으로는 일련의 단계나 절차를 포함하고, 각 단계별로 발생하는 정보를 순차적으로 기록하며, 전체 프로세스의 흐름을 파악하고 분석하는 데 사용

08 다음은 무엇에 관한 설명인가?

- 데이터를 설명하거나 정의하기 위해 구조화된 정보
- 파일의 작성 날짜, 크기, 형식, 저작권 정보와 같은 속성이 포함

① 기초 데이터
② 원시 데이터
③ 프로세스 데이터
④ 메타 데이터(Meta-Data)

메타 데이터는 데이터를 설명하거나 관리하기 위한 정보를 제공하는 구조화된 데이터임. 예를 들어, 이미지 파일의 경우 파일명, 생성 날짜, 파일 크기, 형식, 저작권 정보 등이 메타 데이터로 포함되며, 이는 데이터를 더 쉽게 찾고 분류하거나 관리할 수 있도록 도와줌

09 페르소나 작성 시, 고객에 대한 깊이 있는 이해 부족이 초래할 수 있는 문제는 무엇인가?

① 마케팅 전략이 효과적으로 실행되면서 실효성이 높아진다.
② 수집된 고객 데이터를 분석하여 정확한 페르소나가 생성된다.
③ 고객의 니즈와 주요 불편 사항을 파악하고 해결하는 데 어려움이 생긴다.
④ 고객과의 직접적인 소통이 필요하지 않게 되어 신경 쓰지 않아도 된다.

고객에 대한 깊이 있는 이해가 부족하면, 그들의 니즈와 페인 포인트를 해결하기 어려워 마케팅 활동의 효과가 감소함

10 아이디어 발상법 중 브레인스토밍의 주요 원칙이 아닌 것은?

① 자유롭게 아이디어를 표현한다.
② 아이디어에 대한 비판 금지한다.
③ 양보다 질을 중시한다.
④ 아이디어를 조합하고 발전시킨다.

브레인스토밍은 양을 중시하며, 많은 아이디어를 제안한 후 이를 조합하고 발전시키는 방식

11 체크리스트 기법의 작성 순서로 적절한 것은?

① 목적 설정 → 핵심 항목 나열 → 우선순위 설정 → 검토와 수정 → 체크
② 핵심 항목 나열 → 목적 설정 → 체크 → 검토와 수정 → 우선순위 설정
③ 검토와 수정 → 목적 설정 → 체크 → 핵심 항목 나열 → 우선순위 설정
④ 체크 → 목적 설정 → 검토와 수정 → 우선순위 설정 → 핵심 항목 나열

체크리스트 기법은 목적 설정부터 시작하여 각 단계를 체계적으로 진행

[정답] 06 ② 07 ④ 08 ④ 09 ③ 10 ③ 11 ①

12 다음 중 형태 분석법의 특징이 아닌 것은?

① 체계적인 접근 방식을 사용한다.
② 다양한 요소들의 조합을 통해 새로운 아이디어를 창출한다.
③ 문제 해결을 위한 단일 최적의 해답만을 도출한다.
④ 복잡한 문제를 작은 부분으로 나누어 분석한다.

형태 분석법은 다양한 속성의 조합을 통해 여러 가지 가능한 해결책을 도출하는 방법. 단일 최적의 해답만을 찾는 것이 아니라, 다양한 아이디어를 생성하고 이 중에서 적합한 것을 선택하거나 더 발전시키는 것이 이 방법의 특징

13 다음과 같은 사례 설명 중 알맞은 아이디어 발상법은?

> '연필 + 고무'의 결합으로 '고무지우개 달린 연필'과 같은 실용적인 발명품을 만들어낼 수 있다.

① 형태분석법
② 육색모사고법
③ 시네틱스
④ 강제결합법

강제결합법은 서로 관계가 없어 보이는 사물이나 아이디어를 인위적으로 연결시켜 새로운 아이디어를 창출하는 기법

14 다음 중 은유(메타포)를 가장 적절하게 사용한 사용자 인터페이스 요소는 무엇인가?

① 웹사이트의 로그인 버튼
② 컴퓨터 바탕화면의 휴지통 아이콘
③ 스마트폰 앱의 숫자 키패드
④ 알림창에서 '확인' 또는 '취소' 버튼

컴퓨터 바탕화면의 휴지통 아이콘은 실제 휴지통을 시각적으로 표현하여 파일 삭제 기능을 직관적으로 이해할 수 있게 함. 이는 실제 사물(휴지통)을 다른 개념(파일 삭제)에 빗대어 표현한 전형적인 은유 사용의 예

15 비즈니스 기능 검토 항목 중 설정된 목표를 달성하기 위해 제대로 실행되고 있는지 확인하는 항목은 무엇인가?

① 가치 제공
② 전략 실행
③ 운영 효율성
④ 품질 관리

전략 실행은 설정된 목표를 달성하기 위한 전략이 제대로 실행되고 있는지 확인하는 항목

16 다음 중 데이터 검증에서 디자인 검토 항목에 포함되지 않는 것은 무엇인가?

① 몰입성
② 직관성(은유성)
③ 마케팅
④ 일관성

데이터 검증에서 디자인 검토 항목은 주로 정확성, 일관성, 몰입성, 신선도를 확인하는 것에 중점을 둠

17 다음 중 저작권의 예시로 가장 적절하지 않은 것은?

① 노래의 가사와 멜로디
② 영화에 사용된 배경 음악
③ 강사의 강의 내용
④ 공원에서 들리는 소리

자연의 소리는 인간의 창작물이 아니므로 저작권의 대상이 되지 않음. 나머지 선택지들은 모두 인간의 창작 활동으로 만들어진 저작물로, 저작권 보호의 대상이 됨

정답 12 ③ 13 ④ 14 ② 15 ② 16 ③ 17 ④

18 다음 중 2차적 저작물의 정의로 가장 적절한 것은?

① 원저작물과 전혀 관련 없는 새로운 창작물
② 원저작물을 그대로 복제하거나 복사한 자료
③ 기존 저작물을 번역하여 작성한 작품
④ 여러 저작물을 단순히 모아놓은 것

2차적 저작물은 기존의 원저작물을 기반으로 번역, 편곡, 각색, 재구성 등을 통해 새롭게 창작된 작품을 의미. 이는 원저작물을 그대로 복제하거나 단순히 모아놓은 것과는 다르며, 원저작물을 활용해 독창적인 창작 요소가 포함된 경우에 해당함

19 와이어프레임 작성 시 우선적으로 고려해야 할 사항은 무엇인가?

① 웹사이트의 최종 그래픽 디자인
② 서버의 백엔드 구조
③ 동적 애니메이션 효과
④ 사용자 경험과 내비게이션 흐름

와이어프레임은 사용자 경험과 내비게이션 흐름을 시각화하는 데 중점을 둠

20 다음 중 레이아웃의 정의로 가장 적절한 것은?

① 그래픽 요소의 색상을 결정하는 작업
② 데이터베이스 구조를 설계하는 작업
③ 텍스트와 이미지를 구성하는 방식
④ 사용자의 요구사항을 분석하는 과정

레이아웃은 텍스트, 이미지 등 웹 페이지의 구성 요소를 배치하는 방식

21 216 웹 안전색의 주요 특징으로 옳지 않은 것은?

① 모든 기기와 브라우저에서 일관되게 표시된다.
② 216가지 색상은 유채색과 무채색으로 구성된다.
③ 현재는 디스플레이 기술 발전으로 사용 빈도가 줄었다.
④ 디스플레이 성능에 따라 색상이 왜곡된다.

웹 안전색은 모든 기기와 브라우저에서 일관된 색상을 보장하기 위해 개발되었으며, 색상 왜곡이 발생하지 않음

22 레이아웃 작업의 첫 단계로, 시각적 구조를 구성하는 방법은 무엇인가?

① 기본 구조 설정
② 초점선 설정
③ 구성 막대 활용
④ 색상 팔레트 결정

레이아웃 작업의 첫 단계는 기본 구조를 설정하여 디자인의 기본 틀을 구성하는 것

23 다음은 무엇에 관한 설명인가?

- 정보의 가독성과 시각적 균형을 위해 조정한다.
- 사용자가 콘텐츠를 탐색하는 데 도움을 준다.
- 일관되게 유지하면 전체 디자인의 통일성을 높일 수 있다.

① 컬럼의 수 조정
② 그리드 가로 방향 수 조정
③ 여백 설정
④ 컬럼 간격 조정

컬럼 간격 조정은 디자인의 가독성과 균형을 유지하는 핵심 요소. 컬럼 간격이 너무 좁으면 가독성이 떨어지고 시각적으로 답답한 느낌을 줄 수 있으며, 반대로 컬럼 간격이 너무 넓으면 정보가 분리되어 보일 수 있어 탐색성이 저하될 수 있음

오답 피하기

- ① : 컬럼 개수는 디자인의 기본 구조를 결정하는 요소이고, 컬럼 간격은 내용 간 여백을 조절하는 요소
- ② : 그리드 시스템에서 가로 방향의 개수를 조정하는 것은 전체적인 레이아웃의 틀을 정하는 과정. 그러나 문제에서 강조하는 가독성과 시각적 균형은 주로 컬럼 간격 조정과 관련이 있음
- ③ : 여백은 요소와 요소 간의 공간을 조정하는 개념이지만, 컬럼 간격과는 다름. 컬럼 간격은 컬럼 내부에서의 간격을 조정하는 것이고, 여백은 디자인 요소와 콘텐츠 간의 공간을 조절하는 것

정답 18 ③ 19 ④ 20 ③ 21 ④ 22 ① 23 ④

24 그리드 레이아웃에서 12컬럼 그리드를 사용하는 주된 이유는?

① 컬럼의 개수를 임의로 변경할 수 없어서
② 다양한 비율로 콘텐츠를 나누기 쉬워서
③ 더 많은 여백을 제공하기 위해서
④ 웹 브라우저와 호환되지 않기 때문에

12컬럼 그리드는 2, 3, 4, 6 등으로 쉽게 나눌 수 있어 다양한 레이아웃 설계에 적합

25 다음 중 아이디어 스케치 작성 시 가장 중요한 요소는 무엇인가?

① 정확한 색상 조합 및 레이아웃 구성
② 빠른 표현과 다양한 아이디어 탐색
③ 고화질 그래픽 제작 및 콘텐츠 선별
④ 완벽한 사용자 인터페이스 구현

아이디어 스케치에서는 빠르게 다양한 아이디어를 시각화하여 방향성을 탐색하는 것이 중요함

26 다음 중 2차원적 시각화 방법의 예가 아닌 것은?

① 그래프
② 히트맵
③ 점자
④ 웹페이지 레이아웃

점자는 1차원적 표현 방법에 해당하며, 2차원적 시각화는 공간적 속성을 활용한 표현 방식을 포함

27 다음 시각화 과정에서 아래 설명에 해당하는 과정은?

- 초기 구상 단계를 간단하고 빠르게 진행
- 문제를 검토하고, 최종 결과물의 초안을 설정
- 다양한 아이디어를 시도하며 최적의 해결책을 모색

① 에스키스(Esquisse) 단계
② 디자인 씽킹 프로세스
③ 브레인스토밍 세션
④ 프로토타입 개발

시각화 과정의 첫 번째 단계인 에스키스(Esquisse) 단계로 초기 구상을 간단하고 빠르게 진행하면서 최적의 해결책을 탐구하는 과정. 이 단계에서는 문제를 검토하고 초안을 설정하며, 다양한 아이디어를 시도하여 방향성을 잡음

28 아이디어 시각화의 아이디어 명확화 단계에서 주로 수행하는 작업은?

① 다양한 아이디어를 시도하며 구상을 진행한다.
② 아이디어를 구체적으로 표현한다.
③ 명암, 색상 등을 추가하여 결과물을 완성한다.
④ 스케치를 빠르게 그려 다양한 콘셉트를 탐구한다.

아이디어 명확화 단계에서는 아이디어를 구체적으로 표현하고 클라이언트의 요구와 기대를 반영함

29 기하학적인 선과 형태, 그리고 기본 3원색을 이용한 구성으로 조형의 보편성과 질서를 추구한 20세기 초 네덜란드에서 전개된 예술 운동은?

① 큐비즘
② 데 스틸
③ 다다이즘
④ 구성주의

데 스틸은 수직&수평선, 빨강&파랑&노랑의 3원색 등으로 미적 질서를 강조한 네덜란드 추상미술 운동

정답 24 ② 25 ② 26 ③ 27 ① 28 ② 29 ②

30 다음 중 그래픽 사용자 인터페이스(GUI)의 장점으로 적절한 것은?

① 사용자가 명령어를 외울 필요가 없다.
② 대량의 데이터를 빠르게 처리할 수 있다.
③ 사용자가 키보드로만 시스템을 제어한다.
④ 네트워크 성능을 최적화한다.

GUI는 그래픽 요소를 활용하여 사용자가 명령어를 외울 필요 없이 직관적으로 시스템을 조작할 수 있게 함

31 사용자에게 긍정적인 경험을 제공하기 위해, 페이지 로딩 속도를 최적화하는 방법으로 적절한 것은?

① 고해상도 이미지 사용
② 이미지 압축
③ 애니메이션 추가
④ 서버 부하 증가

이미지 압축은 웹사이트의 로딩 속도를 개선하는 가장 효과적인 방법 중 하나로, 파일 크기를 줄여 빠른 업로드 및 다운로드를 가능하게 함. 이는 사용자 경험을 향상시키고, 특히 모바일 환경에서 데이터 사용량을 줄이는 데 도움이 됨

32 UX 디자인에서 사용자 여정을 분석하는 도구는 무엇인가?

① 히트맵
② 데이터베이스
③ 트리 맵
④ 프로그램 디버거

히트맵은 사용자가 화면에서 어디를 클릭하고 얼마나 머무르는지를 시각적으로 보여주어 사용자 여정을 분석하는 데 사용

33 다음 중 GUI에서 사용되는 일반적인 요소가 아닌 것은?

① 버튼
② 텍스트 필드
③ 명령어
④ 아이콘

명령어는 CLI의 특징으로, 키보드로 텍스트 명령어를 입력해 시스템과 상호작용하는 방식

34 계층적 구조가 정보구조 설계에 적합한 이유는 무엇인가?

① 모든 정보를 한 페이지에 담을 수 있다.
② 정보의 중요도와 관계를 시각적으로 보여줄 수 있다.
③ 정보를 랜덤하게 배치하여 사용자가 쉽게 확인할 수 있다.
④ 보안을 위해 사용자 접근을 제한할 수 있다.

계층적 구조는 정보를 상위에서 하위로 체계적으로 분류하여 시각적으로 정보의 중요도와 관계를 명확히 보여주는 방식으로 사용자는 주요 정보와 세부 정보를 구분할 수 있으며, 정보를 논리적이고 쉽게 탐색할 수 있음

35 정보구조 설계의 대표적인 분류 방식이 아닌 것은?

① 계층적 구조
② 네트워크 구조
③ 선형 구조
④ 비선형 구조

정보구조 설계의 대표적인 분류 방식에는 계층적 구조, 네트워크 구조, 선형 구조가 포함

정답 30 ① 31 ② 32 ① 33 ③ 34 ② 35 ④

36 웹 디자인에서 웹사이트 기획 단계의 주요 목적은 무엇인가?

① 사용자를 위해 네트워크 속도를 높이는 기술 설계
② 사용자 경험과 웹사이트의 전반적인 구조를 설계하는 것
③ 멀티미디어 콘텐츠를 제작하는 작업
④ 사용자들을 위해 시스템의 백엔드 데이터베이스를 구축하는 작업

웹사이트 기획 단계에서는 사용자 경험(UX)과 웹사이트의 전반적인 구조를 설계하여 사용자 중심의 웹사이트를 구축하는 데 초점을 맞춤

37 하이퍼텍스트 구조의 주요 특징은 무엇인가?

① 정보를 순차적으로 배열하여 단계적으로 접근 가능
② 정보를 하이퍼링크로 연결해 유연한 탐색이 가능
③ 사용자가 정보를 직접 입력하는 방식
④ 테이블 형태로 데이터를 정리해 검색 속도를 높임

하이퍼텍스트 구조는 정보를 하이퍼링크로 연결하여 상호 참조가 가능하며, 유연하고 직관적인 탐색을 지원

38 다음 중 사용자가 정보를 빠르게 탐색할 수 있도록 웹사이트의 정보 구조를 설계할 때 고려해야 할 원칙으로 가장 적절한 것은?

① 모든 정보를 하나의 페이지에 모아 단순화한다.
② 가능한 한 깊은 구조를 통해 계층을 명확히 한다.
③ 사용자가 3번 이내 클릭으로 원하는 정보에 도달하도록 구성한다.
④ 메뉴의 수를 최소화하여 콘텐츠 접근을 제한한다.

사용자가 원하는 정보를 3번 이하의 클릭으로 접근할 수 있게 구성하는 것이 사용성 향상에 효과적

39 정보 구조 설계에서 특징이 명확한 정보의 체계화 예는 무엇인가?

① 상품이 가격이나 크기별로 정렬된 경우
② 전자제품 쇼핑몰에서 제품이 카테고리
③ 목적에 따른 여행 패키지 정리
④ 어린이, 청소년, 성인과 같이 연령대에 따라 콘텐츠를 구분

정보 구조 설계에서 특징이 명확한 정보는 고유의 속성을 기준으로 체계화된 경우를 말함. 가격이나 크기와 같이 객관적이고 명확한 기준에 따라 정보를 정렬하는 것이 이에 해당함

오답 피하기

②, ③, ④는 카테고리, 목적별 여행 패키지, 연령대에 따른 콘텐츠 구분은 특징이 불명확한 정보의 예로, 주제나 맥락에 따라 정보를 그룹화한 사례들

40 웹 페이지의 F패턴 시각적 설계의 주요 적용 분야는?

① 동영상 플랫폼
② 블로그, 뉴스 사이트
③ 게임 인터페이스
④ 음악 스트리밍 서비스

웹 페이지의 F패턴은 사용자가 웹 페이지를 읽을 때 주로 눈이 움직이는 경로를 나타냄. 사용자는 왼쪽에서 오른쪽으로 시선을 이동하며, 이러한 패턴은 텍스트 중심의 페이지, 특히 블로그, 뉴스 사이트처럼 긴 글이나 정보가 위에서 아래로 배열된 웹 페이지에서 주로 관찰됨

41 하이퍼링크(Hyperlink)와 앵커링크(Anchor link)의 차이점은 무엇인가?

① 하이퍼링크는 내부 링크만 가능하고 앵커링크는 외부 링크만 가능하다.
② 하이퍼링크는 다른 웹페이지로 이동하고, 앵커링크는 같은 페이지 내 특정 위치로 이동한다.
③ 하이퍼링크는 클릭할 수 없고 앵커링크는 클릭할 수 있다.
④ 하이퍼링크는 이미지를 연결하고 앵커링크는 텍스트를 연결한다.

하이퍼링크는 다른 페이지나 외부 사이트로 연결되는 링크이고, 앵커링크는 동일 문서 내 특정 위치로 이동하도록 설정된 링크

정답 36 ② 37 ② 38 ③ 39 ① 40 ② 41 ②

42 어사이드(Aside) 영역에 주로 포함되는 요소는 무엇인가?

① 사이트의 주요 콘텐츠
② 로고와 로그인 메뉴
③ 회사의 정보와 저작권 정보
④ 광고, Top 버튼과 같은 기능

어사이드(Aside)는 배너 광고, 바로가기 버튼, Top 버튼 등 보조적인 기능이 배치되는 보조 영역

43 반응형 웹 디자인에서 사용하는 기술로 적합한 것은?

① 미디어 쿼리(Media Queries)
② 정적 테이블(Table Layout)
③ 플래시 애니메이션
④ 고정 크기 CSS

반응형 웹 디자인은 다양한 화면 크기와 기기에 맞춰 웹 페이지의 레이아웃과 콘텐츠를 유동적으로 조정하는 기술. 이를 구현하기 위해 사용하는 핵심 기술 중 하나가 미디어 쿼리임

44 반응형 레이아웃과 적응형 레이아웃의 차이점으로 옳은 것은?

① 반응형은 고정된 레이아웃을 사용하고, 적응형은 유동적인 레이아웃을 사용한다.
② 반응형은 유동적으로 크기가 변하고, 적응형은 미리 정의된 레이아웃을 선택한다.
③ 반응형은 데스크톱에 적합하고, 적응형은 모바일에 적합하다.
④ 반응형은 여러 레이아웃을 준비하고, 적응형은 단일 레이아웃을 사용한다.

오답 피하기
- ① : 반응형은 유동적이고, 적응형은 미리 정의된 고정 레이아웃을 사용
- ③ : 반응형과 적응형 모두 데스크톱, 모바일 등 모든 기기에 사용할 수 있음
- ④ : 반응형은 단일 레이아웃을 사용하여 크기를 유동적으로 조정하고, 적응형은 여러 레이아웃을 준비

45 고정형 레이아웃의 설계 방식에 대한 설명으로 올바른 것은?

① 픽셀 단위로 레이아웃을 설계하여 디자인과 콘텐츠가 일관되게 표시된다.
② 비율에 따라 레이아웃이 조정되므로 모든 화면에서 콘텐츠가 유연하게 표시된다.
③ 모바일 기기를 기준으로 레이아웃이 유동적으로 변화한다.
④ 사용자 화면 크기에 따라 레이아웃이 비례적으로 확대된다.

고정형 레이아웃은 픽셀 단위를 사용하여 고정된 크기의 레이아웃을 설계하는 방식으로 화면 크기나 해상도와 관계없이 동일한 크기의 레이아웃이 유지, 이로 인해 디자인과 콘텐츠가 항상 의도한 대로 일관되게 표시

46 AI 기반 디자인 도구의 장점으로 옳지 않은 것은?

① 반복적인 작업을 자동화하여 디자이너의 시간을 절약한다.
② 색상, 레이아웃 제안 등 디자인 초기 단계에서 아이디어를 제공한다.
③ AI가 디자인을 자동으로 완성하므로 디자이너가 필요 없다.
④ 사용자 데이터 분석을 기반으로 맞춤형 디자인을 생성한다.

AI는 디자이너를 대체하는 것이 아니라, 디자인 과정을 돕는 도구로 활용. 반복적인 작업 자동화, 색상 및 레이아웃 제안, 사용자 데이터를 분석하여 개인화된 디자인을 제공하는 등 디자이너와 협업하는 방식으로 사용

정답 42 ④ 43 ① 44 ② 45 ① 46 ③

47 비주얼 콘셉트(Visual Concept)의 정의로 가장 적합한 것은?

① 사용자의 인터페이스 흐름을 설계하는 과정
② 브랜드 로고만 설계하는 과정
③ 데이터 분석 결과를 기반으로 시각적 레이아웃을 작성하는 과정
④ 프로젝트의 디자인 방향을 시각적으로 표현하는 아이디어

비주얼 콘셉트는 디자인 작업의 방향성을 제시하는 아이디어임. 이를 통해 프로젝트의 스타일과 메시지를 시각적으로 표현하고, 이후의 디자인 과정에서 기준점이 됨

48 디자인 트렌드에서 '증강 현실(AR)'과 '가상 현실(VR)' 기술이 사용되는 가장 큰 이유는?

① 다양한 콘텐츠를 간편하게 소비할 수 있도록 단순화하기 위해 활용된다.
② 사용자가 더욱 몰입할 수 있는 인터랙티브한 경험을 통해 정보를 체험하도록 한다.
③ 모든 시각적 요소와 콘텐츠를 평면적인 2D 환경으로 변환하여 단순하게 제공한다.
④ 정적인 화면과 페이지 기반의 인터페이스를 유지하며 사용자 경험을 제한하기 위해 사용된다.

증강 현실(AR)과 가상 현실(VR) 기술은 사용자에게 몰입형 경험을 제공하여 정보를 더 직관적이고 생생하게 체험할 수 있도록 도움. 이는 최신 UX/UI 디자인 트렌드의 중요한 요소 중 하나임

49 비주얼 콘셉트를 구체화하기 위해 주로 사용하는 도구는 무엇인가?

① 무드보드
② 프로토타입
③ 스토리보드
④ 코드 편집기

무드보드는 비주얼 콘셉트를 구체화하기 위한 가장 대표적인 도구 중 하나로, 프로젝트의 디자인 방향성을 시각적으로 표현하기 위해 사용

50 칼럼드롭(Column Drop) 패턴이 가장 많이 사용되는 사례는?

① 데스크톱용 웹사이트
② 태블릿 디바이스
③ 모바일 화면
④ 대형 스크린 디스플레이

칼럼드롭 패턴은 화면 크기가 작아지면 다단 레이아웃이 한 단씩 아래로 떨어지는 방식. 이 패턴은 특히 모바일 화면에서 자주 사용

정답 47 ④ 48 ② 49 ① 50 ③

과목 02 프로토타입 및 심미성 설계

01 다음 중 비트맵 이미지를 사용하는 가장 적합한 사례는?

① 로고 디자인
② 아이콘 제작
③ 사진 편집
④ 그래픽 요소 제작

비트맵 방식은 사진이나 복잡한 이미지의 색상과 디테일을 표현하는 데 적합하며, 로고나 아이콘처럼 선명도를 유지해야 하는 작업에는 벡터 방식을 사용하는 것이 더 적합함

02 다음 중 안티앨리어싱이 가장 많이 사용되는 사례는?

① 나뭇잎 텍스처 선명도 증가
② 게임의 그래픽 품질 향상
③ 벡터 파일 형식 저장
④ 오디오 파일의 노이즈 제거

안티앨리어싱은 주로 컴퓨터 그래픽에서 이미지의 계단 현상을 줄이고 부드러운 선과 모서리를 만드는 데 사용. 특히 게임 그래픽에서 가장 널리 사용되는 기술 중 하나임

오답 피하기
① : 텍스처의 선명도를 증가시키는 것은 안티앨리어싱보다는 텍스처 필터링 기술이 더 관련이 있음

03 다음 중 PPI의 정의로 가장 적절한 것은?

① 프린터가 1초 동안 출력할 수 있는 페이지 수
② 화면 밝기를 나타내는 단위
③ 이미지의 파일 크기를 나타내는 단위
④ 1인치당 포함된 픽셀의 수

PPI(Pixels Per Inch)는 디지털 이미지의 해상도를 나타내는 단위로, 인치당 몇 개의 픽셀이 포함되어 있는지 나타냄

04 다음 중 32비트(32bit) 이미지의 주요 특징으로 적합한 것은?

① 흑백 이미지만 표현할 수 있다.
② 알파 채널을 추가로 포함하여 투명도를 표현할 수 있다.
③ 픽셀당 256가지 색상만 표현 가능하여 용량 크기가 작다.
④ RGB 중 하나의 색상 채널만 사용하여 색상이 풍부하다.

32비트 이미지는 RGB 각각 8비트(24비트) 외에 알파 채널(8비트)을 추가로 포함해 투명도나 반투명도를 표현할 수 있음

05 다음 중 래스터라이징의 정의로 올바른 것은?

① 픽셀 기반 이미지를 벡터 기반 이미지로 변환하는 작업
② 벡터 기반 이미지를 픽셀 기반 이미지로 변환하는 작업
③ 이미지를 확대해 품질을 향상시키는 작업
④ 픽셀 간 경계를 매끄럽게 만드는 작업

래스터라이징은 벡터 방식 이미지를 픽셀 단위의 비트맵 이미지로 변환하는 작업을 의미함

06 다음 중 일반적으로 웹용 이미지를 저장할 때 적합한 해상도는 무엇인가?

① 72 PPI
② 150 PPI
③ 300 PPI
④ 600 PPI

웹용 이미지는 모니터 해상도에 맞춰 72 PPI로 설정하는 것이 일반적

정답 01 ③ 02 ② 03 ④ 04 ② 05 ② 06 ①

07 다음 HSB 색상 모델에서 B는 무엇을 나타내는가?

① 밝기(Brightness)
② 혼합(Blend)
③ 배경(Background)
④ 밸런스(Balance)

HSB는 색상(Hue), 채도(Saturation), 밝기(Brightness)를 나타냄

08 다음 중 인덱스 컬러 방식의 주요 특징으로 옳은 것은?

① 무제한 색상 표현할 수 있다.
② 제한된 색상 팔레트를 사용한다.
③ 투명 배경을 지원하지 않는다.
④ 고해상도 이미지를 주로 처리한다.

인덱스 컬러는 제한된 색상 팔레트를 사용해 파일 크기를 줄임

09 다음은 이미지 파일 형식 중 무엇에 관한 설명인가?

- 전문 인쇄 및 출력 작업에 활용
- 포스트스크립트(PostScript) 언어 기반
- 벡터 편집 프로그램에서 자유롭게 편집 가능

① BMP(*.bmp)
② PDF(*.pdf)
③ EPS(*.eps)
④ TIFF(*.tif, *.tiff)

🔖 오답 피하기
- ① BMP : 비트맵 이미지 포맷으로, 압축되지 않은 고용량 파일 형식
- ② PDF : 포스트스크립트 기반이지만 문서 공유 및 보기에 더 적합
- ④ TIFF : 고해상도 이미지를 저장하는 데 사용되며 무손실 압축을 지원하지만, 출력보다는 디지털 환경에서 주로 활용

10 디자인에서 선의 종류와 느낌으로 옳지 않은 것은?

① 직선은 강하고 단정한 느낌을 준다.
② 곡선은 부드럽고 유연한 느낌을 준다.
③ 대각선은 정적이고 안정적인 느낌을 준다.
④ 점선은 불확실성과 연결의 암시를 나타낸다.

대각선은 역동성과 긴장감을 표현하며 활동적인 느낌을 줌

11 다음 중 디자인의 시각 요소에 해당하지 않는 것은?

① 형태   ② 색상
③ 위치   ④ 질감

위치는 디자인의 상관 요소에 해당하며, 시각 요소로는 형태, 색상, 질감 등이 있음

12 비슷한 색상, 형태, 질감 등을 사용하여 부드럽고 자연스러운 연결을 이루는 조화를 무엇이라고 하는가?

① 대비 조화   ② 유사 조화
③ 대칭조화   ④ 반복조화

유사 조화는 디자인 요소들이 비슷한 특성을 공유하여 통일감과 일체감 제공

13 폐쇄성의 원리를 적용한 디자인의 예로 가장 적절한 것은?

① 동일한 색상의 버튼들을 그룹화하여 배치
② 로고에 숨겨진 화살표 모양 만들기
③ 웹사이트의 메뉴를 상단에 일렬로 배치
④ 중요한 정보를 페이지 중앙에 크게 표시

폐쇄성의 원리는 인간의 뇌가 불완전한 형태나 패턴을 스스로 완성하려는 성향. 따라서 로고에 숨겨진 화살표 모양처럼 형태가 명확하지 않아도 뇌가 이를 완성하여 인식하는 디자인이 이에 해당

정답 07 ① 08 ② 09 ③ 10 ③ 11 ③ 12 ② 13 ②

14 다음 중 디자인에서 대칭 균형에 해당하지 않는 예는?

① 좌우가 동일한 대칭
② 중심점에서 여러 방향으로 동일한 패턴의 대칭
③ 일정한 거리만큼 이동 후 동일한 패턴을 유지하는 대칭
④ 좌우가 시각적 무게를 다르게 가진 균형

오답 피하기
- ① : 좌우 대칭으로 거울에 비춘 것처럼 완벽하게 동일한 형태를 가지는 전형적인 대칭 균형
- ② : 방사 대칭의 설명으로 원형 디자인처럼 중심에서 여러 방향으로 대칭이 이루어지는 균형
- ③ : 이동 대칭의 설명으로 패턴이 반복되며 일정한 거리를 두고 균형을 이루는 형태

15 다음 설명에 해당하는 디자인 조형 요소는 무엇인가?

- CTA(콜 투 액션) 버튼을 강한 대비 색상으로 만들어 사용자 눈에 띄게 한다.
- 로그인 폼에서 "비밀번호 찾기" 링크보다 "로그인" 버튼을 더 크고 두껍게 디자인한다.

① 강조
② 균형
③ 조화
④ 대칭

강조는 디자인에서 특정 요소를 두드러지게 만들어 시선을 집중시키는 원리. CTA 버튼을 빨간색으로 설정하거나, 로그인 버튼을 더 크고 두껍게 디자인하는 것은 강조 기법의 대표적인 예시

16 다음 중 디자인에서 '방향(Direction)' 요소에 대한 설명으로 가장 적절한 것은?

① 요소 간 시각적 무게를 조절하여 균형을 맞추는 개념
② 사용자의 시선을 유도하고 흐름을 형성하는 요소
③ 화면의 깊이감과 입체감을 구성하는 공간 구성 방식
④ 여백과 간격을 통해 시각적 호흡을 유도하는 원리

'방향'은 디자인 요소의 흐름과 움직임을 유도하는 요소로, 시선 흐름/시작 – 종결 위치/방향성 있는 구성에 사용

오답 피하기
- ① : 중량
- ③ : 공간
- ④ : 위치 또는 여백

17 다음 중 색상의 속성으로 올바르게 짝지어진 것은?

① 색상 – 색의 밝고 어두운 정도
② 명도 – 색의 선명함과 강렬함
③ 채도 – 색의 순도 및 선명함
④ 채도 – 밝기와 어둠의 단계

채도는 색의 순도와 선명함을 나타내며, 명도는 색의 밝고 어두운 정도를 의미

18 다음 중 아이콘 설계 원칙으로 올바르지 않은 것은?

① 아이콘의 의미를 빠르게 이해할 수 있도록 설계
② 모든 아이콘의 크기와 스타일을 통일
③ 복잡한 형태와 디테일을 포함하여 설계
④ 작을 때도 명확히 보이도록 크기 조정

아이콘 설계는 간결하고 단순한 형태를 유지해야 하며, 복잡한 디테일을 포함하지 않음

19 다음 중 애니메이션 방식으로 적합하게 연결된 것은?

① 프레임 방식 – 자동으로 중간 프레임 생성
② 키 프레임 방식 – 모든 프레임을 수작업으로 그리는 방식
③ 키 프레임 방식 – 전통 애니메이션 방식
④ 프레임 방식 – 정교한 동작을 위해 시간 소요가 많음

프레임 방식은 모든 프레임을 수작업으로 그리며, 시간이 많이 소요됨

[정답] 14 ④ 15 ① 16 ② 17 ③ 18 ③ 19 ④

20 다음 중 서체 선택 시 적합한 기준은 무엇인가?

① 다양한 서체를 혼합하여 시각적 다양성을 극대화시키는 것이 좋다.
② 디지털 매체에는 세리프 서체를 사용하여 가독성을 높이는 것이 매우 일반적이다.
③ 본문에는 세리프 서체, 제목에는 산세리프 서체를 사용하는 것이 일반적이다.
④ 모든 내용의 서체 크기를 일정하게 유지하여 안정감을 준다.

본문에는 세리프 서체가 가독성이 높고, 제목에는 산세리프 서체가 강조 효과를 줄 수 있음

21 다음 중 타이포그래피에서 커닝(Kerning)의 의미가 무엇인가?

① 글자 크기 조절
② 글자 간격 조절
③ 줄 간격 조절
④ 글자 기울기 조절

오답 피하기
- ① 글자 크기 조절 : 텍스트의 크기를 조정하는 작업
- ③ 줄 간격 조절 : 행간(Leading)으로, 줄과 줄 사이의 간격을 조정
- ④ 글자 기울기 조절 : 이탤릭체처럼 글자를 기울이는 작업

22 다음은 무엇에 관한 설명인가?

- 직관적으로 표현한 상징적 아이콘 또는 그래픽 기호이다.
- 글자가 아닌 그림이나 기호로 정보를 전달한다.
- 안내 표지판이나 공공장소에서 널리 사용된다.

① 다이어그램
② 인포그래픽
③ 아이콘
④ 픽토그램

설명에 나온 특징은 픽토그램(Pictogram)에 해당함

23 다음 중 설명은 어떤 애니메이션 제작의 특징인가?

- 실물 객체를 조금씩 움직여 촬영한다.
- 한 프레임씩 촬영한다.

① 전통 애니메이션
② 스톱 모션 애니메이션
③ 2D 디지털 애니메이션
④ 모션그래픽

스톱모션은 물리적 객체를 조금씩 움직이며 프레임별로 촬영하여 제작

24 다음 중 모션 그래픽과 전통 애니메이션의 차이점으로 적합한 것은?

① 모션 그래픽은 주로 스토리 기반의 캐릭터 애니메이션을 다루지만, 전통 애니메이션은 정보 전달용 그래픽을 중심으로 한다.
② 전통 애니메이션은 일반적으로 정적인 이미지나 타이포그래피의 움직임을 강조하지만, 모션 그래픽은 손으로 그린 프레임을 연속적으로 재생하여 움직임을 만든다.
③ 모션 그래픽은 그래픽 요소(텍스트, 아이콘, 로고 등)를 움직이는 데 중점을 두지만, 전통 애니메이션은 스토리와 캐릭터의 움직임을 기반으로 한다.
④ 모션 그래픽과 전통 애니메이션은 동일한 기법을 사용하며, 차이점이 거의 없다.

모션 그래픽은 텍스트, 아이콘, 로고 등의 그래픽 요소를 움직이는 데 중점을 두고 있으며, 전통 애니메이션은 스토리와 캐릭터 중심의 애니메이션이라는 점에서 차이가 있음

25 다음 중 프로토타입의 주요 목적은 무엇인가?

① 최종 제품 판매 및 고객 시연
② 초기 모델의 테스트 및 개선
③ 마케팅 캠페인 기획 및 발표
④ 사용자 인터뷰 결과 수집

프로토타입은 초기 모델로, 최종 제품 개발 전에 기능과 디자인을 테스트하고 피드백을 수집하여 개선하는 과정

정답 20 ③ 21 ② 22 ④ 23 ② 24 ③ 25 ②

26 다음 중 글로벌 내비게이션의 특징이 아닌 것은?

① 모든 페이지에서 동일한 위치에 제공된다.
② 현재 보고 있는 콘텐츠와 관련된 옵션을 제공한다.
③ 주요 메뉴(홈, 서비스, 제품 등)를 포함한다.
④ 웹 페이지에서 주로 상단에 위치하며 일관성을 유지한다.

사용자가 보고 있는 콘텐츠와 관련된 옵션을 제공하는 것은 콘텍스트 내비게이션의 특징

27 다음 중 웹사이트의 사이트맵의 주요 역할로 옳은 것은?

① 웹 페이지 탐색 경로 간소화
② 사용자에게 검색 기능 제공
③ 페이지 구조를 한눈에 파악
④ 상위 메뉴 강조

사이트맵은 웹사이트의 전체 페이지 구조와 관계를 트리 형태로 도식화하여 한눈에 파악할 수 있도록 함

28 다음 중 사용성 평가 방법 중 검증법의 특징으로 옳은 것은?

① 사용자에게 설문조사를 통해 사용자 피드백을 수집한다.
② 사용자의 작업 성공률, 오류율, 작업 시간을 분석한다.
③ 사용자의 감정과 행동을 관찰하여 개선점을 도출한다.
④ 웹사이트의 디자인 창의성을 검토한다.

검증법은 사용자가 특정 작업을 수행하는 과정을 분석하며, 성공률, 오류율, 작업 시간 등을 측정하여 개선점을 파악하는 방법

29 다음 중 정량적 조사에서 샘플 크기의 중요성은 무엇인가?

① 데이터의 통계적 신뢰도를 높이기 위해
② 데이터를 심층적으로 분석하기 위해
③ 표본 집단의 감정을 이해하기 위해
④ 조사 시간을 줄이기 위해

정량적 조사에서 샘플 크기는 데이터의 신뢰성과 정확성을 높이는 데 중요한 역할을 함

30 다음 중 정성적 조사에서 포커스 그룹 인터뷰의 주요 목적은?

① 대규모 데이터를 수집하기 위해
② 그룹 내 토론을 통해 인사이트 도출
③ 통계적 분석을 위해 데이터를 수집
④ 표본 집단의 수를 확대하기 위해

포커스 그룹 인터뷰는 정성적 조사 방법으로, 그룹 토론을 통해 심층적인 의견과 아이디어를 수집

31 다음 중 정성적 조사 방법에 해당하는 것은?

① 심층 인터뷰
② 웹 로그 분석
③ 설문조사
④ A/B 테스트

심층 인터뷰는 정성적 조사 방법으로, 사용자와의 대화를 통해 심층적인 의견과 경험을 수집함. 나머지는 모두 정량적 조사 방법에 해당함

정답 26 ② 27 ③ 28 ② 29 ① 30 ② 31 ①

32 다음 중 사용성 테스트 참여자를 선정할 때 고려해야 할 항목은?

① 사용자의 교육 수준과 경험
② 테스트 목표에 적합한 사용자 특성
③ 테스트 진행 방식 및 질문 유형
④ 제품 개발 단계 및 피드백 활용 방법

사용성 테스트 참여자를 선정할 때는 테스트의 목표와 과제에 적합한 사용자 프로파일을 기반으로 적합성을 평가해야 함

33 다음 중 사용성 테스트에서 학습 용이성을 평가하는 항목의 설명으로 적합한 것은?

① 사용자가 얼마나 쉽게 적응하고 작업을 시작할 수 있는지 평가한다.
② 제품이 사용자에게 긍정적인 경험을 제공하는지 확인한다.
③ 사용자가 작업을 수행하는 데 소요된 시간을 측정한다.
④ 사용자가 발생시킨 오류를 쉽게 복구할 수 있는지 평가한다.

학습 용이성은 사용자가 제품을 처음 사용할 때 얼마나 쉽게 적응하고 사용할 수 있는지를 평가하는 항목

34 다음 중 체크리스트의 주요 목적은 무엇인가?

① 작업, 절차 또는 항목을 체계적으로 정리하고 점검하기 위해 사용
② 특정 업무 과정이나 정보를 직관적으로 시각화하기 위해 사용
③ 사용자 관련 데이터나 로그 정보를 자동으로 수집하기 위해 사용
④ 디지털 환경의 변화와 문화적 트렌드를 분석하기 위해 사용

체크리스트는 작업, 절차 또는 항목을 체계적으로 나열하여 점검하거나 확인할 수 있도록 돕는 도구

35 다음은 한 웹사이트의 사용성 테스트 중 수집된 사용자 피드백이다. 이 피드백을 바탕으로 평가한 항목으로 가장 적절한 것은?

"화면에 있는 버튼을 눌렀는데, 내가 기대한 기능이 실행되지 않아서 당황스러웠어요. 예를 들어, '문의하기' 버튼을 눌렀는데 자꾸 홈으로 돌아가더라고요."

① 콘텐츠의 신뢰도
② 인터페이스 디자인의 심미성
③ 메뉴/버튼의 기능 예측 가능성
④ 정보의 전달력 및 명확성

이 시나리오는 사용자가 버튼의 레이블(문의하기)과 실제 동작(홈 이동)이 불일치했기 때문에 혼란을 겪은 사례임. 이는 사용자가 예상한 동작과 시스템의 실제 동작이 일치하는지를 평가하는 핵심 항목

36 다음 중 마이크로 미디어 소비자 유형의 특징으로 적합한 것은?

① 예술적 디자인을 선호하며, 고급 이미지를 중시한다.
② 쇼핑과 여가 활동을 즐긴다.
③ 제품 사양을 비교하고 상세 정보를 탐색한다.
④ 콘텐츠를 직접 생산하고 공유하며 확산을 주도한다.

마이크로 미디어 소비자는 디지털 환경에서 소규모 플랫폼(블로그, SNS, 유튜브 등)을 통해 콘텐츠를 직접 생산, 공유, 확산하는 특징이 있음. 이들은 자신만의 목소리를 내고, 취향을 반영한 콘텐츠를 제작하여 주변 사람들과 활발하게 소통함

37 다음 중 사용성 테스트 환경 구축 시 관찰자(기록자)의 역할로 올바른 것은?

① 테스트 참여자가 실수했을 때 즉시 수정하도록 유도한다.
② 테스트 결과를 분석하여 보고서를 작성한다.
③ 참여자의 장애, 오류, 주요 의견 등을 상세히 기록한다.
④ 테스트 과제를 설명하고 목표를 설정한다.

관찰자는 참여자가 테스트 중 겪는 장애나 오류, 주요 의견을 기록하는 역할을 담당

정답 32 ② 33 ① 34 ① 35 ③ 36 ④ 37 ③

38 다음 중 키오스크와 디지털 사이니지의 주요 공통점은?

① 무인 단말기로 사용자와 실시간 소통이 가능하다.
② 공공장소에 설치되어 정보를 제공하거나 서비스를 지원한다.
③ 스마트폰 환경에 최적화된 콘텐츠를 제공한다.
④ 터치스크린 기반의 사용자 입력 기능을 제공한다.

키오스크와 디지털 사이니지는 모두 공공장소에 설치되며 정보를 제공하거나 서비스를 지원하는 역할을 함

39 다음 중 웹의 특징으로 올바른 것은?

① 하이퍼링크 없이 고정된 구조를 가진다.
② HTML, CSS, JavaScript 등의 기술로 구현된다.
③ 대규모 데이터를 처리하는 데 적합하다.
④ 주로 오프라인에서 동작하는 시스템이다.

웹은 HTML, CSS, JavaScript와 같은 기술로 구성되며, 하이퍼링크로 관련 정보를 연결함

40 다음 중 모바일 기기의 주요 특징으로 옳지 않은 것은?

① 항상 인터넷에 연결되어 실시간 소통이 가능하다.
② 대용량 데이터베이스 서버 운영 등 고성능 연산 작업에 적합하다.
③ 휴대성이 뛰어나며, 모바일 환경에 최적화된 디자인이 요구된다.
④ 다양한 디지털 서비스를 지원한다.

서버, 데스크톱 컴퓨터 등 고성능 장비의 특징으로, 일반적인 모바일 기기의 특징으로는 보기 어려움

41 다음 중 반응형 웹 디자인을 구현할 때 필수적인 요소가 아닌 것은?

① CSS 미디어 쿼리(Media Queries)를 활용하여 화면 크기에 따라 스타일을 변경한다.
② 가변적인 이미지 및 글꼴 크기를 적용하여 유동적인 디자인을 만든다.
③ 특정 화면 크기에서만 작동하도록 웹사이트를 설계한다.
④ 뷰포트(Viewport) 메타 태그를 설정하여 모바일 화면에 맞춘다.

반응형 웹 디자인은 특정 화면 크기에 국한되지 않고, 다양한 디바이스에서 적절히 작동하도록 설계해야 함. 특정 화면 크기에만 최적화하면 반응형 웹의 의미가 사라짐

42 다음 중 HTTPS를 사용하는 이유로 적절하지 않은 것은?

① 웹사이트와 사용자 간의 데이터를 암호화하기 위해
② 사용자 인증 및 권한 관리를 위해
③ 성능 최적화를 위해
④ 안전한 통신을 보장하기 위해

HTTPS는 데이터를 암호화하고 안전한 통신을 보장하기 위한 보안 프로토콜. 성능 최적화와는 관련이 없음

43 다음 중 웹 접근성을 높이기 위한 기술로 적합하지 않은 것은?

① 이미지에 대체 텍스트를 추가한다.
② 키보드만으로 모든 기능을 사용할 수 있도록 설계한다.
③ 동영상에 자막을 제공한다.
④ 텍스트와 배경의 색상 대비를 낮춘다.

접근성을 높이기 위해 텍스트와 배경의 색상 대비는 높여야 시각적으로 구분이 쉬움

[정답] 38 ② 39 ② 40 ② 41 ③ 42 ③ 43 ④

44 다음 중 탭(Tap) 제스처의 주요 특징으로 적절한 것은?

① 화면을 길게 누른 후 떼는 동작으로, 추가 옵션을 표시하는 데 사용된다.
② 손가락을 화면 위에서 빠르게 움직여 다른 화면으로 전환하는 동작이다.
③ 화면을 짧게 한 번 터치하여 버튼을 누르거나 항목을 선택하는 동작이다.
④ 두 손가락을 이용해 화면을 확대하거나 축소하는 동작이다.

탭(Tap)은 클릭과 유사한 동작으로, 모바일 UI에서 버튼을 누르거나 링크를 선택하는 데 사용됨

45 다음 중 모바일 해상도의 품질을 결정짓는 중요한 요소는 무엇인가?

① 화면 크기
② 픽셀 밀도
③ 운영체제
④ 디바이스의 브랜드

모바일 해상도는 픽셀 밀도(DPI)로 화면의 선명도와 디테일을 결정

46 다음 중 웹 표준화를 주도하는 국제 표준화 기구는 무엇인가?

① W3C   ② ISO
③ IEEE   ④ HTML Consortium

W3C(World Wide Web Consortium)는 웹 표준화와 접근성을 위한 국제 표준화 기구

47 다음 중 웹 표준에 해당하지 않는 기술은 무엇인가?

① HTML   ② CSS
③ XML   ④ C++

HTML, CSS, XML은 웹 표준 기술이지만, C++은 일반적인 프로그래밍 언어로 웹 표준에 포함되지 않음

48 W3C에서 제공하는 유효성 검사 도구의 주요 목적은 무엇인가?

① 웹 표준 준수와 오류 식별
② 콘텐츠의 색상 조정
③ 웹사이트 속도 최적화
④ 이미지 품질 검사

W3C의 유효성 검사 도구는 웹 표준 준수와 접근성 검사를 통해 품질을 개선

49 다음 중 웹 표준 기술의 가장 큰 장점은 무엇인가?

① 특정 브라우저에서만 동작한다.
② 크로스브라우징이 가능하다.
③ 개발 속도가 느리다.
④ 접근성과는 관련이 없다.

웹 표준 기술은 크로스브라우징을 가능하게 하여 다양한 브라우저에서 동일하게 동작하도록 지원함

50 다음 중 UI/UX 디자인 작업에 특화된 소프트웨어는 무엇인가?

① 코렐드로우(CorelDRAW)
② 스케치(Sketch)
③ 블렌더(Blender)
④ 오토데스크 마야(Autodesk Maya)

스케치(Sketch)는 주로 UI/UX 디자인, 프로토타이핑, 웹/앱 디자인에 특화된 소프트웨어

정답 44 ③ 45 ② 46 ① 47 ④ 48 ① 49 ② 50 ②

과목 03 색채 계획 및 구현

01 색 지각의 3요소에 해당하지 않는 것은?
① 빛(광원)
② 물체
③ 관찰자(눈)
④ 온도

색을 인식하는 데 필요한 기본 3요소는 빛(광원), 물체, 관찰자(눈)이며, 온도는 색을 직접적으로 결정하지 않음

02 색을 인식하는 망막의 세포로 옳은 것은?
① 원추세포
② 간상세포
③ 신경세포
④ 각막세포

색을 인식하는 세포는 망막의 원추세포이고, 명암을 인지하는 세포는 간상세포

03 유채색과 무채색의 차이로 가장 적절한 것은?
① 유채색은 색상, 명도, 채도를 가지지만, 무채색은 명도만 가진다.
② 무채색은 눈에 보이지 않는 색이며 색을 구별할 수 없다.
③ 유채색과 무채색은 빛이 없을 때 확인할 수 있다.
④ 무채색은 특정한 조명에서만 확인할 수 있고, 유채색은 언제든지 확인할 수 있다.

유채색(빨강, 노랑, 파랑 등)은 색상, 명도, 채도를 모두 가진 색이며, 무채색(흰색, 회색, 검정)은 명도만 존재하는 색

04 인간의 색 지각 이론 중 영·헬름홀츠의 3원색설이 설명하는 것은?
① 색을 감지하는 세포가 두 가지 신호를 조합해 색을 인식한다는 이론
② 눈이 빨강, 초록, 노랑, 파랑 4가지 색을 기반으로 색을 감지하는 이론
③ 눈이 R, G, B 기본 색을 감지하여 색을 인식한다는 이론
④ 빛의 강도에 따라 색이 변한다는 이론

영·헬름홀츠의 3원색설은 인간의 눈이 RGB(빨강, 초록, 파랑) 세 가지 색을 감지하고 이를 혼합하여 색을 인식한다는 이론

05 다음 중 연색성이 의미하는 것은?
① 조명이 물체의 색에 영향을 주어 실제 색과 다르게 보이게 하는 현상
② 빛이 반사되면서 색이 변하는 현상
③ 색을 오래 보면 특정 색에 대한 감각이 둔해지는 현상
④ 명암에 따라 색이 다르게 보이는 현상

연색성은 조명의 색온도 변화에 따라 물체의 색이 다르게 보이는 현상. 예를 들어, 형광등과 자연광 아래에서 같은 색상의 옷이 다르게 보일 수 있음

06 명소시와 암소시의 차이로 가장 적절한 것은?
① 명소시는 밝은 환경에서 색을 감지하는 과정이고, 암소시는 어두운 환경에서 명암을 감지하는 과정이다.
② 명소시는 어두운 곳에서 색을 구별하는 과정이고, 암소시는 밝은 곳에서 색을 감지하는 과정이다.
③ 명소시는 간상세포가 작용하는 과정이며, 암소시는 원추세포가 작용하는 과정이다.
④ 명소시와 암소시는 빛의 강도와 관계없이 동일하게 작용하는 과정이다.

명소시는 밝은 환경에서 원추세포가 작용하여 색을 구별하는 과정이며, 암소시는 어두운 환경에서 간상세포가 작용하여 명암을 감지하는 과정

정답 01 ④ 02 ① 03 ① 04 ③ 05 ① 06 ①

07 색 혼합 방식 중 빛의 삼원색(RGB)을 사용하는 혼합 방식은?

① 감산혼합 ② 중간혼합
③ 가산혼합 ④ 잔상혼합

가산혼합(가법혼색)은 빛의 삼원색(RGB)을 혼합할수록 명도가 높아지고 밝아지는 방식

08 다음 중 청록(Cyan)을 만들기 위한 색 조합으로 옳은 것은?

① 빨강(Red) + 초록(Green)
② 초록(Green) + 파랑(Blue)
③ 빨강(Red) + 파랑(Blue)
④ 빨강(Red) + 노랑(Yellow)

청록(Cyan)은 초록(Green)과 파랑(Blue)의 가산혼합으로 생성되는 색

09 다음 중 중간혼합의 특징으로 옳지 않은 것은?

① 작은 색 점들이 섞여 보이는 방식이다.
② 결과를 예측하기 어렵다.
③ 항상 정확한 색을 얻을 수 있다.
④ 예술가들이 주로 사용하는 방식이다.

중간혼합은 물리적으로 색을 섞는 것이 아니라, 여러 색이 빠르게 변화하거나 가까이 배치될 때 우리 눈이 이를 혼합된 색으로 인식하는 원리. 대표적인 예로 점묘법, 회전혼합(색팽이), 인쇄에서의 망점 효과 등이 있음

10 색 입체에서 바깥쪽에 배열되며 스펙트럼 순서대로 배치되는 속성은 무엇인가?

① 색상
② 명도
③ 채도
④ 반사율

색 입체에서 색상은 원형으로 배열되며, 스펙트럼 순서에 따라 배치

11 다음 중 회전혼합에 대한 설명으로 틀린 것은?

① 회전혼합은 맥스웰의 회전판 실험에서 발견된 현상이다.
② 색이 물리적으로 섞이지 않지만, 회전 속도와 눈의 잔상 효과로 인해 혼합된 것처럼 인식된다.
③ 혼합된 색의 색상은 두 색상의 평균이지만, 명도는 원래 색상의 가장 높은 명도로 유지된다.
④ 보색이나 반대색의 혼합은 중간 명도의 회색으로 보인다.

회전혼합에서는 혼합된 색의 색상이 두 색상의 평균이 되며, 명도도 두 색의 중간 명도로 나타남. 명도가 원래 색상의 가장 높은 명도로 유지되는 것은 잘못된 설명

12 아래 색의 대비 이미지를 보고 알맞은 설명은 무엇인가?

① 두 색상이 부드럽게 연결될수록 경계 대비가 강해진다.
② 색상의 경계가 뚜렷할수록 시각적인 대비가 강하게 느껴진다.
③ 동일한 색상이라도 주변 색에 따라 다르게 보이는 현상을 경계 대비라고 한다.
④ 경계 대비는 명도 차이가 없는 색상 사이에서만 발생한다.

경계 대비는 서로 다른 색상이 직접 맞닿는 경계 부분에서 선명하고 뚜렷하게 보이는 현상을 의미함. 경계가 명확할수록 대비가 강하게 느껴지며, 이는 시각적으로 형태를 더 뚜렷이 인식하게 만듦

13 색상 조합에서 보색 대비를 강하게 활용해야 하는 디자인의 예로 가장 적절한 것은?

① 명확한 경고 메시지를 강조하는 표지판
② 잔잔하고 편안한 분위기를 주는 인테리어 디자인
③ 같은 계열의 색을 활용하여 균형감을 주는 기업 로고
④ 사용자의 피로도를 줄이기 위한 웹사이트 배경 디자인

보색 대비는 강렬한 시각적 효과를 만듦으로, 경고 표지판과 같이 주목도가 중요한 디자인에 적합함. 반면, 편안한 느낌을 주려면 유사색 조합이 더 효과적임

[정답] 07 ③ 08 ② 09 ③ 10 ① 11 ③ 12 ② 13 ①

14 먼셀 색입체의 수직 단면에서 나타나는 색의 관계로 적절한 것은?

① 같은 명도를 가진 색들이 배치되며, 색상과 채도는 일정하다.
② 색상은 동일하지만, 명도와 채도는 다르게 나타난다.
③ 채도가 동일한 색들만 나열되며, 명도와 색상은 변하지 않는다.
④ 색상, 명도, 채도가 모두 동일한 색만 포함된다.

먼셀 색입체의 수직 단면(등색상면)에서는 동일한 색상이 유지되지만, 명도와 채도가 다르게 나타남

15 다음 중 먼셀 색입체에서 무채색이 위치하는 곳은?

① 채도가 가장 높은 외곽
② 명도가 가장 높은 최상단
③ 색입체의 중심축
④ 특정 색상의 보색이 위치하는 지점

먼셀 색입체에서 무채색은 중심축을 따라 위치하며, 명도에 따라 흰색(고명도)에서 검은색(저명도)으로 변화

16 다음 중 현색계와 혼색계의 차이에 대한 설명으로 적절하지 않은 것은?

① 현색계는 인간의 시각적 인지를 기준으로 색을 배열하는 체계이며, 물체의 색상을 중심으로 연구된다.
② 혼색계는 빛의 물리적 성질을 분석하여 색광의 혼합 결과를 기반으로 정의된다.
③ 현색계는 빛의 파장을 기반으로 색을 정의하며, 다양한 조명 환경에서도 색 측정이 일정하게 유지된다.
④ 혼색계는 CIE 표색계가 대표적이며, 색의 정확한 재현과 분석을 위해 측색기를 활용한다.

현색계는 빛의 파장이 아닌 인간의 시각적 인지를 기반으로 색을 배열하는 체계이며, 색의 물리적 특성이 아닌 시각적 특성에 초점을 맞춤. 빛의 파장을 기반으로 색을 정의하는 것은 혼색계의 특징

17 다음 중 오스트발트 표색계에서 색의 구성 요소를 바르게 설명한 것은?

① 백색(W)과 흑색(B)의 혼합 비율이 100%가 되면 유채색이 된다.
② 무채색은 백색(W)과 흑색(B)의 혼합 비율이 100%가 되도록 구성된다.
③ 색조 단계는 a, b, c, d, e로 구분되며, 채도가 높을수록 a에 가까운 값을 갖는다.
④ 순색(C), 백색(W), 흑색(B)의 혼합 비율이 50:25:25이면 완전한 보색을 의미한다.

무채색은 백색(W)과 흑색(B)의 혼합 비율이 100%가 되도록 구성. 유채색은 W, B, C의 합이 100%가 되도록 조합

18 다음 중 CIE 표색계의 특징으로 적절하지 않은 것은?

① 가법 혼색을 기반으로 하며, 빛의 혼합 원리를 적용한 색 표현 방식이다.
② 인간의 색채 인지 특성을 기반으로 수학적으로 정의된 초기 색 공간 중 하나이다.
③ 특정 조명 환경에 의존하지 않으며, XYZ 값만으로 절대적인 색 정의가 가능하다.
④ 산업 및 연구 분야에서 색 관리 표준으로 활용되며, 다양한 조명 조건에서도 일관된 색 표현이 가능하다.

CIE XYZ 색 공간은 특정 조명 환경에 영향을 받지만, XYZ 값만으로 절대적인 색을 표현하는 것이 아니라 관측 조건(조명, 시야각 등)에 따라 보정해야 함

19 다음 중 색의 동화 효과가 가장 잘 나타나는 상황은?

① 파란색 배경 위에 노란색이 배치되었을 때 더욱 선명해 보이는 현상
② 회색 바탕 위에 푸른색이 배치될 때 영향을 받아 푸른빛이 감도는 현상
③ 붉은색을 오래 본 후 흰색을 보면 녹색 잔상이 보이는 현상
④ 흰색과 검은색이 인접할 때 흰색이 더욱 밝아 보이는 현상

회색 바탕 위에 푸른색이 배치되었을 때, 회색이 푸른빛을 띠게 되는 현상은 색의 동화 효과

정답 14 ② 15 ③ 16 ③ 17 ② 18 ③ 19 ②

20 다음 중 동시대비가 발생하는 예시로 가장 적절한 것은?

① 노란 배경 위의 회색이 푸르게 보이는 현상
② 붉은색을 일정 시간 본 후 흰색을 보면 녹색 잔상이 보이는 현상
③ 같은 색상이 크기에 따라 다르게 보이는 현상
④ 색상이 주는 감정적 이미지를 활용해 브랜드 이미지를 강화하는 현상

동시대비는 색상이 서로 영향을 주어 본래 색과 다르게 보이는 현상이며, 대표적인 예로는 배경색의 영향을 받아 색이 변형되어 보이는 것

21 다음 정의 잔상이 발생하는 대표적인 경우는?

① 흰 배경 위에서 검은 텍스트를 오래 바라본 후, 텍스트가 반전된 색으로 보이는 현상
② 강한 플래시를 본 후 눈을 감았을 때 플래시의 모양이 눈앞에 남아 있는 현상
③ 초록색 벽을 오래 바라본 후 흰 벽을 보면 붉은 잔상이 보이는 현상
④ 두 개의 색을 나란히 배치했을 때 서로의 색이 강조되어 보이는 현상

정의 잔상은 강한 빛이나 색을 본 직후 원래 색상이 그대로 남아 보이는 현상. 대표적인 예로는 플래시를 본 후 같은 모양이 눈앞에 남는 것

22 다음 중 진출(팽창)색과 후퇴(수축)색의 조합이 올바르게 나열된 것은?

① 노랑 – 초록
② 초록 – 노랑
③ 주황 – 파랑
④ 파랑 – 빨강

진출(팽창)색은 보통 난색 계열(빨강, 주황, 노랑)이며, 후퇴(수축)색은 한색 계열(파랑, 초록, 보라)

23 다음 색상의 계절감과 관련하여 가장 적절한 설명은?

① 여름 색상은 저명도, 저채도 계열이며 차분하고 안정적인 느낌을 준다.
② 가을 색상은 고채도, 고명도 계열이며 강렬한 느낌을 준다.
③ 겨울 색상은 한색 계열의 저명도, 저채도 색상과 무채색 계열이 주로 사용된다.
④ 봄 색상은 한색 계열의 중명도, 중채도 색상이 주로 사용된다.

겨울 색상은 차가운 느낌의 한색 계열(파랑, 보라 등)과 저명도, 저채도, 무채색 계열(회색, 검정, 흰색 등)이 주로 사용

24 다음 중 스웨덴에서 개발된 색체 체계로, 인간의 색각을 기반으로 색을 분류하는 체계는?

① NCS
② OSA
③ CIE
④ DIN

NCS는 스웨덴에서 개발된 색체 체계로, 인간이 색을 인식하는 방식을 기반으로 색상을 정의하는 시스템

25 다음 중 이미지에 대한 설명으로 적절한 것은?

① 같은 색상이라도 면적이 작을수록 더 밝고 명도가 높게 보인다.
② 면적이 클수록 색의 채도가 낮아 보인다.
③ 같은 색이라도 면적이 클수록 명도와 채도가 높게 느껴진다.
④ 면적대비는 서로 다른 색상을 배치할 때 색상이 서로 영향을 주고 명도 차이가 변화하는 현상이다.

면적이 클수록 색상이 더 밝고 채도가 높게 보이며, 면적이 작을수록 색이 어둡고 채도가 낮게 보임

[정답] 20 ① 21 ② 22 ③ 23 ③ 24 ① 25 ③

26 다음 중 색상의 온도감과 관련하여 가장 적절한 설명은?

① 따뜻한 느낌을 주는 색상은 보통 저명도, 저채도 색상이다.
② 난색 계열(빨강, 주황, 노랑)은 차갑고 안정적인 느낌을 준다.
③ 한색 계열(파랑, 초록, 보라)은 차가운 느낌을 주며, 공간을 확장하는 효과가 있다.
④ 색상의 온도감은 명도와 채도와 관련이 없으며, 순수한 색상 자체에 의해 결정된다.

한색 계열(파랑, 초록, 보라)은 차가운 느낌을 주고, 공간을 넓고 확장된 느낌으로 보이게 하는 효과가 있음

27 다음 중 색상의 흥분감과 진정감에 대한 설명 중 적절하지 않은 것은?

① 흥분감을 주는 색상은 보통 고채도, 고명도 계열이다.
② 난색 계열(빨강, 주황, 노랑)은 흥분감을 주는 색상이다.
③ 진정감을 주는 색상은 보통 저채도, 저명도 계열이다.
④ 진정감을 주는 색상은 보통 난색 계열에서 많이 사용된다.

진정감을 주는 색상은 한색 계열(파랑, 초록, 보라)과 저채도, 저명도 계열에서 많이 사용됨

28 다음 중 색채조절의 효과로 가장 적절하지 않은 것은?

① 집중력을 높이고 실수를 줄이는 데 도움이 된다.
② 특정 색상을 통해 심리적 안정감을 줄 수 있다.
③ 색상을 활용하여 신체적 피로를 증가시킬 수 있다.
④ 공간 내 조명을 활용해 색상을 조절하면 피로를 줄일 수 있다.

색채조절의 목적은 신체적 피로를 줄이고, 심리적 안정감과 집중력을 높이는 목적을 가짐

29 다음 내용을 보고 색채 조화 중 어떤 조합인가?

> 색상환에서 서로 인접한 색들을 사용하여 부드럽고 통일감 있는 느낌을 주는 조화 방식이다. 따뜻한 느낌이나 차가운 느낌을 한 방향으로 통일할 수 있다.

① 보색대비 조화
② 명도대비 조화
③ 유사색 조화
④ 등간격 조화

유사색 조화는 색상환에서 서로 가까운 위치에 있는 색상들(예 : 파랑 – 청록 – 녹색)을 조합하여 부드럽고 안정적인 느낌을 줌

30 다음 중 색의 공감각적 효과 중 틀린 것은?

① 연한 파란색은 짠맛과 연관된다.
② 높은 음은 보통 고명도, 고채도의 색과 연관된다.
③ 고채도의 선명한 색상은 부드러운 음과 연관된다.
④ 거친 촉감은 보통 저명도, 저채도의 한색 계열과 연관된다.

부드러운 음은 고채도의 색상이 아니라, 저명도 저채도의 색상과 더 연관이 깊음

31 RGB(0, 255, 255)가 나타내는 색상은?

① 자홍색(Magenta) ② 보라색(Purple)
③ 주황색(Orange) ④ 청록색(Cyan)

RGB(0, 255, 255)는 초록색(255) + 파란색(255)으로 혼합되어 청록색이 됨

32 다음 중 안전 색채와 관련된 설명 중 틀린 것은?

① 빨강은 금지, 정지, 소화설비, 폭발물과 같은 위험 표시로 사용된다.
② 노랑은 주의 및 경고, 장애물 경고 표시로 사용된다.
③ 초록은 특정 행동을 제한하는 용도로 사용된다.
④ 보라는 방사능 위험 경고 표시로 사용된다.

초록색은 안전과 안내, 비상구 및 피난소 표시 등에 사용되며, 특정 행동 제한을 의미하지 않음

정답 26 ③ 27 ④ 28 ③ 29 ③ 30 ③ 31 ④ 32 ③

33 다음 중 베이커리 로고를 만들 때 색상 선택이 부적절한 것은?
① 따뜻한 느낌을 주는 브라운 계열을 사용한다.
② 신선함과 부드러움을 강조하기 위해 크림색과 파스텔톤을 활용한다.
③ 고급스러운 이미지를 위해 골드와 짙은 브라운을 조합한다.
④ 차가운 느낌을 주는 네온 블루와 강한 형광 핑크를 활용한다.

베이커리는 따뜻하고 부드러운 느낌을 주는 브랜드로 빵이나 커피와 연관된 따뜻한 색감과 부드러운 느낌을 강조하여 고객에게 친근한 인상을 주는 것이 좋음

34 다음 중 색채의 심리적 효과와 관련이 없는 것은?
① 빨강 – 혈압 상승, 혈액순환 촉진
② 주황 – 원기 회복, 소화계 활성화
③ 노랑 – 피로 증가, 식욕 억제
④ 파랑 – 진정 효과, 불안 감소

노랑은 피로 해소와 식욕 촉진 효과가 있으며, 피로 증가나 식욕 억제 효과는 없음

35 다음 중 디자인 영역별 색채 디자인의 설명이 틀린 것은?
① 광고 디자인에서는 소비자의 감성을 자극하는 색채 배색이 중요하다.
② 패키지 디자인에서는 제품을 보호하는 역할과 함께 소비자의 구매 심리를 자극하는 색채 활용이 필요하다.
③ 웹 디자인에서는 고채도 색상을 적극 활용하여 가독성과 주목성을 극대화하는 것이 일반적이다.
④ 환경 디자인에서는 자연과 조화를 이루는 색상이 요구된다.

웹 디자인에서는 너무 강한 고채도 색상을 남용하면 가독성이 떨어지고 시각적 피로를 유발할 수 있음. 적절한 대비와 조화를 고려해야 함

36 다음 중 유행색과 관련하여 가장 큰 영향을 미치는 요인으로 적절한 것은?
① 브랜드별 가격 정책
② 시대적 문화와 트렌드 변화
③ 특정 제품의 원자재 가격 변동
④ 마케팅 전략과 무관한 자연스러운 색 선택

특정 시대의 문화, 사회적 분위기, 경제 상황 등이 유행색을 결정하는 중요한 요소

37 다음 중 브랜드의 색채 전략에서 주조색이 가장 중요한 이유로 적절한 것은?
① 기업의 브랜드 이미지를 가장 직접적으로 표현하는 색상이기 때문이다.
② 소비자의 개별적인 취향을 가장 반영하는 색상이기 때문이다.
③ 매년 유행하는 색상을 반영해야 하기 때문이다.
④ 사용자의 심리적 반응과 관계없이, 단순히 디자인 요소로만 활용되기 때문이다.

주조색은 브랜드의 정체성을 가장 잘 나타내는 색상으로, 소비자 인식과 브랜드 인지도를 높이는 데 중요한 역할을 함

38 색채 디자인 프로세스에서 색채 디자인 단계에서 수행되는 작업이 아닌 것은?
① 주조색, 보조색, 강조색을 선정한다.
② 전체적인 컬러 배색을 결정하여 디자인에 적용한다.
③ 브랜드의 핵심 가치와 연관된 색상을 선택한다.
④ 색상을 유지하고 일관성을 점검하는 색채 관리 작업을 수행한다.

색채 관리는 색채 디자인 이후의 유지 및 점검 단계에서 수행되며, 색채 디자인 단계에서는 색상을 선정하고 적용하는 것이 주된 작업

정답 33 ④ 34 ③ 35 ③ 36 ② 37 ① 38 ④

39 다음 중 웹 디자인에서 적절한 색채 디자인 원칙이 아닌 것은?

① 가독성을 높이기 위해 배경과 텍스트 색상의 명도 대비를 고려한다.
② 브랜드 아이덴티티를 반영하여 일관된 색상을 적용한다.
③ 모든 요소를 고채도 색상으로 구성하여 주목성을 극대화한다.
④ 사용자의 시각적 피로를 줄이기 위해 차분한 색상을 활용하기도 한다.

모든 요소를 고채도 색상으로 구성하면 사용자의 피로도가 높아지고, 가독성이 저하될 수 있음

40 다음 중 색조(Tone)에 대한 설명으로 가장 적절하지 않은 것은?

① 색조는 특정 색상의 명도와 채도를 조절하여 다양한 느낌을 표현할 수 있다.
② 셰이드(Shade)는 색상에 검은색을 추가하여 어두운 톤을 만든다.
③ 색조 조절을 통해 동일한 색상이라도 감정적인 반응을 다르게 유도할 수 있다.
④ 틴트(Tint)는 색상에 회색을 추가하여 차분한 느낌을 강조하는 방식이다.

틴트(Tint) 색상에 흰색을 추가하여 밝고 부드러운 느낌을 강조하는 방식이며, 회색을 추가하는 것은 톤(Tone)에 해당함

41 다음 중 색채 조화 기법 중 명도대비 조화에 대한 설명으로 적절하지 않은 것은?

① 색상의 밝고 어두운 차이를 이용하여 시각적인 대비를 강조한다.
② 같은 색상의 다양한 명도를 활용하여 조화를 이루는 방식이다.
③ 색상환에서 반대 위치에 있는 색상을 조합하여 강렬한 대비 효과를 낸다.
④ 명도 차이를 활용하여 디자인에 깊이감과 입체감을 줄 수 있다.

반대 위치의 색상을 조합하여 강렬한 대비 효과를 내는 것은 보색대비 조화에 해당함

42 다음 중 저드(D. B. Judd)의 색채 조화 원리가 아닌 것은?

① 면적의 원리 ② 친근성의 원리
③ 질서의 원리 ④ 명료성의 원리

저드의 색채 조화 원리는 질서의 원리, 친근성의 원리, 질서의 원리, 명료성의 원리이며, 면적의 원리는 색채 배색에서 면적 비율과 관계된 이론에 가까움

43 다음 중 대비색 조화에서 근접 보색 대비의 특징으로 적절하지 않은 것은?

① 강렬한 대비를 유지하면서도 부드러운 조화를 이룬다.
② 보색과 가까운 색상을 활용하여 직질한 균형을 맞춘다.
③ 색상의 대비를 약화하여 전체적으로 안정된 느낌을 준다.
④ 시각적인 임팩트를 강조하는 방식으로 광고 디자인에서 자주 활용된다.

근접 보색 대비는 색상의 강한 대비 효과를 일부 완화할 수 있지만, 여전히 대비를 유지하는 방식, 즉, 완전히 안정된 느낌을 주는 것이 아니라 시각적인 활력을 강조하는 특징이 있음

44 다음 중 슈브뢸의 색채 조화론에서 보색 대비 조화의 주요 특징으로 가장 적절한 것은?

① 색상이 유사할수록 더 조화롭게 보인다.
② 색상이 강하게 대비될수록 서로의 존재감을 더욱 강조한다.
③ 색상 대비를 최소화하여 부드럽고 편안한 시각적 효과를 준다.
④ 동일한 색상을 반복적으로 배치하여 안정감을 형성한다.

보색 대비 조화는 색상환에서 반대 위치에 있는 색상들이 서로를 더욱 강조하는 효과를 나타냄

정답 39 ③ 40 ④ 41 ③ 42 ① 43 ③ 44 ②

45 다음 중 파버 비렌의 색채 이론에서 색 삼각형이 설명하는 주요 개념은 무엇인가?

① 색상의 유사성이 조화를 결정한다.
② 순색, 백색, 흑색이 결합하여 다양한 색조군을 형성한다.
③ 색상환에서 서로 대칭되는 색상은 조화를 이루지 않는다.
④ 색상은 항상 같은 감정을 유발한다.

파버 비렌의 색 삼각형 이론에서는 순색, 백색, 흑색을 기본 색상으로 두고, 이 색들이 조합되면서 다양한 색조군이 형성된다고 설명

46 다음 중 톤온톤 배색이 적절하게 사용되지 않는 경우는 무엇인가?

① 감성적인 브랜드 디자인
② 명확한 정보 전달이 필요한 공공 디자인
③ 패션에서 고급스럽고 세련된 느낌을 줄 때
④ 편안한 분위기를 형성하는 인테리어

톤온톤 배색은 부드러운 느낌을 강조하는 배색 방식으로, 정보 전달이 중요한 공공 디자인에는 적합하지 않음

47 다음 중 고채도 색상 조합이 부적절하게 사용된 경우는 무엇인가?

① 활기찬 광고 배너
② 강한 개성을 표현하는 패션 스타일
③ 브랜드의 역동적인 정체성을 강조할 때
④ 정적인 분위기의 고급 호텔 인테리어

고급 호텔 인테리어에는 차분한 저채도 배색이 적절함

48 다음 중 KS 계통색명에 대한 설명으로 가장 적절한 것은?

① 특정 문화에서만 사용되는 색상을 포함하여 분류한다.
② 감성적인 느낌을 우선으로 하여 색상 명칭을 정한다.
③ 기본색명을 바탕으로 색을 체계적으로 표현한다.
④ 관용색명과 같은 방식으로 색상을 명명하고 분류한다.

계통색명은 색상을 체계적으로 분류하여 정확한 전달이 가능하도록 한 방식으로, 기본색명을 중심으로 명도·채도 수식어를 조합하여 표현

49 다음 중 관용색명(고유색명)의 특징으로 적절하지 않은 것은?

① 동물, 식물, 광물 등 자연에서 유래한 색상이 많다.
② 오랜 기간 사용되면서 정착된 색상이 포함된다.
③ 국가별로 색상 이름과 개념이 다를 수 있다.
④ 색의 수치적 정의가 명확하여 국제적으로 통용된다.

관용색명은 문화와 지역에 따라 다를 수 있으며, 수치적 정의가 명확하지 않기 때문에 국제적으로 통용되기 어려운 경우가 많음

50 다음 중 형용사 언어 이미지 스케일에 대한 설명으로 가장 적절한 것은?

① 색채의 물리적 특성을 수치화하여 분석하는 과학적 방법이다.
② 색채가 주는 감성 이미지를 형용사로 표현하고, 이를 수치화하여 분석한다.
③ 색상 간의 물리적 차이를 시각적으로 비교하여 구조화하는 방법이다.
④ 특정 색상의 명도와 채도를 중심으로 색채를 분류하는 체계이다.

형용사 언어 이미지 스케일은 색채가 주는 감성 이미지를 형용사로 표현하고 이를 수치화하여 분석하는 기법

정답 45 ② 46 ② 47 ④ 48 ③ 49 ④ 50 ②

과목 04 웹 콘텐츠 개발 및 프로젝트 관리

01 다음 중 멀티미디어 콘텐츠의 핵심적인 특성으로 보기 어려운 것은?

① 항상 선형적으로 구성되며, 정해진 흐름대로만 제공된다.
② 사용자가 콘텐츠와 직접 상호작용할 수 있다.
③ 여러 미디어 요소를 결합하여 제공하는 통합성을 가진다.
④ 디지털 형식으로 저장되어 수정, 복사, 전송이 용이하다.

멀티미디어는 비선형성이 특징이며, 사용자가 원하는 부분을 선택적으로 접근할 수 있음. 선형적인 방식은 멀티미디어의 필수적인 특징이 아님

02 다음 중 멀티미디어 시스템을 구성하는 하드웨어 요소에 해당하지 않는 것은?

① 사운드 카드, 스피커, 마이크
② 하드 디스크, SSD, CD-ROM
③ 비디오 편집 소프트웨어, 그래픽 디자인 툴
④ 디지털 카메라, 스캐너

소프트웨어는 멀티미디어 시스템의 구성 요소 중 소프트웨어 환경에 해당하며, 하드웨어 요소는 아님

03 다음 중 멀티미디어 콘텐츠 유형 중 모션 그래픽이 속하는 분야는?

① 영상 콘텐츠
② 사운드 콘텐츠
③ 이미지 콘텐츠
④ 텍스트 콘텐츠

모션 그래픽은 영상 콘텐츠의 한 종류로, 움직이는 그래픽과 텍스트가 결합된 형태

04 다음 중 멀티미디어 프로젝트에서 인터페이스 디자이너가 고려해야 할 요소로 가장 적절한 것은?

① 콘텐츠의 시각적 효과보다는 텍스트 정보의 논리적 구성
② 하드웨어의 성능보다는 스토리텔링의 감성적 요소
③ 사용자 경험(UX)과 접근성을 고려한 인터페이스 설계
④ 콘텐츠의 기술적 구현보다는 전체적인 브랜딩 요소

인터페이스 디자이너는 사용자의 경험과 접근성을 고려하여 직관적인 인터페이스를 설계하는 역할을 함

05 멀티미디어 기획서 작성 순서로 적절한 것은?

① 자료 수집 → 콘셉트 설정 → 요구 분석 → 제작 기획서 작성
② 요구 분석 → 콘셉트 설정 → 자료 수집 → 제작 기획서 작성
③ 콘셉트 설정 → 자료 수집 → 요구 분석 → 제작 기획서 작성
④ 제작 기획서 작성 → 자료 수집 → 요구 분석 → 콘셉트 설정

멀티미디어 기획서 작성은 요구 분석 및 목표 정의 → 콘셉트 설정 → 자료 수집 및 참조모델 분석 → 기획서 작성 순으로 진행

06 멀티미디어 저작 도구의 필수적인 기능이 아닌 것은?

① 다양한 미디어 요소를 편집하고 동기화하는 기능
② 다른 프로그램과 연동할 수 있는 기능
③ 제작된 콘텐츠를 재생 및 배포하는 기능
④ 콘텐츠 제작 후 SEO 최적화를 수행하는 기능

SEO(검색 엔진 최적화)는 웹 콘텐츠 관리 도구에서 다루는 기능이며, 멀티미디어 저작 도구의 필수 기능은 아님

[정답] 01 ① 02 ③ 03 ① 04 ③ 05 ② 06 ④

07 멀티미디어 콘텐츠 제작에서 그래픽 소프트웨어가 주로 사용되는 단계는?

① 기획 및 설계
② 제작
③ 제작 이후
④ 유지보수

그래픽 소프트웨어는 제작 단계에서 사용되며, 이미지 및 비주얼 콘텐츠를 생성하거나 편집하는 데 활용

08 웹 페이지 저작 도구의 주요 기능으로 적절하지 않은 것은?

① WYSIWYG 방식으로 콘텐츠를 편집할 수 있다.
② HTML, CSS, JavaScript 코드 작성을 지원한다.
③ 검색 엔진 최적화(SEO)를 자동 적용한다.
④ 웹사이트의 레이아웃과 디자인을 시각적으로 구현할 수 있다.

웹 페이지 저작 도구는 SEO 기능을 일부 지원할 수 있지만, 자동으로 최적화하지는 않음

09 멀티미디어 저작 도구의 통합 저작 도구에 대한 설명으로 적절한 것은?

① 텍스트, 이미지, 오디오, 비디오 등을 별도의 프로그램에서 제작한 후 결합하는 방식
② 다양한 미디어 요소를 하나의 프로그램에서 제작하고 결합하는 방식
③ 저작 과정에서 텍스트 기반의 프로그래밍을 필수로 요구하는 방식
④ 오직 웹 기반 콘텐츠 제작에만 활용되는 방식

통합 저작 도구는 텍스트, 이미지, 오디오, 비디오 등의 제작과 상호작용 설정을 하나의 프로그램 내에서 처리하는 방식

10 멀티미디어 제작 소프트웨어 중 3D 그래픽 제작에 주로 사용되는 프로그램은?

① 프리미어, 파이널 컷 프로
② 3D 스튜디오 맥스, 마야
③ 골드웨이브, 오디션
④ 드림위버, 워드프레스

3D 그래픽을 제작하는 대표적인 소프트웨어로는 3D 스튜디오 맥스와 마야가 있음

11 다음 중 TIFF 파일 포맷의 주요 용도로 적절한 것은?

① 웹페이지 로딩 속도를 높이기 위한 그래픽
② 고품질의 인쇄 및 출판 작업
③ 단순한 애니메이션 제작
④ 모바일 기기에서 빠르게 로딩할 수 있는 사진 저장

TIFF는 고품질 이미지 저장을 위해 사용되며, 인쇄 및 출판 작업에 적합함. 그러나 파일 크기가 커서 웹 사용에는 부적합함

12 MOV 파일과 MP4 파일의 가장 큰 차이점은?

① MP4는 손실 압축을 지원하지 않는다.
② MOV는 주로 Apple의 퀵타임에서 사용되며, MP4는 범용성이 높다.
③ MOV는 웹에서 빠르게 로딩할 수 있도록 최적화되어 있다.
④ MP4는 특정 OS에서만 사용 가능하다.

오답 피하기
- ① : MP4는 손실 압축을 지원하는 대표적인 포맷 중 하나
- ③ : 웹에서 빠르게 로딩되도록 최적화된 포맷은 MP4. MOV는 퀵타임 기반의 포맷으로, 웹보다는 애플 생태계에서 주로 사용됨
- ④ : MP4는 Windows, macOS, Android, iOS 등 다양한 운영체제에서 지원됨

정답 07 ② 08 ③ 09 ② 10 ② 11 ② 12 ②

13 다음 중 투명한 GIF를 변환할 때 필요한 작업이 아닌 것은?

① GIF89a 포맷을 사용한다.
② 투명색을 지정한다.
③ 256색(Indexed Color) 모드로 변환한다.
④ JPG 포맷으로 저장한다.

GIF는 투명 배경을 지원하지만 JPG는 투명 배경을 지원하지 않음. GIF를 투명하게 변환하려면 GIF89a 포맷을 사용하고, Indexed Color 모드에서 투명색을 지정해야 함

14 이미지 품질이 유지되며, 색상이 부족한 환경에서도 자연스러운 결과를 제공하는 기법은?

① 디더링
② 손실 압축
③ 인터레이싱
④ 모아레

디더링은 색상 표현이 제한된 환경에서도 자연스러운 이미지를 제공하는 기법

15 손실 압축 방식과 무손실 압축 방식의 가장 큰 차이점은?

① 무손실 압축 방식은 이미지 품질이 저하될 수 있다.
② 손실 압축 방식은 데이터를 삭제하지 않고 저장한다.
③ 무손실 압축 방식은 원본 데이터를 그대로 유지하며 압축한다.
④ 손실 압축 방식은 파일 크기를 줄일 수 없지만, 품질은 유지된다.

무손실 압축 방식(PNG, TIFF 등)은 원본 품질을 유지하며, 손실 압축 방식(JPEG, MP3 등)은 일부 데이터를 삭제하여 파일 크기를 줄임

16 PNG 파일이 GIF보다 우수한 점은 무엇인가?

① 화려하고 멋진 애니메이션 기능을 지원한다.
② 투명 배경을 지원하지 않고 용량이 항상 작다.
③ 색상 표현 범위가 더 넓고, 알파 채널을 지원한다.
④ 파일 용량이 항상 JPEG보다 작다.

PNG는 GIF보다 더 많은 색상(24비트 이상)을 지원하며, 알파 채널을 통해 반투명 효과도 구현할 수 있음. 다만, PNG는 애니메이션을 지원하지 않음

17 HTML 문서 작성 시, 글자 사이에 공백(띄어쓰기)을 명시적으로 삽입하기 위해 사용하는 문자 참조(Entity)는?

① <
② &
③
④ "

HTML에서는 여러 칸 띄어쓰기를 입력해도 브라우저 상에서는 한 칸만 인식되므로, 의도적으로 공백을 넣을 때는 ' '를 사용함

18 웹에서 반복되는 패턴으로 배경을 설정하는 가장 적절한 방법은?

① 브라우저 크기에 맞는 이미지를 만들어 배경으로 삽입한다.
② 패턴을 만들고 〈body〉 태그에 background로 지정한다.
③ CSS 스타일을 이용하여 background 속성에 반복 옵션을 설정한다.
④ 포토샵에서 CMYK 팔레트를 사용하여 JPG 이미지로 저장한다.

CSS의 background-repeat 속성을 사용하여 반복 여부를 지정할 수 있음

오답 피하기
- ① : 브라우저 크기에 맞는 큰 이미지를 삽입하는 것은 비효율적임
- ② : 〈body〉 태그에 직접 background 속성을 지정하는 방식은 구식 방법이며, CSS를 사용하는 것이 더 현대적임
- ④ : 웹에서는 RGB 색상 모드가 적합하며, CMYK 팔레트는 인쇄용

정답 13 ④ 14 ① 15 ③ 16 ③ 17 ③ 18 ③

19 웹에서 사용되는 프로토콜과 역할이 잘못 연결된 것은?

① HTTP – 웹 페이지 요청 및 전송
② DNS – 도메인 이름을 IP 주소로 변환
③ FTP – 클라이언트와 서버 간 파일 전송
④ IMAP – 인터넷 상의 웹사이트 보안 인증

IMAP은 이메일 관리 프로토콜이며, 웹사이트 보안 인증과는 무관

20 다음 중 검색 연산자에 대한 설명이 틀린 것은?

① " "(따옴표) : 정확한 문구 검색
② AND : 두 키워드를 포함하는 문서 검색
③ –(마이너스 기호) : 특정 키워드를 포함한 결과만 표시
④ OR : 둘 중 하나 이상의 키워드를 포함하는 검색

마이너스(–) 연산자는 특정 키워드를 제외하는 역할을 하며, 포함하는 역할을 하지 않음

21 다음 중 웹 브라우저의 쿠키(Cookie)에 대한 설명으로 틀린 것은?

① 쿠키는 사용자의 세션 정보를 저장할 수 있다.
② 사용자의 브라우징 기록을 기반으로 맞춤형 광고를 제공하는 데 사용될 수 있다.
③ 쿠키는 서버가 아닌 클라이언트 측에서만 생성 및 수정할 수 있다.
④ 보안 강화를 위해 쿠키에 암호화된 정보를 저장할 수 있다.

쿠키는 클라이언트와 서버 모두에서 생성 및 수정될 수 있음

22 다음 중 DNS(Domain Name System)의 주요 역할은?

① IP 주소를 도메인 이름으로 변환
② 클라이언트와 서버 간 보안 연결을 설정
③ 웹 페이지를 캐싱하여 성능을 최적화
④ HTTP 요청을 압축하여 데이터 전송량 감소

DNS는 도메인 이름을 IP 주소로 변환하여 사용자가 쉽게 웹사이트에 접근할 수 있도록 함

23 다음 중 보안이 강화된 HTTP 프로토콜은?

① HTTP
② HTTPS
③ FTP
④ TCP

HTTPS는 SSL/TLS 암호화를 사용하여 보안이 강화된 프로토콜

24 다음 중 HTML의 올바른 정의로 적절하지 않은 것은?

① 웹 문서를 작성하는 마크업 언어이다.
② 웹 브라우저에서 웹 페이지를 표시하는 데 사용된다.
③ 프로그래밍 언어의 한 종류로, 웹 페이지의 동적 기능을 구현하는 데 사용된다.
④ CSS 및 JavaScript와 함께 사용하여 웹 사이트를 구축할 수 있다.

HTML은 마크업 언어로, 웹 페이지의 구조를 정의하는 역할을 하지만 프로그래밍 언어가 아니며, 동적인 기능을 직접 구현하지 않음. 동적 기능은 JavaScript가 담당함

정답 19 ④ 20 ③ 21 ③ 22 ① 23 ② 24 ③

25 HTML에서 외부 스타일시트(External CSS)를 연결하는 올바른 방법은?

① ⟨style href="style.css"⟩
② ⟨link rel="stylesheet" type="text/css" href="style.css"⟩
③ ⟨script src="style.css"⟩⟨/script⟩
④ ⟨css src="style.css"⟩

HTML 문서에서 외부 CSS 파일을 연결할 때는 ⟨link rel="stylesheet" href="style.css"⟩를 사용

26 다음 중 HTML5에서 문서 유형을 선언하는 올바른 방법은?

① ⟨DOCTYPE html5⟩
② ⟨DOCTYPE html PUBLIC⟩
③ ⟨!DOCTYPE html⟩
④ ⟨DOCTYPE XHTML⟩

HTML5에서는 ⟨!DOCTYPE html⟩을 사용하여 문서 유형을 선언함. 이전 버전과 달리 간단한 선언 방식이 적용됨

27 웹 개발 시, 인터넷 브라우저의 기본 스타일이 디자인에 방해될 때 해결 방법으로 가장 적절한 것은?

① 브라우저의 기본 스타일을 수동으로 변경한다.
② CSS 초기화(Reset CSS) 또는 노멀라이즈(Normalize CSS)를 사용한다.
③ 기본 스타일을 무시하고 인라인 스타일을 모두 적용한다.
④ JavaScript를 사용하여 스타일을 직접 변경한다.

웹 브라우저는 기본적으로 HTML 요소마다 기본 스타일을 적용하고 있으며, 일관된 디자인을 유지하려면 CSS Reset 또는 Normalize.css를 적용하는 것이 일반적임

28 다음 중 CSS 애니메이션의 동작 단계를 정의할 때 사용하는 규칙은?

① animation
② transform
③ transition
④ keyframes

@keyframes는 CSS 애니메이션을 정의하는 규칙이며, animation 속성을 통해 이를 사용할 수 있음

29 다음 중 자바스크립트 변수 선언 규칙으로 올바르지 않은 것은?

① 변수명은 문자, 밑줄(_), 달러 기호($)로 시작할 수 있으며, 숫자로 시작할 수 없다.
② 변수명에는 알파벳, 숫자, 밑줄(_), 달러 기호($)만 사용할 수 있다.
③ 변수명은 자바스크립트 예약어를 사용할 수 없다.
④ 변수명은 대소문자를 구분하지 않는다.

자바스크립트는 대소문자를 구분하는 언어이므로, user와 User, USER는 전혀 다른 변수로 인식됨

30 다음 중 글자 관련 CSS 속성과 설명의 연결이 틀린 것은?

① font-family : 글꼴 설정
② font-size : 글꼴 크기
③ letter-spacing : 자간 조절
④ font-style : 두께 조절

font-style 속성은 글꼴의 스타일(기울임)을 조절하는 속성으로, italic(기울임), normal(기본), oblique(비스듬한 글꼴) 등의 값을 가질 수 있음. 글자의 두께(굵기)를 조절하기 위해서는 font-weight 속성이 필요함

정답 25 ② 26 ③ 27 ② 28 ④ 29 ④ 30 ④

31 다음 중 자바스크립트의 특징으로 적절하지 않은 것은?

① 웹 브라우저에서 실행되는 클라이언트 측 스크립트 언어이다.
② HTML 및 CSS와 함께 웹 페이지의 동적 동작을 구현하는 데 사용된다.
③ 정적 프로그래밍 언어로, 컴파일 과정이 필요하다.
④ 객체 기반의 프로그래밍 언어이며, 프로토타입 상속을 지원한다.

자바스크립트는 인터프리터 언어로, 코드가 실행될 때 한 줄씩 해석되며 컴파일 과정이 필요하지 않음

32 다음 중 연산자 우선순위가 가장 높은 것은?

① *(곱하기)
② &&(논리 AND)
③ =(대입 연산자)
④ >(비교 연산자)

연산자의 우선순위는 ( ) > 단항 연산자(++, --, !) > 산술 연산자(*, /, %) > 비교 연산자(>, <, ==) > 논리 연산자(&&, ||) > 대입 연산자(=) 순

33 다음 중 변수 선언 시 올바르지 않은 것은?

① var name = "John";
② let age = 25;
③ const city = "Seoul";
④ let 1stUser = "Alice";

변수명은 숫자로 시작할 수 없으며, 문자, 밑줄(_) 또는 달러 기호($)로 시작해야 함

34 DHTML(Dynamic HTML)의 주요 특징이 아닌 것은?

① HTML의 정적인 한계를 극복하기 위해 만들어졌다.
② 웹 페이지가 동적으로 변하고 사용자와 상호작용할 수 있다.
③ 모든 페이지를 새로고침해야만 내용이 변경될 수 있다.
④ Ajax와 함께 사용되어 비동기 데이터 처리를 지원할 수 있다.

DHTML은 웹 페이지를 다시 로드하지 않고도 변경할 수 있도록 함

35 다음 중 Java의 특징으로 올바르지 않은 것은?

① 객체 지향 프로그래밍을 지원한다.
② 플랫폼 독립적인 언어이다.
③ 메모리 관리를 개발자가 직접 수행해야 한다.
④ 보안성이 높고, 네트워크 애플리케이션 개발에 유용하다.

Java는 가비지 컬렉터(Garbage Collector)를 사용하여 메모리 관리를 자동으로 수행함

36 다음 중 WebGL을 쉽게 사용할 수 있도록 만든 JavaScript 라이브러리는?

① Three.js
② OpenGL
③ jQuery
④ Unity3D

Three.js는 WebGL을 간편하게 활용할 수 있도록 도와주는 JavaScript 라이브러리

정답 31 ③ 32 ① 33 ④ 34 ③ 35 ③ 36 ①

37 객체 지향 프로그래밍(OOP)의 주요 특징 중, 외부에서 직접 데이터에 접근하지 못하도록 보호하는 개념은?

① 상속성
② 캡슐화
③ 다형성
④ 관계성

캡슐화는 데이터와 메서드를 하나로 묶고, 외부 접근을 제한하여 보안성과 유지보수성을 높이는 기법

38 다음 중 멀티미디어 프로그래밍 언어와 도구에 대한 설명으로 틀린 것은?

① MPC의 MME는 Microsoft에서 제공하는 API로, 오디오, 비디오, 그래픽 등 멀티미디어 처리를 지원한다.
② Visual Basic은 프로그래밍 초보자도 쉽게 GUI 애플리케이션을 개발할 수 있도록 설계된 개발 환경이다.
③ ActionScript는 웹 브라우저에서 기본적으로 실행되는 동적 웹 개발을 위한 스크립트 언어이다.
④ Visual C++는 강력한 성능을 제공하는 Windows 애플리케이션 개발용 IDE이다.

ActionScript는 Adobe Flash 기반의 애니메이션과 상호작용을 위한 멀티미디어 프로그래밍 언어. Flash 기술이 점차 사라지면서 ActionScript도 더 이상 웹 개발에서 널리 사용되지 않음

39 다음 중 클라이언트 측 스크립트 언어로 올바른 것은?

① Python
② Java
③ JavaScript
④ Ruby

JavaScript는 클라이언트 측에서 실행되는 대표적인 스크립트 언어

40 다음 중 그래픽 기술 중 하나로, 현실적인 조명, 반사, 그림자를 구현하는 렌더링 기법은?

① 블룸 효과(Bloom Effect)
② 텍스처 매핑(Texture Mapping)
③ 레이트레이싱(Ray Tracing)
④ 모션 블러(Motion Blur)

레이트레이싱은 빛의 경로를 추적하여 사실적인 조명과 반사 효과를 표현하는 고급 렌더링 기술. 게임, 애니메이션, 가상현실(VR), 메타버스 등에서 사용됨

41 작업분류체계(WBS)를 활용할 때 기대할 수 있는 효과로 가장 적절한 것은?

① 프로젝트의 전체적인 목표를 포괄적으로 관리하며, 개별 작업의 상세한 일정은 필요하지 않다.
② 작업별로 책임자를 지정하여 프로젝트 진행 중 역할을 명확하게 할 수 있다.
③ 프로젝트 계획 수립 후에는 변경이 불가능하므로, 작업 추가 시 WBS를 재작성해야 한다.
④ 프로젝트 진행 중 발생하는 모든 위험 요소를 사전에 완벽하게 예측할 수 있다.

WBS는 작업 패키지 단위로 책임자를 지정할 수 있어 각 작업의 역할을 명확하게 할 수 있음

오답 피하기
- ① : WBS는 전체적인 목표뿐만 아니라 개별 작업의 상세한 일정도 포함해야 함
- ③ : 프로젝트 진행 중 작업이 추가되면 WBS를 수정할 수 있으며, 유연하게 변경가능
- ④ : WBS는 프로젝트 위험을 최소화할 수 있지만, 모든 위험 요소를 완벽하게 예측할 수는 없음

정답 37 ② 38 ③ 39 ③ 40 ③ 41 ②

42 다음 중 MaRMI-III 개발방법론에 대한 설명으로 올바르지 않은 것은?

① 한국전자통신연구원(ETRI)에서 개발한 컴포넌트 기반 소프트웨어 개발 방법론이다.
② 4개의 주요 공정과 30개의 활동으로 구성되어 있다.
③ 단계별 산출물을 통해 내·외부 이해관계자 간 원활한 커뮤니케이션을 지원한다.
④ 소프트웨어 개발 과정에서 문서화를 최소화하여 빠른 프로토타이핑을 목표로 한다.

MaRMI-III 개발방법론은 체계적인 산출물과 프로세스를 기반으로 하며, 문서화를 최소화하는 방법론이 아님. 각 단계별 문서화(산출물)를 통해 프로젝트 수행을 지원하고, 개발 과정의 일관성과 완전성을 유지

43 프로젝트 완료 후 클라이언트의 최종 확인을 받기 위해 작성하는 문서는?

① 개발표준 정의서
② 개발 산출물별 검사리스트
③ 오류코드 정의서
④ 테스트 시나리오

개발 산출물별 검사리스트는 프로젝트에서 생성된 최종 산출물에 대해 클라이언트의 확인을 받는 문서

44 다음 중 UI(화면) 설계서에 포함될 가능성이 가장 낮은 항목은?

① 사이트 맵
② 화면 시나리오
③ 데이터베이스 목록
④ 웹 기획 문서

UI(화면) 설계서에는 사이트 맵, 화면 시나리오, 웹 기획 문서 등의 사용자 인터페이스 관련 요소가 포함됨. 데이터베이스 테이블 목록은 데이터베이스 설계와 관련된 문서로, UI 설계서에 포함되지 않음

45 디지털 산출물을 체계화하는 과정에서 가장 중요한 요소는 무엇인가?

① 프로젝트에서 생성된 모든 산출물을 동일한 방식으로 저장하고 변경을 허용하지 않는다.
② 각 작업자가 자신의 방식대로 문서를 분류하고 저장하여 관리의 유연성을 극대화한다.
③ 문서, 코드, 미디어 파일을 포함한 모든 자료를 표준화된 방식으로 정리하고 접근성을 개선한다.
④ 프로젝트 진행 과정과는 무관하게 작업이 끝난 후 일괄적으로 정리하는 것이 효율적이다.

오답 피하기
- ① : 변경을 허용하지 않으면 유연성이 부족해지고, 프로젝트 진행 중 수정이 어려워짐
- ② : 작업자가 자신의 방식대로 관리하면 일관성이 부족해 협업에 어려움을 초래함
- ④ : 프로젝트 진행 과정에서 지속적으로 정리해야 실시간 관리 가능

46 다음 중 정리와 정돈의 개념을 혼동한 사례는?

① 필요 없는 데이터를 삭제하고, 보존할 데이터를 분류하여 목록화한다.
② 산출물의 파일명을 일정한 네이밍 규칙에 맞춰 변경하고, 고유 ID를 부여한다.
③ 데이터의 보관 위치를 프로젝트별로 정리하고, 적절한 폴더 구조를 유지한다.
④ 데이터의 필요 여부와 관계없이 모든 자료를 그대로 보관하여 누락을 방지한다.

모든 데이터를 무작위로 보관하면 비효율성이 증가하고 관리 비용이 높아질 수 있음

정답 42 ④ 43 ② 44 ③ 45 ③ 46 ④

47 다음 중 계층적 구조의 특징으로 올바르지 않은 것은?

① 상위 계층에서 하위 계층으로 내려가면서 점점 더 세부적인 단위로 분류된다.
② 계층 간 명확한 역할과 책임이 구분되며, 하위 계층은 상위 계층의 지시에 따라 작동한다.
③ 모든 계층은 서로 독립적이며, 상위 계층과 하위 계층 간의 연관성이 존재하지 않는다.
④ 체계적인 데이터 관리와 구조적 접근이 가능하여 유지보수와 확장성이 뛰어나다.

계층적 구조는 상위 계층과 하위 계층 간의 명확한 관계를 가지며, 계층 간 독립성이 아닌 유기적인 연관성을 갖음

48 다음 중 객체지향 및 CBD(Component-Based Software) 개발 과정에서 생성되는 산출물과 그 단계의 연결이 틀린 것은?

① 분석 단계 – 사용자 요구사항 정의서, 유스케이스 명세서, 요구사항 추적표
② 설계 단계 – 클래스 설계서, 아키텍처 설계서, 사용자 인터페이스 설계서
③ 구현 단계 – 프로그램 코드, 단위시험 결과서, 데이터베이스 테이블
④ 시험 단계 – 컴포넌트 설계서, 시스템시험 결과서, 사용자 지침서

컴포넌트 설계서는 설계 단계의 산출물이며, 시험 단계에서는 포함되지 않음. 시험 단계에서는 통합시험 결과서, 시스템시험 결과서, 사용자 지침서, 운영자 지침서, 인수시험 시나리오 등이 주요 산출물임

49 다음 중 클라이언트를 위한 보고서의 구체적 항목으로 틀린 것은?

① 초기 기획안 – 사이트 분석, 메뉴 구조, 디자인 방향, 내비게이션 설계를 포함하여 프로젝트 개요를 설명한다.
② 플로우차트 – 사이트의 전체 흐름과 사용자 동선을 시각적으로 표현하고, 주요 기능 및 화면 간 연결 관계를 설명한다.
③ 프로젝트 일정표 – 단계별 작업 일정과 타임라인을 포함하여 프로젝트 진행 계획을 수립하지 않고, 개발이 완료된 후 정리한다.
④ 스타일 가이드 – 웹사이트 유지보수를 위해 텍스트, 색상, 버튼 스타일 등 주요 디자인 요소를 문서화하여 제공한다.

프로젝트 일정표는 개발이 완료된 후 정리하는 것이 아니라, 프로젝트 초기 단계에서 수립하여 일정과 진행 상황을 체계적으로 관리하는 데 사용함

50 다음 중 데이터 관리 기법에 대한 설명으로 틀린 것은?

① 데이터 관리는 프로젝트 단계부터 세부 태스크까지 하향식 계층 구조로 편성된다.
② 작업 단위별로 단계(Stage), 세그먼트(Segment), 태스크(Task) 순으로 체계적으로 정리된다.
③ 데이터 색인은 프로젝트가 완료된 후 일괄적으로 수행하는 것이 가장 효율적이다.
④ 방법론 유형 코드를 활용하여 데이터 유형을 분류하고 체계적으로 관리할 수 있다.

데이터 색인을 프로젝트가 완료된 후 일괄적으로 수행하면 데이터 정합성 문제나 성능 저하가 발생할 수 있음. 따라서, 데이터 색인은 프로젝트 진행 과정에서 점진적으로 수행하는 것이 바람직함

정답 47 ③ 48 ④ 49 ③ 50 ③

기출 유형 문제 01회

자동 채점 서비스

- **제한시간** : 1시간
- **소요시간** :   시간   분
- **전체 문항 수** : 60문항
- **맞힌 문항 수** :   문항

01 기초데이터의 역할로 적절하지 않은 것은 무엇인가?
① 디지털 콘텐츠를 구성하는 기본 요소로 활용된다.
② 특정 작업이나 분석의 기반 자료로 사용된다.
③ 프로젝트 관리 도구로 사용된다.
④ 디지털 방식으로 생성, 편집, 처리되어 배포되거나 공유된다.

02 메타데이터(Meta-Data)의 정의로 올바른 것은?
① 실제 사건이나 상황을 바탕으로 한 객관적인 자료
② 데이터를 설명하거나 관리하기 위해 사용하는 구조화된 정보
③ 개인의 생각이나 주관적인 의견이 포함된 자료
④ 단계적으로 수행해야 할 작업이나 과정을 설명하는 자료

03 다음 중 마인드맵핑법의 장점으로 적절한 것은?
① 시간 효율성이 뛰어나고 단순 작업에 적합하다.
② 비선형적 사고와 시각적 표현으로 창의적 발상을 촉진한다.
③ 주요 항목을 점검하여 누락을 방지한다.
④ 관련 없는 요소를 결합해 새로운 발상을 한다.

04 저작권법상 청소년이 합법적으로 할 수 있는 행위는?
① 영화 음악을 무단으로 다운로드하기
② 아이돌 노래를 틀고 춤을 추는 행위
③ 타인의 소설을 표절하여 출판하기
④ 유료 온라인 강의를 무단으로 공유하기

05 다음 중 와이어프레임의 특징으로 아닌 것은?
① 와이어프레임 도구작성 도구에는 핸드드로잉, 목업툴 등이 있다.
② 와이어프레임 작업 시 다양한 화면 비율을 고려하여 작성한다.
③ 정보 설계를 반영하여 각 화면을 스케치하고, 설명을 간략히 표기한다.
④ 최종 사용자의 인터랙션을 완벽히 구현한다.

06 스토리보드의 화면 설계에서 구체적으로 다루는 항목이 아닌 것은?
① 페이지의 레이아웃과 구성 요소
② 화면 요소별 기능과 동작 방식
③ 프로젝트의 타임라인과 일정
④ 화면 상단의 페이지 정보 및 하단의 작성자 정보

07 아이디어 스케치에서 핸드 스케치의 주된 특징은 무엇인가?
① 세부적인 색상과 텍스처를 정밀하게 포함한다.
② 간단한 도구를 사용하여 아이디어를 빠르게 표현한다.
③ 고해상도의 디지털 이미지를 생성하여 출력한다.
④ 애니메이션 효과를 포함한 동적인 표현을 제공한다.

08 사용자 경험(UX)에서 여정 맵(Journey Map)이란 무엇인가?

① 사용자가 시스템을 이용하며 겪는 과정을 시각적으로 표현한 지도
② 사용자가 방문한 웹 페이지 목록을 시간 순서대로 정리한 기록
③ 사용자 데이터가 저장되는 서버의 물리적 위치를 나타낸 정보
④ 사용자의 IP 주소를 기반으로 한 위치 정보를 추적하는 시스템

09 다음 중 사용자와 시스템 간의 상호작용을 설계하여 목적을 달성하도록 돕는 UX 디자인 분야는 무엇인가?

① 정보 설계
② 인터랙션 디자인
③ 시각 디자인
④ 서비스 디자인

10 다음 중 UI와 UX의 차이에 대한 설명으로 올바른 것은?

① UI는 사용자 경험을 설계하는 과정이고, UX는 사용자와 시스템 간의 상호작용을 위한 시각적 인터페이스를 의미한다.
② UI는 제품의 기능적 요소를 개발하는 것이고, UX는 디자인을 미적으로 표현하는 과정이다.
③ UI와 UX는 동일한 개념으로 서로 구분되지 않는다.
④ UI는 사용자와 시스템 간의 시각적 인터페이스를 의미하며, UX는 사용자가 시스템을 사용하며 느끼는 전반적인 경험을 설계하는 과정이다.

11 다음 중 웹 페이지의 구조로 가장 적합한 것은?

① 계층구조
② 선형구조
③ 네트워크 구조
④ 데이터베이스 구조

12 다음 중 웹 디자인 정보 구조화의 일반적인 방식으로 올바른 것은?

① 깊고 넓은 구조로 최대한 많은 정보를 한 페이지에 배치한다.
② 하향식 계층 구조를 따르며, 깊이와 폭의 균형을 고려한다.
③ 정보 구조는 계층 구조 없이 무작위로 설계한다.
④ 정보 구조의 깊이는 10단계 이상으로 구성한다.

13 웹 페이지의 헤더(Header)에 포함될 수 있는 요소로 가장 적합한 것은?

① 배너 광고
② 저작권 정보
③ 로고와 내비게이션 바
④ 회사 주소와 이메일

14 반응형 웹사이트에서 이미지 처리 방식의 특징으로 올바른 것은?

① 모든 디바이스에서 동일한 크기로 표시된다.
② 화면 크기에 따라 크기가 자동으로 조절된다.
③ 모바일 기기에서는 항상 숨겨진다.
④ 데스크톱에서만 표시된다.

15 다음 중 AR과 VR의 비교로 적합하지 않은 것은?

① AR은 현실 환경 위에 디지털 콘텐츠를 추가하고, VR은 가상 환경만을 제공한다.
② AR은 가상 현실에 몰입하고, VR은 현실과 상호작용한다.
③ AR은 스마트폰, 태블릿 등으로 접근 가능하고, VR은 주로 헤드셋과 컨트롤러를 사용한다.
④ AR은 현실과 디지털을 결합한 혼합 환경, VR은 가상의 몰입 환경이다.

16 비트맵 방식의 이미지 특징으로 옳지 않은 것은?
① 픽셀 단위로 이미지를 표현한다.
② 해상도에 따라 품질이 영향을 받는다.
③ 벡터 방식보다 파일 크기가 작다.
④ 사진과 같은 복잡한 이미지를 표현하는 데 적합하다.

17 24비트 이미지와 비교했을 때, 32비트 이미지의 주된 차이점은 무엇인가?
① 색상 표현 범위가 더 크다.
② 사용 가능한 채널 수가 적다.
③ 파일 크기가 더 작다.
④ 투명도를 표현할 수 있다.

18 대칭에 대한 설명으로 틀린 것은?
① 역동적이고 개성 있는 디자인을 표현할 때 사용한다.
② 좌우 또는 상하가 동일하게 구성된 형태이다.
③ 시각적으로 안정되고 정돈된 느낌이다.
④ 선대칭, 방사 대칭, 이동 대칭, 확산 대칭이 있다.

19 아래 설명 중 해당하는 착시는 무엇인가?

> 같은 크기의 형을 상하로 겹치면 위쪽이 크게 보이는 현상이다.

① 대비착시　　② 무게 중심 착시
③ 수직, 수평 착시　　④ 상방거리과대 착시

20 세리프(Serif)와 산세리프(Sans-serif) 서체의 주요 차이점은?
① 글자 크기
② 글자 끝의 장식 유무
③ 사용 가능한 언어
④ 글자 두께

21 다음 중 픽토그램의 주요 특징으로 적합한 것은?
① 텍스트 중심으로 복잡한 정보를 전달한다.
② 특정 문화권에서만 사용된다.
③ 직관적으로 정보를 전달하며 보편적이다.
④ 크기가 작아질수록 의미 전달이 어려워진다.

22 정보 구조 설계 시 네트워트 구조의 주요 장점은?
① 모든 페이지가 동일한 레벨에 위치
② 페이지 간의 연결이 자유롭고 유연함
③ 트리 형태로 정보 단계별 탐색 가능
④ 순차적으로 진행되는 사이트에서 적합

23 다음 중 정성적 조사 방법에 해당하는 것은?
① 설문조사를 통한 100명 대상 데이터 수집
② 기계 학습을 활용한 대규모 데이터 수집
③ 대규모 패널 데이터를 기반으로 한 분석
④ 표본집단의 소비 패턴에 대한 심층 인터뷰

24 아래 설명에 맞는 매핑 방법은?

> • 오브젝트에 요철이나 엠보싱 효과를 표현하는 것
> • 흰색 부분은 돌출되어 보이고, 검은색에 가까울수록 들어가 보임

① 리플렉션 매핑(Reflection Mapping)
② 솔리드 매핑(Solid Mapping)
③ 범프 매핑(Bump Mapping)
④ 오퍼시티 매핑(Opacity Mapping)

25 사용성 테스트 환경에서 효율성 평가 항목의 설명으로 적합한 것은?
① 작업을 수행하는 데 걸리는 시간과 노력을 평가한다.
② 사용자 인터페이스의 심미성을 평가한다.
③ 사용자가 테스트를 얼마나 즐겁게 수행했는지를 확인한다.
④ 사용자 오류 발생 횟수를 기록한다.

26 다음 중 표준 해상도의 종류와 해상도 값이 올바르게 짝지어지지 않은 것은?

① HD(720p) - 1280×720
② Full HD(1080p) - 1920×1080
③ QHD(1440p) - 1920×1440
④ 4K UHD - 3840×2160

27 웹 표준 검사방법으로 알 수 없는 것은?

① HTML 오류
② CSS 오류
③ 웹 접근성
④ 서버 성능

28 다음 중 디바이스 특성에 대한 설명으로 옳지 않은 것은?

① 모바일은 이동성을 기반으로 다양한 디지털 서비스를 지원한다.
② 태블릿 PC는 물리적 키보드를 필수로 사용해야 한다.
③ 디지털 사이니지는 공공장소에서 정보 전달 및 광고에 활용된다.
④ 키오스크는 공공장소에 설치되어 정보 서비스와 무인 자동화를 제공한다.

29 다음 중 입력 장치와 출력 장치 순으로 나열되지 않은 것은?

① 키보드 - 모니터
② 마우스 - 프린터
③ 스캐너 - 스피커
④ 터치스크린 - 스캐너

30 다음 중 안드로이드 해상도 표시에 관한 설명 중 올바른 것은?

① HDPI - 240 dpi - 고해상도
② MDPI - 120 dpi - 중해상도
③ LDPI - 160 dpi - 저해상도
④ XHDPI - 480 dpi - 초고해상도

31 물체의 색이 결정되는 원리는?

① 물체가 특정 파장의 빛을 반사하고 나머지를 흡수한다.
② 모든 물체는 고유한 색을 가지며 빛의 영향을 받지 않는다.
③ 빛이 물체를 투과할 때 색이 결정된다.
④ 색은 빛의 세기와 관계없이 항상 동일하게 보인다.

32 헤링의 반대색설에 대한 설명으로 옳은 것은?

① 색을 인식하는 과정에서 명암 대비가 발생하는 현상
② 색을 감지하는 원추세포가 세 가지 기본 색을 감지한다는 이론
③ 빛의 파장에 따라 색을 지각하는 과정
④ 빨강-초록, 노랑-파랑의 상반된 색 시스템을 통해 색을 지각한다는 이론

33 병치혼합의 대표적인 예는?

① 점묘법과 인쇄물   ② 유화 그림
③ 수채화   ④ 색 연필 드로잉

34 다음 중 빛의 가법 혼색 실험을 기반으로 색을 수학적으로 표현한 표색 체계는?

① NCS 표색계
② PCCS 표색계
③ CIE 표색계
④ 먼셀 표색계

35 먼셀 색입체에서 채도가 증가할수록 나타나는 변화로 적절한 것은?

① 색이 점점 무채색에 가까워진다.
② 색상이 변하면서 명도도 함께 변한다.
③ 색의 선명도가 증가하며, 중심에서 바깥으로 이동한다.
④ 색상의 위치는 고정되지만, 명도와 대비가 감소한다.

36 다음 설명에 해당하는 색 공간으로 옳은 것은?

- 인간의 색채 인지에 대한 연구를 기반으로 수학적으로 정의된 초기 색 공간이다.
- 빛의 혼합 원리인 가법 혼색을 바탕으로 색을 표현한다.
- XYZ 값을 통해 다양한 조명 조건에서도 일관된 색 표현이 가능하다.
- 산업 및 연구에서 색 관리 표준으로 활용한다.

① CIE XYZ 표색계 ② 오스트발트 표색계
③ 먼셀 표색계   ④ NCS 표색계

37 다음 중 색의 대비 현상에 대한 설명으로 옳지 않은 것은?

① 동시대비는 두 가지 이상의 색상이 나란히 배치될 때 본래 색과 다르게 지각되는 현상이다.
② 명도대비는 밝고 어두운 색상이 함께 배치될 때, 명도의 차이가 더 두드러져 보이는 효과를 의미한다.
③ 계시대비는 색을 동시에 비교할 때 발생하는 대비 효과이다.
④ 보색대비는 색상환에서 마주보는 색을 배치했을 때 발생하는 강한 시각적 대비 효과를 의미한다.

38 다음 중 색의 잔상에 대한 설명으로 틀린 것은?

① 정의 잔상은 강한 빛이나 색을 본 직후 원래 색상이 그대로 남아 보이는 현상이다.
② 부의 잔상은 일정 시간 동안 한 색을 본 후 반대되는 보색이 나타나는 현상이다.
③ 색의 잔상은 시각적 자극이 사라진 후에도 계속해서 색상이 유지되는 현상이다.
④ 정의 잔상은 보색 효과가 나타나며, 부의 잔상은 원래 본 색과 동일한 색이 남는다.

39 색채 공감각 현상에서 높은 음과 가장 잘 연결되는 색상 조합은?

① 저명도, 저채도의 어두운 색상
② 고명도, 고채도의 밝고 강한 색상
③ 한색 계열의 저채도 색상
④ 중명도, 중채도의 따뜻한 색상

40 다음 중 색채 디자인의 역할과 관련된 설명으로 틀린 것은?

① 색채 디자인은 제품의 부가가치를 높이고, 소비자 선호도를 향상시키는 역할을 한다.
② 환경 디자인에서 색채는 주로 심미성을 고려하며, 기능성과는 크게 연관이 없다.
③ 색채 디자인은 시각디자인, 제품디자인, 환경디자인 등 다양한 분야에서 적용된다.
④ 브랜드 아이덴티티(BI) 및 기업 아이덴티티(CI) 구축에 색채 디자인이 중요한 역할을 한다.

41 다음은 무엇에 관한 설명인가?

- 색상은 감정과 분위기에 영향을 줄 수 있다.
- 특정 색상은 안정감, 활력, 신뢰 등의 심리를 유도할 수 있다.

① 색채적 심리
② 색채 조화
③ 감성 마케팅
④ 시각적 균형

42 색조가 감정과 분위기에 미치는 영향으로 적절하지 않은 것은?

① 고채도의 틴트 색상은 활기차고 명랑한 분위기를 조성한다.
② 셰이드는 강렬한 느낌을 부여하며, 무게감 있는 분위기를 형성한다.
③ 낮은 채도의 색상은 역동적이고 에너지가 넘치는 느낌을 준다.
④ 색조 조절을 통해 디자인의 다양성을 확보하면서도 전체적인 통일성을 유지할 수 있다.

43 저드의 색채 조화 원리 중 명료성의 원리가 가장 잘 적용된 사례는?

① 색상이 유사한 웹사이트 디자인
② 보색 대비를 활용한 경고 표지판
③ 모노크롬 색조를 사용한 인테리어 디자인
④ 색상이 균등하게 배열된 그래픽 디자인

44 트리콜로 배색(Tricolore Color Scheme)의 특징으로 적절한 것은?

① 단색 계열로 차분한 분위기를 조성한다.
② 세 가지 색상을 활용하여 균형과 대비를 강조한다.
③ 동일한 색상의 명도 차이를 극대화하여 배색한다.
④ 강한 대비 없이 색상의 자연스러운 흐름을 유지한다.

45 다음 중 일반색명(계통색명)의 특징으로 가장 적절한 것은?

① 동물, 식물, 광물 등의 이름에서 유래한 색상 명칭을 사용한다.
② 전통적으로 사용되어 온 색명으로, 시대와 문화에 따라 다르게 변할 수 있다.
③ KS(한국산업규격)에서 정의한 색상으로, 색상의 조합과 수식어를 사용해 표현할 수 있다.
④ 정확한 색상 전달이 어려우며, 같은 색상도 지역이나 문화에 따라 다르게 이해될 수 있다.

46 다음 중 멀티미디어 표준과 관련이 없는 것은?

① MPEG, H.264, H.265
② JPEG, PNG
③ MIDI, MP3
④ SSL, TLS

47 다음 중 멀티미디어 시스템에서 비동기형 통신 장치의 대표적인 예시는?

① 실시간 화상 회의 시스템
② 동기형 음성 데이터 스트리밍
③ 주문형 비디오(VOD) 서비스
④ 온라인 다중 사용자 게임(MMORPG)

48 멀티미디어 저작 도구의 주요 장점으로 볼 수 없는 것은?

① 하드웨어와 관계없이 동일한 성능을 보장한다.
② 프로그램 완성 후 버그 발생이 적어 안정성이 높다.
③ 직관적인 인터페이스로 초보자도 쉽게 사용할 수 있다.
④ 작업 과정이 단순하여 인력 배치가 효율적이다.

49 멀티미디어 저작 도구의 책 방식이 가지는 특징으로 올바른 것은?

① 콘텐츠를 페이지 또는 카드 단위로 구성하여 이동하며 탐색할 수 있다.
② 미디어 요소를 시간 축을 따라 배치하여 순차적으로 재생한다.
③ 객체 지향 프로그래밍을 기반으로 이벤트 중심의 동작을 설정한다.
④ 시각적 요소 없이 텍스트 기반의 구조로만 콘텐츠를 제작한다.

50 JPEG 파일을 여러 번 압축하면 발생할 수 있는 현상은?

① 파일 크기가 점점 증가하여 저장 공간을 더 많이 차지하게 된다.
② 이미지의 품질이 점점 저하되며, 압축 손실로 인해 화질 열화가 발생한다.
③ 투명 효과가 자동으로 추가되어 배경이 투명하게 처리된다.
④ 색상 수가 증가하여 더욱 세밀한 색 표현이 가능해진다.

51 아래 이미지 현상의 주요 원인은 무엇인가?

① 이미지가 손실 압축 방식으로 저장되어 화질 저하가 발생했기 때문이다.
② 파일 크기가 너무 작아서 해상도가 낮아지고 왜곡이 발생했기 때문이다.
③ 고해상도 이미지에서 규칙적인 패턴이 겹쳐 시각적 간섭이 발생하기 때문이다.
④ 애니메이션 효과가 부족하여 화면에서 부드러운 움직임이 재현되지 않았기 때문이다.

52 404 오류의 원인이 아닌 것은?

① 서버에 요청한 페이지가 존재하지 않는 경우
② 웹 페이지가 삭제되었거나 URL이 변경된 경우
③ 잘못된 링크를 통해 존재하지 않는 경로를 요청한 경우
④ 접근 권한이 없는 페이지를 요청한 경우

53 FTP(File Transfer Protocol)의 기본적인 특징으로 적절하지 않은 것은?

① 클라이언트와 서버 간 파일 전송을 담당한다.
② 웹 페이지 렌더링을 최적화하는 역할을 한다.
③ FTP 서버와 클라이언트는 인증 과정이 필요하다.
④ 보안이 취약하여 SFTP 또는 FTPS와 같은 대안이 사용된다.

54 다음 중 종료 태그가 없는 태그에 해당하지 않는 것은?

① 〈br〉
② 〈img〉
③ 〈input〉
④ 〈div〉

55 다음 중 CSS의 역할로 가장 적절하지 않은 것은?

① HTML 요소의 스타일을 정의한다.
② 웹 페이지의 레이아웃과 디자인을 담당한다.
③ 서버와 클라이언트 간 데이터를 전송한다.
④ 글꼴, 색상, 애니메이션 등의 스타일을 지정할 수 있다.

56 다음 중 자바스크립트에서 여러 줄 주석을 다는 방법은?

① # 여러 줄 주석 #
② 〈!-- 여러 줄 주석 --〉
③ /* 여러 줄 주석 */
④ // 여러 줄 주석 //

57 다음 중 Java의 특징으로 틀린 것은?

① Sun Microsystems(현재 Oracle)에서 개발한 객체 지향 프로그래밍 언어이다.
② 플랫폼 독립성을 가지며, 다양한 운영체제에서 실행할 수 있다.
③ 메모리 관리를 위해 개발자가 직접 가비지 컬렉션을 수행해야 한다.
④ 네트워크 프로그래밍과 분산 시스템 개발에 유용한 라이브러리를 제공한다.

58 산출물을 체계적으로 관리하지 않았을 때 발생할 수 있는 문제는 무엇인가?

① 프로젝트의 진행 상황이 불명확해지고 일정 및 작업 흐름을 파악하기 어려워진다.
② 업무 효율성이 증가하여 전체적인 작업 시간이 단축될 가능성이 높아진다.
③ 팀 내 의사소통이 원활해져 협업 과정에서 발생하는 혼선을 줄일 수 있다.
④ 문서와 결과물이 체계적으로 정리되지 않아 산출물의 품질이 향상될 수 있다.

59 작업분류체계 작성 시 가장 중요한 요소는 무엇인가?

① 프로젝트의 목표와 범위를 명확히 정의하는 것
② 작업 패키지별로 책임자를 생략하는 것
③ 작업 간의 연계성을 무시하는 것
④ 프로젝트 전체 작업을 단순히 나열하는 것

60 다음 중 최종 프로젝트 제출 시 일반적으로 포함되지 않는 산출물은 무엇인가?

① 최종 결과 보고서
② 프로젝트 시작 전 제안서
③ 프로젝트 관련 회의록
④ 프로젝트 수행 결과물 모음

기출 유형 문제 01회
빠르게 정답 확인하기!
스마트폰으로 QR 코드를 찍어 보세요.
정답표를 통해 편리하게 채점할 수 있습니다.

기출 유형 문제 02회

자동 채점 서비스

- 제한시간 : 1시간
- 소요시간 :   시간   분
- 전체 문항 수 : 60문항
- 맞힌 문항 수 :   문항

01 다음 중 디지털 데이터의 특징이 아닌 것은?
① 복제와 전송이 용이하다.
② 품질 손상 없이 빠르게 전달될 수 있다.
③ 이진 형태의 데이터로 처리된다.
④ 멀티미디어 형태로만 존재한다.

02 페르소나 작업 시 유의할 점으로 올바르지 않은 것은?
① 사용자 조사와 데이터를 기반으로 작성한다.
② 주관적인 가정을 포함한다.
③ 여러 사용자 유형을 반영하여 다양한 페르소나를 생성한다.
④ 구체적이고 현실적인 사용자 특성을 포함한다.

03 합목적성에 맞지 않은 예는?
① 집 – 과시의 용도
② 냉장고 – 음식 보관
③ 자동차 – 이동 수단으로 사용
④ 시계 – 시간을 확인

04 CC 라이선스의 비영리 조건에 대한 설명으로 옳은 것은?
① 저작물을 상업적 목적으로 자유롭게 이용할 수 있다.
② 저작물을 비상업적 목적으로만 사용해야 한다.
③ 저작물을 수정하거나 변형하지 않고 사용해야 한다.
④ 저작물을 사용할 때 출처를 표시하지 않아도 된다.

05 다음 중 레이아웃에서 초점선을 설정하는 주된 목적은 무엇인가?
① 좌우 대칭을 이루며 안정감을 제공한다.
② 사용자의 시선을 유도하고 강조점을 부여한다.
③ 웹 안전색을 기반으로 디자인의 기본 틀을 설정한다.
④ 텍스트와 이미지를 랜덤하게 배치한다.

06 스토리보드 구성에 대한 설명으로 틀린 것은?
① 표지는 프로젝트명, 작성자, 작성일, 버전 정보 등을 포함하여 문서의 기본 정보를 제공한다.
② 화면 설계는 와이어프레임보다 구체적으로 레이아웃과 구성 요소를 묘사하며, 상세 설명 영역을 포함한다.
③ 정보 구조도는 정보의 구조와 흐름을 트리 형태로 시각화하여 한눈에 파악할 수 있도록 작성한다.
④ 개정 이력은 프로젝트 개발 과정에서 수정된 내용을 기록하며, 수정 날짜와 상세 내용만 포함한다.

07 시각화의 과정 중 에스키스(Esquisse) 단계에서 주로 수행하는 작업은?
① 결과물을 최종적으로 완성하는 작업
② 클라이언트 요구에 맞춰 수정 작업을 하는 단계
③ 문제를 검토하고 최종 결과물의 초안을 설정하는 단계
④ 명암과 색상을 추가하여 디테일을 다듬는 작업

08 사용자 인터페이스(UI) 평가 시 가장 중요한 요소는 무엇인가?

① 사용자의 경험(UX)
② 데이터 처리 속도
③ 시스템의 저장 용량
④ 네트워크 대역폭

09 다음 중 UX 설계 원칙으로 가장 적절한 것은?

① 개발자의 관점에서 설계한다.
② 사용자가 반복적으로 실수를 하도록 유도한다.
③ 사용자 피드백을 수집하여 개선점을 반영한다.
④ 복잡한 메뉴 구조로 깊이 있는 기능을 제공한다.

10 UI 설계에서 사용의 효율성을 높이기 위한 방법으로 적절한 것은?

① 불필요한 단계를 추가하여 사용자의 집중력을 향상시킨다.
② 직관적이고 간결한 인터페이스를 제공하여 작업 단계를 줄인다.
③ 사용자에게 모든 기능을 한 번에 익히도록 요구한다.
④ 시스템 내부의 복잡한 구조를 그대로 인터페이스에 반영한다.

11 다음 중 계층 구조와 선형 구조의 차이점으로 올바르지 않은 것은 무엇인가?

① 계층 구조는 상위와 하위 정보를 체계적으로 구분하며, 선형 구조는 정보를 순차적으로 배열한다.
② 선형 구조는 사용자에게 다양한 탐색 경로를 제공하고, 계층 구조는 순차적인 흐름만 제공한다.
③ 선형 구조는 여러 가지 경로를 통해 정보를 접근할 수 있으며, 계층 구조는 한 가지 경로만 제공한다.
④ 계층 구조는 메뉴 트리와 같은 구조에 적합하고, 선형 구조는 튜토리얼이나 단계별 자료에 적합하다.

12 다음 중 웹 디자인 과정의 올바른 순서로 나열된 것은?

① 프로젝트 기획 → 유지 및 관리 → 사이트 디자인 및 구축 → 웹사이트 기획
② 프로젝트 기획 → 웹사이트 기획 → 사이트 디자인 및 구축 → 유지 및 관리
③ 웹사이트 기획 → 사이트 디자인 및 구축 → 프로젝트 기획 → 유지 및 관리
④ 사이트 디자인 및 구축 → 유지 및 관리 → 프로젝트 기획 → 웹사이트 기획

13 시표 추적검사를 활용하는 주된 사례로 적합하지 않은 것은?

① 웹 페이지에서 사용자 시선이 가장 많이 머무는 영역을 분석한다.
② 게임 인터페이스에서 사용자 경험을 최적화한다.
③ 사용자 음성 데이터를 기반으로 감정 상태를 분석한다.
④ 광고 배너의 시각적 주목도를 평가한다.

14 반응형 레이아웃의 특징으로 적합한 것은?

① 픽셀 단위로 고정된 레이아웃을 제공한다.
② 화면 크기에 따라 콘텐츠와 레이아웃이 유동적으로 조정된다.
③ 특정 해상도에 맞는 별도의 레이아웃이 준비되어야 한다.
④ 작은 화면에서는 레이아웃 변경이 불가능하다.

15 다음 중 적응형 웹 디자인에서 주로 사용하는 구성 요소가 아닌 것은?

① 점진적 컬럼 숨김 그리드(Progressive Hide Grid)
② 반응형 스크롤 그리드(Responsive Scroll Grid)
③ 유동형 테이블(Fluid Table)
④ 오프캔버스 패턴(Off-canvas)

16 안티앨리어싱(Anti-Aliasing)의 목적은?

① 이미지의 해상도를 증가시켜 품질을 향상하는 작업
② 선명한 색상 대비를 제공하여 시각적 효과를 높이는 작업
③ 픽셀 간의 경계를 부드럽게 하여 계단 현상을 완화하는 작업
④ 벡터 이미지를 변환하여 래스터 형식의 픽셀 이미지로 만드는 작업

17 PPI와 DPI의 주요 차이점은?

① PPI는 디지털 해상도, DPI는 출력 해상도를 의미한다.
② PPI와 DPI는 동일한 개념이다.
③ DPI는 픽셀 단위의 색상을 의미한다.
④ PPI는 물리적 인쇄에만 사용된다.

18 디자인에서 시각적 호흡을 제공하고 복잡함을 줄이기 위해 요소 간의 여백을 활용하는 것은?

① 균형
② 비례
③ 공간
④ 위치

19 타이포그래피 구성 요소 중 올바르게 짝지어진 것은?

① 높이(Height) - 소문자의 높이
② 줄간격(Leading) - 개별 글자 사이의 간격
③ 베이스라인(Baseline) - 문자 본문이 정렬되는 기준선
④ 어센더(Ascender) - 소문자에서 베이스라인 아래로 내려간 부분

20 애니메이션에서 모핑(Morphing)이란 무엇을 의미하는가?

① 모든 프레임을 수작업으로 제작
② 두 이미지 간 부드럽게 변환되는 효과
③ 3D 모델링 기반의 애니메이션
④ 물리적 객체를 움직이며 촬영

21 다음 비례에 대한 설명 중 틀린 것은?

① 등차수열은 2, 4, 8, 16처럼 요소 간 비율이 일정하다.
② 적절한 비례는 디자인을 안정적이고 조화롭게 보이게 한다.
③ 자주 사용되는 황금비나 3분할 구도 등은 대표적인 비례의 예시이다.
④ 비례에는 등차수열, 등비수열, 정수비례 등이 있다.

22 페이퍼 프로토타입의 장점은?

① 복잡한 기능 구현 가능
② 사용자 피드백 즉각 반영 가능
③ 최종 디자인과 유사함
④ 고비용 제작

23 정량적 조사와 정성적 조사의 주요 차이점으로 옳은 것은?

① 정량적 조사는 대규모 데이터를 다루고, 정성적 조사는 심층 데이터를 다룬다.
② 정성적 조사는 통계 분석이 가능하며, 정량적 조사는 일반화가 어렵다.
③ 정량적 조사는 주관적인 데이터를 수집하며, 정성적 조사는 객관적인 데이터를 수집한다.
④ 두 방법 모두 동일한 규모와 방법론을 적용한다.

24 다음 설명이 의미하는 분석 방법은 무엇인가?

> • 사용자의 태도를 조사하기 위한 직접적 방법으로, 개인 또는 소규모 그룹과의 대화를 통해 심층적인 의견을 수집한다.
> • 사용자의 요구 사항이나 경험을 파악하는 데 효과적이다.

① 웹로그 분석
② 인터뷰
③ A/B 테스트
④ 아이트래킹

25 다음 중 사용자 만족도 평가에서 측정할 항목으로 적합하지 않은 것은?

① 과제를 수행하는 데 어려움이 있었는지
② 메뉴나 버튼을 클릭했을 때 예상 결과가 나타났는지
③ 사용자 행동 패턴을 기반으로 클릭 횟수를 평가하는지
④ 전반적으로 사이트 이용에 얼마나 만족했는지

26 모바일 해상도의 품질을 결정짓는 중요한 요소는 무엇인가?

① 화면 크기
② 픽셀 밀도(DPI)
③ 운영체제
④ 디바이스의 브랜드

27 다음 중 웹 표준 기술의 가장 큰 장점은?

① 특정 브라우저에서만 동작한다.
② 접근성과는 관련이 없다.
③ 개발 속도가 느리다.
④ 크로스브라우징이 가능하다.

28 다음 중 무료 오픈소스 3D 디자인 소프트웨어는?

① Autodesk 3ds Max
② Blender
③ Adobe Illustrator
④ CorelDRAW

29 다음 중 월드 와이드 웹(World Wide Web)에 대한 설명으로 옳지 않은 것은?

① 웹은 하이퍼텍스트 형식으로 정보를 제공하는 시스템이다.
② HTML, CSS, JavaScript와 같은 웹 기술로 구현된다.
③ 웹은 단일한 정보 제공 방식만 지원하며, 하이퍼링크는 사용되지 않는다.
④ 웹사이트는 텍스트, 이미지, 비디오 등으로 구성된다.

30 DPI와 관련된 설명으로 옳지 않은 것은?

① DPI가 높을수록 화면이 더 선명하다.
② DPI는 화면의 픽셀 밀도를 나타낸다.
③ DPI는 디바이스의 화면 크기를 결정한다.
④ 모바일 개발에서 종종 DP 단위를 사용한다.

31 다음 중 가시광선보다 파장이 짧은 전자기파는?

① 자외선(UV)
② 적외선(IR)
③ 마이크로파(Microwave)
④ 라디오파(Radio wave)

32 가시광선이 우리 눈에 색으로 보이는 원리는?

① 망막의 원추세포가 서로 다른 파장을 감지하여 색을 인식하기 때문
② 막대세포가 색을 감지하기 때문
③ 가시광선은 실제로 색이 없지만 뇌가 착각을 일으키기 때문
④ 빛이 눈에 닿으면 항상 흑백으로만 보이기 때문

33 색상의 정의로 가장 적절한 것은?

① 색의 밝고 어두운 정도를 결정하는 속성을 의미한다.
② 빨강, 노랑, 파랑과 같이 구별할 수 있는 색의 기본적인 특성을 말한다.
③ 색의 선명하거나 탁한 정도를 나타내는 속성을 의미한다.
④ 색이 서로 섞일 때 나타나는 혼합 방식을 설명하는 것이다.

34 색 입체에 대한 설명으로 틀린 것은?

① 색 입체는 색상을, 명도, 채도의 변화를 3차원적으로 표현한 모델이다.
② 색 입체에서 위쪽으로 갈수록 명도가 높아지고, 아래쪽으로 갈수록 명도가 낮아진다.
③ 색 입체의 중심부는 채도가 가장 높고, 바깥쪽으로 갈수록 채도가 낮아진다.
④ 색 입체의 바깥쪽에는 색상이 원형으로 배열되며, 스펙트럼 순서대로 배치된다.

35 다음 설명에 해당하는 색상 체계로 옳은 것은?

> • 인간의 시각적 색 지각을 기초로 하여 색상, 명도, 채도를 체계적으로 배열한다.
> • 물체의 색을 인식하는 데 초점을 맞추며, 심리적 색채 감각을 반영한다.
> • 대표적인 예로 오스트발트 표색계, KS(한국산업규격), NCS 등이 있다.

① CIE 표색계
② 먼셀 표색계
③ RGB 색 공간
④ 분광식색체계

36 오스트발트 색입체의 등색상 3각형에서 등흑색에 대한 설명으로 올바른 것은?

① 색상에 흑색이 일정하게 섞여 있으며, 순색(C)과 흑색(B)을 잇는 평행선상에 위치한다.
② 등흑색 계열은 흑색과 백색이 혼합된 무채색으로, 색상과는 무관한 중성식이다.
③ 흑색(B)이 일정량 포함된 색상이므로, 채도가 높은 색일수록 등흑색 계열에 포함된다.
④ 등흑색 계열은 순색(C)과 백색(W)을 연결하는 선상에 존재하며, 밝은 색을 나타낸다.

37 보색대비를 설명하는 예시로 적절한 것은?

① 빨강과 초록이 나란히 배치될 때 강한 시각적 대비가 나타난다.
② 파랑과 녹색이 함께 있을 때 서로 비슷한 색으로 인식된다.
③ 노랑과 주황이 함께 있을 때 자연스럽고 부드러운 조화가 형성된다.
④ 검은색과 흰색이 함께 배치될 때 명도대비가 발생한다.

38 다음 중 주목성과 명시성의 차이점을 가장 정확하게 설명한 것은?

① 주목성은 색상이 배경과 얼마나 대비되는지를 의미하며, 명시성은 색상이 얼마나 강렬하게 보이는지를 의미한다.
② 주목성은 색상이 눈에 띄는 정도이고, 명시성은 색상이 배경과 얼마나 구별되는지를 의미한다.
③ 주목성과 명시성 모두 색상의 대비 효과를 나타내며, 동일한 개념이다.
④ 주목성은 색상의 채도와 관계있고, 명시성은 색상의 명도와만 관계있다.

39 색채 심리와 신체 반응에 대한 설명으로 틀린 것은?

① 빨간색은 혈압을 상승시키고, 식욕을 자극할 수 있다.
② 파란색은 진정 효과가 있어 불안감과 불면증을 줄이는 데 도움이 된다.
③ 노란색은 신경계를 안정시키고 근육 이완을 돕는다.
④ 주황색은 소화기능을 활성화하고 원기 회복을 돕는다.

40 다음 중 아이덴티티 디자인에 대한 설명으로 틀린 것은?

① 브랜드 아이덴티티(BI)는 개별 제품이나 서비스가 속한 브랜드의 정체성을 강조하는 디자인이다.
② 기업 아이덴티티(CI)는 기업의 철학, 가치, 목표 등을 반영하여 일관된 시각적 아이덴티티를 구축하는 것이 목적이다.
③ BI와 CI는 색채와 디자인을 통해 브랜드 및 기업의 이미지를 형성하고 소비자와의 신뢰도를 구축하는 데 중요한 요소이다.
④ 아이덴티티 디자인에서는 단색을 활용하는 것이 기본 원칙이며, 다채로운 색상 조합은 피해야 한다.

41 다음 중 유행색과 트렌드의 차이에 대한 설명으로 적절하지 않은 것은?

① 유행색은 짧은 기간 동안 특정한 색상이 인기를 끄는 반면, 트렌드는 보다 장기적인 흐름을 의미한다.
② 트렌드는 대개 5~10년 동안 지속되며, 특정 산업과 관계없이 전반적인 사회적 변화를 포함한다.
③ 유행색은 일반적으로 색채 전문 기관이 선정하여 발표하지만, 트렌드는 산업 및 문화 흐름 속에서 형성된다.
④ 유행색은 소비자의 심리적 선호도를 반영하며 브랜드 전략과 상품 기획에 중요한 역할을 한다.

42 색채 조화의 개념과 거리가 먼 설명은?

① 색채 조화는 시각적으로 안정감을 주며, 감정적, 심리적 영향을 미친다.
② 서로 반대되는 색상을 조합하면 시각적 조화를 이루기 어렵다.
③ 색채 조화는 색상 간의 관계를 조정하여 조화로운 디자인을 만드는 과정이다.
④ 색채 조화 기법에는 유사색 조화, 대비색 조화 등이 포함된다.

43 문·스펜서(P. Moon & D. E. Spencer)의 색채 조화론에서 조화로운 색상 조합을 정량적으로 설명하는 핵심 개념은?

① 명도 차이를 통한 색채 균형
② 색상환을 기반으로 한 비례 조합
③ 미도 측정 방식
④ 색상별 면적 비율 조정

44 그라데이션 배색이 적절하게 사용되지 않는 경우는?

① 패션 디자인에서 부드러운 색상 변화를 표현할 때
② 버튼이나 텍스트처럼 정보 구분이 명확해야 할 요소에 사용할 때
③ 인쇄물에서 색상의 점진적인 변화 효과를 줄 때
④ 애니메이션에서 부드러운 색 전환을 표현할 때

45 색상 조합 방식 중 대조 색상 배색을 활용한 사례로 적절한 것은?

① 기업 로고에서 브랜드 아이덴티티를 강화하기 위해 비슷한 색상을 사용
② 고급 레스토랑의 인테리어에서 차분한 느낌을 강조하기 위해 저채도 색상을 사용
③ 광고 포스터에서 빨강과 초록을 함께 사용하여 강한 주목성을 유도
④ 웹 디자인에서 유사한 명도의 색상을 배치하여 부드러운 시각적 흐름을 만듦

46 다음 중 ISO에서 발표한 문자 인코딩 표준은?

① ASCII
② Unicode
③ EBCDIC
④ ANSI

47 ISO/IEC JTC 1 협동기술위원회의 역할로 가장 적절한 것은?

① 국가별 멀티미디어 표준을 각각 분류하여 지역적 특성을 반영한다.
② 국제적으로 통합된 정보기술(IT) 표준을 제정하고 조정하는 역할을 한다.
③ 멀티미디어 표준을 정의하지 않고 산업별 자율적인 규격 수립을 권장한다.
④ 오직 하드웨어 제조 표준만을 규정하고, 소프트웨어 표준에는 관여하지 않는다.

48 다음 중 멀티미디어 재생 소프트웨어의 주요 역할이 아닌 것은?

① 다양한 멀티미디어 파일을 실행하고 재생할 수 있다.
② 실시간 스트리밍 기능을 제공할 수 있다.
③ 멀티미디어 데이터를 편집하고 제작할 수 있다.
④ 특정 코덱을 지원하여 다양한 파일 형식을 호환할 수 있다.

49 시간선 방식의 저작 도구에서 중요한 요소로 적절한 것은?

① 타임라인과 키프레임
② 링크와 페이지 이동
③ 아이콘과 흐름도 연결
④ 마우스 이벤트 및 인터랙션

50 MP4 파일 포맷의 가장 큰 장점으로 적절한 것은?

① 손실 압축을 사용하지 않아 원본 품질을 유지한다.
② 특정 운영체제에서만 지원되는 제한적인 포맷이다.
③ 비디오, 오디오, 자막 등을 포함하는 컨테이너 형식이다.
④ 파일 크기가 크지만 고해상도 품질을 유지한다.

51 ASF 파일의 주요 용도로 적절한 것은?

① 인쇄용 고해상도 이미지 저장
② 실시간 스트리밍 서비스
③ 벡터 그래픽 저장
④ 웹사이트 배경 이미지 저장

52 다음 중 최초의 그래픽 기반 웹 브라우저(GUI)는 무엇인가?

① 넷스케이프 내비게이터
② 모자이크
③ 인터넷 익스플로러
④ 구글 크롬

53 다음 중 웹 브라우저의 일반적인 기능에 해당하지 않는 것은?

① 웹 페이지 열기, 저장, 인쇄 기능을 제공한다.
② 웹 페이지의 HTML 소스를 직접 편집하고 저장할 수 있다.
③ 웹사이트의 보안 수준을 설정할 수 있다.
④ 자주 방문하는 페이지를 북마크하거나 즐겨찾기로 저장할 수 있다.

54 다음 중 XHTML의 특징으로 틀린 것은?

① HTML보다 엄격한 문법 규칙을 따른다.
② 모든 태그는 반드시 닫아야 한다.
③ 대소문자를 구분하지 않고 태그를 사용할 수 있다.
④ HTML과 XML의 특징을 결합한 언어이다.

55 다음 중 CSS에서 사용하지 않는 단위는?

① px
② em
③ cm
④ rem

56 다음 중 window 객체의 구성 요소와 그 역할을 올바르게 짝지은 것은?

① window.open() - 새 창이나 팝업을 닫는다.
② window.close() - 현재 창의 URL을 가져온다.
③ window.location.href - 현재 문서의 URL 주소를 나타낸다.
④ window.setTimeout() - 페이지를 새로고침한다.

57 다음 중 PHP(Hypertext Preprocessor)의 특징으로 올바르지 않은 것은?

① PHP는 데이터베이스와 연동이 가능하다.
② PHP는 무료로 사용할 수 있다.
③ PHP는 Java Virtual Machine(JVM)에서 실행된다.
④ PHP는 동적 웹 페이지를 생성할 수 있다.

58 다음 중 산출물로 적절한 예는 무엇인가?

① 프로젝트 보고서
② 개인 일기
③ 팀원 간 비공식 대화
④ 작업 도중 삭제된 파일

59 데이터 관리 기법에서 색인을 수행하는 주요 이유는 무엇인가?

① 데이터를 빠르고 체계적으로 검색할 수 있도록 하기 위해
② 저장된 데이터를 효율적으로 삭제할 수 있도록 하기 위해
③ 프로젝트의 특정 진행 단계를 생략하기 위해 사용된다.
④ 모든 파일의 명칭을 동일한 규칙으로 작성하기 위해 사용된다.

60 유지보수의 주요 작업에 포함되지 않는 것은?

① 디자인 측면에서의 시각적 요소 수정
② 프로그램적 측면에서의 기능 개선
③ 버전 관리를 체계적으로 운영
④ 작업 내용을 보고서에 포함하지 않음

기출 유형 문제 02회
빠르게 정답 확인하기!
스마트폰으로 QR 코드를 찍어 보세요.
정답표를 통해 편리하게 채점할 수 있습니다.

기출 유형 문제 03회

자동 채점 서비스

- 제한시간 : 1시간
- 소요시간 :   시간   분
- 전체 문항 수 : 60문항
- 맞힌 문항 수 :   문항

01 자신의 만족이나 필요를 충족시키기 위해 제품, 서비스, 또는 콘텐츠 제작에 직접 참여하는 사람을 지칭하는 용어는?

① 프로듀서
② 컨슈머
③ 프로슈머
④ UCC 제작자

02 페르소나에 대한 설명으로 올바른 것은?

① 추상적이고 일반적인 사용자 집단을 대표하는 개념이다.
② 실제 사용자 조사 데이터를 기반으로 만든 구체적인 가상의 인물이다.
③ 특정한 실제 인물을 선정하여 페르소나로 정의한다.
④ 프로젝트 참여자들의 개인적인 의견을 반영하여 설정한다.

03 다음 중 2차적 저작물로 인정되기 위한 조건으로 가장 적절하지 않은 것은?

① 원저작물에 의거하여 작성되어야 한다.
② 원저작물과 실질적 유사성을 유지해야 한다.
③ 새로운 창작성이 부가되어야 한다.
④ 원저작물의 아이디어만 차용하면 된다.

04 심미성을 높이기 위한 전략으로 옳지 않은 것은?

① 현재의 트렌드를 파악하고 반영한다.
② 대중에게 공감을 얻을 수 있는 미적 요소를 추구한다.
③ 기존 디자인을 그대로 모방한다.
④ 시대와 사회의 변화를 고려한다.

05 레이아웃의 주요 목적에 해당하지 않는 것은?

① 정보를 체계적으로 분류하여 사용자 이해를 돕는다.
② 시각적으로 매력적인 구성을 만든다.
③ 시각적 흐름을 통해 직관적인 환경을 제공한다.
④ 최종 색상 팔레트를 선택한다.

06 정보 아키텍처(I.A)의 주요 특징으로 가장 적합한 것은 무엇인가?

① 서비스의 동작 과정을 단계적으로 설명한다.
② 정보의 구조와 흐름을 트리구조로 설계한다.
③ 사용자 인터페이스의 시각적 스타일을 정의한다.
④ 페이지별 레이아웃과 디자인 요소를 상세히 묘사한다.

07 다음 중 스크래치 스케치(Scratch Sketch)의 특징으로 적절한 것은?

① 느린 속도로 세밀하게 작업한다.
② 빠른 속도로 휘갈겨 그리며 아이디어를 표현한다.
③ 최종 디자인을 정교하게 그린다.
④ 색상과 텍스처를 정교하게 표현한다.

08 다음 중 UX 구성 요소로 적합하지 않은 것은?

① 사용성
② 심미성
③ 신뢰성
④ 생산성

09 UI와 UX의 공통된 목표는 무엇인가?

① 제품의 성능을 향상시키는 것
② 사용자와 시스템 간의 긍정적인 경험을 제공하는 것
③ 사용자 입장에서 제품의 시각적 아름다움을 극대화하는 것
④ 모든 사용자를 동일한 방식으로 디자인에 맞추는 것

10 터치 사용자 인터페이스(TUI)의 장점으로 적합한 것은?

① 큰 화면에서의 정밀한 조작이 가능하다.
② 음성 명령을 통해 비접촉식으로 시스템을 제어할 수 있다.
③ 손가락이나 터치펜을 사용해 직관적으로 시스템을 조작할 수 있다.
④ 시각적 요소 없이 텍스트 명령으로만 시스템을 제어할 수 있다.

11 하이퍼텍스트 구조의 특징으로 적합한 것은?

① 정보를 정렬하여 순차적으로 접근하도록 구성한다.
② 정보를 하이퍼링크로 연결하여 상호 참조가 가능하다.
③ 정보를 트리 형태로 구분하여 탐색이 용이하다.
④ 테이블 형식으로 체계화하여 빠른 검색을 제공한다.

12 아래 설명에 맞는 패턴은 무엇인가?

- 사용자가 페이지를 대각선 형태로 탐색하는 방식이다.
- 랜딩 페이지, 마케팅 사이트에 적합하다.
- 텍스트보다는 이미지와 버튼 등이 있는 단순한 레이아웃에서 효과적이다.

① F패턴
② S패턴
③ Z패턴
④ T패턴

13 다음 중 디자인 리서치의 주요 목적에 해당하는 것은?

① 디자인 트렌드와 사용자 데이터를 활용하여 프로젝트의 시각적 스타일을 정립한다.
② 웹사이트의 유형을 정의하고 사용자 경험을 개선한다.
③ 사이트의 시각적 요소를 정의하고 메시지를 시각적으로 표현한다.
④ 사용자 요구와 시장 트렌드를 파악하기 위해 정보를 수집하고 분석한다.

14 다음 중 반응형 웹 디자인을 활용할 때 SEO에 긍정적인 영향을 주는 요소는?

① 모든 기기에 대해 동일한 URL과 HTML 구조를 제공하여 검색 엔진의 크롤링을 용이하게 한다.
② 각 기기별로 다른 HTML과 URL을 제공하여 검색 엔진이 각각의 버전을 별도로 인덱싱하도록 한다.
③ 모바일과 데스크톱 버전에서 완전히 다른 콘텐츠를 제공하여 검색 엔진이 중복 콘텐츠로 판단하도록 한다.
④ 반응형 웹사이트는 SEO에 영향을 미치지 않으므로 최적화할 필요가 없다.

15 최신 웹과 모바일 환경 트렌드로 틀린 것은?

① 플랫한 UI보다 더 복잡한 시각적 요소를 지향한다.
② 음성 및 제스처 상호작용을 기반으로 화면 인터페이스를 최소화한다.
③ 빅데이터와 AI를 활용하여 사용자 개인화 콘텐츠를 설계한다.
④ 다크 모드의 장점은 눈부심 감소, 에너지 절약, 사용자 선호에 따른 모드를 전환한다.

16 픽셀(Pixel)에 대한 설명으로 가장 적절한 것은?

① 해상도에 따라 크기가 자동으로 변한다.
② 이미지를 구성하는 가장 작은 단위이다.
③ 벡터 방식 이미지에서 사용된다.
④ 픽셀은 항상 정사각형이다.

17 색상체계의 설명으로 알맞게 짝지어진 것은?

① HSB 컬러 : 색상, 채도, 밝기로 구분해 색을 표현한다.
② 인덱스 컬러 : 256단계의 회색 톤으로 표현하며, 각 픽셀은 밝기만을 나타낸다.
③ LAB 컬러 : 주로 256색을 사용하여 파일 크기를 줄인다.
④ 그레이스케일 : 흑백 이미지에 색감을 더해 인쇄 효과를 높인다.

18 다음 상황 설명은 디자인 원리 중 무엇에 해당하는가?

- 초록 숲에 빨간 동백꽃이 피어 있다.
- 규칙적으로 배열된 회색 건물들 사이에 하나의 파란색 건물이 있다.

① 변화
② 강조
③ 균형
④ 비례

19 다음 중 다이어그램의 활용 예로 가장 적합한 것은?

① 글을 중심으로 개념을 설명하여 정보를 전달하는 경우
② 복잡한 개념을 시각적으로 정리하여 단계별로 도식화하는 경우
③ 감성적 요소를 강조하여 메시지를 효과적으로 전달하는 경우
④ 구체적인 디자인 작업을 진행하는 과정에서 활용하는 경우

20 동일한 요소가 일정 간격으로 반복되며 리듬감과 일관성을 제공하는 디자인의 원리는?

① 율동
② 통일
③ 변화
④ 강조

21 RGB와 CMYK의 차이점으로 올바르지 않은 것은?

① RGB는 디지털 디스플레이에 적합하다.
② CMYK는 디지털 디스플레이에 적합하다.
③ RGB는 빨강, 초록, 파랑을 기본 색으로 사용한다.
④ CMYK는 감산혼합 방식으로 색을 표현한다.

22 모노스페이스 서체의 주요 사용 사례는?

① 광고 포스터
② 코딩
③ 뉴스 기사 본문
④ 결혼식 초대장

23 TFT(Task Force Team)의 주요 특징이 아닌 것은?
① 특정 프로젝트나 문제 해결을 위해 구성된다.
② 장기적으로 조직에 소속된다.
③ 다양한 부서나 전문 인원이 모인다.
④ 단기 목표 달성을 위해 집중적으로 작업한다.

24 다음 중 정량적 조사 방법의 예로 적합하지 않은 것은?
① 클릭률(CTR) 분석
② 구매 전환율 분석
③ 포커스 그룹 인터뷰
④ 설문 조사

25 다음 설명에 해당하는 정성적 조사 방법은 무엇인가?

- 사용자와 1:1로 인터뷰를 진행하며 제품이나 서비스에 대한 심층적인 의견과 경험을 수집한다.
- 사용자의 숨겨진 요구를 파악할 수 있는 장점이 있지만, 소규모 사용자 대상이므로 대표성이 떨어질 수 있다.

① 심층 인터뷰
② 포커스 그룹 인터뷰
③ 사용자 관찰
④ 페이퍼 프로토타입 테스트

26 다음 중 사용성 테스트 인력의 역할과 설명이 올바르게 연결된 것은?
① 진행자 – 테스트 환경을 설정하고 참여자에게 사전 준비사항을 안내하는 역할
② 관찰자(기록자) – 내부 직원의 질문을 진행자에게 전달하는 역할
③ 커뮤니케이션 소통자 – 참여자가 기능을 선택할 때 그 의도를 설명하도록 유도하는 역할
④ 안내자 – 테스트 대상자에게 사전 준비사항을 전달하고, 참여자가 장소로 오는 것을 돕는 역할

27 사용성 평가에서 평가 소요시간, 페이지 이동 횟수, 클릭 횟수와 같은 데이터를 분석하는 단계는 무엇인가?
① 1단계 : 사용자 만족도 평가
② 2단계 : 작업 성공 여부 확인
③ 3단계 : 작업 수행 및 달성 용이성 측정
④ 4단계 : 수행 중 발생 요인 분석

28 태블릿 PC의 특징으로 적합하지 않은 것은?
① 입력 장치 없이 터치로 조작이 가능하다.
② 모바일 기기의 이동성과 개인용 컴퓨터의 기능을 결합했다.
③ 민원 서류 발급과 같은 공공 서비스를 주로 제공한다.
④ 스마트폰보다 큰 화면과 데이터 처리 능력을 제공한다.

29 다음 중 반응형 웹 디자인이 필요한 이유로 적절하지 않은 것은?
① 모든 디바이스에서 동일한 사용자 경험을 제공하기 위해
② 다양한 디바이스 크기에 맞는 레이아웃을 자동 조정하기 위해
③ 데스크톱, 태블릿, 모바일 등 다양한 화면 크기를 지원하기 위해
④ 고정된 해상도로만 웹사이트를 설계하기 위해

30 2020년대 기준 가장 많이 사용되는 해상도는 무엇인가?
① 1280×720(HD)
② 1920×1080(Full HD)
③ 2560×1440(QHD)
④ 3840×2160(4K UHD)

31 가시광선이 프리즘을 통과할 때 일어나는 현상은?

① 분산(Dispersion)
② 반사(Reflection)
③ 회절(Diffraction)
④ 편광(Polarization)

32 해질녘에 빨간색이 어둡게 보이고, 파란색이 상대적으로 밝게 보이는 현상은?

① 푸르킨예 현상
② 명암순응
③ 연색성
④ 색의 항상성

33 다음 중 채도를 높이는 방법으로 적절하지 않은 것은?

① 순수한 원색을 사용한다.
② 회색을 제거한다.
③ 흰색을 섞는다.
④ 보색을 제거한다.

34 다음 중 가산혼합을 통해 만들어지는 색 조합이 올바르게 연결되지 않은 것은?

① 빨강(Red) + 초록(Green) = 노랑(Yellow)
② 초록(Green) + 파랑(Blue) = 청록(Cyan)
③ 빨강(Red) + 파랑(Blue) = 자주(Magenta)
④ 빨강(Red) + 노랑(Yellow) = 파랑(Blue)

35 다음 중 혼색계의 대표적인 특징으로 적절하지 않은 것은?

① 빛의 파장과 혼합 원리를 분석하여 색을 정의하는 체계이다.
② 색의 물리적 측정이 가능하며, 조명 환경이 달라도 색을 일정하게 유지할 수 있다.
③ CIE 표색계가 대표적이며, 측색기와 같은 장비를 활용하여 색상을 수치적으로 정의할 수 있다.
④ 먼셀 표색계, 오스트발트 표색계와 같은 색상 체계가 이에 포함된다.

36 다음 중 분광식 색 체계(Spectral Color System)의 특징으로 올바른 것은?

① 빛의 3원색(RGB)을 기반으로 색을 정의하는 방식이다.
② 다양한 조명 환경에서도 색의 물리적, 과학적 정의가 가능하다.
③ 색의 심리적 지각을 중심으로 색을 분류하며, 감성적 색채 연구에 많이 활용된다.
④ 특정 색상의 XYZ 좌표를 기준으로 보색 관계를 정의한다.

37 연변대비(경계대비)의 특징으로 옳지 않은 것은?

① 색상이 접하는 경계에서 색이 더 강하고 선명하게 인식된다.
② 경계가 흐려질수록 대비 효과가 더욱 강해진다.
③ 색상 간 명확한 경계가 있을 때 대비가 더욱 강조된다.
④ 동일한 색이라도 배경색이 다르면 경계 부분의 색이 다르게 보일 수 있다.

38 색상의 강약감에 대한 설명 중 틀린 것은?

① 채도가 높을수록 강한 인상을 준다.
② 채도가 낮을수록 부드럽고 연한 느낌을 준다.
③ 명도가 높을수록 강한 느낌을 준다.
④ 색의 강약감은 채도와 밀접한 관계가 있다.

39 색상의 기능과 안전 색채와 관련이 없는 설명은?

① 주황색은 공사장 및 위험 시설에서 주의 환기를 위한 색상으로 사용된다.
② 초록색은 응급 상황에서 피난 경로를 표시하는 데 사용된다.
③ 검정색은 보통 위험 요소를 경고하는 색상으로 사용된다.
④ 보라색(자주색)은 방사능 관련 경고 색상으로 사용된다.

40 CI(Corporate Identity)의 목적에 대한 설명으로 가장 적절한 것은?

① 기업의 내부 조직 체계를 개선하기 위함이다.
② 기업의 제품 생산 비용을 절감하기 위함이다.
③ 기업의 이미지를 일관되게 전달하기 위함이다.
④ 기업의 이익을 즉각적으로 증가시키기 위함이다.

41 다음 중 4D 애니메이션의 종류로 적절하지 않은 것은?

① 모션 체어(Motion Chair)를 활용한 체험형 애니메이션
② 물, 바람, 향기 등을 연출하는 환경 연동형 애니메이션
③ 실시간 인터랙티브 요소가 포함된 가상현실 애니메이션
④ 전통적인 손그림 기법을 사용한 애니메이션

42 색상 조화 방식 중 주조색 조화의 특징으로 가장 적절한 것은?

① 보색을 이용하여 강한 대비를 형성한다.
② 특정 색상을 중심으로 조화를 이루며 통일감을 준다.
③ 색상의 명도 차이를 활용하여 대비를 강조한다.
④ 서로 인접한 색상끼리 조합하여 자연스럽게 어우러진다.

43 다음 중 뉴미디어(New Media)에 해당하는 것은?

① 신문
② 라디오
③ 가상현실
④ 전광판

44 파버 비렌(Faber Birren)의 색채 조화론에서 색 삼각형이 설명하는 주요 요소는?

① 색상의 공간적 배치와 위치 관계
② 색상 간의 온도감과 감정적 연관성
③ 순색, 백색, 흑색 간의 조합과 관계
④ 색채와 빛의 반사율 변화에 따른 인지적 차이

45 이미지 스케일의 역할로 가장 적절한 것은?

① 색의 명도와 채도를 일괄적으로 조정하여 시각적 대비를 높인다.
② 특정 문화권에서만 통용되는 색상 체계를 정리한다.
③ 색이 주는 감성 효과와 연상을 분석하여 디자인에 활용할 수 있도록 돕는다.
④ 색의 RGB 값을 기반으로 과학적인 색상 분석을 수행한다.

46 다음 중 웹 페이지 저작 도구의 대표적인 예시가 아닌 것은?

① 드림위버(Dreamweaver)
② 워드프레스(WordPress)
③ 엠비즈메이커(MbizMaker)
④ 파이널 컷 프로(Final Cut Pro)

47 다음 중 미디어 표준 연결이 잘못된 표준은?

① 그래픽 관련 표준 – CGM, OpenGL
② 정지 화상 표준 – JPEG, PNG
③ 동영상 관련 표준 – MPEG, H.264, MIDI
④ 비디오 방송 표준 – NTSC, PAL

48 멀티미디어 프로젝트에서 프로그래머가 수행하는 주요 작업은?

① 콘텐츠의 시각적 스타일과 레이아웃을 설계한다.
② 프로젝트 기획을 총괄하고 진행 상황을 관리한다.
③ 다양한 멀티미디어 요소를 통합하고 프로그램을 구현한다.
④ 사용자 경험을 고려하여 인터페이스 디자인을 설계한다.

49 MIDI 소프트웨어의 역할로 적절한 것은?

① 디지털 음원을 저장하고 편집할 수 있도록 지원한다.
② 실시간 음성 인식을 통해 텍스트로 변환하는 기능을 수행한다.
③ 이미지 및 동영상 데이터를 사운드와 결합하는 기능을 제공한다.
④ 3D 그래픽 모델링을 위한 음향 효과를 자동 생성한다.

50 어도비 플래시(Adobe Flash)의 공식 지원이 종료된 가장 큰 이유는?

① 플래시 기반 콘텐츠의 파일 크기가 너무 크기 때문
② 새로운 멀티미디어 기술과의 호환성이 부족했기 때문
③ 보안 취약점 및 HTML5 기술의 발전으로 대체되었기 때문
④ 플래시의 동영상 지원 기능이 비표준 형식이었기 때문

51 다음 중 연결이 옳지 않은 것은?

① MP4 – 비디오, 오디오, 자막을 포함하는 멀티미디어 컨테이너 형식
② MPEG – 다양한 버전에 따라 방송, 웹, 저장 매체 등에 사용
③ ASF – 다운로드와 동시에 재생이 가능하여 인터넷 방송에 활용
④ AVI – Windows에서 기본적으로 지원되며, 파일 크기가 작음

52 다음 중 올바른 오류 코드 설명이 아닌 것은?

① 403 오류 – 서버가 요청을 이해했지만 접근 권한이 없음
② 404 오류 – 요청한 페이지를 찾을 수 없음
③ 500 오류 – 클라이언트의 인증 오류로 발생
④ 503 오류 – 서버가 과부하 상태이거나 유지 보수 중

53 방화벽(Firewall)의 주요 역할로 적절하지 않은 것은?

① 내부 네트워크를 외부의 사이버 공격으로부터 보호한다.
② 외부에서 내부 네트워크로 들어오거나 나가는 데이터를 필터링한다.
③ 네트워크 속도를 향상시키기 위해 캐싱을 제공한다.
④ 악성 코드 및 해킹 공격을 차단하는 보안 장치 역할을 한다.

54 다음 중 HTML 문서의 기본 구조에 대한 설명으로 틀린 것은?

① HTML 문서는 태그(Tag)로 이루어져 있으며, 대부분 시작 태그와 종료 태그가 있다.
② HTML 주석은 <!--로 시작하고 -->로 끝나며, 브라우저에 표시되지 않는다.
③ HTML 문서의 확장자는 반드시 .htm만 사용해야 한다.
④ HTML 문서는 <html> 태그로 시작하여 <html> 태그로 끝난다.

55 웹 폰트(Web Fonts)의 주요 목적은 무엇인가?

① 웹 페이지에서 폰트를 고정 크기로 설정하여 가독성을 높이기 위해 사용된다.
② 사용자의 컴퓨터에 설치되지 않은 폰트를 웹 페이지에서 사용할 수 있도록 한다.
③ 웹사이트에서 텍스트 대신 이미지를 사용하여 일관된 디자인을 유지하기 위해 사용된다.
④ 브라우저가 자동으로 기본 시스템 폰트를 선택하도록 강제하는 기능이다. 웹 폰트는 사용자의 기기에 해당 폰트가 설치되지 않았더라도 특정 폰트를 웹에서 불러와 적용할 수 있도록 하는 기술이다.

56 브라우저에서 현재 페이지의 URL을 가져오는 올바른 방법은?

① window.document.url
② document.URL
③ location.href
④ window.getURL()

57 VRML의 후속 기술로 XML 기반 3D 그래픽을 지원하는 기술은?

① WebGL
② X3D
③ Unity
④ DirectX

58 자바스크립트에서 아래 이미지처럼 대화 상자를 표시하는 함수는 무엇인가?

① alert()
② prompt()
③ confirm()
④ console.log()

59 상세 설계 단계에서 작성되는 화면 정의서의 목적은 무엇인가?

① 프로젝트 이해관계자를 분석하기 위해
② 화면 구성과 시나리오를 설명하기 위해
③ 요구사항 수집 내용을 정리하기 위해
④ 테스트 절차와 방법을 설명하기 위해

60 완료 보고서의 주요 내용으로 적절하지 않은 것은?

① 프로젝트 완료 후 작업 과정을 정리한다.
② 주요 결과물 및 성과를 요약한다.
③ 사이트 흐름과 사용자 동선을 시각적으로 표현한다.
④ 프로젝트의 최종 상태를 요약한다.

기출 유형 문제 03회
빠르게 정답 확인하기!
스마트폰으로 QR 코드를 찍어 보세요.
정답표를 통해 편리하게 채점할 수 있습니다.

기출 유형 문제 04회

자동 채점 서비스

- 제한시간 : 1시간
- 소요시간 :   시간   분
- 전체 문항 수 : 60문항
- 맞힌 문항 수 :   문항

01 실제 이야기나 경험 또는 사건을 다룬 자료로 비공식적이고 개인적인 내용을 포함한 자료는 무엇인가?
① 사실(Fact)
② 의견(Opinion)
③ 이야기(Story)
④ 묘사(Description)

02 다음 중 주 사용자의 특징으로 적절한 것은?
① 시스템과 간접적으로 관여한다.
② 시스템과 직접 상호작용하며 특정 목적을 달성하려 한다.
③ 구매자, 마케팅팀 등 시스템 외부와 관련된 사람들이다.
④ 시스템의 설계 과정에는 포함되지 않는다.

03 다음 중 시네틱스 기법의 활용 사례로 가장 적합한 것은?
① 사용자가 스마트폰을 사용할 때마다 라벤더, 민트 등 다양한 향기를 즐길 수 있는 스마트폰 케이스를 개발한다.
② 생분해성 소재로 제작된 1L 용량의 물병으로, 슬라이드형 뚜껑과 정수 필터가 포함된 친환경 물병 디자인을 개발한다.
③ 선인장을 모방한 건물 외관이 열 반사율을 높이고, 동시에 에너지 효율성을 향상시켜 도시 열섬 효과를 완화하는 데 기여한다.
④ 외관 결함, 기능 오류, 포장 문제 등 발견된 항목을 점검하며 신속히 해결한다.

04 다음 중 디지털 저작권 관리(DRM)의 목적으로 가장 적합한 것은?
① 콘텐츠의 무료 배포를 지원
② 디지털 콘텐츠의 불법 복제 방지
③ 소셜 미디어에서 콘텐츠 노출 증가
④ 디지털 콘텐츠의 상업적 판매 금지

05 와이어프레임을 활용하면 얻을 수 있는 주요 이점은 무엇인가?
① 최종 제품의 색상 및 스타일 가이드 제공
② 개발 중간에 디자인 변경을 쉽게 반영
③ 최종 제품 개발을 생략할 수 있음
④ 사용자 테스트를 생략하고 바로 개발 가능

06 다음 중 그리드 시스템을 사용함으로써 얻을 수 있는 이점으로 올바른 것은?
① 무작위 배치로 창의성을 극대화한다.
② 디자인 작업 속도를 줄이고, 사용자 경험을 무시한다.
③ 각기 다른 해상도에 대해 고정된 크기의 레이아웃을 제공한다.
④ 레이아웃의 통일성을 유지하고, 가독성을 향상시킨다.

07 3차원적 시각화 방법의 예로 가장 적절한 것은?
① 음성안내
② 트리 맵
③ 가상현실(VR)
④ 히트맵

08 다음 중 UI 디자인과 UX 디자인 영역이 겹치는 부분으로 가장 적합한 것은?

① 시스템 성능 최적화
② 사용자와 상호작용 설계
③ 사용자 감정 분석
④ 데이터베이스 구조 설계

09 UI의 등장 배경으로 가장 적절한 것은?

① 그래픽 처리 기술의 발전
② 명령어 기반 인터페이스
③ 네트워크 기술의 발전
④ 프로그래밍 언어의 발전

10 UX 구성 요소 중 사용자가 다양한 환경과 조건에서도 문제없이 제품을 사용할 수 있도록 설계하는 것을 의미하는 것은?

① 접근성
② 기능성
③ 사용자 참여
④ 가치 전달

11 다음 중 정보 아키텍처(Information Architecture)의 주요 요소로 적절하지 않은 것은?

① 디자인 트렌드
② 탐색 시스템
③ 조직화
④ 검색 시스템

12 웹 디자인 설계 시, 사용자가 원하는 정보를 빠르게 찾을 수 있도록 하는 주요 요소가 아닌 것은?

① 정보의 깊이를 체계적으로 구성한다.
② 사용자 친화적인 네이밍과 레이블링을 제공한다.
③ 정보는 그룹화하지 않고 단순히 나열한다.
④ 논리적인 흐름을 구성해 탐색 경험을 직관적으로 만든다.

13 Z패턴 레이아웃을 효과적으로 활용하기 위한 구성 방법으로 가장 적절한 것은?

① 콘텐츠를 페이지에 가득 채워 정보량을 극대화한다.
② 시선 흐름과 무관하게 정보를 자유롭게 배치한다.
③ 텍스트를 중심으로 구성하고 시각 요소는 최소화한다.
④ 시선의 흐름을 따라 로고, 주요 메시지, CTA 버튼 등을 적절히 배치한다.

14 유연형 레이아웃(탈 그리드)의 설명으로 가장 적합한 것은?

① 전통적인 그리드 기반 디자인을 따르며 모든 요소를 중앙에 배치한다.
② 다양한 디바이스에 맞춰 자유로운 배치 방식을 특징으로 한다.
③ 단순한 스타일로 텍스처 효과를 강조한다.
④ 정보 전달보다는 복잡한 레이아웃 구조를 중심으로 설계한다.

15 증강현실(AR)의 대표적인 활용 사례로 가장 적합한 것은?

① VR 게임을 플레이하며 가상 세계를 탐험한다.
② 스마트폰을 사용해 집안에 가구를 배치하는 시뮬레이션을 한다.
③ VR 헤드셋을 착용하고 가상 박물관을 관람한다.
④ 몰입형 가상 쇼핑몰에서 제품을 선택한다.

16 다음 중 이미지 해상도와 관련된 설명으로 올바른 것은?

① 이미지 해상도는 이미지 파일의 크기를 나타낸다.
② 해상도는 이미지의 색상 정보를 정의한다.
③ 이미지 해상도는 이미지의 픽셀 밀도를 나타낸다.
④ 이미지 해상도는 프린터의 속도를 측정하는 단위이다.

17 다음 중 비트맵(Bitmap)과 벡터(Vector) 이미지의 차이에 대한 설명으로 올바른 것은?

① 비트맵 이미지는 수학적 공식으로 저장되어 확대해도 깨지지 않는다.
② 벡터 이미지는 픽셀 단위로 구성되며 해상도에 따라 품질이 달라진다.
③ 비트맵은 고해상도 인쇄물 제작에 적합하며, 벡터는 사진 표현에 적합하다.
④ 벡터는 수학적 계산을 기반으로 선, 도형 등의 형태를 정의한다.

18 디자인의 입체 요소에 대한 설명으로 적절하지 않은 것은?

① 점, 선, 면이 결합되어 입체적인 형태를 형성한다.
② 입체는 2차원적 공간만 표현한다.
③ 깊이와 부피를 시각적으로 표현한다.
④ 3차원적 공간을 가진 조형 요소이다.

19 다음 중 인공지능(AI) 시대의 웹 개발 환경에서 개발자에게 점차 적게 요구되는 역량은?

① 창의적인 문제 해결 능력
② 기본적인 코딩 작업
③ 사용자 경험(UX) 설계 능력
④ 시스템 아키텍처 설계 능력

20 아이콘 디자인 원칙이 아닌 것은?

① 명확성
② 일관성
③ 전문성
④ 단순함

21 타이포그래피 설계 시 가독성을 높이는 방법으로 옳지 않은 것은?

① 텍스트 크기를 적절히 설정하고 줄 간격을 조정한다.
② 다양한 서체를 사용해 디자인의 다양성을 높인다.
③ 사용자 경험을 고려해 매체 특성에 적합한 서체를 선택한다.
④ 웹 접근성을 위해 표준화된 서체를 활용한다.

22 계층형 내비게이션 구조가 적합한 웹사이트는?

① 설문조사 사이트
② 포털 사이트
③ 블로그 사이트
④ 대규모 기업 웹사이트

23 웹사이트 사용성 평가의 목적은 무엇인가?

① 디자인의 창의성을 평가하기 위해
② 사용자가 사이트를 얼마나 쉽게 사용할 수 있는지 점검하기 위해
③ 웹사이트의 트래픽을 분석하기 위해
④ 사이트의 콘텐츠 양을 평가하기 위해

24 다음 중 사용자 관찰 방법의 장점으로 올바른 것은?

① 사용자의 실제 사용 상황을 관찰하여 생생한 데이터를 얻을 수 있다.
② 그룹 간의 아이디어 교환을 통해 다양한 의견을 얻을 수 있다.
③ 초기 설계의 문제를 빠르고 저렴하게 파악할 수 있다.
④ 소규모 사용자로부터 심층적인 요구를 파악할 수 있다.

25 다음 중 사용성 테스트 환경 구축 수행 절차와 설명이 올바르게 연결된 것은?

① 테스트 목표 설정 – 테스트의 목적과 평가 항목을 정의하는 단계
② 테스트 항목 정의 – 테스트 공간과 장비를 준비하는 단계
③ 테스트 환경 설정 – 테스트 참여자를 모집하고 선정하는 단계
④ 테스트 참여자 확보 – 점검 항목과 과제를 구체화하는 단계

26 다음 중 웹사이트 사용성 만족도 평가 항목으로 적절하지 않은 것은?

① 과제를 쉽게 수행할 수 있었나요?
② 메뉴 구조가 이해하기 쉬웠나요?
③ 색상이 감정에 어떤 영향을 주었나요?
④ 버튼이나 링크가 예상한 대로 작동했나요?

27 모바일 디바이스의 주요 특성으로 옳지 않은 것은?

① 휴대성이 뛰어나고 실시간 연결이 가능하다.
② 대형 모니터와 고해상도를 제공한다.
③ Android와 iOS 운영체제를 사용한다.
④ 다양한 디지털 서비스를 지원한다.

28 다음 중 HD 해상도(1280×720)의 또 다른 이름은?

① 4K UHD
② Full HD
③ 720p
④ QHD

29 반응형 웹 디자인에서 CSS 미디어 쿼리를 사용하는 이유는?

① 웹사이트의 데이터를 빠르게 처리하여 로딩 속도를 향상시키기 위해
② 화면 크기에 따라 다른 스타일을 적용하여 적절한 레이아웃을 제공하기 위해
③ HTML의 구조를 변경하여 다양한 기기에서 다른 콘텐츠를 표시하기 위해
④ 이미지의 해상도를 증가시켜 고품질 그래픽을 제공하기 위해

30 두 손가락을 사용하여 화면을 오므리거나 벌리는 동작을 의미하는 것은?

① 핀치(Pinch)
② 스와이프(Swipe)
③ 드래그(Drag)
④ 더블탭(Double Tap)

31 다음 중 색의 종류와 설명이 잘못 연결된 것은?

① 투과색 – 스테인드글라스의 색
② 표면색 – 빨간 사과의 색
③ 금속색 – 거울 표면에서 반사되는 색
④ 공간색 – 하늘의 파란색

32 영화관에 들어갔을 때 처음에는 잘 안 보이다가 시간이 지나면서 점점 잘 보이는 현상을 설명하는 개념은?

① 암순응
② 명순응
③ 색순응
④ 색의 항상성

33 아래 이미지를 보고 물음표(?)에 들어갈 색상은?

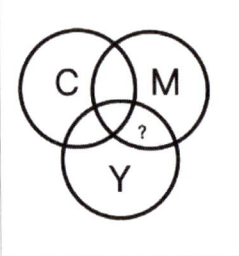

① GREEN
② RED
③ BLUE
④ BLACK

34 다음 중 색상, 명도, 채도에 대한 설명으로 올바르지 않은 것은?
① 색상(Hue)은 빨강, 노랑, 파랑 등과 같이 색을 구별할 수 있는 기본적인 속성이다.
② 명도(Value)는 색의 밝고 어두운 정도를 나타내며, 흰색에 가까울수록 명도가 높다.
③ 채도(Chroma)는 색의 순도를 의미하며, 채도가 낮아질수록 색이 더욱 선명해진다.
④ 명도는 색의 속성 중에서 사람의 눈이 가장 예민하게 반응하는 요소이다.

35 다음 중 오스트발트 표색계의 특징으로 적절하지 않은 것은?
① 순색(C), 백색(W), 흑색(B)의 혼합 비율을 기반으로 색을 체계화한다.
② 색입체는 위쪽에 백색(W), 아래쪽에 흑색(B)을 배치한 원뿔형 구조로 되어 있다.
③ 색상환은 헤링의 4원색 이론(빨강-초록, 노랑-파랑)을 기반으로 총 20색상으로 구성된다.
④ 색입체의 세로 중심축 맨 위에는 이상적인 백색이 배치된다.

36 색상 조합을 이용하여 명확한 대비를 주면서도 부드러운 균형을 유지하는 방법으로 가장 적절한 것은?
① 근접 보색을 활용하여 자연스러운 대조를 만든다.
② 보색을 100% 채도로 조합한다.
③ 유사색만 사용하여 조합한다.
④ 색상환에서 무작위로 색상을 선택하여 조합한다.

37 다음 중 명시성이 가장 높은 색상 조합은?
① 노랑 – 주황
② 빨강 – 녹색
③ 파랑 – 남색
④ 연보라 – 회색

38 다음 중 부의 잔상이 나타나는 경우로 적절한 것은?
① 강한 햇빛을 본 직후 눈을 감았을 때 밝은 점이 보이는 현상
② 붉은색을 일정 시간 바라본 후 흰색을 보면 녹색 계열의 잔상이 남는 현상
③ 흰색 배경 위의 검은색이 더욱 짙게 보이는 현상
④ 밝은 빛을 본 후 어두운 곳에서 물체가 더욱 뚜렷하게 보이는 현상

39 다음 중 색채와 촉각의 관계로 올바르지 않은 것은?
① 고명도의 난색 계열(밝은 핑크, 밝은 노랑)은 부드러운 촉감을 연상시킨다.
② 저명도, 저채도의 한색 계열(남색, 짙은 녹색)은 거친 느낌을 준다.
③ 촉촉한 느낌은 보통 저명도의 한색 계열(파랑, 청록 등)과 관련이 있다.
④ 건조한 느낌은 보통 고명도의 한색 계열(연한 파랑, 청록 등)과 관련이 있다.

40 다음 중 보조색의 역할로 적절하지 않은 것은?

① 주조색을 보완하며 디자인의 균형을 맞춘다.
② 주조색과 조화를 이루면서도, 디자인에 변화를 줄 수 있도록 한다.
③ 디자인 전체에서 가장 중요한 역할을 담당한다.
④ 디자인에 다양성을 부여하고, 시각적으로 흥미를 유발하는 요소가 된다.

41 유행색이 선정되는 과정과 가장 거리가 먼 요소는?

① 패션 및 인테리어 디자인 트렌드
② 특정 국가의 경제 상황
③ 정치적 이슈 및 법률 개정
④ 소비자의 심리적 반응

42 저드(D. B. Judd)의 색채 조화론에서 친근성의 원리가 의미하는 바는?

① 색상 간의 대비를 최대한 증가시켜 시각적 효과를 강조하는 원리
② 유사한 성질의 색상을 사용하여 조화로움을 쉽게 느끼게 하는 원리
③ 색채의 질서를 무시하고 자유로운 배색을 통해 감각적 조화를 이루는 원리
④ 색상의 명도와 채도를 극단적으로 조절하여 시각적 긴장감을 유도하는 원리

43 다음 중 전통 배색에 대한 설명으로 틀린 것은?

① 한국 전통 색채는 음양오행설에 기초한 오정색과 오간색으로 나뉜다.
② 오정색은 적색, 청색, 황색, 백색, 흑색으로 구성되며 양의 색이다.
③ 오간색은 녹색, 청록색, 홍색, 황록색 등으로 구성되며 음의 색이다.
④ 오정색은 여성과 땅을 상징하는 색이며, 음의 속성을 가진다.

44 분리 배색의 가장 큰 특징은?

① 보색 간의 강한 대비를 통해 시각적 긴장감을 조성한다.
② 채도를 높여 색상의 강렬함을 극대화한다.
③ 동일한 색상을 반복적으로 배치하여 패턴을 형성한다.
④ 무채색을 사이에 두어 색상을 분리하고 조화롭게 연결한다.

45 KS 계통색명의 표기법 중 틀린 것은?

① 명도 · 채도 수식어 + 색상 수식형 · 기본색명
② 색상 수식어 + 기본색명 + 명도 수식어
③ 밝은 + 파란 + 파랑
④ 연한 + 노란 + 노랑

46 멀티미디어의 주요 발전 방향 중 최근 변화는 무엇인가?

① 초기에는 그래픽과 색상이 제한적이었다.
② 스마트폰과 디지털 TV로 확장되었다.
③ 애니메이션과 실시간 상호작용이 배제되었다.
④ 개인 컴퓨터 중심의 발전이 멈췄다.

47 멀티미디어의 비선형성에 대한 주요 특징은 무엇인가?
① 사용자가 관심 있는 부분을 선택적으로 접근할 수 있다.
② 콘텐츠를 시간 순서에 따라 강제로 시청해야 한다.
③ 콘텐츠의 저장 및 복사가 불가능하다.
④ 사용자와 상호작용이 제한된다.

48 멀티미디어 제작 기획에서 프로젝트 매니저(PM)의 주요 역할은 무엇인가?
① 멀티미디어 요소를 통합하여 구현한다.
② 프로젝트의 시작부터 완료까지 전체 과정을 총괄하고 관리한다.
③ 사용자와 시스템 간의 상호작용을 설계한다.
④ 사운드, 비디오, 이미지 등 멀티미디어 요소를 제작한다.

49 애니메이션 콘텐츠의 주요 특징으로 적절하지 않은 것은?
① 주로 2D와 3D로 구분된다.
② 인터페이스 애니메이션을 포함한다.
③ 키네틱 타이포그래피가 포함된다.
④ 정적인 이미지만 포함한다.

50 디더링 기법의 주요 목적은 무엇인가?
① 이미지를 압축하여 저장 공간을 줄이고 파일 크기를 감소시킨다.
② 색상이나 명암이 부족한 환경에서 자연스러운 색상 표현을 제공한다.
③ 이미지의 배경을 투명하게 처리하여 다양한 디자인에 활용한다.
④ 프레임을 조합하여 움직이는 애니메이션을 제작하는 데 활용된다.

51 PNG 파일 포맷의 주요 특징은 무엇인가?
① 손실 압축 방식을 사용하여 파일 크기를 줄인다.
② 알파 채널을 지원해 반투명 효과를 구현할 수 있다.
③ 애니메이션 제작이 가능하다.
④ 색상 지원이 256색으로 제한된다.

52 다음 중 최근 HTML5 기술로 대체되면서 더 이상 주요 웹 브라우저에서 지원되지 않는 플러그인은?
① 어도비 플래시 플레이어(Adobe Flash Player)
② 어도비 리더(Adobe Reader)
③ 자바 애플릿(Java Applet)
④ 실버라이트(Silverlight)

53 웹 페이지 검색 과정의 올바른 순서는?

```
ㄱ. 검색 시스템 활용
ㄴ. 키워드 설정
ㄷ. 검색 결과 분석
ㄹ. 필터링 및 고급 검색
ㅁ. 정보 확인 및 사용
```

① ㄱ → ㄴ → ㄷ → ㄹ → ㅁ
② ㄴ → ㄱ → ㄷ → ㄹ → ㅁ
③ ㄴ → ㄷ → ㄱ → ㅁ → ㄹ
④ ㄴ → ㄱ → ㄹ → ㄷ → ㅁ

54 다음 중 〈frame〉 태그에 대한 설명으로 틀린 것은?
① 〈frame〉 태그는 한 웹 페이지에서 여러 개의 HTML 문서를 동시에 표시할 수 있다.
② 〈frameset〉 태그를 사용하여 여러 개의 프레임을 정의할 수 있다.
③ HTML5에서는 〈frame〉과 〈frameset〉 태그가 더 이상 지원되지 않는다.
④ 〈frame〉 태그는 HTML5에서도 표준 기술로 권장된다.

55 다음 중 자바스크립트 객체(Object)에 대한 설명으로 틀린 것은?

① 객체는 속성과 메서드를 가질 수 있다.
② 모든 객체의 속성은 반드시 문자열 값만 가질 수 있다.
③ 객체의 속성은 객체명.속성명 형태로 접근할 수 있다.
④ 객체의 메서드는 객체명.메서드명() 형태로 호출할 수 있다.

56 다음 중 CSS를 HTML 문서에 적용하는 방법으로 올바르지 않은 것은?

① 인라인 스타일 : HTML 요소의 style 속성에 직접 CSS를 작성하여 적용
② 내부 스타일 : 〈head〉 태그 내 〈style〉 태그에 CSS 코드를 작성하여 적용
③ 외부 스타일 : HTML 문서가 외부 CSS 파일을 자동으로 인식하고 불러옴
④ @import 방식 : 〈style〉 태그 안에서 @import로 외부 CSS를 불러와 적용

57 다음 중 웹 서버(Web Server)에 대한 설명으로 틀린 것은?

① 웹 서버는 클라이언트의 요청을 받아 웹 페이지나 파일을 제공하는 시스템이다.
② 웹 서버는 주로 HTTP 프로토콜을 사용하며, 정적 및 동적 콘텐츠를 제공할 수 있다.
③ 웹 서버는 데이터베이스 연동 없이 동적 콘텐츠 제공이 가능하다.
④ 대표적인 웹 서버 소프트웨어로는 Apache, Nginx, Microsoft IIS 등이 있다.

58 HTML에서 빈칸(공백)을 추가할 때 사용하는 특수문자(entity)는?

① "
②
③ ©
④ ®

59 엔티티 관계 모형 기술서(ERD)의 주요 기능은 무엇인가?

① 소프트웨어 개발을 위한 프로그램 목록을 체계적으로 정리한다.
② 데이터베이스의 엔터티와 관계를 시각적으로 표현하여 구조를 설계한다.
③ 소스 코드에서 발생하는 오류를 분석하고 관리하는 역할을 한다.
④ 테스트 계획과 통합 테스트 항목을 문서화하여 정리하는 데 사용된다.

60 프로젝트 일정표의 주요 목적은 무엇인가?

① 단계별 작업 일정과 타임라인을 명확히 제시하기 위해
② 디자인 스타일을 초안으로 작성하기 위해
③ 프로그램 파일을 제작하기 위해
④ 웹 페이지 구현에 필요한 코드를 작성하기 위해

기출 유형 문제 04회
빠르게 정답 확인하기!
스마트폰으로 QR 코드를 찍어 보세요.
정답표를 통해 편리하게 채점할 수 있습니다.

기출 유형 문제 05회

- 제한시간 : 1시간
- 소요시간 :   시간   분
- 전체 문항 수 : 60문항
- 맞힌 문항 수 :   문항

01 데이터나 요소에 대해 식별할 수 있는 이름이나 태그를 붙여 구분하고 분류하는 기능을 제공하는 요소는?

① 메타데이터
② 레이블
③ GUI
④ 내비게이션

02 프로슈머적 데이터의 특징으로 가장 적절하지 않은 것은?

① 사용자 참여 중심
② 제품 및 서비스 개선에 기여
③ 전문가에 의해 주도적으로 생성
④ 사용자 경험 향상에 도움

03 육색모 사고법에서 빨간색 모자의 역할은 무엇인가?

① 감정적 사고를 반영하여 직관적으로 문제를 바라본다.
② 논리적 사고를 기반으로 객관적인 분석을 수행한다.
③ 창의적 사고를 활용하여 새로운 해결책을 도출한다.
④ 부정적인 측면을 고려하여 위험 요소를 분석한다.

04 스마트폰 사진 앱에서 다음 중 은유(메타포)를 활용한 디자인으로 가장 적절한 것은?

① 사진 촬영 버튼을 빨간색 원형으로 표시
② 사진 앨범을 폴더 아이콘으로 표현
③ 카메라 설정을 톱니바퀴 모양의 아이콘으로 나타냄
④ 사진 편집 기능을 실제 카메라 렌즈 모양으로 디자인

05 다음 설명은 스토리보드 구성 요소 중 무엇에 관한 것인가?

- 메뉴 항목과 주요 기능을 시각적으로 정리한다.
- 서비스의 동작 과정을 쉽게 파악할 수 있도록 한다.

① 서비스 흐름도(Flow Chart)
② 정보 구조도(IA)
③ 개정 이력
④ 와이어프레임

06 다음 중 그리드 시스템 구성 요소에 대한 설명으로 올바르지 않은 것은?

① 컬럼(Column)은 콘텐츠를 배치하는 세로 영역을 의미한다.
② 거터(Gutter)는 컬럼 사이의 여백으로, 시각적 간격을 제공한다.
③ 모듈(Module)은 컬럼과 행이 만나는 사각형 형태의 기본 단위이다.
④ 마진(Margin)은 컬럼 내부의 요소 간 간격을 조절하는 용어이다.

07 다음 설명으로 알맞은 것은?

- 아이디어를 빠르고 간단하게 표현하는 스케치
- 디테일보다는 전체적인 구상과 개념에 중점을 둠
- 선 그리기, 간단한 음영 및 재질 표현을 통해 구체적인 아이디어를 나타냄

① 섬네일 스케치
② 러프 스케치
③ 와이어프레임
④ 스크래치 스케치

08 UX 설계에서 접근성을 고려해야 하는 이유는 무엇인가?

① 모든 사용자가 동일한 경험을 할 수 있도록 하기 위해
② 모든 사용자의 시스템 개발 속도를 높이기 위해
③ 특정 사용자만을 대상으로 시스템을 설계하기 위해
④ 사용자의 개인 정보를 보호하기 위해

09 UX 설계 시 유의 사항으로 가장 적절한 것은?

① 디자이너의 주관적인 직관을 우선으로 고려한다.
② 사용성 테스트는 제품 완성 후에만 진행한다.
③ 사용자 피드백과 데이터 기반으로 설계를 개선한다.
④ 서비스의 외관적 디자인에만 집중한다.

10 다음 중 사용자 경험(UX)의 단계로 올바르게 나열된 것은?

① 사용자 반성 → 사용자 기대 → 사용자 경험
② 사용자 기대 → 사용자 경험 → 사용자 반성
③ 사용자 경험 → 사용자 반성 → 사용자 기대
④ 사용자 기대 → 사용자 반성 → 사용자 경험

11 다음 중 데이터베이스 구조의 특징으로 가장 적합한 것은?

① 하이퍼링크를 통해 정보를 상호 참조한다.
② 정보를 트리 형태로 구분하여 계층적으로 정리한다.
③ 테이블 형식으로 정보를 체계화하여 빠른 검색과 조회가 가능하다.
④ 순차적으로 정보를 배열하여 사용자가 단계적으로 접근한다.

12 다음 중 특징이 명확한 정보의 체계화 방법으로 가장 적절한 것은?

① 사용자의 관심사나 선호도에 따라 정보를 분류한다.
② 정보를 날짜, 알파벳 순서 또는 지리적 위치 기준으로 정렬한다.
③ 사용자 연령대나 직업에 따라 콘텐츠를 분류한다.
④ 주제나 기능별로 정보를 그룹화하여 관련성을 강조한다.

13 다음 중 반응형 웹페이지에서 뷰포트(Viewport)의 역할로 적절한 것은?

① 사용자의 클릭 이벤트를 감지하여 인터랙션을 제공한다.
② 웹페이지가 다양한 화면 크기에 맞게 자동으로 조정되도록 한다.
③ 웹페이지의 백엔드 서버에서 데이터 처리를 담당한다.
④ 웹페이지 로딩 속도를 최적화하는 기능을 제공한다.

14 터치 제스처에서 화면을 길게 누르고 유지하는 동작(Long Press, Press)을 사용하면 주로 어떤 기능이 활성화되는가?

① 화면 확대 및 축소
② 추가 메뉴 또는 옵션 표시
③ 화면을 스크롤하여 다른 콘텐츠 보기
④ 애플리케이션 강제 종료

15 다음 중 AI와 관련된 디자인 트렌드로 적합하지 않은 것은?

① 빅데이터 분석을 통해 개인화된 콘텐츠 제공
② 제로 UI를 활용한 음성 기반 인터페이스 설계
③ AI 기반 자동화로 디자인 속도 향상
④ 고정된 레이아웃만 사용하는 보수적 접근

16 다음 중 모두 벡터 기반 형식으로 저장 가능한 파일 형식만을 나열한 것은?

① AI, SVG
② PSD, PNG
③ TIFF, JPEG
④ PDF, BMP

17 24비트(24bit) 이미지가 표현할 수 있는 색상 수는?

① 2가지
② 256가지
③ 16,777,216가지
④ 무제한

18 다음 설명에 해당하는 디자인 조형 요소는 무엇인가?

- 가장 작은 조형 요소로, 위치를 표현하는 데 사용
- 시각적 관심을 끌며, 선이나 형태를 이루는 기본 단위

① 점
② 선
③ 면
④ 입체

19 다음 중 애니메이션에서 트위닝(Tweening) 기법의 설명으로 올바른 것은?

① 모든 프레임을 수작업으로 그리는 방식
② 시작 프레임과 종료 프레임 사이를 자동으로 연결
③ 물리적 객체를 움직여 프레임별로 촬영
④ 전통적인 셀 애니메이션 방식

20 다음 중 특수 효과 기법과 설명이 알맞게 짝지어지지 않은 것은?

① 모션캡처 - 실제 배우의 움직임을 디지털 데이터로 기록하여 3D 캐릭터에 적용하는 기술
② 크로마키 - 특정 색상을 배경으로 하여 다른 영상이나 이미지로 대체하는 기법
③ 키네틱 타이포그래피 - 텍스트가 특정 색상을 반전시키며 나타나는 방식
④ 모션 그래픽 - 텍스트, 이미지 등을 움직이게 하여 메시지를 전달하는 애니메이션 기법

21 아래 설명에 해당하는 게슈탈트 원리는 무엇인가?

- 웹사이트 로고에서 일부 선이 생략되었지만, 사용자는 전체 형태를 쉽게 인식한다.
- 브랜드 아이콘이나 디자인에서 일부가 생략되더라도 익숙한 형태를 완성하여 본다.
- 디자인 요소를 최소한으로 표현해도 사용자가 전체 의미를 이해할 수 있다.

① 근접성의 원리
② 폐쇄성의 원리
③ 전경과 배경의 원리
④ 유사성의 원리

22 프로토타이핑 제작 과정의 올바른 순서는?

① 발표 및 평가 → 구상 및 스케치 → 테스트 및 수정 → 프로토타이핑
② 구상 및 스케치 → 발표 및 평가 → 프로토타이핑 → 테스트 및 수정
③ 테스트 및 수정 → 발표 및 평가 → 구상 및 스케치 → 프로토타이핑
④ 프로토타이핑 → 테스트 및 수정 → 발표 및 평가 → 구상 및 스케치

23 정량적 조사에서 자주 사용하는 도구는?

① 설문지
② 아이 트래킹
③ 카메라
④ 녹음기

24 다음 설명은 무엇인가?

> - 별도의 설명 없이도 사용자가 직관적으로 상호작용 방법을 알 수 있도록 단서를 제공하는 개념이다.
> - 특정 객체가 사용자에게 행동을 암시하거나 유도하는 특징을 가진다.

① 가독성(Readability)
② 접근성(Accessibility)
③ 어포던스(Affordance)
④ 피드백(Feedback)

25 다음 중 형성적 사용성 테스트의 주요 목적으로 가장 적절한 것은?

① 제품이 출시된 후 사용자의 만족도를 평가하는 것
② 제품의 완성도를 검증하기 위해 최종 테스트를 수행하는 것
③ 개발 초기 단계에서 사용자의 피드백을 반영하여 제품을 개선하는 것
④ 웹사이트의 방문자 수를 분석하여 사용자 행동 패턴을 파악하는 것

26 사용성 평가에서 전체 사용성 점검 단계의 주요 목적은 무엇인가?

① 과제 수행 중 발생한 문제점을 수정한다.
② 테스트 참여자의 행동을 기록하고 관찰한다.
③ 사용자 만족도를 기준으로 점수를 산정한다.
④ 사용성을 종합적으로 분석하고 개선 방향을 제시한다.

27 키오스크의 UX 디자인에서 가장 중요한 원칙은?

① 고성능 하드웨어와 멀티태스킹 지원
② 다양한 웹 기술을 활용한 인터랙티브 설계
③ 휴대성과 실시간 인터넷 연결
④ 터치스크린과 직관적인 그래픽, 아이콘 사용

28 웹 보안 표준을 준수하기 위해 필요한 요소가 아닌 것은?

① 네트워크 보안을 강화하기 위해 HTTPS를 적용한다.
② 접근 제어를 위해 사용자 인증 및 권한 관리를 수행한다.
③ 데이터 보호 없이 모든 요청을 평문으로 처리한다.
④ 정보 유출 방지를 위해 암호화 기술을 활용한다.

29 W3C에서 제공하는 유효성 검사 도구의 주요 목적은?

① 콘텐츠의 색상 조정
② 웹 표준 준수와 오류 식별
③ 웹사이트 속도 최적화
④ 이미지 품질 검사

30 다음 중 로고 디자인과 마케팅 자료 제작에 주로 사용되는 소프트웨어는?

① 코렐드로우(CorelDRAW)
② 블렌더(Blender)
③ 스케치업(SketchUp)
④ 오토데스크 마야(Autodesk Maya)

31 다음 중 가시광선의 파장 범위에 대한 설명으로 틀린 것은?

① 보라색 빛은 약 380nm의 짧은 파장을 가진다.
② 빨간색 빛은 약 700nm에 가까운 긴 파장을 가진다.
③ 가시광선의 범위는 대략 380~750nm 사이이다.
④ 가시광선은 750~1,200nm 범위에 분포한다.

32 색이 인식되는 과정을 올바른 순서로 나열한 것은?

① 광원 → 관찰자 → 물체
② 관찰자 → 물체 → 광원
③ 물체 → 관찰자 → 광원
④ 광원 → 물체 → 관찰자

33 감산혼합의 3원색은 무엇인가?

① 빨강, 노랑, 파랑
② 빨강, 초록, 파랑
③ 시안, 마젠타, 노랑
④ 빨강, 마젠타, 노랑

34 명청색과 암청색 그리고 탁색의 차이로 올바른 설명은?

① 명청색은 순색에 흰색을 섞은 색이고, 암청색은 순색에 검정을 섞은 색이다.
② 명청색은 어두운 느낌을 주며, 암청색은 밝고 부드러운 느낌을 준다.
③ 탁색은 순색보다 더 선명하고 강렬한 색을 의미한다.
④ 명청색과 암청색은 모두 채도가 증가하는 색이다.

35 먼셀 표기법 7.5PB 4/12에서 4가 의미하는 것은?

① 채도
② 색상
③ 명도
④ 색의 혼합 정도

36 다음 중 먼셀 표색계에서 명도를 나타내는 방식으로 올바른 것은?

① 색상을 0에서 10까지의 단계로 나누어 명도를 결정하는 방식이다.
② 명도는 수평 방향으로 증가하며, 색의 채도가 증가할수록 함께 증가한다.
③ 색입체의 중심축이 명도를 나타내며, 위로 갈수록 고명도, 아래로 갈수록 저명도로 구분된다.
④ 명도의 단계는 색상과 무관하며, 모든 색상에서 동일한 5단계로 측정된다.

37 색상의 중량감과 관련하여 가장 적절한 조합은?

① 고명도 색상 – 무겁고 견고한 느낌
② 고명도 색상 – 가볍고 부드러운 느낌
③ 저명도 색상 – 가볍고 경쾌한 느낌
④ 채도 높은 색상 – 무겁고 단단한 느낌

38 다음 중 헥사코드 #FFFF00이 나타내는 색상은?

① 노란색
② 초록색
③ 파란색
④ 빨간색

39 색상과 온도감의 관계를 가장 적절하게 설명한 것은?

① 한색 계열은 따뜻한 느낌을 주고, 난색 계열은 차가운 느낌을 준다.
② 저명도 색상은 시각적으로 가볍고 가벼운 느낌을 준다.
③ 난색 계열(빨강, 주황, 노랑)은 따뜻한 느낌을 준다.
④ 고채도 색상은 차분하고 안정적인 느낌을 준다.

40 POP(Point of Purchase) 디자인에서 색채가 중요한 이유로 가장 적절한 것은?

① 제품의 가격을 결정하는 주요 요소이다.
② 소비자의 시선을 끌어 구매를 유도할 수 있다.
③ 물리적 내구성을 결정하는 주요 요인이다.
④ 매장 내 모든 POP 디자인은 동일한 색상을 사용해야 한다.

41 강조색의 기능과 가장 거리가 먼 설명은?

① 특정 요소를 돋보이게 하여 주목도를 높인다.
② 디자인 전체의 균형을 맞추기 위해 사용된다.
③ 시각적인 대비를 통해 특정한 부분을 강조한다.
④ 사용자의 시선을 유도하고 관심을 집중시킨다.

42 슈브릴의 대비 조화에서 근접 보색대비의 특징은?

① 완전한 보색 관계를 이루는 색상 간의 조합
② 색상의 명도를 극단적으로 차별화하여 시각적 긴장감을 주는 기법
③ 색상환에서 유사한 색상을 조합하여 부드러운 색채 효과를 주는 방식
④ 보색과 가까운 색상을 활용하여 강한 대비를 유지하면서도 조화를 이루는 색상 조합

43 다음 설명에 알맞은 색상은?

- 차분함과 신뢰감을 주는 색상이다.
- 의료 기관이나 금융업체에서 많이 활용된다.

① 파란색
② 노란색
③ 빨간색
④ 주황색

44 다음 중 까마이외 배색의 대표적인 특징으로 올바른 것은?

① 명도와 채도를 동일하게 유지하고, 색상만 다르게 구성한다.
② 보색 대비를 활용하여 강한 시각 효과를 유도한다.
③ 색상을 최소화하여 단색 기반의 배색을 구성한다.
④ 색상과 채도를 다르게 조합해 자유롭게 표현한다.

45 색채 분포도에 대한 설명으로 옳은 것은?

① 색상, 명도, 채도를 분석하지 않고 단순히 색의 개수만 측정하는 것이다.
② 이미지나 공간 내 색상의 사용 비율과 배치를 시각적으로 분석하는 방법이다.
③ 색채 분포도는 색의 감성적 효과를 측정하는 도구로 사용되지 않는다.
④ 색상의 배치를 랜덤하게 설정하여 조화를 분석하는 방식이다.

46 국제표준화기구(ISO)에서 제정한 유니코드 문자 집합의 표준은?

① UTF-8
② UTF-16
③ ISO/IEC 10646
④ ASCII

47 다음 중 디지털화의 주요 장점은 무엇인가?

① 데이터가 변형되지 않으며 수정과 복사가 불가능하다.
② 정보의 전송과 저장이 어렵고 제약이 많아진다.
③ 데이터가 디지털 형식으로 저장되어 수정, 복사, 전송이 용이하다.
④ 모든 데이터가 선형적으로만 처리되어 유연성이 부족하다.

48 연기, 불꽃, 비 등과 같은 자연 현상을 수많은 작은 입자의 시뮬레이션을 통해 표현하는 기법은?

① 파티클 시스템
② 프랙탈 모델링
③ 와이어프레임 모델링
④ 솔리드 모델링

49 멀티미디어 콘텐츠에서 영상 편집을 주로 담당하는 소프트웨어는?

① 골드웨이브, 오디션
② 프리미어, 파이널 컷 프로
③ 3D 스튜디오 맥스, 마야
④ 드림위버, 크로스에디터

50 다음 설명에 해당하는 쉐이딩 방식은?

"면과 면 사이의 경계가 뚜렷하지 않도록, 정점의 색을 보간하여 자연스럽게 연결되도록 표현하는 기법"

① 퐁 쉐이딩
② 고러드 쉐이딩
③ 플랫 쉐이딩
④ 텍스처 매핑

51 다음 중 웹 관련 파일 포맷과 그 용도의 연결이 올바르지 않은 것은?

① HTML – 웹 페이지의 구조를 정의하는 마크업 언어
② CSS – 웹 페이지의 스타일과 레이아웃을 정의하는 파일
③ JS – 웹 서버에서 실행되어 동적인 콘텐츠를 생성하는 파일
④ HTML, CSS, JS – 함께 사용되어 웹사이트를 구성하는 기본 기술

52 다음 중 유니코드(Unicode)에 대한 설명으로 적절하지 않은 것은?

① UTF-8, UTF-16 등의 인코딩 방식이 있다.
② 전 세계 모든 문자를 표현할 수 있도록 설계된 표준 문자 인코딩 체계이다.
③ 한글 완성형 코드보다 표현할 수 있는 문자 범위가 제한적이다.
④ 다양한 언어와 문자를 통합하여 호환성을 높였다.

53 다음 중 검색 결과를 조작하여 특정 페이지의 순위를 인위적으로 높이는 방법을 의미하는 용어는?

① 스패밍(Spamming)
② 불용어(Stop Words)
③ 색인(Indexing)
④ 로봇 에이전트(Robot Agent)

54 다음 중 HTML에서 오디오 파일을 삽입하는 올바른 태그는?

① ⟨sound⟩
② ⟨audio⟩
③ ⟨music⟩
④ ⟨voice⟩

55 다음 중 사용자가 여러 줄의 텍스트를 입력할 수 있도록 하는 태그는?

① ⟨input type="text"⟩
② ⟨textarea⟩
③ ⟨textbox⟩
④ ⟨multiline⟩

56 다음 중 DOM(Document Object Model)에서 요소를 가져오는 올바른 방법은?

① document.getElement("#id")
② document.getElementById("id")
③ document.querySelect("id")
④ document.selectElement("id")

57 다음 중 데이터베이스(DB)에 대한 설명으로 틀린 것은?

① 데이터베이스는 데이터를 구조화하여 저장하고 검색할 수 있는 시스템이다.
② SQL을 사용하여 데이터를 검색, 삽입, 수정, 삭제할 수 있다.
③ 데이터베이스는 하나의 사용자만 데이터를 처리할 수 있으며, 멀티유저 환경을 지원하지 않는다.
④ 대표적인 관계형 데이터베이스 시스템으로 MySQL, PostgreSQL, Oracle, MS SQL Server 등이 있다.

58 다음 중 디지털 디자인 프로젝트에서 산출물의 역할로 적절하지 않은 것은?

① 프로젝트 진행 중 생성되는 다양한 문서, 디자인 시안, 코드 등의 자료를 포함한다.
② 프로젝트의 목표 달성을 위해 각 단계에서 생성되는 결과물을 의미한다.
③ 프로젝트 진행 상황과 결과를 문서화하여 이해관계자 간 의사소통을 원활하게 한다.
④ 프로젝트의 핵심 요소이지만 일정 및 비용 관리와는 직접적인 연관이 없다.

59 디지털 산출물 관리를 통해 비용 절감(TCO)을 실현할 수 있는 가장 중요한 이유는?

① 프로젝트마다 새로운 문서 관리 시스템을 구축하여 최신 기술을 유지할 수 있기 때문이다.
② 문서 및 코드의 재사용성을 높여 중복 작업을 줄이고, 업무 절차를 최적화할 수 있기 때문이다.
③ 모든 산출물을 종이 문서로 보관하여 데이터 유실을 방지할 수 있기 때문이다.
④ 업무 절차를 개별적으로 관리하여 각 팀이 원하는 방식으로 효율성을 극대화할 수 있기 때문이다.

60 데이터 분류 체계 구축 시 가장 중요한 요소로 볼 수 없는 것은?

① 고유 ID를 부여하여 각 산출물을 추적할 수 있도록 한다.
② 네이밍 규칙을 설정하여 파일 명칭을 일관성 있게 관리한다.
③ 데이터의 가독성을 높이기 위해 모든 파일을 동일한 형식의 문서(.txt)로 변환한다.
④ 산출물이 일정한 양식에 따라 기록되었는지 업무 단계별로 점검한다.

기출 유형 문제 05회
빠르게 정답 확인하기!
스마트폰으로 QR 코드를 찍어 보세요.
정답표를 통해 편리하게 채점할 수 있습니다.

기출 유형 문제 06회

자동 채점 서비스

- 제한시간 : 1시간
- 소요시간 :   시간   분
- 전체 문항 수 : 60문항
- 맞힌 문항 수 :   문항

01 다음 중 디지털 데이터와 멀티미디어 데이터의 특징으로 옳지 않은 것은?
① 디지털 데이터는 이진 형태의 데이터이다.
② 디지털 데이터는 복제와 전송이 쉬워 빠르게 유통된다.
③ 멀티미디어 데이터는 복합적 정보 전달이 가능하다.
④ 디지털 데이터는 큰 용량을 차지한다.

02 데이터 분석 체크리스트 설명 중 데이터가 이해하기 쉽게 정리되어 있는지 확인하는 항목은?
① 인터페이스 관점
② 정보 구조 관점
③ 비주얼(GUI) 관점
④ 마케팅 관점

03 데이터를 식별할 수 있도록 이름이나 태그를 붙이는 기능을 무엇이라고 하는가?
① 레이블
② GUI
③ 메타데이터
④ 개념

04 다음은 무엇에 관한 설명인가?

- 핵심 개념을 시각적으로 연결해 표현하는 기법이다.
- 색상과 기호를 사용해 빠르게 생각을 도식화한다.

① 시네틱스
② 마인드맵핑법
③ 육색모 사고법
④ 형태분석법

05 다음 중 공표권에 대한 설명으로 가장 적절한 것은?
① 창작자가 저작물을 다른 사람이 사용하도록 허락하는 권리
② 저작물을 대중에게 처음으로 공개여부를 결정하는 권리
③ 저작물이 창작된 후 자동으로 발생하는 저작권
④ 저작물을 보호하기 위해 불법 복제를 방지하는 기술

06 프로젝트 기획에서 사용자 흐름과 화면 구성을 시각적으로 표현한 설계 도구는?
① 스토리보드
② 와이어프레임
③ 체크리스트
④ 플로우차트

07 다음 중 와이어프레임의 주요 목적은 무엇인가?

① 페이지의 전반적인 색상과 스타일을 결정한다.
② 사용자 경험(UX) 설계 전반을 평가한다.
③ 화면 구성과 사용자 흐름을 시각적으로 계획한다.
④ 디자인 파일을 최적화하여 로딩 속도를 개선한다.

08 다음 ( ) 안에 들어갈 알맞은 용어는?

> ( )는 그리드 시스템에서 각 요소 사이에 일정한 여백을 제공하여 디자인이 조밀하거나 혼란스럽지 않도록 배치하는 역할을 한다.

① 거터(Gutter)
② 행(Row)
③ 모듈(Module)
④ 단(Column)

09 다음 중 러프 스케치의 목적은 무엇인가?

① 다양한 아이디어를 개략적으로 표현한다.
② 기본 선과 음영을 이용해 구체적 아이디어를 구상하고 수정한다.
③ 최종 디자인을 명확히 구체화한다.
④ 외부 의견을 수집하고 반영한다.

10 다음 중 음성 사용자 인터페이스(VUI)의 특징은?

① 손가락이나 터치펜을 사용해 직접 화면을 터치하여 조작한다.
② 사용자가 텍스트 명령을 입력한다.
③ 음성 인식 오류 및 소음의 영향을 받는다.
④ 화면을 통해 조작한다.

11 다음은 무엇에 관한 설명인가?

> 사용자가 어떤 제품, 서비스를 직·간접적으로 이용하면서 느끼는 총체적 경험이다.

① GUI(Graphic User Interface)
② UI(User Interface)
③ UX(User Experience)
④ TUI(Touch User Interface)

12 UX 디자인 원칙이 아닌 것은?

① 유의미한 경험을 제공해야 한다.
② 긍정적 경험을 제공해야 한다.
③ 사용이 매끄럽지 못하다.
④ 기능과 정보가 유용해야 한다.

13 정보 구조 설계 시 고려해야 할 사항이 아닌 것은?

① 사용자 동선을 반영하여 설계한다.
② 명확한 분류 기준으로 정보 과부하를 방지한다.
③ 불필요한 정보를 많이 노출시킨다.
④ 주요 정보에 쉽게 접근할 수 있도록 한다.

14 반응형 웹 특징이 아닌 것은?

① 모바일 기기에 최적화된 웹사이트이다.
② 디바이스마다 개별 URL을 가지는 웹사이트이다.
③ 다양한 화면 크기에 맞춰 레이아웃이 자동 변경되는 웹사이트이다.
④ 미디어 쿼리를 통해 다양한 CSS 스타일을 적용하는 웹사이트이다.

15 다음은 무엇에 관한 설명인가?

> - 고정된 여러 레이아웃 중 하나를 선택하여 디바이스 해상도에 맞게 제공하는 방식이다.
> - 미리 정의된 레이아웃을 사용하므로, 새로운 해상도에 대한 추가 작업이 필요할 수 있다.

① 플로팅 웹 디자인
② 적응형 웹 디자인
③ 상호작용 디자인
④ 반응형 웹 디자인

16 이미지 표현 방식에 관한 설명으로 틀린 것은?

① 비트맵 방식은 해상도에 따라 이미지 품질이 영향을 받는다.
② 벡터 방식은 확대해도 품질이 저하되지 않는다.
③ 비트맵 방식은 JPEG, BMP, TIFF, PNG 등의 파일 형식을 포함한다.
④ 벡터 방식은 복잡한 이미지 표현에 적합하다.

17 다음 설명은 무엇에 대한 설명인가?

> 컴퓨터 그래픽과 디지털 이미지에서 계단 현상을 줄여 이미지를 더 매끄럽고 부드럽게 만드는 기술이다.

① 앨리어싱
② 안티앨리어싱
③ 래스터라이징
④ 모아레 현상

18 다음 중 디자인의 시각적 요소가 아닌 것은?

① 형태   ② 위치
③ 색상   ④ 질감

19 착시의 일종으로, 아래 그림처럼 보이는 현상은?

① 각도 착시
② 색상 착시
③ 반전과 명도 착시
④ 속도 착시

20 픽토그램의 특징으로 맞는 것은?

① 복잡한 정보만을 시각적으로 표현한다.
② 주로 한정된 지역에서만 사용된다.
③ 언어와 상관없이 보편적인 의미를 전달한다.
④ 단순한 문자를 기반으로 표현된다.

21 애니메이션의 키 프레임 방식이 효과적인 이유는?

① 각 프레임을 개별적으로 작업해야 하기 때문에
② 시작과 끝만 설정해 중간 동작을 자동으로 생성할 수 있기 때문에
③ 정밀한 동작을 표현할 수 없어 단순한 장면에 적합하기 때문에
④ 디지털 기법에서는 사용할 수 없는 방식이기 때문에

22 프로토타입의 주요 특징으로 옳지 않은 것은?

① 빠르게 시제품을 제작할 수 있다.
② 사용자 피드백을 수집할 수 있다.
③ 반복적 수정이 불가능하다.
④ 최종 제품의 품질을 높인다.

23 사이트맵에 대한 설명으로 옳은 것은?
① 모바일 전용 내비게이션 구성 요소이다.
② 웹사이트의 페이지 구조를 시각적으로 보여주는 트리 구조이다.
③ 사용자가 현재 페이지의 위치를 알려준다.
④ 사용자가 바로 이동할 수 없는 비활성화 메뉴이다.

24 사용성 평가 방법 중 질문법에 대한 특징이 아닌 것은?
① 사용자 질문법에는 설문지, 인터뷰, 질문지 등이 있다.
② 주관적인 평가와 피드백을 수집한다.
③ 사용자가 제품을 사용할 때 느끼는 감정의 변화를 관찰하는 방법이다.
④ 사용자가 직접 제공하는 정보를 통해 인터페이스나 기능 개선의 실마리를 찾을 수 있다.

25 사용자가 웹사이트를 얼마나 쉽게 이동할 수 있는지 평가하는 사용성 평가 항목은?
① 위치의 정확성
② 이동의 용이성
③ 반복성
④ 명확성

26 사용성 테스트 준비물에 포함되는 항목은?

```
ㄱ. 녹음기
ㄴ. 필기도구
ㄷ. 테스트 스크립트
ㄹ. 사용자 프로파일 정의서
```

① ㄱ, ㄹ
② ㄱ, ㄷ
③ ㄱ, ㄴ, ㄷ
④ ㄱ, ㄴ, ㄹ

27 사용성 테스트 환경에서 효율성 평가 항목의 설명으로 적절한 것은?
① 사용자가 작업을 처음 시도할 때 실수를 최소화하는 능력
② 작업을 수행하는 데 걸리는 시간과 노력
③ 사용자 인터페이스의 디자인 일관성
④ 사용자가 오류를 복구할 수 있는 능력

28 다음 중 인공지능 시대의 웹 개발에서 개발자에게 요구되는 역량은 무엇인가?
① 반복적이고 단순한 코드 작성 능력
② 자동화 도구를 활용하는 능력
③ 정형화된 작업에만 집중하는 능력
④ 기존 기술만을 고수하는 능력

29 디지털 사이니지와 키오스크의 공통점은 무엇인가?
① 모두 광고 목적으로 사용된다.
② 모두 무인 단말기이다.
③ 모두 실시간 사용자 소통을 지원한다.
④ 공공장소에 설치된 화면 기반 장치이다.

30 웹 접근성을 높이기 위해 제공해야 하는 요소는?
① 애니메이션을 활용한 시각적 효과
② 텍스트 대신 이미지로만 모든 정보를 제공
③ 텍스트와 배경의 색상 대비를 높임
④ 모바일 전용 사이트 제공

31 HTML 태그에 대한 설명으로 옳은 것은?
① HTML 태그는 항상 닫는 태그가 필요하다.
② ⟨br⟩ 태그는 줄바꿈을 위해 반드시 닫는 태그가 필요하다.
③ HTML 태그는 브라우저에서 대소문자를 동일하게 처리한다.
④ HTML 태그는 CSS와 JavaScript를 포함할 수 없다.

32 색의 정의와 관련된 내용으로 옳은 것은?
① 색은 빛이 없을 때도 보인다.
② 색은 물체가 빛을 흡수하고 반사하는 방식에 따라 인간의 뇌에서 인식된다.
③ 색 지각은 빛과 관계없이 일어난다.
④ 색은 물체의 온도에 따라 다르게 인식된다.

33 물체의 색 종류 중 투과색의 예로 적합한 것은?
① 빨간 사과
② 스테인드글라스
③ 검은 고양이
④ 거울

34 해질녘에 빨간색이 어둡게 보이고 파란색이 상대적으로 밝게 보이는 현상은 무엇인가?
① 조건등색
② 연색성
③ 푸르킨예 현상
④ 색순응

35 다음 중 가산혼합의 결과가 잘못된 것은?
① 빨강(R) + 파랑(B) = 자주(M)
② 초록(G) + 파랑(B) = 청록(C)
③ 빨강(R) + 초록(G) = 노랑(Y)
④ 빨강(R) + 파랑(B) = 초록(G)

36 병치혼합의 원리에 해당하지 않는 것은?
① 작은 점들이 시각적으로 혼합되어 보인다.
② 심리적으로 혼합된 색으로 인식된다.
③ 병치혼합의 예로 점묘법, 인쇄물, 섬유 디자인이 있다.
④ 실제로 색이 물리적으로 섞인다.

37 혼색계의 주요 특징으로 옳은 것은?
① 빛의 파장에 따른 색의 특성을 측정하고 수치화하여 색을 표현하는 체계이다.
② 감성적 기준으로 색을 구분한다.
③ 대표적으로 먼셀 표색계, 오스트발트 표색계가 있다.
④ 색상환을 사용하여 색의 관계를 시각적으로 배치한다.

38 오스트발트 표색계에서 순색(C)은 어떤 특징을 가지는가?
① 백색과 흑색이 혼합된 색
② 백색이나 흑색이 섞이지 않은 가장 순수한 색
③ 빛의 반사율이 가장 높은 색
④ 빛의 흡수율이 가장 높은 색

39 명도대비의 정의로 옳은 것은?
① 색상환에서 마주보는 보색을 나란히 배치하여 보이는 효과
② 색상이 접하는 경계선에서 색이 더 선명하고 강하게 인식되는 현상
③ 채도의 차이가 큰 색상들이 나란히 있을 때 발생하는 효과
④ 밝고 어두운 색이 나란히 배치될 때 뚜렷하게 보이는 효과

40 색의 잔상에 대한 설명으로 옳은 것은?
① 자극이 사라지기 전에 발생하는 현상이다.
② 정의 잔상은 보색으로 나타난다.
③ 부의 잔상은 오랫동안 본 색상이 반대되는 보색으로 나타나는 현상이다.
④ 잔상은 시각적으로 남지 않는 현상이다.

41 색의 사회적 상징과 관련된 설명으로 틀린 것은?
① 왕족은 자주색 의복을 통해 권위를 상징한다.
② 군대에서는 계급을 구분하기 위해 색상을 사용한다.
③ 올림픽 오륜기에서 파란색은 아프리카를 상징한다.
④ 동양의 오방색에서 흑색은 북쪽을 의미한다.

42 다음 중 색의 연상에 대한 설명으로 틀린 것은?
① 빨간색은 위험, 경고, 분노, 야망으로 연상된다.
② 흰색은 결백, 순수, 청순, 청정, 청결로 연상된다.
③ 파란색은 신비, 우아, 환상, 고귀함이 연상된다.
④ 노란색은 밝고, 기쁨, 낙관이 연상된다.

43 다음 중 CI 디자인의 주요 요소에 해당하지 않는 것은?
① 심벌마크 ② 로고타입
③ 전용 색상 ④ 마케팅

44 유행색과 트렌드의 관계에 대한 설명으로 옳은 것은?
① 유행색은 트렌드와 무관하다.
② 유행색은 짧은 기간 동안 인기를 끌며 트렌드와 밀접한 관계가 있다.
③ 트렌드는 유행색의 변화를 무시한다.
④ 유행색은 장기적인 변화를 반영한다.

45 다음 중 슈브뢸의 색채 조화론 설명으로 틀린 것은?
① 색채 조화는 유사성과 대조를 통해 이루어진다고 주장했다.
② 유사 조화에서는 빨강과 초록의 조합을 통해 조화로움을 얻었다.
③ 하나의 주요 색을 중심으로 비슷한 색상들을 함께 배치했다.
④ 색상환에서 등간격으로 떨어진 세 가지 색상을 사용해 대비 조화를 이루었다.

46 다음 중 일반색명의 조합 방법으로 사용되지 않는 것은?
① 기본색에 수식어를 붙여 색상을 표현한다.
② 두 개의 기본색 이름을 조합하여 새로운 색을 만든다.
③ 기본색명을 무작위로 나열하여 표현한다.
④ 기본색명에 한자 단음절을 붙여 표현한다.

47 단색 이미지 스케일 설명 중 틀린 것은?
① 색상을 심리적 판단 인자를 기준으로 위치시켜 한 눈에 색채 감성을 파악할 수 있게 한다.
② 거리가 먼 색은 이미지 차이가 크고 다른 느낌을 가진다.
③ 스케일의 중앙부에는 온화한 탁한 색, 주변부에는 개성 강한 맑은 색이 위치한다.
④ 중심점 0을 원점으로 상하좌우로 갈수록 이미지 강도가 약해진다.

48 다음 중 멀티미디어 표준으로 올바르게 연결된 것은?
① 오디오 표준 – MPEG
② 그래픽 관련 표준 – MIDI
③ 동영상 관련 표준 – H.264
④ 문서 관련 표준 – WAV

49 애니메이션 기본 원칙에서 과장을 통해 달성하려는 목적은?
① 정보 전달력과 흥미를 높인다.
② 캐릭터의 크기를 줄인다.
③ 동작을 단조롭게 표현한다.
④ 정적인 장면을 강조한다.

50 MIDI 소프트웨어의 주요 용도로 적절한 것은?

① 비디오 제작
② 이미지 편집
③ 사운드 편집 및 음악 제작
④ 텍스트 작성

51 다양한 미디어 요소를 편집하고 동기화할 수 있는 기능을 제공하는 도구는?

① 편집 도구
② 저작 도구
③ 재생 도구
④ 배포 도구

52 디지털 환경에서 색상이나 그라데이션 부족 시 점이나 픽셀을 무작위로 배치하여 자연스럽게 표현하는 기법은?

① 인터레이싱
② 디더링
③ 필터링
④ 샘플링

53 웹 서버가 요청을 이해했으나 접근 권한이 없을 때 발생하는 오류는?

① 403 오류
② 404 오류
③ 500 오류
④ 503 오류

54 웹 페이지의 인코딩 방식을 UTF-8로 설정해야 하는 주요 이유는?

① 파일 크기를 줄이기 위해
② 속도를 빠르게 하기 위해
③ 한글 깨짐 현상을 방지하기 위해
④ 보안을 강화하기 위해

55 HTML 페이지의 기본 구조를 선언할 때 사용하는 선언문은 무엇인가?

① 〈!DOCTYPE html〉
② 〈html〉
③ 〈body〉
④ 〈meta charset="UTF-8"〉

56 JavaScript에서 조건문을 작성할 때, 특정 값이 참일 때만 실행되는 코드 블록을 정의하는 구문은?

① switch
② if
③ while
④ for

57 서버 측 스크립트 언어로, PHP의 주요 특징이 아닌 것은?

① 오픈 소스
② 다양한 데이터베이스와 연동 가능
③ Windows에서만 실행 가능
④ 동적 웹 페이지 생성

58 다음은 무엇에 관한 설명인가?

- 객체 지향 프로그래밍 언어로, 플랫폼 독립성과 보안성이 뛰어나다.
- 네트워크 프로그래밍과 분산 시스템 개발에 유용한 라이브러리를 제공한다.

① CGI(Common Gateway Interface)
② 자바(Java)
③ 자바 애플릿(Java Applet)
④ 자바스크립트(Java Script)

59 다음 중 산출물 정리에 대한 설명으로 옳지 않은 것은?

① 불필요한 문서를 비용 관점에서 분석하여 정리한다.
② 산출물 정리는 프로젝트에서 생성된 결과물을 체계적으로 관리하는 과정이다.
③ 정리된 산출물은 프로젝트 참여자 간에 공유될 수 있다.
④ 산출물 정리는 프로젝트가 진행 중일 때도 수행될 수 있다.

60 데이터 관리의 작업 단위 구성에서 가장 큰 단위부터 차례대로 나열한 것은?

① 세그먼트 – 태스크 – 단계
② 단계 – 세그먼트 – 태스크
③ 태스크 – 세그먼트 – 단계
④ 단계 – 태스크 – 세그먼트

기출 유형 문제 06회
빠르게 정답 확인하기!
스마트폰으로 QR 코드를 찍어 보세요.
정답표를 통해 편리하게 채점할 수 있습니다.

기출 유형 문제 07회

- 제한시간 : 1시간
- 소요시간 :   시간   분
- 전체 문항 수 : 60문항
- 맞힌 문항 수 :   문항

자동 채점 서비스

01 기초데이터에 대한 설명으로 틀린 것은?
① 특정 작업이나 분석의 기본적 자료를 의미한다.
② 디지털 디자인에서 사용하는 완성된 결과물만을 기초데이터로 본다.
③ 기초데이터는 소프트웨어에만 사용되는 자료이다.
④ 데이터는 디지털 방식으로 처리하고 유통할 수 있다.

02 다음 데이터 분석의 유형 중 특정 대상의 정의와 기능을 설명하는 자료는?
① 절차(Procedure)
② 개념(Concept)
③ 원칙(Rule)
④ 이야기(Story)

03 다음은 무엇에 관한 설명인가?

> 제품 또는 서비스를 사용할 대표적인 가상의 인물을 구체적으로 설정하며 시스템이 의도하는 사용자의 모습을 구체화하여, 세부적인 특성을 반영한다.

① 인지 모형
② 리드 유저
③ 페르소나
④ 데이터 모델

04 체크리스트 기법의 장점으로 적절하지 않은 것은?
① 모든 작업 항목을 빠짐없이 수행할 수 있다.
② 작업의 순서를 명확히 파악할 수 있다.
③ 상황 변화에 따라 유연하게 대처할 수 있다.
④ 팀 작업 시 각자의 역할을 명확히 한다.

05 디자인의 5대 조건에 해당하지 않는 것은?
① 심미성
② 독창성
③ 질서성
④ 고급성

06 와이어프레임 작성 도구 설명 중 틀린 것은?
① 스텐실, 픽셀 자를 활용한다.
② 종이와 펜을 이용해 자유롭게 그린다.
③ 전용 목업 툴이 지원되지 않는다
④ 문서 프로그램을 사용해 제작 가능하다.

07 스토리보드의 일반적인 구성 요소로 적절하지 않은 것은?
① 개정 이력
② 정보 구조도
③ 성능 지표
④ 서비스 흐름도

08 분석된 데이터에서 디자인 관점 설명이 아닌 것은?
① 독창적이고 감각적인 디자인인지 확인한다.
② 일관성과 고유한 스타일이 유지되었는지 검토한다.
③ 정기적으로 업데이트되는지 검토한다.
④ 변화에 맞춘 그래픽과 아이콘이 사용되었는지 점검한다.

09 2차원적 시각화 방법에 해당하는 것은?

```
ㄱ. 히트맵
ㄴ. 그래프
ㄷ. 점자
ㄹ. 트리 맵
```

① ㄱ, ㄹ
② ㄱ, ㄷ
③ ㄱ, ㄴ, ㄹ
④ ㄱ, ㄴ

10 GUI가 초보자에게 적합한 이유로 옳은 것은?
① 텍스트 입력 방식만을 제공하기 때문이다.
② 복잡한 명령어를 입력할 필요가 없기 때문이다.
③ 모든 기능이 터치로만 조작되기 때문이다.
④ 상호작용을 제한하여 초보자가 사용할 수 없도록 한다.

11 다음 UX의 구성 요소 중 신뢰성의 의미는?
① 사용자가 어려움을 느끼도록 복잡하게 설계
② 제품이 사용자에게 안정성을 제공함
③ 사용자가 불편하게 느끼도록 설계
④ 기능적 요소를 줄여 직관성을 낮춤

12 다음 설명 중 해당하는 것은?

- 사용자가 좌측에서 우측으로 정보를 스캔하며 읽는 방식이다.
- 텍스트 중심의 콘텐츠에 효과적이다.
- 가장 일반적인 시선 흐름 패턴이다.

① Z 패턴
② F 패턴
③ O 패턴
④ S 패턴

13 고정형 너비 레이아웃의 특징으로 옳지 않은 것은?
① 레이아웃의 크기가 화면 크기에 따라 변하지 않는다.
② 레이아웃이 화면 크기에 따라 유동적으로 조정된다.
③ 특정 해상도에서만 콘텐츠가 잘 보일 수 있다.
④ 화면 크기가 작으면 일부 콘텐츠가 잘리거나 스크롤이 필요할 수 있다.

14 다음 중 비주얼 콘셉트 개발 시, 사용자 데이터를 분석하는 목적은?
① 개발 일정 단축을 위해
② 마케팅 비용 절감을 위해
③ 사용자 요구를 반영한 맞춤형 콘텐츠 제공을 위해
④ 웹사이트의 로딩 속도를 높이기 위해

15 정보 구조 설계 방식 중 상호 참조가 가능한 구조는?
① 선형 구조
② 계층 구조
③ 하이퍼텍스트 구조
④ 순차 구조

16 다음 중 래스터라이징의 의미로 적절한 것은?
① 픽셀 이미지를 벡터 이미지로 변환하는 과정이다.
② 벡터 이미지를 픽셀 기반 이미지로 변환하는 과정이다.
③ 다양한 색상을 추가하는 작업이다.
④ 이미지를 저해상도로 저장하는 과정이다.

17 다음 중 인덱스 컬러의 특징으로 맞는 것은?
① 256가지 색상을 사용해 파일 크기를 줄인다.
② 무제한 색상을 사용해 사진 이미지를 표현한다.
③ 주로 벡터 이미지를 표현하는 데 사용된다.
④ RGB 색상 체계를 기반으로 한다.

18 디자인 개념 요소 설명 중 연결이 잘못된 것은?
① 점 – 디자인에서 위치를 표현하는데 사용
② 면 – 방향성과 운동감을 나타냄
③ 선 – 길이와 두께, 형태에 따라 다른 느낌을 줌
④ 면 – 공간을 구분하고 배치하는데 중요한 역할을 함

19 디자인 원리 중 연결이 잘못된 것은?
① 방사 – 중심점에서 바깥으로 확산되는 리듬감을 형성
② 변화 – 단조로움을 피하고 생동감을 줌
③ 대조 – 시각적 긴장감을 유발
④ 조화 – 동적인 느낌을 전달하여 생동감 부여

20 타이포그래피에서 행간은 무엇을 의미하는가?
① 글자 사이의 간격
② 줄과 줄 사이의 간격
③ 글자의 크기
④ 텍스트의 두께

21 모션 캡처의 설명으로 맞는 것은?
① 정지된 이미지만 활용하는 기법이다.
② 실제 배우의 움직임을 디지털로 기록해 3D 캐릭터에 적용하는 기법이다.
③ 기본 애니메이션 효과만을 생성하는 방식이다.
④ 단순히 텍스트를 활용한 애니메이션 기법이다.

22 다음 중 프로토타이핑 프로세스의 순서가 맞는 것은?
① 프레젠테이션 → 스케치 → 모델링 → 테스트
② 모델링 → 테스트 → 스케치 → 프레젠테이션
③ 스케치 → 프레젠테이션 → 모델링 → 테스트
④ 테스트 → 모델링 → 프레젠테이션 → 스케치

23 다음 내비게이션 구조 유형은?

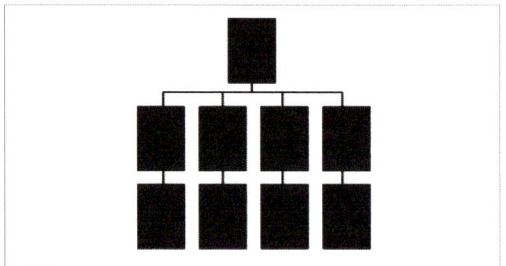

① 네트워크 구조
② 프로토콜 구조
③ 계층 구조
④ 순차 구조

24 사용자 행동 분석 방법 중 웹 로그 분석의 장점은?
① 사용자 감정 분석이 가능하다.
② 사용자의 내면을 관찰할 수 있다.
③ 대규모 사용자의 행동 패턴을 분석할 수 있다.
④ 사용자가 남긴 의견을 직접적으로 확인할 수 있다.

25 정성적 조사 방법의 장점으로 적절한 것은?
① 객관적 수치로 정확한 데이터 분석 가능하다.
② 대규모 조사에 유리하다.
③ 사용자의 감정과 숨겨진 니즈 파악 가능하다.
④ 데이터 분석에 한계가 있다.

26 선호도 분석에서 디지털 소비자의 라이프스타일 유형 중 최고 가치를 찾기 위해 정보를 탐색하는 소비자는?
① 크리슈머
② 마이크로 미디어
③ 트레저 헌터
④ 아티젠

27 다수의 사람에게 동시에 동일한 질문지를 제공하여 진행하는 조사 방법은?

① 면접 조사
② 설문 조사
③ 관찰 조사
④ 사례 연구

28 사용자 조사 결과 분석 단계 중 설명과 일치하는 단계는?

> 각 과제를 쉽게 달성할 수 있는지 시간, 페이지 이동 횟수, 커서 클릭 횟수, 이동 동선을 분석하는 단계이다.

① 만족도 측정
② 과제 성공 여부 측정
③ 과제 달성 용이성 측정
④ 과제 수행에 영향을 미치는 요인 파악

29 다음 (   ) 안에 들어갈 알맞은 용어는?

- (   )는 터치스크린을 통해 간단한 검색과 서비스를 제공한다.
- (   )는 공공장소에 설치되어 다양한 정보를 제공한다.
- (   )는 직관적인 그래픽과 아이콘이 요구된다.

① 모바일
② 컴퓨터
③ 디지털 사이니지
④ 키오스크

30 웹 표준에 대한 설명으로 틀린 것은?

① 웹 표준은 웹을 구현하기 위한 표준 규격을 의미한다.
② 웹 표준화는 웹 접근성, 보안, 국제화 등을 고려하여 필요하다.
③ XML은 웹 기술 표준화를 주관하는 국제 표준화 기구이다.
④ 웹 표준에는 HTML, XHTML, CSS, JavaScript, 웹 콘텐츠 접근성 지침 등이 있다.

31 색 지각의 3요소에 해당하지 않는 것은?

① 빛(광원)
② 물체
③ 관찰자
④ 소리

32 빛을 프리즘에 통과시켰을 때 나타난 스펙트럼상의 색 중 가장 짧은 파장을 가지고 있는 것은?

① 파랑　　② 녹색
③ 보라　　④ 빨강

33 대기 중 입자와 빛의 상호작용으로 나타나는 하늘의 파란색은 어떤 색의 예인가?

① 거울색　　② 표면색
③ 투과색　　④ 공간색

34 명도에 대한 설명으로 틀린 것은?

① 명도는 색의 밝고 어두운 정도를 나타낸다.
② 무채색에도 명도를 적용할 수 있다.
③ 명도는 색의 속성 중 가장 둔감하게 반응하는 특성이다.
④ 명도는 11단계로 구분할 수 있다.

35 다음 중 중간혼합에 대한 설명으로 틀린 것은?

① 두 가지 이상의 색이 시각적, 심리적인 혼합에 의해 나타나는 방식이다.
② 중간혼합에는 병치혼합과 회전혼합이 있다.
③ 병치혼합은 눈의 잔상 효과로 인해 혼합된 것처럼 인식된다.
④ 회전혼합은 맥스웰의 회전판 실험에서 발견된 현상이다.

36 아래 그림을 보고 색입체의 구성 요소를 바르게 연결한 것은?

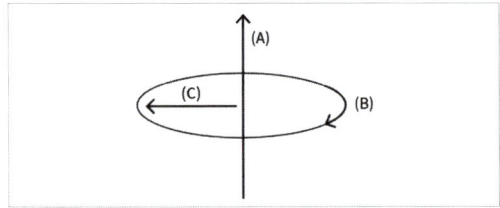

① (A) 명도, (B) 채도, (C) 색상
② (A) 색상, (B) 명도, (C) 채도
③ (A) 채도, (B) 색상, (C) 명도
④ (A) 명도, (B) 색상, (C) 채도

37 다음 중 현색계의 대표적인 예는?
① 먼셀 표색계
② CIE 표색계
③ RGB 색 공간
④ CMYK 색 모델

38 CIE XYZ 색 공간의 주요 특징은?
① 인간의 감정을 기반으로 색을 표현
② 색을 수치화하여 좌표로 표현
③ 색상을 중심으로 체계화
④ 물체의 색을 기준으로 색을 배열

39 색의 진출과 후퇴에 관한 설명으로 틀린 것은?
① 배경색과 명도 차이가 큰 밝은 색상은 진출성을 가진다.
② 노랑은 후퇴, 파랑은 진출성이 있다.
③ 채도가 높은 색상은 채도가 낮은 색상보다 더 진출성이 있다.
④ 빨강, 주황, 노랑은 진출성과 팽창감을 나타낸다.

40 한난대비에 대한 설명으로 틀린 것은?
① 따뜻한 색과 차가운 색 간의 대비이다.
② 중성색은 한난대비에 영향을 받지 않는다.
③ 주변 색에 따라 색이 더 따뜻하거나 차갑게 느껴진다.
④ 빨강, 노랑, 주황은 따뜻한 색에 해당한다.

41 색채에 대한 심리적 반응에 관한 설명으로 틀린 것은?
① 같은 색이라도 면적이 넓으면 채도가 더 높아 보인다.
② 한색은 차갑고, 난색은 따뜻하게 느껴진다.
③ 명도가 낮고 채도가 낮으면 생동감 있고 긍정적인 느낌을 준다.
④ 색채의 중량감은 명도에 따라 달라진다.

42 색채조절의 주요 효과로 적절하지 않은 것은?
① 집중력을 높인다.
② 색채에 대한 지식이 높아진다.
③ 기분을 개선한다.
④ 사고를 예방하고 안전성을 높인다.

43 다음 중 웹 디자인에 대한 설명으로 거리가 먼 것은 무엇인가?
① 웹 디자인은 웹 기술과 디자인 개념이 결합된 작업이다.
② 기업, 단체, 행사 등의 특징을 표현하는 로고나 시각적 상징물을 의미한다.
③ 웹 디자인은 개인 블로그부터 기업 웹사이트까지 다양한 목적에 활용된다.
④ 웹 페이지의 구성과 시각적 요소를 설계하고 제작하는 것을 의미한다.

44 색채 디자인 프로세스에서 색채 기획 단계의 주요 역할은 무엇인가?

① 주조색, 보조색, 강조색을 선택한다.
② 시장과 소비자를 조사하고 분석한다.
③ 색채 사용 계획 및 전략을 수립한다.
④ 적용된 색상을 모니터링한다.

45 톤인톤 배색에 대한 설명으로 틀린 것은?

① 서로 다른 색상이지만 유사한 명도와 채도를 가진 색을 조합하는 방식이다.
② 부드럽고 조화로운 배색을 제공한다.
③ 같은 색상 내에서 명도와 채도가 다른 색을 사용하는 배색 방식이다.
④ 색상 간 조화를 유지하면서 다양한 느낌을 줄 수 있다.

46 다음 중 파버 비렌의 색채 조화론에 대한 설명으로 올바른 것은?

① 색 삼각형의 직선 상에 위치한 색들이 서로 조화를 이룬다.
② 색 삼각형의 기본 3색은 빨강, 노랑, 파랑이다.
③ 파버 비렌은 차가운 색과 따뜻한 색의 구분을 연구하지 않았다.
④ 파버 비렌의 조화론은 색과 온도 차이에 대해서만 다룬다.

47 멀티미디어 콘텐츠 유형 중 텍스트 콘텐츠의 장점으로 올바른 것은?

① 데이터 용량이 크다.
② 주로 2D와 3D로 구분된다.
③ 다른 미디어 요소와 결합하기 어렵다.
④ 이미지와 결합해 정보를 주로 전달한다.

48 멀티미디어 저작 도구의 장점으로 적절하지 않은 것은?

① 직관적인 인터페이스 제공한다.
② 작업 과정이 복잡하여 많은 인원이 필요하다.
③ 비전문가도 쉽게 콘텐츠를 제작 가능하다.
④ 안정적인 품질 제공한다.

49 멀티미디어 제작 과정에서 제작 이후 단계의 주요 작업으로 적절한 것은?

① 프로젝트 목표 설정
② 스토리보드 작성
③ 협업을 통한 최적화와 오류 수정
④ 기획서 작성

50 TIFF 파일의 특징으로 옳지 않은 것은?

① 무손실 압축 방식 지원
② 파일 크기가 작고 웹 전송에 유리
③ 인쇄 및 출판에 적합
④ 고화질 이미지를 저장

51 다음 중 구글에서 개발한 오픈 소스 웹 브라우저는?

① 사파리　　② 엣지
③ 크롬　　　④ 파이어폭스

52 다음은 무엇에 관한 설명인가?

> 웹 페이지에서 이미지가 로드될 때, 전체 이미지가 빠르게 나타난 뒤 점점 선명해지는 효과이다.

① 디더링(Dithering)
② 모아레 현상
③ 인터레이싱(Interlacing)
④ 위지윅 방식

53 특정 단어나 구문을 제외한 검색 결과를 제공하는 연산자는?

① OR
② NOT
③ AND
④ " "(따옴표)

54 CSS에서 스타일을 지정할 때, CSS의 우선순위가 높은 순서부터 맞는 것은?

① 인라인 스타일 > 내부 스타일 > 외부 스타일
② 외부 스타일 > 내부 스타일 > 인라인 스타일
③ 내부 스타일 > 인라인 스타일 > 외부 스타일
④ 인라인 스타일 > 외부 스타일 > 내부 스타일

55 다음 <a> 태그의 target 속성값 중 연결이 틀린 것은?

① _blank : 링크된 문서를 새 창이나 새 탭에 보여준다.
② _self : 링크된 문서를 현재 창 또는 프레임에 보여준다.
③ _parent : 링크된 문서를 부모 프레임에 보여준다.
④ _top : 링크된 문서를 새 창에 보여준다.

56 자바스크립트 변수 선언에 대한 설명으로 틀린 것은?

① 변수명에 공백을 사용하지 않는다.
② 변수명은 숫자로 시작할 수 있다.
③ 자바스크립트 예약어에는 document, function, var 등이 있다.
④ 변수명에는 알파벳, 숫자, 밑줄, 달러 기호만 사용할 수 있다.

57 자바스크립트는 어떤 측 스크립트 언어로 웹 페이지에서 동작하는가?

① 서버 측
② 클라이언트 측
③ 백엔드
④ 애플리케이션 측

58 산출물의 주요 목적은 무엇인가?

① 프로젝트의 전체 목표를 정의하기 위해
② 이해관계자 간의 원활한 의사소통을 위해
③ 코드 재사용을 위해
④ 컴파일 오류를 줄이기 위해

59 클라이언트에게 최종 보고 시 사이트의 사용자 흐름과 기능 동선을 설명하는 문서는?

① 플로우차트
② 프로젝트 개요서
③ 요구사항 기술서
④ 단위 테스트 결과서

60 네이밍 규칙을 적용하여 산출물 명칭을 일관성 있게 작성하는 목적은?

① 파일의 크기를 줄이기 위해
② 클라이언트 요구를 반영하기 위해
③ 산출물의 추적을 용이하게 하기 위해
④ 산출물의 내용을 보호하기 위해

기출 유형 문제 07회
빠르게 정답 확인하기!

스마트폰으로 QR 코드를 찍어 보세요.
정답표를 통해 편리하게 채점할 수 있습니다.

기출 유형 문제 08회

- 제한시간 : 1시간
- 소요시간 :   시간   분
- 전체 문항 수 : 60문항
- 맞힌 문항 수 :   문항

01 프로젝트의 정의에 해당하지 않는 것은?
① 시작과 종료 시점이 정해져 있다.
② 시간, 예산 등의 제약 조건이 없다.
③ 일정한 목표를 달성하기 위해 기획된다.
④ 체계적인 계획 및 실행 과정이 필요하다.

02 데이터 생성에 따른 분류에서 사용자가 직접 제공하는 데이터는?
① 내부 데이터
② 컨슈머 데이터
③ 프로듀서 데이터
④ 프로슈머 데이터

03 데이터 분석 체크리스트의 비주얼(GUI) 관점에 해당하지 않는 것은?
① 적합한 그래픽 요소의 배치
② 사용자가 데이터 구조를 쉽게 이해
③ 사용자층에 맞는 디자인 요소
④ 그래픽 요소가 적절하게 배치

04 다음 중 브레인스토밍의 특징으로 적절하지 않은 것은?
① 참여자가 자유롭게 아이디어를 낸다.
② 제안된 아이디어에 대해 비판한다.
③ 다양한 관점에서 문제 해결 가능성을 높인다.
④ 양질의 아이디어 확보를 위해 양을 중시한다.

05 다음 굿디자인의 10대 원칙에 해당하지 않는 것은?
① 심플함
② 혁신적임
③ 주의를 끌기 위함
④ 이해하기 쉬움

06 CC 라이선스 종류에서 아래 그림이 의미하는 것은?

① 비영리 사용
② 수정 허용
③ 저작자 표시
④ 상업적 사용

07 웹 안전색의 정의로 맞는 것은?
① 최신 디스플레이에서만 지원되는 색상이다.
② 블랙과 화이트 두 가지 색상만을 의미한다.
③ 모든 기기와 브라우저에서 일관되게 표시되는 색상이다.
④ 고해상도 이미지를 위해 사용되는 색상이다.

08 그리드의 역할에 대해 맞는 설명은?

① 웹사이트의 시각적 대비를 조절한다.
② 디자인 구성 요소의 균형과 통일성을 유지한다.
③ 특정 페이지에서만 요소를 표시하도록 제한한다.
④ 네트워크 성능을 최적화하여 로딩 속도를 개선한다.

09 시각화의 중요성에 대한 설명으로 맞는 것은?

① 데이터를 숨기거나 감추는 데 도움을 준다.
② 정보를 쉽게 이해할 수 있게 돕는다.
③ 시각적 요소를 줄여 단순함을 강조한다.
④ 데이터 분석 과정에서 생략된다.

10 UI의 종류 중 설명이 알맞은 것은?

① TUI : 텍스트 명령을 입력해 시스템과 상호작용하는 방식
② CLI : 손이나 신체의 움직임으로 기기를 제어하는 방식
③ GUI : 시각적 요소를 사용해 직관적으로 시스템과 상호작용하는 방식
④ VUI : 사용자가 직접 화면을 터치해 조작하는 방식

11 UX를 설계할 때 유의 사항으로 적절하지 않은 것은?

① 사용자 피드백을 수렴한다.
② 사용성 테스트를 실시한다.
③ 데이터 기반의 설계를 지양한다.
④ 사용자의 요구와 기대를 최우선으로 고려한다.

12 사용자 인터페이스의 오류 최소화 요소로 옳지 않은 것은?

① 사용자의 실수를 방지한다.
② 오류 발생 시 쉽게 수정할 수 있다.
③ 실수를 유도해 학습을 촉진한다.
④ 오류 가능성을 줄이기 위한 디자인을 제공한다.

13 웹사이트 비주얼 콘셉트에 대한 설명으로 옳지 않은 것은?

① 웹사이트의 성격에 따라 정보 전달형, 서비스 제공형, 커뮤니티형으로 분류한다.
② 다양한 시각적 요소를 조화시켜 다양한 디자인을 만든다.
③ 비주얼 콘셉트는 디자인의 시각적 방향과 스타일을 정의한다.
④ 다양한 시각적 요소를 조화시켜 일관된 디자인을 만든다.

14 다음 중 카드 레이아웃이 인기를 끌게 된 이유는?

① 다양한 디바이스 환경에 유연하게 적용할 수 있다.
② 간결한 텍스트 요소로만 구성된다.
③ 데스크톱 환경에 맞춰 최적화된 배치가 가능하다.
④ 그래픽 요소에 그라데이션을 효과적으로 적용할 수 있다.

15 다음 중 비트(bit) 설명 중 틀린 것은?

① 1bit는 이미지 흑백만을 표현한다.
② 트루컬러는 32bit 색상 표현 방식을 의미한다.
③ 8bit는 인덱스 컬러나 그레이 스케일 이미지에서 주로 사용된다.
④ 32bit는 픽셀당 4개의 채널을 사용하는 색상 체계이다.

16 다음 중 CMYK와 RGB의 설명으로 올바른 것은?

① CMYK는 디지털 디스플레이에서 사용된다.
② RGB는 인쇄에 최적화되어 있다.
③ RGB는 가산혼합 방식을 사용한다.
④ CMYK는 색을 더할수록 밝아진다.

17 디자인 요소 중 요소의 크기, 색상, 밀도에 따라 시각적 무게감을 무엇이라 하는가?

① 리듬　　② 비례
③ 중량　　④ 공간

18 다음 그림처럼 일부가 끊어진 상태이지만 도형으로 인식되는 원리는 어떤 원리인가?

① 유사성의 원리　　② 폐쇄성의 원리
③ 연속성의 원리　　④ 대칭성의 원리

19 모노스페이스 서체가 주로 사용되는 분야는?

① 잡지 본문　　② 초대장
③ 코드 편집기　　④ 광고

20 인포그래픽의 장점으로 맞는 것은?

① 정보를 모두 텍스트로 나열할 수 있다.
② 복잡한 데이터와 정보를 간결하게 전달한다.
③ 정보 전달 속도가 느리다.
④ 단순한 정보를 주로 다룬다.

21 다음 중 프로토타입의 정의로 맞는 것은?

① 사용자 피드백 없이 최종 디자인을 완성하는 과정
② 제품이나 서비스의 초기 모델을 시각화해 기능과 디자인을 테스트하는 과정
③ 프로젝트 일정에 맞춰 제품 생산을 시작하는 과정
④ 시스템 개발 완료 후 테스트하는 과정

22 내비게이션 구조 유형 중 특정 순서대로 페이지가 연결된 구조는?

① 네트워크 구조
② 계층형 구조
③ 연속형 구조
④ 혼합형 구조

23 다음은 무엇에 관한 설명인가?

> 사용성 테스트 기법 중 사용자가 특정 작업을 수행하며 자신의 생각을 소리 내어 말하는 방식이다.

① 싱크 얼라우드　　② 안구 추적
③ 설문법　　④ 웹 로그 분석

24 다음 중 웹 사용성 평가 항목에 대한 설명으로 옳지 않은 것은?

① 위치의 정확성 : 필요한 기능이 사용자가 기대하는 위치에 정확하게 배치되어 있는지를 평가한다.
② 이동의 용이성 : 웹 페이지 간의 이동이 얼마나 복잡하고 제한적인지를 평가한다.
③ 레이아웃 : 웹 페이지의 구성과 배치가 명확하고 사용하기 편리한지를 평가한다.
④ 반복성 : 웹 페이지의 디자인과 패턴이 일관성을 유지하고 있는지를 평가한다.

25 사용성 테스트에서 관찰자가 담당하는 역할은?
① 참여자가 실수할 때 문제를 다시 확인하도록 유도한다.
② 참여자가 수행 중 발생한 장애와 오류를 기록한다.
③ 테스트 대상자에게 사전 준비 사항을 전달한다.
④ 테스트 수행 결과를 분석하고 보고한다.

26 웹 사이트 사용성 분석 초기 단계에서 수행하는 작업은?
① 사용자 프로파일 정의
② 사이트의 주요 역할을 분석
③ 참여자 선발
④ 소비자 웹라이프 스타일 분석

27 사용자 만족도 수준 측정을 위한 질문 항목이 아닌 것은?
① 과제를 수행하기 쉬웠습니까?
② 페이지 이동이 원활했습니까?
③ 커서 클릭 횟수가 몇 번이었습니까?
④ 메뉴나 버튼의 이름이 직관적이었습니까?

28 컴퓨터의 주요 특징으로 올바른 것은?
① 이동성을 기반으로 언제 어디서나 사용할 수 있다.
② 모바일 환경에 맞춰 기획과 디자인이 필요하다.
③ 대형 모니터와 고해상도 화면을 지원한다.
④ 터치스크린을 기반으로 간편하게 조작할 수 있다.

29 디자인 소프트웨어에 대한 설명 중 맞는 것은?
① 포토샵 – 로고 디자인, 아이콘 제작에 활용
② 피그마 – 이미지 편집 및 합성
③ 블렌더 – 무료 오픈소스 3D 디자인 소프트웨어
④ 시네마4D – 인테리어 디자인, 건축 설계 활용

30 웹 표준을 검토하고 유효성을 검사할 수 있는 사이트는?
① W3C Validator
② Google Analytics
③ GitHub
④ Stack Overflow

31 다음 중 색 지각과 관련된 세포는?
① 간상세포　　　② 원추세포
③ 유리체　　　　④ 각막

32 색의 지각설 중 틀린 것은?
① 영–헬름홀츠의 삼원색설과 헤링의 반대색설이 있다.
② 영–헬름홀츠의 삼원색설은 R, G, B를 기반으로 모든 색을 인식하는 이론이다.
③ 헤링의 반대색설은 R, G, B를 기반으로 모든 색을 인식한다는 이론이다.
④ 헤링의 반대색설은 동시 대비와 보색 잔상 현상을 설명하는 데 기초가 된다.

33 다음 중 무채색에 대한 설명으로 옳은 것은?
① 채도는 없고 색상과 명도만 있다.
② 색상과 채도는 없고 명도만 있다.
③ 색상은 없고 명도와 채도만 있다.
④ 색상과 명도는 없고 채도만 있다.

34 색상 원판을 고속으로 회전시켰을 때 여러 색이 혼합된 것처럼 보이는 현상은?
① 병치혼합
② 회전혼합
③ 가산혼합
④ 감산혼합

35 순색에 회색이 혼합된 색은 무엇이라 하는가?
① 명청색
② 암청색
③ 탁색
④ 순색

36 색의 3속성에 따라 3차원적 공간에 색을 입체로 배열한 것은?
① 먼셀의 색입체
② 오스트발트의 색상환
③ CIE 표색계
④ 뉴턴의 색상환

37 오스트발트 표색계에서 등백색은 어떤 특징을 가진 색들의 모임인가?
① 백색이 전혀 섞이지 않은 순수한 색
② 백색의 양이 모두 같은 색
③ 흑색의 양이 모두 같은 색
④ 순색의 양이 모두 같은 색

38 한 색상을 본 후 다른 색을 볼 때, 앞 색의 잔상으로 인해 본래 색과 다르게 보이는 현상을 무엇이라고 하는가?
① 동시대비
② 계시대비
③ 보색대비
④ 면적대비

39 고명도, 고채도의 색상이 주는 효과는?
① 주목성이 높아 눈에 잘 띈다.
② 명시성이 낮아 배경과 잘 구별되지 않는다.
③ 진정감을 준다.
④ 주변 환경에 잘 묻힌다.

40 청각과 연관된 색상의 연상으로 적절한 것은?
① 고명도 색상은 낮은 음을 연상시킨다.
② 저명도, 저채도의 색상은 높은 음을 연상시킨다.
③ 고명도, 고채도의 색상은 높은 음을 연상시킨다.
④ 난색은 부드러운 음을 연상시킨다.

41 브랜드 아이덴티티(BI)의 역할로 적합한 것은?
① 기업의 철학과 목표를 감춘다.
② 제품의 시장 전략을 좌우한다.
③ 브랜드의 정체성을 시각적으로 표현한다.
④ 기업의 외부 이미지를 조화시키지 않는다.

42 다음 중 에코 디자인의 주요 목표로 적합한 것은?
① 제품의 기능을 최소한으로 유지한다.
② 환경 보호와 지속 가능성을 추구한다.
③ 제품의 비용을 효율적으로 조정한다.
④ 제품의 수명을 줄인다.

43 보색 대비 조화에 대한 설명으로 틀린 것은?
① 색상환에서 마주보는 색상들 간의 배색이다.
② 시각적으로 강한 대비를 이루면서도 조화로운 배색이다.
③ 색상 간의 차이를 줄여 부드러운 느낌을 준다.
④ 빨강과 초록, 파랑과 주황이 대표적인 예이다.

44 다음 중 KS에서 정의한 기본색명에 해당하는 것은?
① 밤색
② 감색
③ 빨강
④ 자줏빛

45 색채분포도에 대한 설명으로 옳은 것은?
① 색상 간의 대비만 분석하는 도구이다.
② X축에 명도와 채도를 함께 표시한다.
③ 색채 비율과 분포를 시각화한다.
④ 무채색만을 다루는 분석 도구이다.

46 멀티미디어 기획 제작진 중 프로젝트의 목표와 관련된 지식을 제공하는 역할은?
① 프로젝트 매니저
② 내용 전문가
③ 인터페이스 디자이너
④ 프로그래머

47 멀티미디어 시스템의 하드웨어 환경에 포함되지 않는 것은?
① 디지털카메라   ② CD-ROM
③ 사운드 카드   ④ 그래픽 소프트웨어

48 멀티미디어 저작 도구 메타포 중 시간선 방식에 대한 설명으로 옳은 것은?
① 콘텐츠를 페이지 단위로 구성한다.
② 미디어 요소와 이벤트를 시간 축에 따라 배치한다.
③ 콘텐츠의 흐름을 아이콘으로 표시한다.
④ 다양한 미디어 파일을 순서 없이 배치한다.

49 인터넷 스트리밍에 자주 사용되는 동영상 포맷은?
① MOV
② ASF
③ BMP
④ TIFF

50 손실 압축을 사용하여 파일 크기를 줄이면서도 음악과 영상에 자주 사용되는 포맷은?
① WAV
② MP4
③ MIDI
④ BMP

51 웹 브라우저에서 제공하는 기능이 아닌 것은?
① 웹 페이지 인쇄
② 소스 코드 보기
③ 서버 유지 관리
④ 쿠키 차단 및 삭제

52 다음 중 HTML 태그의 용도에 대한 설명으로 틀린 것은?
① 〈strong〉…〈/strong〉 : 중요한 텍스트를 강하게 강조하는 태그
② 〈img〉 : 이미지 삽입 태그
③ 〈iframe〉…〈/iframe〉 : 음악, 동영상 등 다운로드 시 동시 재생하는 태그
④ 〈div〉…〈/div〉 : 문서를 그룹화하여 구분하는 태그

53 JavaScript에서 브라우저 창을 열고 닫는 기능을 제공하는 최상위 객체는?
① document
② window
③ screen
④ history

54 CSS에서 @import를 사용할 때의 올바른 사용법에 대한 설명 중 틀린 것은?

① @import는 외부 CSS 파일을 현재 스타일시트에 불러오는 데 사용된다.
② @import는 반드시 스타일 규칙 뒤에 작성해야 한다.
③ @import를 사용할 때 URL 경로나 다른 스타일시트 파일명을 지정할 수 있다.
④ @import는 페이지 로딩 속도에 영향을 줄 수 있다.

55 HTTP 요청 방식 중 GET 방식과 비교해 POST 방식의 특징이 아닌 것은?

① 데이터 크기에 제한이 없다.
② 캐싱이 가능하다.
③ 보안성이 높다.
④ URL에 데이터가 포함되지 않는다.

56 다음은 무엇에 관한 설명인가?

- 데이터를 체계적으로 저장하고 관리하는 시스템으로, 인덱스와 쿼리(SQL)를 통해 효율적인 검색과 접근을 제공한다.
- 멀티유저 환경을 지원하며, 여러 사용자가 동시에 데이터를 처리할 수 있다.

① 웹 서버
② 데이터베이스(Database)
③ CGI(Common Gateway Interface)
④ 자바(Java)

57 프로젝트 관리 시 작업분류체계(WBS)의 장점으로 올바르지 않은 것은?

① 예산 초과 방지
② 일정 관리 용이
③ 자원 낭비를 위한 명확한 지침 제공
④ 작업 간 의사소통 원활화

58 단계에 맞는 주요 산출물이 아닌 것은?

① 분석 단계 – 시스템 이행 결과서
② 분석 단계 – 정의서
③ 분석 단계 – 기능 차트
④ 분석 단계 – 요구사항 정의서

59 각 작업 단계별 데이터를 정리하고 재사용 가능하도록 만드는 표 형식 도구는?

① 디자인 가이드
② Work Table
③ 결과 보고서
④ 체크리스트

60 다음 중 프로젝트 초기 단계에서 작성되는 산출물로 적절하지 않은 것은?

① 프로젝트 계획서
② 예산안
③ 화면 정의서
④ 이해관계자 분석서

기출 유형 문제 08회
빠르게 정답 확인하기!
스마트폰으로 QR 코드를 찍어 보세요.
정답표를 통해 편리하게 채점할 수 있습니다.

기출 유형 문제 09회

자동 채점 서비스

• 제한시간 : 1시간   • 소요시간 :   시간   분   • 전체 문항 수 : 60문항   • 맞힌 문항 수 :   문항

01 다음 중 디지털 데이터에 관한 설명으로 옳은 것은?
① 주로 문자, 음성의 형태만 변환이 가능하다.
② 아날로그 데이터와 비교해 오류 발생 확률이 높다.
③ 부호, 문자, 음성, 영상 등의 형태로 변환할 수 있다.
④ 저장 매체를 통해 유통하는 것이 불가능하다.

02 페르소나 설정 시 유의해야 할 점으로 옳지 않은 것은?
① 사용자 목표와 동기를 명확히 설정한다.
② 사용자 유형을 단일 페르소나로 설정한다.
③ 구체적인 특성을 반영하여 작성한다.
④ 실제 데이터와 조사 기반으로 작성한다.

03 다음 설명은 무엇에 대한 설명인가?

> 소비자는 단순히 콘텐츠를 소비하는 것을 넘어 생산자로서의 역할을 하며, 사용자 경험과 서비스 개선에 기여한다.

① 프로듀서
② 컨슈머
③ 프로슈머
④ 메타 데이터

04 강제 결부법의 목적은 무엇인가?
① 기존 사고에서 벗어난 발상 촉진
② 고정된 아이디어 반복
③ 사물의 본질을 파악하는 것
④ 단일 관점에서 문제 해결

05 저작권의 개념으로 올바른 것은?
① 사상이나 감정을 표현한 창작물에 대한 권리이다.
② 일정 기간 사용을 허락하는 권리이다.
③ 공개된 모든 자료에 해당한다.
④ 사실 데이터는 보호받지 못한다.

06 디자인의 질서성이 의미하는 바는?
① 디자인의 고급스러움
② 조건이 조화롭게 이루어짐
③ 비용 대비 효율성
④ 창의적 접근을 통한 차별화된 디자인

07 그리드에서 각 행(Row)과 단(Column)이 겹쳐지는 사각형 단위는 무엇인가?
① 거터(Gutter)
② 모듈(Module)
③ 마진(Margin)
④ 프레임(Frame)

08 레이아웃 형식화 단계의 설명 중 틀린 것은?
① 레이아웃 형식화의 첫 단계로, 레이아웃의 기본 뼈대를 구성하는 작업을 한다.
② 대칭적 균형, 비대칭적 균형, 원심적 균형등 다양한 균형 방식을 적용한다.
③ 초점선은 여러 개의 시각적 요소를 수직적으로 구분해 배열하는 단계이다.
④ 구성 막대는 시각적 흐름을 강화하고 감성을 표현하는 단계이다.

09 섬네일 스케치와 러프 스케치의 차이점으로 올바른 것은?

① 섬네일 스케치는 대략적으로, 러프 스케치는 구체적으로 스케치한다.
② 러프 스케치는 작은 크기로 여러 개의 아이디어를 표현한다.
③ 섬네일 스케치는 음영을 사용하여 표현한다.
④ 섬네일 스케치는 클라이언트의 요구 사항을 반영한다.

10 UX의 품질적 접근 요소 중 접근성에 해당하는 설명은?

① 디자인이 아름다울수록 사용자 감정에 긍정적 영향을 미친다.
② 모든 사용자가 쉽게 접근할 수 있는 제품을 설계한다.
③ 제품이 사용자의 기능 요구를 충족시키도록 한다.
④ 신뢰감을 줄 수 있도록 안정성을 제공한다.

11 제이콥 닐슨의 UI 가이드라인 원칙 중 '피드백'의 역할은?

① 사용자가 시스템을 조정하는 것처럼 느끼도록 구성한다.
② 사용자가 시스템 조작 결과를 인식하도록 돕는다.
③ 사용자가 원하는 정보를 쉽게 찾도록 한다.
④ 사용자 조정이 불가능하도록 만든다.

12 메타포(Metaphor) 원칙의 정의로 옳은 것은?

① 직접 제어하고 있다는 느낌을 주는 것이 핵심이다.
② 복잡한 개념을 비유나 은유를 통해 쉽게 이해하도록 한다.
③ 사용자가 원하는 시각적 아름다움을 제공한다.
④ 인터페이스에서 소리나 진동을 사용한다.

13 GUI에서 특정 기능을 실행하는 작은 그래픽 이미지를 무엇이라 하는가?

① 폴더 ② 창
③ 아이콘 ④ 메뉴

14 웹 디자인 정보 구조화에 대한 설명 중 틀린 것은?

① 일반적으로 하향식 계층 구조를 따른다.
② 계층 구조의 폭은 최대 5개이다.
③ 너무 깊거나 넓은 구조는 접근성을 저하시킨다.
④ 웹 디자인의 계층 구조의 깊이는 5단계로 구성한다.

15 다음은 무엇에 대한 설명인가?

- 해상도에 따라 덜 중요한 컬럼을 숨기고 모바일에서는 핵심 정보만 표시하는 방식이다.
- 정보 우선순위를 고려한 적응형 디자인 기술이다.

① 반응형 스크롤 그리드
② 점진적 컬럼 숨김 그리드
③ 유동형 테이블
④ 오프캔버스 패턴

16 다음 중 색상체계에 대한 설명 중 잘못된 것은?

① 인덱스 컬러는 주로 256색을 사용한다.
② 비트맵은 256단계 회색톤으로 표현한다.
③ RGB 색상체계는 모니터, TV등 디지털 장치에서 사용한다.
④ 듀오톤은 두 가지 색상을 혼합하여 이미지를 표현한다.

17 고해상도 인쇄를 위한 일반적인 권장 해상도(DPI)는?

① 72 DPI ② 150 DPI
③ 300 DPI ④ 600 DPI

18 다음 그림에서 느낄 수 있는 원리는?

① 착시　　② 율동
③ 균형　　④ 강조

19 비례에 대한 설명 중 틀린 것은?
① 비례 종류에는 등차수열 비례, 상가수열 비례, 황금 비례, 루트 비례 등이 있다.
② 적절한 비례는 안정적이고 조화롭게 보인다.
③ 황금 비례는 자연에서 자주 발견되는 비례이다.
④ 전통 건축이나 예술에서 사용되는 비례는 상가수열 비례이다.

20 다음 중 세리프 서체에 대한 설명으로 맞는 것은?
① 글자 끝에 장식이 없는 서체이다.
② 고전적인 느낌을 주며 장문의 텍스트에 적합하다.
③ 현대적이고 간결한 느낌을 준다.
④ 일반적으로 코드 작성에 사용된다.

21 프로토타이핑의 목적 중 폐기 처분용 프로토타입의 주된 기능은?
① 실제 데이터를 구현하는 것
② 사용자 요구 분석을 위한 것
③ 대량 생산을 위한 설계
④ 최종 제품을 위해 보존하는 것

22 디자인 프로젝트에서 특정 문제 해결을 위해 임시로 구성된 팀을 무엇이라 하는가?
① 내비게이션 팀
② TFT(Task Force Team)
③ 인터랙션 디자인 팀
④ 프로젝트 분석 팀

23 다음 중 웹사이트 사용성 평가 항목에 해당하지 않는 것은?
① 위치의 정확성
② 이동의 용이성
③ 레이아웃의 일관성
④ 광고 효과

24 어포던스(Affordance) 개념에 맞는 예시로 옳은 것은?
① 화면에 표시된 문구를 읽고 행동하는 것
② 사용자가 직접 문의를 통해 답변을 받는 것
③ 텍스트 입력 상자의 깜빡이는 커서가 텍스트 입력 가능함을 알려주는 것
④ 버튼이 있지만 기능이 구현되어 있지 않은 것

25 다음 설명은 무엇에 대한 설명인가?

> 디지털 소비자 유형 중 예술과 디자인의 결합된 제품을 선호하며 개성을 중시하는 소비자이다.

① 크리슈머
② 마이크로 미디어
③ 트레저 헌터
④ 아티젠

26 사용성 테스트의 체크리스트 개념 중 틀린 것은?

① 항목을 체계적으로 나열해 하나씩 확인하고 점검할 수 있도록 돕는 도구이다.
② 좋은 체크리스트를 구성하려면, 연구 목적에 부합하는 적절한 항목을 선정한다.
③ 중복 항목이 포함되어도 무방하다.
④ 관찰 도구로 활용 시, 관찰자가 행동을 관찰하고 표시한다.

27 목표 사용자에 대한 이해를 높이는 방법이 아닌 것은?

① 네티즌을 이해한다.
② 목표 사용자와의 인터뷰를 통해 구체적인 의견을 수집한다.
③ 비슷한 사이트를 분석하여 벤치마킹한다.
④ 사용자에 대한 조사를 생략한다.

28 웹사이트 보안 표준에 포함되지 않는 것은?

① 사용자 인증 및 권한 관리
② 파일 크기 줄이기
③ 데이터 통신 암호화
④ HTTPS 사용

29 다음 중 로고와 아이콘 작업에 주로 사용되는 벡터 그래픽 소프트웨어는?

① 포토샵
② 일러스트레이터
③ 스케치업
④ 블렌더

30 DPI(Dots Per Inch)에 대한 설명으로 올바른 것은?

① DPI는 디바이스의 화면 밀도를 나타내며, 더 높은 DPI는 더 선명한 이미지를 생성한다.
② DPI가 높을수록 디바이스의 픽셀 수는 줄어든다.
③ DPI는 항상 160으로 고정된다.
④ DPI는 해상도와 관계없이 일정하다.

31 다음 중 빛의 파장에 따라 다른 색으로 분해된 현상은 무엇인가?

① 반사색
② 스펙트럼
③ 금속색
④ 무채색

32 다음 중 빛의 밝기가 중간 정도인 상황에서의 시각 상태를 나타내는 용어는 무엇인가?

① 암소시
② 박명시
③ 명소시
④ 암순응

33 특정 색에 지속적으로 노출되면 그 색에 대한 감각이 둔감해지는 현상은 무엇인가?

① 색의 항상성
② 색순응
③ 명암순응
④ 푸르킨예 현상

34 다음 중 표색계에 대한 설명으로 틀린 것은?

① 표색계는 색을 체계적으로 분류하고 표현하기 위한 체계이다.
② 혼색계는 색상, 명도, 채도에 따라 물체의 색을 체계적으로 배열한 색상 체계이다.
③ 현색계에는 먼셀 표색계, 오스트발트 표색계등이 있다.
④ 표색계는 현색계와 혼색계로 분류된다.

35 다음 중 조건등색(메타머리즘)에 해당하는 현상은?
① 파란색이 빨간색보다 더 선명해 보임
② 서로 다른 스펙트럼의 빛이 같은 색으로 보임
③ 빛이 물체에 흡수되어 색이 사라짐
④ 특정 조명 아래에서만 색이 변함

36 먼셀 색체계에 대한 설명으로 옳지 않은 것은?
① 색은 혼합하는 양에 따라 결정된다.
② 색의 표기 형식은 H V/C로 나타낸다.
③ 색상(H), 명도(V), 채도(C)로 색을 구분한다.
④ 순수한 빨강은 5R 6/12로 표기된다.

37 색의 경연감에 대한 설명으로 옳은 것은?
① 명도와 채도에 따라 단단하거나 부드러운 느낌을 준다.
② 밝은 색은 단단하고 거친 느낌을 준다.
③ 어두운 색은 부드럽고 연한 느낌을 준다.
④ 색상이 명도에 따라 차갑게 느껴진다.

38 다음 중 웹 디자인에서 피해야 할 색채 디자인 방식은?
① 고채도 색상 사용
② 사용자 피로를 줄이는 배색 사용
③ 시각적 대비를 최소화하는 배색
④ 자연스러운 배색 사용

39 색채 디자인에서 주조색의 역할로 적합한 것은?
① 디자인의 명도를 조정하는 색상
② 디자인의 균형을 유지하기 위한 보완 색상
③ 디자인의 특정 요소를 돋보이게 하는 포인트 색상
④ 전체 디자인에서 가장 넓은 영역에 사용되며, 분위기를 결정하는 핵심 색상

40 트렌드와 유행의 차이점으로 적절한 설명은?
① 유행은 장기적이고, 트렌드는 단기적이다.
② 트렌드는 유행보다 오랜 기간 지속되며, 사회 전반에 영향을 미친다.
③ 유행은 경제적 변화와 관련이 없으며, 트렌드는 소비자의 기호에만 의존한다.
④ 트렌드는 주로 패션 분야에만 해당한다.

41 목적에 맞게 두 가지 이상의 색을 나란히 배치하여 미적 감각을 느끼는 것은 무엇인가?
① 색의 배색
② 색의 대비
③ 색의 혼합
④ 색의 명시

42 색의 대비 설명 중 연결이 틀린 것은?
① 계시대비는 한 색상을 일정 시간 바라본 뒤 느껴지는 대비 효과이다.
② 동시대비는 두 가지 색상이 나란히 있을 때 보이는 현상이다.
③ 연변대비는 처음 본 색의 자극이 다음 색 인식에 영향을 미친다.
④ 채도대비는 채도 차이가 더 뚜렷해 보이는 시각적 효과이다.

43 저드의 색채 조화 원리에 관한 설명으로 틀린 것은?
① 친근감의 원리 – 유사한 성질의 색상을 사용하여 조화로움을 쉽게 느끼게 하는 원리
② 유사성의 원리 – 색상 간에 명도, 채도, 색상이 비슷할 때 조화를 이루는 원리
③ 질서의 원리 – 색상을 규칙적이고 체계적으로 배열하여 시각적 안정감을 주는 원리
④ 명료성의 원리 – 유사한 성질의 색상을 사용하여 시각적으로 안정감을 주는 원리

44 비콜로 배색은 어떤 배색 방식인가?

① 세 가지 색상을 사용하여 균형과 대비를 이루는 방식
② 두 가지 색상을 사용하여 강렬한 대조나 조화를 이루는 방식
③ 색상 간 명도를 낮추어 통일감을 주는 방식
④ 채도를 통일감 있게 유지하는 방식

45 문·스펜서의 색채 조화론에서 조화를 이루는 배색이 아닌 것은?

① 대비 조화　　② 유사 조화
③ 통일 조화　　④ 동일 조화

46 멀티미디어의 특징이 아닌 것은?

① 멀티미디어 응용 분야에는 웹사이트, 광고, 가상 현실, 키오스크, 교육 등이 있다.
② 멀티미디어는 텍스트, 이미지, 오디오 등 두 가지 이상의 미디어 형태가 결합된 콘텐츠이다.
③ 멀티미디어 특성에는 통합성, 상호작용, 선형성, 디지털화가 있다.
④ 과거 멀티미디어는 그래픽과 색상이 제한적이었다.

47 멀티미디어 시스템 구성 중 연결이 틀린 것은?

① 저장 장치 – 하드 디스크
② 통신 장치 – 동기형 통신 장치
③ 하드웨어 – CD-ROM
④ 통신 장치 – SSD

48 멀티미디어 제작 소프트웨어 연결로 틀린 것은?

① 이미지 편집 소프트웨어 – 포토샵, 페인트 샵
② 웹 페이지 소프트웨어 – 일러스트레이터
③ 사운드 편집 소프트웨어 – 골드 웨이브, 오디션
④ 애니메이션 편집 소프트웨어 – 3D 스튜디오 맥스

49 PNG 포맷의 주요 용도로 적합하지 않은 것은?

① 고품질의 인쇄 작업
② 투명 배경을 지원하는 웹 그래픽
③ 반투명 효과가 필요한 이미지
④ 이미지의 색상 품질을 유지해야 할 경우

50 색인은 주로 무엇을 하기 위한 작업인가?

① 불필요한 정보를 걸러내기 위해
② 검색 결과의 순위를 높이기 위해
③ 문서의 중요한 키워드를 추출해 데이터베이스에 저장하기 위해
④ 검색 엔진의 속도를 늦추기 위해

51 웹 서버와 웹 브라우저 간 데이터 전송에 사용하는 프로토콜은 무엇인가?

① FTP　　　　② HTTP
③ HTML　　　④ TCP/IP

52 웹 브라우저의 기능 중 사용자의 디바이스에 방문 기록과 설정 정보를 저장하여, 재방문 시 이전 상태를 유지하고 맞춤형 정보를 제공하는 것은?

① 쿠키
② 프록시
③ 방화벽
④ HTTP

53 JavaScript에서 주석을 작성할 때, 한 줄 주석의 표기 방식은?

① /* 주석 */
② <!-- 주석 -->
③ # 주석
④ // 주석

54 다음 중 자바스크립트의 예약어가 아닌 것은?

① const
② for
③ function
④ total

55 다음은 무엇에 대한 설명인가?

> • SGML에서 파생된 간단하고 매우 획기적인 마크업 언어이다.
> • 문법 측면에서 매우 엄격하며, 데이터를 구조화하고 저장 및 전송하기 위한 언어이다.

① HTML
② JSON
③ XML
④ CSS

56 웹 브라우저와 서버 간의 데이터 전송을 위한 프로토콜이 아닌 것은?

① HTTP
② HTTPS
③ FTP
④ SMTP

57 웹 서버의 작동 원리 순서로 알맞은 순서는?

① 연결 설정 → 서버 응답 생성 → 요청 수신 → 응답 반환 → 연결 종료
② 연결 설정 → 요청 수신 → 응답 반환 → 서버 응답 생성 → 연결 종료
③ 연결 설정 → 요청 수신 → 서버 응답 생성 → 응답 반환 → 연결 종료
④ 연결 설정 → 응답 반환 → 요청 수신 → 서버 응답 생성 → 연결 종료

58 데이터베이스의 구조를 시각적으로 표현하여 테이블 간 관계를 정의한 다이어그램은 무엇인가?

① 유스케이스
② 기능 차트
③ ERD
④ 시스템 이행 계획서

59 산출물 정리 및 체계화의 주요 목적이 아닌 것은?

① 검색 및 분석이 용이하여 의사결정을 돕는다.
② 불필요한 작업을 줄여 효율성을 높인다.
③ 유지보수 작업을 최소화한다.
④ 프로젝트 가치를 높여 클라이언트에 제공한다.

60 산출물 정리를 위해 필요한 데이터를 선별하여 보존 및 폐기 여부를 결정하는 작업은?

① 결과 보고서 작성
② 데이터 선별 및 정리
③ 체크리스트 작성
④ 산출물 구성

기출 유형 문제 09회
빠르게 정답 확인하기!

스마트폰으로 QR 코드를 찍어 보세요.
정답표를 통해 편리하게 채점할 수 있습니다.

기출 유형 문제 10회

자동 채점 서비스

- **제한시간**: 1시간
- **소요시간**: 시간 분
- **전체 문항 수**: 60문항
- **맞힌 문항 수**: 문항

01 외부 데이터에 해당하는 것은?

```
ㄱ. 비디오 클립
ㄴ. 고객 구매 이력
ㄷ. 주식 정보
ㄹ. 날씨 정보
```

① ㄱ, ㄴ, ㄷ, ㄹ
② ㄱ, ㄷ, ㄹ
③ ㄷ, ㄹ
④ ㄴ, ㄷ, ㄹ

02 다음 중 데이터 분석의 체크리스트에 포함되지 않는 것은?

① 정보 구조 관점
② 내비게이션 관점
③ 마케팅 관점
④ 공학적 관점

03 인지 모형의 목적에 대한 설명으로 옳은 것은?

① 사용자의 성격을 분석하는 모형이다.
② 사용자의 행동을 예측하는 자료이다.
③ 사용자의 사고와 정보 처리 과정을 설명하는 모델이다.
④ 사용자의 동기와 경험을 기록하는 자료이다.

04 육색모 사고법에서 빨간색이 상징하는 것은?

① 객관적 사고
② 감정적 사고
③ 전체적인 사고
④ 비판적 사고

05 CC 라이선스의 비영리 조건은 무엇을 의미하는가?

① 저작물을 상업적 목적으로 사용할 수 없다.
② 저작물의 출처 표시가 필수이다.
③ 저작물을 수정할 수 없다.
④ 동일 조건으로 변경해야 한다.

06 디지털 저작권 관리(DRM)의 주요 기능으로 적합한 것은?

① 복제 방지
② 비용 절감
③ 무단 배포
④ 필터링

07 다음 중 와이어프레임 작성 시 고려 사항으로 맞는 것은?

① 그래픽 품질을 높이기 위해 고해상도 요소를 포함한다.
② 특정 화면 비율만 집중하여 레이아웃을 작성한다.
③ 전반적인 콘텐츠 배치에 중점을 둔다.
④ 페이지 최종 디자인 세부 요소를 반영한다.

08 레이아웃 구성에 대한 설명 중 틀린 것은?
① 그리드는 가로, 세로 보이지 않는 격자를 통해 요소를 배치한다.
② 여백을 통해 공간감을 표현하고 주제를 부각시킨다.
③ 페이지 간의 일관성을 유지하는 데 중요하지 않다.
④ 텍스트, 이미지, 그래픽 요소 등을 배치해 시각적 구성을 만드는 과정이다.

09 시각화 과정 중 '완성' 단계에서 수행하는 작업은?
① 초기 구상 아이디어를 정리한다.
② 명암과 채색 등을 통해 아이디어를 구체화한다.
③ 에스키스와 러프 스케치를 비교한다.
④ 간단한 그림을 빠르게 여러 개 그린다.

10 사용자 친화적인 웹사이트를 위해 중요한 정보 체계화 방법은?
① 주제를 기준으로 체계화
② 사용자의 생각과 행동을 반영한 체계화
③ 최소한의 정보를 제공하는 체계화
④ 사이트 구조를 비슷하게 맞춘 체계화

11 다음 중 UI 구성요건에 대한 설명으로 옳은 것은?
① 학습의 용이성 : 사용자가 별도의 교육 없이 시스템을 쉽게 배울 수 있도록 직관적으로 설계해야 한다.
② 사용의 효율성 : 사용자가 작업을 느리고 복잡하게 처리할 수 있도록 여러 단계를 추가한다.
③ 오류의 최소화 : 사용자의 실수를 인식하지 않도록 설계하고, 수정할 기능을 제공하지 않는다.
④ 사용자 만족 : 사용자의 기대와 상관없이 기능을 제공하여 사용자 경험에 무관심하게 설계한다.

12 UX를 다루는 분야 중, 데이터를 시각적으로 정리하고 표현하여 사용자에게 명확하게 전달하는 디자인 분야는?
① 인터랙션 디자인
② 정보 디자인
③ 정보 설계
④ 감성 디자인

13 웹페이지 주요 레이아웃 구성 요소와 이에 대한 설명을 연결하는 것 중 틀린 것은?
① 푸터 – 저작권 정보, 주소, 대표 전화번호, 이메일 등 포함
② 헤더 – 검색, 위치 정보, 내비게이션 막대, 풀다운 메뉴, 사이트 맵 제공
③ 바디 – 콘텐츠가 담기는 주요 영역
④ 광고 – 다양한 형태와 크기로 구성

14 웹사이트 그리드 시스템에 대한 설명으로 틀린 것은?
① 960 그리드 시스템은 웹사이트 디자인에 보편적으로 사용된다.
② 미세 조정 그리드 시스템을 활용한다.
③ 12개의 단으로 나눠 다양한 해상도에 적합하다.
④ 12개의 단은 1, 2, 3, 4, 6 등으로 나눌 수 있어 다양한 레이아웃 구성이 가능하다.

15 기업이 소유하고 직접 관리하는 미디어 채널을 활용하여 브랜드 메시지를 전달하는 전략은?
① 비주얼 콘셉트 전략
② 온드 미디어 전략
③ UI 가이드 전략
④ 반응형 웹 전략

16 고정형 너비 레이아웃의 특징으로 옳지 않은 것은 무엇인가?
① 레이아웃의 크기가 화면 크기에 따라 변하지 않는다.
② 레이아웃이 화면 크기에 따라 유동적으로 조정된다.
③ 특정 해상도에서만 콘텐츠가 잘 보일 수 있다.
④ 화면 크기가 작으면 일부 콘텐츠가 잘리거나 스크롤이 필요할 수 있다.

17 다음은 무엇에 대한 설명인가?

- 인간의 시각에 기반한 색상 모델이다.
- 밝기, 색상으로 색을 정의하여 넓은 색 영역을 표현한다.

① RGB   ② CMYK
③ HSB   ④ LAB

18 다음 중 '점이(점층)'는 디자인 원리의 어느 영역에 속하는가?
① 통일   ② 리듬
③ 동세   ④ 대조

19 균형의 종류로 옳지 않은 것은?
① 대칭 균형   ② 비대칭 균형
③ 방사 균형   ④ 분할 균형

20 다이어그램의 주된 목적은 무엇인가?
① 문서의 정보를 복잡하게 만들기 위해
② 정보와 데이터의 관계를 도식화해 쉽게 이해할 수 있도록 하기 위해 사용된다.
③ 다른 언어권 사용자에게도 보편적 메시지를 전달할 수 있다.
④ 상징적 아이콘 또는 그래픽 기호로 누구나 쉽게 이해하기 위해 사용된다.

21 모핑 애니메이션의 설명으로 맞는 것은?
① 움직이는 텍스트를 활용하여 메시지를 전달하는 기법이다.
② 한 이미지가 다른 이미지로 부드럽게 전환되는 방식이다.
③ 빠른 동작에 자연스러운 움직임을 부여하는 데 유용하다.
④ 여러 장의 그림을 책처럼 묶어 빠르게 넘겨 애니메이션처럼 보이게 하는 방식이다.

22 프로토타입에서 Quick and Dirty의 목적은 무엇인가?
① 사용자의 요구 분석을 최대한 정밀하게 설계하는 것
② 개발 초기 빠르게 아이디어를 시각화하는 것
③ 대규모 시험을 위해 만든 프로토타입
④ 사용자 피드백을 수집하지 않는 것

23 사용성 테스트의 목적은 무엇인가?
① 스마트 소비자의 구매 단계별 웹 라이프스타일을 파악하기 위해
② 사용자의 감정을 분석하기 위해
③ 사용자가 제품을 얼마나 쉽게 사용할 수 있는지 평가하기 위해
④ 웹사이트의 디자인 요소를 최종 검토하기 위해

24 사용자의 태도 분석에 주로 사용되는 방법은?

ㄱ. 웹 로그 분석
ㄴ. 포커스 그룹 인터뷰
ㄷ. A/B 테스트
ㄹ. 사용자 설문

① ㄴ, ㄹ   ② ㄱ, ㄷ
③ ㄱ, ㄷ, ㄹ   ④ ㄴ

25 사용성 테스트에서 참여자의 현재 위치를 추적하고 안내하는 역할을 담당하는 인력은?
① 진행자
② 관찰자
③ 커뮤니케이션 소통자
④ 안내자

26 참여자 선발에 대한 설명 중 틀린 것은?
① 예비 참여자 명단을 확보한다.
② 2배수까지 대기자를 확보한다.
③ 참여자 수를 제한하지 않는다.
④ 전화 인터뷰를 통해 참여자의 적합성을 재확인한다.

27 다음 중 목표 사용자의 경향을 파악하기 위한 방법으로 적절한 것은?
① 포커스 그룹 인터뷰
② 네티즌 이해
③ 체크리스트 작성
④ 사용자 만족도 측정

28 안드로이드 애플리케이션 제작 시 해상도 관리를 위한 효율적인 방법은?
① 모든 해상도를 개별적으로 제작해야 한다.
② 대표적인 모델과 해상도를 선정해 제작하는 것이 효율적이다.
③ 오직 XHDPI만 고려하여 제작하면 된다.
④ 고해상도일수록 해상도를 낮춰야 한다.

29 웹사이트 성능 최적화 표준에 포함되지 않는 항목은?
① 이미지 압축
② HTTPS 사용
③ 파일 크기 줄이기
④ 캐싱 활용

30 디바이스의 특성에 따른 설계 시 고려 사항으로 틀린 것은?
① 컴퓨터는 멀티미디어 처리를 위한 고성능이 필요하다.
② 모바일은 작은 화면에 맞춘 별도 디자인이 필요하다.
③ 태블릿은 주로 터치 조작을 기반으로 설계된다.
④ 디지털 사이니지는 사용자의 실시간 피드백을 바탕으로 설계된다.

31 어두운 환경에서 주로 활성화되는 시각 체계는?
① 암소시
② 명소시
③ 청각
④ 촉각

32 파장이 짧은 색일수록 빛의 굴절률이 어떻게 되는가?
① 작아진다.
② 커진다.
③ 변하지 않는다.
④ 파장에 관계없이 같다.

33 다음 중 가산혼합에 대한 설명으로 옳지 않은 것은?
① 빛의 혼합 방식으로 빛을 더할수록 밝아진다.
② 빛의 삼원색은 빨강, 초록, 파랑이다.
③ 빛을 혼합하면 최종적으로 검정이 된다.
④ TV, 모니터 등에서 사용된다.

34 감산혼합의 삼원색이 아닌 것은?
① 자주(Magenta)
② 청록(Cyan)
③ 노랑(Yellow)
④ 파랑(Blue)

35 다음 중 색상환에 대한 설명으로 틀린 것은?
① 색상환은 색을 시각적으로 이해하고 분류하기 위해 색상을 원형으로 배열한 도구이다.
② 우리나라 교육 분야에서 먼셀의 20색상환을 활용하고 있다.
③ 색상환에서 근접보색은 정반대 위치에 있는 색이다.
④ 색상환은 색상간의 관계를 보여주며 이해할 수 있도록 도와준다.

36 다음 중 혼색계의 대표적인 예는?
① 먼셀 표색계
② 오스트발트 표색계
③ CIE 표색계
④ NCS 색상 체계

37 아래 왼쪽 검은 원반의 중심을 40초 동안 주시한 후, 오른쪽 검은 점으로 시선을 이동하면 어떤 현상이 발생하는가?

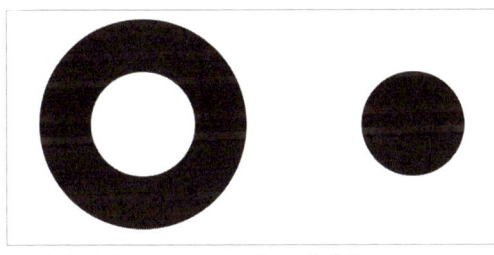

① 부의 잔상
② 보색대비
③ 명도대비
④ 정의 잔상

38 먼셀 색입체를 수직으로 절단한 단면은?
① 동일 명도면
② 동일 채도면
③ 동일 색조면
④ 동일 색상면

39 다음 오스트발트 표색계에 관한 설명 중 틀린 것은?
① 오스트발트 표색계는 헤링의 4원색설을 기본으로 하고 있다.
② 무채색은 백색량 + 흑색량 = 50%가 되게 하였다.
③ 색상은 빨, 녹, 노, 파랑색을 기본으로 한다.
④ 색표시는 색상기호, 백색량, 흑색량 순으로 한다.

40 다음 설명에 해당하는 것은?

> 판매 시점에서 소비자의 주목을 끌어, 구매를 유도하기 위해 카운터 부근에 설치된 광고

① 웹 디자인
② POP 디자인
③ 가상현실
④ 레터링 디자인

41 색채 디자인 프로세스에 대한 설명 중 알맞은 것은?
① 색채 기획 – 디자인 목적과 방향에 맞는 색채 사용 계획
② 색채 기획 – 색채 데이터 분석
③ 콘셉트 설정 – 주조색, 보조색 선정하여 디자인에 적용
④ 색채 디자인 – 조사된 자료를 바탕으로 색채 이미지 설정

42 색조 조절 방식 중 톤(Tone)은 어떤 방법인가?
① 색상에 흰색을 추가
② 색상에 회색을 추가
③ 색상에 검정색을 추가
④ 색상에 노란색을 추가

43 다음 중 색채 조화를 위한 배색 시 고려해야 할 사항으로 거리가 먼 것은?
① 색의 전체적 인상을 동일하게 유지하기 위해 색상, 명도, 채도 중 한 가지 공통된 부분을 만들어 준다.
② 일반적으로 가벼운 색은 위쪽에, 무거운 색은 아래쪽에 배치한다.
③ 비슷한 색상들로 이루어진 조화는 명도나 채도의 차이를 주어 대비 효과를 만든다.
④ 배색할 때 전체 색조를 생각한 후, 색상 수를 될 수 있는 대로 많이 한다.

44 저드의 색채 조화 원리로 옳은 것은?
① 질서성 – 다양성 – 균형성 – 친근성
② 유사성 – 명료성 – 공통성 – 정통성
③ 질서성 – 친근성 – 유사성 – 명료성
④ 조화성 – 친근성 – 공통성 – 질서성

45 다음 관용색명 중 빨강 계열에 속하지 않는 색은?
① 주홍색
② 다홍색
③ 벽돌색
④ 호박색

46 멀티미디어 제작 기획서 작성 단계 설명 중 틀린 것은?
① 요구 분석과 목표 정의 단계에서는 프로젝트 목적과 대상 사용자를 설정한다.
② 제작 기획서 작성 단계에서는 6W3H 접근법을 활용해 세부 내용을 정리한다.
③ 자료 수집 및 참조모델 설정 단계에서는 SWOT 분석을 활용한다.
④ 콘셉트 설정 단계에서는 플랫폼과 운영 체제를 정리한다.

47 멀티미디어의 대표적인 응용 분야가 아닌 것은?
① 웹사이트
② 게임
③ 포토 앨범
④ 교육

48 다음 중 멀티미디어 제작 과정의 '기획 및 설계' 단계에 해당하는 작업은?
① 콘텐츠 제작물 산출
② 제작 기획서와 스토리보드 작성
③ 오류 수정 및 최종 품질 개선
④ 프로그래밍 작업

49 다음 설명에 해당하는 것은?

> 두 개 이상의 규칙적인 패턴이 겹쳐질 때 물결무늬나 줄무늬 같은 시각적 간섭이 나타나는 현상으로, 특히 고해상도 TIFF 이미지 인쇄 또는 JPEG 이미지를 확대, 축소할 때 자주 발생할 수 있다.

① 디더링
② 모아레 현상
③ 인터레이싱
④ 안티 앨리어싱

50 MPEG 포맷에서 720×480 해상도로 DVD 및 방송 용도로 사용되는 버전은?
① MPEG-1
② MPEG-2
③ MPEG-4
④ MPEG-7

51 다음 중 '웹'에 대한 설명으로 올바른 것은?
① 인터넷의 물리적 네트워크 인프라를 의미한다.
② 전 세계의 정보를 연결하고 제공하는 인터넷 기반의 정보 공유 시스템이다.
③ 1990년대에 팀 버너스 리에 의해 최초로 인터넷이 발명된 개념이다.
④ 웹은 오직 하이퍼텍스트만 지원한다.

52 다음은 무엇에 관한 검색 방식인가?

> 여러 검색 엔진을 동시에 활용하여 검색 결과를 한 화면에 종합적으로 제공하는 검색 방식이다.

① 불리언 검색
② 메타 검색
③ 통합 검색
④ 키워드 검색

53 HTML 태그 중 〈table〉 구성과 관련이 없는 태그는?

① 〈tr〉
② 〈dt〉
③ 〈th〉
④ 〈caption〉

54 웹 페이지의 주요 구성 요소 중 웹 페이지의 구조와 콘텐츠를 정의하는 마크업 언어는?

① HTML
② CSS
③ FTP
④ JavaScript

55 자바스크립트에서 경고창을 띄우는 메서드는?

① alert()
② confirm()
③ prompt()
④ window.close()

56 다음은 무엇에 관한 설명인가?

> • HTML, CSS, JavaScript를 결합하여 동적 웹 페이지를 만든다.
> • 사용자가 웹 페이지와 상호작용할 때 페이지를 다시 로드하지 않고 실시간으로 변경 가능하다.

① XML
② DHTML
③ PHP
④ JSP

57 디지털 산출물을 관리하는 방법 중 틀린 것은?

① 중앙에서 효율적으로 관리하도록 한다.
② 문서의 생성부터 폐기까지 관리한다.
③ 정보를 안전하게 공유할 수 있도록 한다.
④ 각자 관리하고, 총비용(TCO)을 늘린다.

58 작업분류체계(WBS) 작성 단계에서 가장 먼저 수행해야 할 단계는?

① 작업 분류 및 세분화
② 프로젝트 목표 및 범위 정의
③ 검토 및 조정
④ 자원 배치

59 디자인 가이드에 포함되지 않는 항목은 무엇인가?

① 디자인 원칙과 방향성
② 유지보수 담당자 정보
③ 일관성 있는 스타일 규칙
④ 최종 산출물 파일

60 유지보수자가 시스템 운영 후 지속적으로 담당하는 것은?

① 클라이언트 교육
② 프로젝트 일정 관리
③ 문제 해결 및 개선
④ 이해관계자 분석

기출 유형 문제 10회
빠르게 정답 확인하기!
스마트폰으로 QR 코드를 찍어 보세요.
정답표를 통해 편리하게 채점할 수 있습니다.

기출 유형 문제 정답 & 해설

기출 유형 문제 01회   136P

01 ③	02 ②	03 ②	04 ②	05 ④
06 ③	07 ②	08 ①	09 ②	10 ④
11 ①	12 ②	13 ③	14 ②	15 ②
16 ③	17 ④	18 ①	19 ④	20 ②
21 ③	22 ②	23 ④	24 ③	25 ①
26 ③	27 ④	28 ②	29 ④	30 ①
31 ①	32 ②	33 ①	34 ③	35 ③
36 ③	37 ③	38 ④	39 ②	40 ③
41 ①	42 ③	43 ②	44 ②	45 ③
46 ④	47 ③	48 ①	49 ①	50 ②
51 ③	52 ④	53 ②	54 ④	55 ③
56 ③	57 ③	58 ①	59 ①	60 ②

01 ③

기초데이터는 콘텐츠를 구성하고 분석의 기반을 제공하는 역할을 하지만, 프로젝트 관리 도구로 사용되지는 않음

02 ②

메타데이터는 다른 데이터를 설명하거나 정의하기 위해 구조화된 정보를 의미함

03 ②

마인드맵기법은 비선형적 사고와 시각적 표현으로 창의적 발상을 촉진하는 데 효과적

04 ②

저작권법에 따르면, 단순히 청소년이 노래를 틀고 춤을 추는 행위 자체는 저작권 침해에 해당하지 않음

05 ④

인터랙션의 완벽한 구현은 프로토타입이나 최종 디자인 단계에서 이루어지며, 와이어프레임 단계에서는 최소한의 기능적 설명만 포함

06 ③

프로젝트의 타임라인과 일정은 스토리보드의 화면 설계와는 무관하며, 프로젝트 관리나 일정 계획 단계에서 다루는 항목

07 ②

핸드 스케치는 간단한 도구로 빠르게 아이디어를 표현하는 초기 스케치 기법

08 ①

여정 맵은 사용자가 시스템을 사용하는 동안의 경험과 감정을 시각적으로 표현한 도구로, UX 설계에서 중요한 역할을 함

09 ②

인터랙션 디자인은 사용자와 시스템 간의 상호작용을 설계하여 사용자가 원하는 목적을 쉽게 달성하도록 돕는 디자인 분야. 이는 버튼 클릭, 화면 전환 등 사용자와 시스템의 행동을 매끄럽게 연결하는 것을 목표로 함

10 ④

UI(User Interface)는 사용자와 시스템 간 상호작용을 가능하게 하는 시각적, 물리적 인터페이스 요소를 의미하며, UX(User Experience)는 사용자가 시스템을 사용하며 느끼는 전반적인 경험을 설계하는 과정. 두 개념은 밀접하게 연결되어 있으나 명확히 구분되는 역할을 가짐

11 ①

웹 페이지는 일반적으로 홈페이지(최상위)에서 시작해, 메인 메뉴 > 서브 메뉴 > 상세 페이지로 이어지는 트리 구조를 가짐. 이는 정보의 체계적인 분류와 접근성 향상을 위해 사용되며, 계층구조(Hierarchical Structure)라고 함

12 ②

웹 디자인 정보 구조화는 일반적으로 하향식 계층 구조를 따름. 깊이와 폭은 적절히 제한하여 접근성을 높이며, 깊이는 최대 5단계, 폭은 5~9개로 구성하는 것이 권장됨

오답 피하기
①, ③, ④는 접근성을 떨어뜨리거나 권장 방식이 아님

13 ③

헤더는 페이지 상단에 위치하며 로고, 내비게이션 바, 로그인 등의 핵심 요소를 포함

14 ②

반응형 웹사이트의 주요 특징 중 하나는 화면 크기와 해상도에 따라 콘텐츠가 유동적으로 조정되는 것. 이미지 처리 방식 역시 동일하며, CSS 미디어 쿼리와 같은 기술을 통해 이미지는 디바이스의 화면 크기에 따라 자동으로 크기가 조절됨

오답 피하기
- ① : 반응형 웹사이트는 디바이스별로 다른 크기로 조정되기 때문에 이 설명은 반응형 웹의 특징과 맞지 않음
- ③ : 반응형 웹사이트에서는 특정 상황에서 콘텐츠를 숨길 수는 있지만, 기본적으로 이미지를 화면 크기에 맞게 조정하지, 항상 숨기지는 않음
- ④ : 반응형 웹의 목적은 모든 디바이스에서 콘텐츠를 최적화하여 표시하는 것이므로 데스크톱에만 제한되지 않음

15 ②

AR은 현실 환경 위에 디지털 정보를 추가하며, VR은 현실을 차단하고 가상의 환경에 몰입하도록 설계된 기술

16 ③

비트맵 이미지는 픽셀 단위로 저장되기 때문에 고해상도의 경우 파일 크기가 커질 수 있음. 벡터 방식은 수학적 계산으로 저장되어 파일 크기가 작음

17 ④

32비트 이미지는 24비트 이미지에 알파 채널이 추가되어, 투명도와 반투명도를 표현할 수 있는 것이 주요 차이점임

18 ①

비대칭에 해당하는 설명으로, 대칭의 특징과는 맞지 않음. 비대칭은 좌우가 동일하지 않지만 시각적 무게감을 조절하여 개성 있고 역동적인 느낌을 주는 디자인 방식

19 ④

오답 피하기
- ① 대비 착시 : 주변 색상, 밝기, 패턴의 차이로 인해 도형의 색상, 크기, 명도가 달라 보이는 현상
- ② 무게 중심 착시 : 물체의 형태나 배치에 따라 시각적 중심이 어긋나 보이는 현상
- ③ 수직·수평 착시 : 같은 길이의 선이라도 수직선이 수평선보다 더 길어 보이는 현상

20 ②

세리프(Serif) 서체는 글자의 끝에 작은 장식(세리프)이 있는 전통적이고 우아한 서체. 반면, 산세리프(Sans-serif) 서체는 이러한 장식이 없는 깔끔하고 현대적인 느낌의 서체

21 ③

픽토그램은 특정 사물, 개념, 정보 등을 직관적으로 표현한 상징적 기호로, 언어나 문화의 차이를 초월하여 누구나 이해할 수 있도록 설계됨

오답 피하기
- ① : 픽토그램은 글자가 아닌 그림으로 간단한 정보를 전달하는 것이 목적
- ② : 픽토그램은 보편성을 가지며 다양한 문화권에서 사용됨
- ④ : 잘 설계된 픽토그램은 크기가 작아져도 명확하게 의미를 전달할 수 있어야 함

22 ②

네트워크형 구조는 페이지 간의 연결이 자유롭고, 연관성에 따라 쉽게 이동할 수 있는 구조를 제공

23 ④

정성적 조사 방법은 인터뷰나 관찰 등으로 소규모 데이터를 수집하며, 심층적인 이해를 추구

24 ③

범프 매핑은 3D 오브젝트의 표면에 요철(凸凹) 효과를 시뮬레이션하여 엠보싱 효과를 표현하는 매핑 기법

오답 피하기
- ① 리플렉션 매핑 : 오브젝트의 표면에 반사 효과를 적용하여, 주변 환경이 오브젝트에 비치는 것처럼 보이게 하는 기법
- ② 솔리드 매핑 : 오브젝트의 표면이 아닌, 객체의 내부 구조에 텍스처를 적용하는 기법으로, 주로 대리석, 나무결과 같은 재질을 표현할 때 사용됨
- ④ 오퍼시티 매핑 : 오브젝트의 투명도(Opacity)를 조절하는 기법으로, 흰색은 불투명, 검은색은 완전히 투명하게 처리

25 ①

효율성은 사용자가 작업을 수행하는 데 걸리는 시간과 노력의 정도를 평가하는 항목

26 ③

QHD(Quad HD)의 해상도는 2560×1440이 맞으며, 1920×1440은 올바른 해상도가 아님

27 ④

웹 표준 검사방법은 HTML, CSS 오류 및 웹 접근성을 확인하는 데 사용되지만, 서버 성능은 별도의 서버 모니터링 도구를 통해 점검해야 함. 웹 표준 검사에서는 서버 성능과 같은 기술적 요소는 다루지 않음

28 ②

태블릿은 기본적으로 터치 기반으로 설계되어 있으며, 물리 키보드 없이도 작동함

29 ④

터치스크린은 입력 장치와 출력 장치의 기능을 모두 제공할 수 있는 장치이고, 스캐너는 입력 장치로만 사용됨

오답 피하기
- ① : 키보드(입력 장치)와 모니터(출력 장치)
- ② : 마우스(입력 장치)와 프린터(출력 장치)
- ③ : 스캐너(입력 장치)와 스피커(출력 장치)

30 ①

LDPI는 120 dpi로 저해상도를 의미하며, MDPI는 160 dpi로 중해상도를 뜻함. XHDPI는 320 dpi로 매우 고해상도를 나타냄

31 ①

물체는 특정 파장의 빛을 반사하고 나머지를 흡수하며, 반사된 빛이 인간의 눈에 인식되어 색으로 보임

32 ④

헤링의 반대색설은 빨강-초록, 노랑-파랑의 반대색 시스템을 통해 색을 인식한다는 이론

33 ①

병치혼합은 서로 다른 색을 작은 점 형태로 나열하여 거리가 멀어질수록 하나의 색으로 보이게 하는 방식

34 ③

1931년 국제조명위원회(CIE)에서 제정한 세계 최초의 정량적 표색 체계

오답 피하기
- ① NCS 표색계 : 인간이 색을 인지하는 심리 체계를 기반으로 함. 혼색 실험 기반 아님
- ② PCCS 표색계 : 디자인 배색용 감성 체계, 일본색채연구소 개발, 학적 혼색 실험 기반 아님
- ④ 먼셀 표색계 : 색상(H), 명도(V), 채도(C)로 색을 체계화. 지각 기반이나 혼색 실험은 아님

35 ③

먼셀 색입체에서 채도가 증가하면 색이 더 선명해지며, 중심축(무채색)에서 바깥쪽으로 이동함

36 ①

CIE XYZ 표색계는 빛의 혼합 원리에 따라 색을 수학적으로 정의한 체계이며, 산업 및 연구 분야에서 색 관리의 표준으로 사용됨

37 ③

계시대비는 색을 일정 시간 본 후 잔상의 영향을 받아 다른 색이 변형되어 보이는 현상. 색을 동시에 비교할 때 발생하는 것은 동시대비임

38 ④

정의 잔상은 원래 색상이 그대로 남아 있는 현상이며, 부의 잔상은 보색 효과가 나타나는 현상

39 ②

높은 음은 일반적으로 고명도, 고채도의 밝고 강한 색상과 연결됨. 반대로 낮은 음은 저명도, 저채도의 어두운 색상과 연관됨

40 ②

환경 디자인에서도 색채는 심미성뿐만 아니라 공간의 기능성과 심리적 안정감을 고려하는 중요한 요소

41 ①

색상은 사람의 감정과 심리에 영향을 미치며, 특정 색상은 안정감, 활력, 신뢰 등의 느낌을 줄 수 있음. 예를 들어, 파란색은 신뢰와 안정감, 빨간색은 열정과 자극, 초록색은 안정과 자연스러움을 상징함. 이러한 개념을 연구하는 것이 색채적 심리임

42 ③

낮은 채도의 색상은 차분하고 조용한 분위기를 조성하는 반면, 역동적인 느낌을 주지는 않음

43 ②

명료성의 원리는 색상의 대비와 명도 차이를 통해 시각적으로 명확하고 쉽게 구분되도록 하는 원리로, 보색 대비를 활용한 경고 표지판이 가장 적절한 사례임

44 ②

트리콜로 배색은 세 가지 색상을 조합하여 다채로운 시각적 효과를 제공

45 ③

일반색명(계통색명)은 KS에서 정의한 표준 색상 명칭을 기반으로 체계적으로 정리된 색상 체계임. 기본 색상(빨강, 노랑, 파랑 등)과 수식어(선명한, 연한, 밝은 등)를 조합하여 색상을 표현할 수 있음

오답 피하기

①, ②, ④는 모두 관용색명(고유색명)의 특징으로, 전통적으로 사용된 색명이며 정확한 색상 전달이 어려울 수 있음

46 ④

SSL과 TLS는 네트워크 보안과 관련된 프로토콜로, 멀티미디어 데이터의 암호화와는 관련이 있지만 멀티미디어의 표준 자체에는 포함되지 않음

47 ③

비동기형 통신은 데이터를 즉각적으로 주고받는 방식이 아닌, 사용자가 요청할 때 콘텐츠를 제공하는 방식. VOD(주문형 비디오)는 비동기형 통신의 대표적인 예

48 ①

멀티미디어 저작 도구의 성능은 사용하는 하드웨어 환경에 따라 달라질 수 있으며, 하드웨어와 무관하게 동일한 성능을 보장하지 않음

49 ①

책 방식 저작 도구는 페이지 또는 카드 단위를 기반으로 콘텐츠를 구성하며, 페이지 간의 연결을 링크 방식으로 설정하는 것이 특징

50 ②

JPEG는 손실 압축 방식이므로, 여러 번 저장하면 데이터가 반복적으로 손실되어 화질이 점점 저하되는 문제가 발생

51 ③

모아레 현상은 고해상도 이미지에서 규칙적인 패턴이 겹칠 때 발생하는 시각적 왜곡 현상

52 ④

404 오류는 서버에서 요청한 페이지를 찾을 수 없을 때 발생하며, 접근 권한 부족과 관련된 오류는 403 오류

53 ②

FTP는 파일 전송을 담당하는 프로토콜이며, 웹 페이지 렌더링과 직접적인 관련이 없음

54 ④

〈br〉, 〈img〉, 〈input〉은 종료 태그가 없는 빈 태그이지만, 〈div〉는 블록 요소로 반드시 종료 태그가 필요함

55 ③

CSS는 웹 페이지의 디자인과 스타일을 정의하는 스타일시트 언어로, 서버와 클라이언트 간 데이터를 전송하는 역할은 하지 않음

56 ③

자바스크립트에서 여러 줄 주석은 /* */을 사용하여 작성

57 ③

Java는 자동 메모리 관리 기능을 제공하며, 가비지 컬렉터가 불필요한 메모리를 자동으로 정리함. 개발자가 직접 메모리를 해제할 필요가 없으며, C/C++과 달리 delete 키워드가 존재하지 않음

58 ①

산출물을 체계적으로 관리하지 않으면 프로젝트의 진행 상황이 불명확해지고 의사소통에 문제가 생길 수 있음

59 ①

작업분류체계 작성에서 프로젝트 목표와 범위를 명확히 정의하는 것이 가장 중요함

60 ②

프로젝트 시작 전 작성한 제안서는 착수 전 제출되는 자료로, 최종 제출 산출물과는 별개임

기출 유형 문제 02회　　　　　　　　144P

01 ④	02 ②	03 ①	04 ②	05 ②
06 ④	07 ③	08 ①	09 ③	10 ②
11 ③	12 ②	13 ③	14 ②	15 ④
16 ③	17 ①	18 ③	19 ③	20 ②
21 ①	22 ②	23 ①	24 ②	25 ②
26 ②	27 ④	28 ③	29 ③	30 ②
31 ①	32 ③	33 ③	34 ③	35 ②
36 ①	37 ②	38 ③	39 ③	40 ④
41 ③	42 ②	43 ③	44 ②	45 ③
46 ②	47 ②	48 ③	49 ①	50 ②
51 ②	52 ③	53 ③	54 ③	55 ③
56 ③	57 ③	58 ①	59 ①	60 ④

01 ④

디지털 데이터는 단순한 텍스트부터 복잡한 멀티미디어까지 다양한 형태로 존재할 수 있음. 멀티미디어는 디지털 데이터의 한 형태에 불과함

02 ②

페르소나 작업 시에는 주관적인 가정을 배제하고, 사용자 조사와 데이터를 기반으로 작성해야 함

03 ①

합목적성은 물건이나 디자인이 본래의 목적과 용도에 부합하는 것을 의미함. 집의 본래 목적은 거주와 보호를 위한 것이며, 단순히 과시의 용도로 사용되는 것은 합목적성에 맞지 않음

04 ②

비영리 조건은 저작물을 상업적 목적이 아닌 비영리 목적으로만 사용할 수 있음을 의미함

05 ②

초점선 설정은 사용자의 시선을 유도하고 콘텐츠의 강조점을 부여하기 위해 사용됨

06 ④

개정 이력에는 수정 날짜와 상세 내용뿐만 아니라, 수정 버전, 작성자, 승인권자 정보도 포함해야 함

07 ③

에스키스 단계는 초기 구상 단계로, 문제를 검토하고 초안을 설정하는 데 중점을 둠

08 ①

UI의 평가에서 가장 중요한 요소는 사용자가 시스템을 얼마나 편리하고 효과적으로 사용할 수 있는지 나타내는 사용자 경험(UX)

09 ③

UX 설계에서 사용자 피드백은 매우 중요하며, 이를 통해 시스템을 지속적으로 개선할 수 있음

10 ②

사용의 효율성은 사용자가 최소한의 노력으로 작업을 빠르고 정확하게 완료할 수 있도록 설계하는 것을 의미함

11 ③

선형 구조는 고정된 순서로 정보를 제공하며, 여러 경로를 통해 접근하기 어려우며, 계층 구조는 상위에서 하위로 내려가며 다양한 탐색 경로를 제공하는 유연한 방식

12 ②

웹 디자인 과정은 프로젝트 기획(전체적인 목표와 방향을 설정) → 웹 사이트 기획(정보 구조와 사용자 경험을 설계) → 사이트 디자인 및 구축(디자인 작업과 개발을 통해 실제 사이트를 제작) → 유지 및 관리(사이트가 안정적으로 운영되도록 지속적으로 관리) 순

13 ③

시표 추적검사는 사용자의 시선 움직임과 관련된 데이터를 분석하는 도구로, 음성 데이터 분석에는 사용되지 않으며, 광고, 웹사이트, 게임 등에서 시각적 요소의 효과를 평가하는 데 주로 활용됨

14 ②

반응형 레이아웃은 CSS 미디어 쿼리를 활용하여 화면 크기에 따라 콘텐츠와 레이아웃을 유동적으로 조정함

15 ④

오프캔버스 패턴은 반응형 웹 디자인에서 사용되며, 메뉴 사이드바를 화면 밖에 숨겨두었다가 클릭 시 표시하는 방식

16 ③

안티앨리어싱은 픽셀 기반 이미지에서 계단 현상을 줄이고 부드러운 시각적 효과를 제공

17 ①

PPI는 디지털 장치의 해상도, DPI는 인쇄물의 해상도를 나타냄

18 ③

공간은 디자인의 여백으로, 요소 간의 간격과 정돈된 구성을 제공

19 ③

> 오답 피하기

- ① : 높이는 글자의 전체 높이를 의미하며, 소문자의 높이가 아닌 글자 전체의 범위를 포함
- ② : 줄과 줄 사이의 간격을 말하며, 타이포그래피에서 가독성에 중요한 요소
- ④ : 소문자에서 x-Height를 넘어서 위로 돌출된 부분(예: 'b', 'd', 'h'의 윗부분)을 의미

20 ②

모핑은 한 이미지가 다른 이미지로 부드럽게 변환되는 애니메이션 기법

21 ①

등차수열은 각 요소 간의 차이가 일정한 수열을 의미함. 예를 들어, 2, 4, 6, 8처럼 일정한 차이를 가지고 증가하는 형태는 등차수열. 반면, 2, 4, 8, 16은 요소 간의 비율이 일정한 등비수열에 해당

22 ②

페이퍼 프로토타입은 간단한 제작으로 사용자 피드백을 빠르게 반영할 수 있는 장점이 있음

23 ①

정량적 조사는 대규모 데이터를 수집하고 통계 분석에 중점을 두며, 정성적 조사는 소규모 심층 데이터를 다룸

24 ②

인터뷰는 사용자의 태도를 직접적으로 조사하여 심층적인 의견을 얻는 대표적인 방법

25 ③

사용자 행동 패턴이나 클릭 횟수는 작업 수행 및 달성 용이성 측정 단계에서 평가하는 요소이며, 만족도 평가는 주로 주관적인 경험과 느낌을 측정

26 ②

모바일 해상도는 픽셀 밀도(DPI)로 화면의 선명도와 디테일을 결정

27 ④

표준 기술은 크로스브라우징을 가능하게 하여 다양한 브라우저에서 동일하게 동작하도록 지원

28 ②

Blender는 무료로 사용할 수 있는 오픈소스 3D 디자인 소프트웨어

29 ③

웹은 하이퍼링크를 사용하여 관련된 정보를 연결하며, 다양한 정보를 제공하는 유연한 시스템. 단일 정보 제공 방식만 지원하지 않음

30 ③

DPI는 화면 크기가 아닌 픽셀 밀도와 관련이 있음

31 ①

자외선(UV)은 가시광선보다 파장이 짧고 에너지가 높음. 반면, 적외선(IR), 마이크로파, 라디오파는 가시광선보다 파장이 김

32 ①

인간의 눈에는 색을 감지하는 원추세포가 있으며, 주로 빨강(R), 초록(G), 파랑(B) 빛에 반응하여 색을 인식함

33 ②

색상(Hue)은 빨강, 노랑, 파랑 등과 같이 인간이 구별할 수 있는 기본적인 색의 속성

34 ③

색 입체에서 채도가 가장 높은 부분은 바깥쪽이며, 중심부로 갈수록 채도가 낮아짐

35 ②

먼셀 표색계는 현색계의 대표적인 표색계로, 색상(Hue), 명도(Value), 채도(Chroma)를 기준으로 색을 배열하며 인간의 시각적 색 인지를 바탕으로 체계화한 시스템

36 ①

등흑색은 흑색이 일정하게 섞여 있으며, 순색(C)과 흑색(B)을 연결하는 평행선상에 위치함. 흑색이 많이 포함될수록 어두운 색을 띠게 됨

37 ①

빨강색과 초록색이 나란히 마주보고 있을 때 같은 시각적 대비 효과

38 ②

주목성은 색상이 얼마나 눈에 잘 띄는지를 의미하며, 명시성은 색상이 배경과 얼마나 명확하게 구별되는지를 의미함

39 ③

노란색은 신경을 자극하는 색상으로, 신경을 안정시키기보다는 활성화하는 역할을 함

40 ④

아이덴티티 디자인에서는 브랜드의 개성과 콘셉트에 맞춰 다양한 색채 조합이 활용될 수 있으며, 단색이 필수적인 요소는 아님

41 ③

트렌드 역시 특정 기관(패션, 마케팅, 경제 분석 기관 등)의 예측과 연구에 의해 발표되며, 산업과 무관하게 자생적으로 형성되는 것이 아님

42 ②

반대되는 색상을 조합하는 보색 대비 조화도 색채 조화 기법 중 하나로, 적절히 활용하면 강렬한 대비 효과와 함께 시각적 균형을 유지할 수 있음

43 ③

문·스펜서의 색채 조화론에서는 미도 측정 방식을 통해 조화로운 색상 조합을 정량적으로 설명

44 ②

웹사이트 UI 디자인에서는 명확한 색상 구분이 중요하므로, 그라데이션이 적합하지 않을 수 있음

45 ③

대조 색상 배색은 색상환에서 서로 멀리 떨어진 색상을 조합하여 강한 대비를 만들어 내는 배색 방식, 대표적인 예로 보색 조합이 있으며, 빨강과 초록, 파랑과 주황, 노랑과 보라 등의 색상이 포함됨. 광고 포스터에서 빨강과 초록을 함께 사용하면 강한 대비 효과가 발생하여 시각적 주목성이 증가하며, 소비자의 시선을 끌기에 효과적

46 ②

ISO/IEC 10646은 국제표준화기구(ISO)와 국제전기표준회의(IEC)가 공동으로 제정한 유니코드 문자 집합의 국제 표준 명칭

47 ②

ISO/IEC JTC 1은 IT 분야의 국제 표준을 수립하여 국가 간의 호환성을 보장하는 역할을 함

48 ③

멀티미디어 재생 소프트웨어는 주로 콘텐츠를 실행하는 역할을 하며, 직접 편집하거나 제작하는 기능은 제공하지 않음

49 ①

시간선 방식 저작 도구는 미디어 요소를 타임라인에 배치하여 재생 순서를 결정하며, 키프레임을 활용해 애니메이션 및 전환 효과를 설정

50 ③

MP4는 비디오, 오디오, 자막 등을 하나의 파일에 포함할 수 있는 멀티미디어 컨테이너 형식으로, 범용성이 뛰어남

51 ②

ASF는 마이크로소프트에서 개발한 스트리밍용 포맷으로, 다운로드 없이 바로 재생할 수 있는 기능을 제공

52 ②

모자이크는 1993년에 출시된 최초의 그래픽 기반 웹 브라우저로, 이후 넷스케이프 내비게이터의 개발에 영향을 미침

53 ③

개발자 도구를 통해 HTML 소스 코드를 확인할 수는 있지만, 브라우저 자체에서 소스 코드를 직접 수정하고 저장하는 기능은 제공하지 않음

54 ③

XHTML에서는 태그를 반드시 소문자로 작성해야 함. HTML에서는 〈BR〉, 〈Br〉 등 대소문자를 섞어 사용할 수 있지만, XHTML에서는 〈br〉처럼 소문자로만 작성해야 함. 또한, XHTML에서는 모든 태그를 닫아야 하며, 단독 태그는 반드시 〈br /〉처럼 슬래시(/)를 포함해야 함

55 ③

오답 피하기
- ① px : 픽셀(pixel) 단위로, 화면에서 절대 크기를 지정할 때 사용
- ② em : 부모 요소의 글꼴 크기를 기준으로 하는 상대 단위
- ④ rem : 최상위 〈html〉 요소의 글꼴 크기를 기준으로 하는 상대 단위

56 ③

window.location.href는 현재 문서의 URL 주소를 나타내는 속성

오답 피하기
- ① : window.open()은 새 창을 여는 메서드
- ② : window.close()는 창을 닫는 메서드
- ④ : window.setTimeout()은 일정 시간 후 지정된 함수를 실행하는 메서드

57 ③

PHP는 자체 인터프리터에서 실행되며, JVM에서 실행되지 않음

58 ①

프로젝트 보고서는 프로젝트 산출물의 한 예로, 진행 상황과 결과를 보여주는 중요한 자료

59 ①

색인은 관련된 용어나 항목을 체계적으로 나열하여 데이터를 빠르고 쉽게 찾을 수 있도록 도움

60 ④

유지보수는 디자인 및 프로그램적 측면에서 개선 작업을 포함하며, 작업 내용을 문서화하고 버전 관리도 포함됨

기출 유형 문제 03회
152P

01 ③	02 ②	03 ④	04 ③	05 ④
06 ②	07 ②	08 ④	09 ②	10 ③
11 ②	12 ③	13 ④	14 ①	15 ①
16 ②	17 ①	18 ②	19 ②	20 ①
21 ②	22 ②	23 ②	24 ③	25 ①
26 ④	27 ③	28 ③	29 ③	30 ②
31 ①	32 ①	33 ③	34 ④	35 ④
36 ②	37 ②	38 ③	39 ③	40 ③
41 ④	42 ②	43 ③	44 ③	45 ③
46 ④	47 ③	48 ③	49 ①	50 ③
51 ④	52 ③	53 ③	54 ③	55 ②
56 ③	57 ②	58 ②	59 ②	60 ③

01 ③
프로슈머는 자신의 만족이나 필요를 충족시키기 위해 제품, 서비스, 또는 콘텐츠 제작에 직접 참여하는 사람을 지칭하는 용어

02 ②
페르소나는 사용자 중심 설계의 핵심 도구로, 사용자와의 공감대를 형성하고 설계 방향성을 명확히 하는 데 중요한 역할을 함

03 ④
2차적 저작물은 단순히 원저작물의 아이디어나 주제만을 차용하는 것으로는 충분하지 않음. 원저작물에 의거하여 작성되어야 하며, 실질적 유사성을 유지하면서도 새로운 창작성이 부가되어야 함

04 ③
심미성을 높이기 위해서는 창의적이고 독창적인 접근이 필요함. 기존 디자인을 그대로 모방하는 것은 심미성을 향상시키기보다는 개성과 차별성을 잃게 만들 수 있음

05 ④
색상 팔레트 선택은 레이아웃의 시각적 구성 요소 중 하나로, 레이아웃의 주요 목적과는 다름

06 ②
정보구조도(I.A)는 웹사이트나 애플리케이션의 정보 흐름과 구조를 트리 형태로 체계적으로 설계하는 도구. 이를 통해 각 페이지와 메뉴의 관계를 명확히 정의하고, 사용자 경험을 최적화함

오답 피하기
- ① : 서비스 플로우, 사용자 시나리오에 해당
- ③ : UI 스타일 가이드나 디자인 시스템의 역할
- ④ : 와이어프레임/화면 설계서의 내용

07 ②
스크래치 스케치는 빠른 속도로 휘갈겨 그리며 아이디어를 간단히 표현하는 방식

08 ④
UX 구성 요소에는 사용성, 심미성, 신뢰성, 접근성 등 사용자의 경험과 직결되는 요소들이 포함. 생산성은 UX의 구성 요소로 명시되지 않으며, 사용자 경험의 직접적인 부분이라기보다는 작업 효율성과 관련된 개념

09 ②
UI와 UX의 최종 목표는 사용자가 제품을 사용할 때 효율적이고 긍정적인 경험을 제공하는 것. UI는 이를 시각적, 물리적 요소로 지원하며, UX는 사용자 여정을 설계하고 최적화함. 단순히 성능 향상이나 시각적 아름다움만을 목표로 하지 않음

10 ③
TUI는 스마트폰과 태블릿과 같은 기기에서 사용되며, 손가락이나 터치펜을 이용해 직관적으로 조작이 가능한 사용자 인터페이스

11 ②
하이퍼텍스트 구조는 하이퍼링크를 통해 정보를 유연하게 연결하여 상호 참조할 수 있는 구조를 제공함

12 ③
Z패턴은 사용자가 콘텐츠를 읽는 방식 중 하나로, 시선이 페이지를 대각선 형태로 이동하며 탐색하며, 단순한 레이아웃, 이미지, 버튼, 단순한 텍스트 등의 요소가 있을 때 효과적

오답 피하기
- ① F패턴 : 사용자가 콘텐츠를 F자 형태로 탐색하는 방식으로, 텍스트 중심의 웹페이지나 블로그에서 주로 나타남
- ② S패턴 : 페이지를 물결처럼 탐색하는 패턴으로, 주로 이미지와 텍스트가 번갈아가며 배열된 레이아웃에서 나타남
- ④ T패턴 : 일반적인 탐색 패턴으로 사용되지 않으며, 혼란을 유발하기 위해 추가된 보기

13 ④
크롤링(Crawling)이란 검색 엔진이나 프로그램(봇, 스파이더 등)이 웹사이트의 정보를 자동으로 수집하는 과정으로 반응형 웹 디자인은 하나의 URL과 동일한 HTML을 유지하면서 스타일만 변경되므로, 검색 엔진이 크롤링하고 인덱싱하기 용이함

14 ①
반응형 웹 디자인은 하나의 URL과 HTML 구조로 다양한 디바이스에서 일관된 콘텐츠를 제공하면서 페이지 성능을 최적화함. 이 중 로딩 속도 최적화는 검색 엔진 최적화(SEO)와 직접적으로 관련된 요소로, 검색 엔진은 로딩 속도가 빠른 웹사이트를 더 높은 순위에 올릴 가능성이 높음

15 ①

플랫한 UI보다 복잡한 시각 요소를 지향한다는 설명은 최신 트렌드와 맞지 않으며, 최근 웹 모바일 디자인은 단순하고 직관적인 플랫 또는 뉴모피즘 스타일을 선호하는 추세임

16 ②

픽셀은 비트맵 이미지를 구성하는 최소 단위이며, 정사각형이 아닐 수도 있음. 해상도에 따라 픽셀 밀도가 달라질 수 있음

17 ①

HSB 컬러는 색상(Hue), 채도(Saturation), 밝기(Brightness)로 구성된 색상체계로, 색을 직관적으로 정의하고 표현하는 데 적합

> **오답 피하기**
> - ② 인덱스 컬러 : 256색 팔레트를 사용하여 이미지 크기를 줄이며, 회색 톤이 아닌 제한된 색상으로 이미지를 표현
> - ③ LAB 컬러 : 인간의 시각에 기반한 색상 모델로, 광범위한 색 영역을 표현하며, 파일 크기를 줄이기 위해 사용하는 방식이 아님
> - ④ 그레이스케일 : 흑백 이미지를 256단계의 회색 톤으로 표현하는 방식으로, 색감을 더해 인쇄 효과를 높이는 방식은 아님

18 ②

강조는 디자인에서 특정 요소를 두드러지게 하여 시선을 집중시키는 원리로, 초록 숲에 빨간 동백꽃이나, 회색 건물들 사이의 파란 건물은 색상 대비를 통해 주목성을 높이는 예로 볼 수 있음. 이와 같은 대비는 주변 환경과 다른 색상, 형태, 크기 등을 활용하여 중요한 요소나 메시지를 강조하는 데 효과적

19 ②

다이어그램은 복잡한 개념이나 데이터를 단계적으로 시각화하여 설명하는 데 적합

20 ①

율동은 반복과 교체를 통해 시각적 안정감을 주고, 리듬감을 형성

21 ②

CMYK는 인쇄에 적합한 색상 체계로, 디지털 디스플레이에는 부적합

22 ②

모노스페이스 서체는 글자 간격이 동일하여 코딩이나 표 작성과 같은 정밀한 작업에 적합

23 ②

TFT는 특정 프로젝트나 문제 해결을 위해 단기적으로 구성된 팀으로, 장기적인 소속과는 관련이 없음

24 ③

포커스 그룹 인터뷰는 정성적 조사 방법으로, 정량적 조사 방식에 포함되지 않음

25 ①

심층 인터뷰는 1:1로 진행되는 조사 방법으로, 사용자의 요구를 깊이 있게 이해할 수 있는 정성적 조사 방법

26 ④

안내자는 테스트 대상자에게 사전 준비사항을 전달하고, 테스트 당일 참여자가 장소에 올 수 있도록 돕는 역할을 함

> **오답 피하기**
> - ① 진행자 : 사용자의 수행을 유도하고 피드백을 경청하는 역할
> - ② 관찰자 : 테스트 진행 중 발생하는 오류나 주요 의견을 기록하는 역할
> - ③ 커뮤니케이션 소통자 : 내부 직원과 진행자 간의 질문을 전달하는 역할

27 ③

작업 수행 및 달성 용이성 측정 단계에서는 과제를 얼마나 쉽게 수행할 수 있었는지를 평가하기 위해 소요시간, 페이지 이동 횟수, 클릭 횟수 등 사용자의 행동 데이터를 분석

28 ③

민원 서류 발급 등의 서비스는 공공기관 서비스에 특화된 키오스크가 적합하며, 태블릿 PC는 모바일 기기의 편리함과 PC의 기능을 결합한 디바이스

29 ④

반응형 웹 디자인은 고정된 해상도가 아닌, 다양한 디바이스 크기에 맞게 콘텐츠와 레이아웃을 조정하는 설계 방식

30 ②

Full HD(1920×1080)는 현재 웹 브라우저에서 가장 널리 사용되는 표준 해상도

31 ①

프리즘을 통과한 빛이 색으로 나뉘는 현상을 분산(Dispersion)이라고 함. 이는 빛의 파장에 따라 굴절률이 다르기 때문에 발생

32 ①

푸르킨예 현상은 어두운 환경에서 파란색이 더 밝고, 빨간색이 더 어둡게 보이는 현상

33 ③

흰색을 섞으면 채도가 낮아져서 더 흐릿하게 보임. 반대로 순수 원색이나 보색 제거는 채도를 높이는 데 도움이 됨

34 ④

가산혼합에서는 빨강 + 초록 = 노랑, 초록 + 파랑 = 청록, 빨강 + 파랑 = 자주가 됨. 하지만 빨강 + 노랑 = 파랑은 잘못된 조합이며, 가산혼합에서 노랑은 빨강과 초록을 혼합해야 나오는 색

35 ④

먼셀 표색계, 오스트발트 표색계는 현색계에 속하는 표색계이며, 빛의 혼합을 기반으로 하지 않음. 혼색계는 CIE 표색계와 같이 빛의 물리적 특성을 바탕으로 색을 분석하고 정의하는 체계

36 ②

분광식 색 체계는 빛의 스펙트럼 데이터를 기반으로 색을 정의하며, 다양한 조명 환경에서도 색의 물리적, 과학적 분석이 가능함

37 ②

경계가 뚜렷할수록 색상이 더 강하고 선명하게 보이며, 경계가 흐려지면 대비 효과가 약해짐

38 ③

색상의 강약감은 채도가 높을수록 강한 인상을 주고, 명도가 높을수록 연한 느낌을 줌

39 ③

검정색은 보통 문자 표기나 빨강, 노랑 등의 보조색으로 사용되며, 직접적인 위험 경고보다는 보조 역할을 함. 위험 요소 경고에는 빨강이나 노랑이 주로 사용됨

40 ③

CI(Corporate Identity)의 목적은 기업의 비전, 철학, 이미지를 시각적으로 일관되게 표현하여 소비자에게 신뢰와 브랜드 인식을 강화하는 것

41 ④

전통적인 손그림 기법(셀 애니메이션)은 4D 기술과 관련이 없음. 4D 애니메이션은 시각 외의 감각을 자극하는 것이 핵심

42 ②

주조색 조화는 특정한 색상을 중심으로 보조색과 강조색을 조합하여 전체적인 디자인에 통일감을 부여하는 배색 방식. 브랜드 컬러나 테마 컬러를 유지하면서 조화로운 색상 구성을 만들 때 주로 사용됨

> 오답 피하기
> • ① : 보색대비 조화에 해당하는 방식으로, 주조색 조화와는 다름
> • ③ : 명도대비 조화에 해당하며, 주조색 조화와 다름
> • ④ : 유사 색상 조화에 해당하는 개념

43 ③

가상현실(VR)은 디지털 기술을 활용하여 사용자가 몰입할 수 있는 인터랙티브한 환경을 제공하는 대표적인 뉴미디어

44 ③

파버 비렌의 색 삼각형 이론은 색을 순색, 백색, 흑색의 관계 속에서 조화롭게 배열하는 방식에 대한 개념을 설명함

45 ③

이미지 스케일은 색상의 감성을 분석하여 디자인이나 마케팅에 활용할 수 있도록 돕는 역할을 함

46 ④

파이널 컷 프로는 비디오 편집 소프트웨어이며, 웹 페이지 저작 도구가 아님

47 ③

MPEG와 H.264는 동영상 관련 표준이지만 MIDI는 오디오 표준이므로 동영상 관련 표준과 연결되는 것은 잘못되었음. MIDI는 음악 연주 정보를 저장하는 파일 포맷으로, 동영상 압축과는 관계가 없음

48 ③

프로그래머는 멀티미디어 프로젝트에서 텍스트, 이미지, 오디오, 애니메이션 등의 요소를 통합하고 기능적으로 구현하는 역할을 함. UI/UX 설계는 인터페이스 디자이너의 역할이며, 시각적 스타일 구성은 그래픽 디자이너가 담당

49 ①

MIDI 소프트웨어는 디지털 악기와 컴퓨터 간의 데이터 전송을 관리하며, 음악을 편집 및 녹음하는 기능을 제공

50 ③

어도비 플래시는 보안 취약점이 많았으며, HTML5, CSS3, JavaScript와 같은 최신 웹 기술이 발전하면서 대체되었음

51 ④

AVI는 Windows에서 기본적으로 지원되는 멀티미디어 파일 형식이지만, 파일 크기가 크다는 단점이 있음. AVI 파일은 압축 코덱에 따라 품질과 크기가 달라질 수 있지만, 일반적으로 고화질을 유지하면서 파일 크기가 크다는 점이 특징

52 ③

500 오류는 서버 내부 오류(프로그램 버그, 데이터베이스 연결 실패)를 의미함. 클라이언트 인증 오류는 401 Unauthorized 또는 403 Forbidden에서 다룸

53 ③

캐싱 제공은 콘텐츠 전송 네트워크(CDN) 또는 프록시 서버의 역할이며, 방화벽의 기능이 아님. 방화벽은 속도 향상보다는 보안 강화에 중점을 둔 장치

54 ③

HTML 문서의 확장자는 .html과 .htm 모두 사용할 수 있음. HTML 주석(<!-- -->)은 웹 브라우저에 표시되지 않으며, 코드 내 설명을 추가하는 데 사용됨. 모든 HTML 문서는 <html> 태그로 감싸져 있으며, <head>와 <body>를 포함해야 함

55 ②

CSS의 @font-face 또는 Google Fonts 같은 웹 폰트 서비스를 통해 다양한 폰트를 로드하여 사용할 수 있음

56 ③

현재 페이지의 URL을 가져오려면 location.href를 사용함

57 ②

X3D는 VRML의 후속 기술로, XML 기반 3D 그래픽을 지원

58 ②

오답 피하기
- ① alert() : 단순히 메시지 상자를 표시
- ③ confirm() : 은 확인/취소 버튼이 있는 대화 상자를 표시
- ④ console.log() : 콘솔에 메시지 출력

59 ②

화면 정의서는 상세 설계 단계에서 화면의 구성 요소와 시나리오를 설명하기 위한 문서

60 ③

프로젝트가 완료된 후, 전체적인 진행 과정, 주요 결과물, 성과, 최종 상태 등을 정리하여 보고하는 문서

기출 유형 문제 04회 160P

01 ③	02 ②	03 ③	04 ②	05 ②
06 ④	07 ③	08 ②	09 ②	10 ①
11 ①	12 ②	13 ④	14 ②	15 ②
16 ③	17 ④	18 ②	19 ②	20 ③
21 ②	22 ④	23 ②	24 ①	25 ①
26 ③	27 ②	28 ③	29 ②	30 ①
31 ②	32 ①	33 ②	34 ③	35 ③
36 ①	37 ②	38 ②	39 ④	40 ③
41 ③	42 ②	43 ④	44 ④	45 ②
46 ②	47 ①	48 ②	49 ④	50 ②
51 ②	52 ①	53 ②	54 ④	55 ②
56 ③	57 ③	58 ②	59 ②	60 ①

01 ③

이야기(Story)는 실제 이야기나 경험 또는 사건을 다룬 자료로 비공식적이고 개인적인 내용을 포함한 자료를 의미함. 블로그 경험담이나 사용자 후기가 이에 해당함

02 ②

주 사용자는 시스템과 직접 상호작용하며 특정 목적을 달성하기 위해 시스템을 사용하는 사람들

03 ③

시네틱스 기법은 자연물이나 기존 사물의 특징을 모방하거나 비유하여 창의적이고 혁신적인 아이디어를 도출하는 방법. 선인장을 모방한 건물 외관은 자연에서 영감을 얻어 에너지 효율성을 높이는 설계로, 시네틱스 기법의 대표적인 활용 사례에 해당함

오답 피하기
- ① : 강제 결부법의 사례
- ② : 형태 분석법의 사례
- ④ : 체크리스트 기법의 사례

04 ②

DRM은 디지털 콘텐츠의 저작권을 보호하고, 불법 복제와 배포를 방지하기 위해 사용됨

오답 피하기
- ①, ④ : DRM의 목적과 반대되는 내용
- ③ : DRM의 목적과 무관함

05 ②

와이어프레임은 초기 설계 단계에서 변경 사항을 반영하기 쉬운 구조를 제공

06 ④

그리드 시스템은 디자인의 통일성과 정렬을 유지하며, 레이아웃의 일관성을 제공하는 중요한 도구. 이를 통해 요소 간의 배치가 명확해지고, 사용자에게 직관적이고 가독성 높은 콘텐츠를 제공

07 ③

3차원적 시각화 방법은 깊이와 입체감을 표현하여 정보를 전달하는 방식. 가상현실(VR)은 사용자가 3D 공간 내에서 몰입감 있게 정보를 경험할 수 있도록 하는 대표적인 사례

오답 피하기
- ① : 음성안내는 1차원적 방식
- ② : 트리 맵
- ④ : 히트맵은 2차원적 시각화 방법

08 ②

UI 디자인은 주로 사용자와 시스템 간의 시각적, 물리적 상호작용을 설계하는 영역으로, UX 디자인의 일부로 포함. 특히 레이아웃, 버튼, 색상 등 사용자의 직관적인 상호작용을 고려하는 점에서 두 영역이 겹침. UX는 더 넓게 사용자 경험 전체를 설계하지만, UI는 그 경험의 시각적 표현과 직결됨

09 ②

GUI(그래픽 사용자 인터페이스)의 등장 배경은 주로 명령어 기반 인터페이스의 복잡성을 해결하기 위한 것. 1960년대에 GUI의 기본 개념이 제안되었고, 이는 기존의 텍스트 기반 명령어 인터페이스의 한계를 극복하기 위한 노력

10 ①

접근성은 사용자가 장애나 환경적 제약이 있어도 제품이나 서비스를 문제없이 이용할 수 있도록 설계하는 것을 의미함. 기능성과 사용자 참여는 다른 UX 요소이며, 가치 전달은 사용자 경험을 통해 얻는 의미와 만족도에 관련된 요소

11 ①

정보를 체계적으로 정리하고 구조화하여 사용자가 원하는 정보를 쉽게 찾고 효율적으로 활용할 수 있도록 설계하는 과정을 의미

12 ③

정보는 그룹화하고 논리적인 흐름을 구성하여 사용자가 정보를 빠르게 찾을 수 있도록 해야 함

13 ④

Z패턴은 사용자의 시선이 좌측 상단 → 우측 상단 → 좌측 하단 → 우측 하단으로 이동한다는 전제를 바탕으로 구성되며, 이 흐름에 따라 로고, 주요 메시지, 행동 유도 버튼(CTA) 등을 전략적으로 배치하는 것이 효과적임

14 ②

유연형 레이아웃은 전통적인 그리드 디자인에서 벗어나 자유로운 배치 방식으로, 다양한 디바이스 환경에 맞게 적용되는 레이아웃 설계 방식을 뜻함

15 ②

AR은 현실 환경 위에 디지털 콘텐츠를 겹쳐 표현하며, 가구 배치 앱은 AR의 대표적인 활용 사례

16 ③

해상도는 이미지 내 픽셀 밀도를 측정하며, PPI(Pixels Per Inch)로 표현

17 ④

벡터(Vector) 이미지는 수학적 수식과 좌표로 정의되며 확대해도 깨지지 않는 특성이 있으며, 주로 로고, 아이콘, 일러스트 제작 등에 사용됨. 반면, 비트맵(Bitmap)은 픽셀 단위로 구성되어 확대 시 이미지 품질이 저하됨

18 ②

입체는 3차원적 요소로, 길이·너비·깊이를 통해 공간과 부피를 표현

19 ②

반복적이고 기본적인 코딩 작업은 AI가 대체할 가능성이 높지만 창의적인 문제 해결 능력, UX 설계, 시스템 아키텍처 설계 같은 고차원적인 역량은 여전히 중요하게 요구됨

20 ③

아이콘 디자인 원칙에는 명확성, 일관성, 단순함과 같은 요소가 포함됨. 아이콘은 사용자가 빠르고 직관적으로 이해할 수 있어야 하므로 단순한 형태와 일관된 스타일로 설계하는 것이 중요. 전문성은 아이콘 디자인의 기본 원칙으로 분류되지 않으며, 이는 주로 작업을 수행하는 디자이너의 능력과 관련된 개념

21 ②

다양한 서체의 사용은 가독성을 저하시킬 수 있음. 서체는 제한적으로 사용하되, 스타일을 효과적으로 활용하는 것이 중요함

22 ④

계층형 구조는 대규모 웹사이트에서 주로 사용되며, 트리 형태로 구성되어 정보의 단계별 탐색이 가능함

23 ②

웹사이트 사용성 평가는 사용자가 사이트를 쉽게 사용할 수 있는지 확인하고, 사용자 경험을 개선하는 데 목적이 있음

24 ①

사용자 관찰은 사용자가 실제로 제품을 사용하는 모습을 직접 관찰하여 생동감 있는 데이터를 수집할 수 있는 장점이 있음

25 ①

사용성 테스트는 일정한 단계에 따라 체계적으로 수행함
1. 테스트 목표 설정 : 테스트의 목적, 평가 기준, 기대 결과를 정의하는 단계
2. 테스트 항목 정의 : 평가할 기능이나 사용 시나리오를 설정하는 과정
3. 테스트 환경 설정 : 테스트 장비, 장소, 기록 도구 등을 준비하는 단계
4. 테스트 참여자 확보 : 타깃 사용자 선정 기준에 따라 적합한 인원을 모집하는 단계

26 ③

사용성 만족도 질문은 일반적으로 기능적 효율성, 직관성, 탐색 편의성 등 객관적인 사용 경험에 초점을 맞추어야 함. ③번처럼 색상과 감정의 관계는 감성적 만족도나 브랜드 인식 조사 항목에 해당하며, 사용성 만족도 질문으로는 적절하지 않음

27 ②

모바일 디바이스는 대형 모니터보다 소형화와 휴대성에 중점을 둠

28 ③

HD 해상도는 1280×720 해상도로 720p라고도 불림

29 ②

미디어 쿼리는 화면 크기에 맞춰 스타일을 동적으로 적용하는 데 사용

30 ①

핀치(Pinch)는 두 손가락을 모으거나 벌려 화면을 확대(Zoom In) 또는 축소(Zoom Out)하는 동작

31 ③

금속색은 금, 은, 동 등에서 나타나는 특유의 광택이 있는 색이고, 거울색은 모든 빛을 같은 각도로 반사하는 색

32 ①

어두운 환경에서 눈이 적응하면서 점점 더 잘 보이게 되는 현상을 암순응이라고 함. 반대로, 어두운 곳에서 밝은 곳으로 나왔을 때 눈이 적응하는 과정이 명순응

33 ②

마젠타(Magenta)와 옐로(Yellow)를 섞으면 빨간색(Red)이 만들어짐

34 ③

채도는 색의 순도를 의미하며, 채도가 높을수록 색이 선명하고, 낮을수록 색이 탁해짐. 채도가 낮아질수록 색이 선명해진다는 설명은 잘못되었으며, 오히려 색이 흐려지고 회색에 가까워짐

35 ③

오스트발트 색상환은 헤링의 4원색 이론(빨강-초록, 노랑-청록)에 기반하지만, 총 24색상으로 구성

36 ①

근접 보색은 보색처럼 강한 대비를 주면서도 너무 극단적인 차이를 피할 수 있어 부드러운 조화를 유지하는 데 적절함

37 ②

보색 관계에 있는 색(빨강과 녹색)은 서로 강한 대비를 이루며 명시성이 높음

38 ②

부의 잔상은 일정 시간 한 색을 바라본 후, 시선을 다른 곳으로 돌렸을 때 원래 색과 보색 관계의 색이 보이는 현상. 붉은색을 본 후 녹색 계열 잔상이 보이는 것이 대표적인 예

39 ④

건조한 느낌은 고명도의 난색 계열(빨강, 주황 등)과 관련이 있으며, 한색 계열은 촉촉한 느낌을 줌

40 ③

보조색은 주조색을 보완하는 역할을 하지만, 브랜드의 핵심 컬러로 활용되지는 않음

41 ③

유행색은 주로 소비자 심리, 경제, 디자인, 패션 등의 흐름을 반영하지만, 정치적 이슈나 법률 개정은 유행색 결정과 직접적인 관계가 없음

42 ②

친근성의 원리는 유사한 성질을 가진 색상들이 함께 사용될 때 자연스럽고 편안한 조화를 이룬다는 개념

43 ④

오정색이 아닌 오간색이 여성과 땅을 상징하는 음의 색

44 ④

분리 배색은 색상 간의 대비를 줄이기 위해 무채색을 사이에 두는 방식

45 ②

KS 계통색명의 표기법은 '명도 · 채도 수식어 + 색상 수식형 · 기본 색명'이 올바른 순서이며, ②번은 순서가 잘못되었음

46 ②

최근 멀티미디어는 스마트폰, 디지털 TV 등 다양한 디바이스로 확장되고 있음

47 ①

비선형성은 사용자가 콘텐츠에서 관심 있는 부분을 자유롭게 선택하고 접근할 수 있는 특징

48 ②

프로젝트 매니저는 프로젝트의 시작부터 완료까지 전체 과정을 총괄하며, 각 업무를 계획하고 관리하는 역할을 맡음

49 ④

애니메이션 콘텐츠는 동적 요소를 포함하며, 정적인 이미지는 포함되지 않음

50 ②

디더링은 부족한 색상이나 명암을 보완하여 자연스러운 이미지를 표현하는 기법

51 ②

PNG는 무손실 압축 방식으로 알파 채널을 지원해 투명 배경과 반투명 효과를 구현할 수 있음

52 ①

어도비 플래시 플레이어는 보안 취약성과 성능 문제로 인해 2020년 공식 지원이 종료되었으며, 현재 HTML5가 멀티미디어 콘텐츠 재생을 담당하고 있음

53 ②

웹 페이지 검색 과정은 ① 키워드 설정 → ② 검색 시스템 활용 → ③ 검색 결과 분석 → ④ 필터링 및 고급 검색 → ⑤ 정보 확인 및 사용의 순서로 진행

54 ④

⟨frame⟩ 태그는 한 웹페이지에서 여러 개의 HTML 문서를 동시에 표시할 수 있도록 했지만, HTML5에서는 ⟨frame⟩ 및 ⟨frameset⟩ 태그가 제거되었으며 더 이상 지원되지 않음. 대신 ⟨iframe⟩ 태그를 사용하여 외부 문서를 삽입하는 것이 권장됨

55 ②

자바스크립트 객체는 속성과 메서드를 가질 수 있으며, 속성의 값은 문자열뿐만 아니라 숫자, 배열, 객체, 함수 등 다양한 데이터 타입을 가질 수 있음

56 ③

외부 스타일시트는 반드시 ⟨link rel="stylesheet" href="파일경로"⟩ 형식으로 명시적으로 HTML 문서에 연결해 주어야 함

57 ③

웹 서버(Web Server)는 주로 정적 콘텐츠(HTML, 이미지, CSS 등)를 제공하고, 동적 콘텐츠는 애플리케이션 서버(Application Server) 또는 서버 사이드 스크립트(PHP, JSP, ASP 등)를 통해 데이터베이스와 연동하여 생성됨

58 ②

 는 Non-Breaking Space로, 줄 바꿈 없이 공백을 추가할 때 사용

오답 피하기
- ① : " → 큰따옴표(")
- ③ : © → 저작권 기호(©)
- ④ : ® → 등록 상표 기호(®)

59 ②

ERD는 데이터베이스 내의 엔터티, 속성, 관계를 시각적으로 표현하여 데이터 구조를 명확히 함

60 ①

프로젝트 일정표는 프로젝트의 진행 과정을 체계적으로 계획하고 관리하기 위해 작성. 각 단계별 작업 일정과 타임라인을 명확하게 제시하여, 프로젝트가 원활하게 진행될 수 있도록 돕는 것이 목적

기출 유형 문제 05회   168P

01 ②	02 ③	03 ①	04 ②	05 ①
06 ④	07 ②	08 ①	09 ③	10 ②
11 ③	12 ②	13 ②	14 ②	15 ④
16 ①	17 ③	18 ①	19 ②	20 ③
21 ②	22 ②	23 ①	24 ②	25 ③
26 ④	27 ④	28 ③	29 ②	30 ①
31 ④	32 ④	33 ③	34 ①	35 ③
36 ③	37 ②	38 ①	39 ③	40 ③
41 ②	42 ④	43 ①	44 ①	45 ②
46 ③	47 ③	48 ①	49 ②	50 ②
51 ③	52 ②	53 ①	54 ②	55 ②
56 ②	57 ③	58 ④	59 ②	60 ③

01 ②
레이블은 데이터나 요소에 대해 식별할 수 있는 이름이나 태그를 붙여 구분하고 분류하는 기능을 제공하는 요소

02 ③
프로슈머적 데이터는 사용자가 직접 참여하여 생성하는 데이터를 의미함. 전문가에 의해 주도적으로 생성되는 것은 프로듀서 데이터의 특징

03 ①
빨간색 모자는 감정적 사고를 반영하여 직관적으로 문제를 바라보는 데 사용됨

04 ②
메타포는 사용자가 이미 알고 있는 실제 세계의 개념을 활용하여 디지털 인터페이스를 소개하고 안내하는 방식. 스마트폰 사진 앱에서 사진 앨범을 폴더 아이콘으로 표현하는 것은 실제 세계의 파일 정리 시스템을 디지털 환경에 적용한 전형적인 메타포 사용의 예

오답 피하기
- ① : 빨간색 원형 촬영 버튼은 메타포라기보다는 일반적인 UI 관행
- ③ : 톱니바퀴 모양의 설정 아이콘은 널리 사용되는 시스템 아이콘이지만, 실제 세계의 직접적인 메타포라고 보기 어려움
- ④ : 실제 카메라 렌즈 모양의 편집 기능 아이콘은 메타포를 사용하고 있지만, 편집 기능과 카메라 렌즈 사이의 연관성이 명확하지 않아 적절한 메타포 사용이라고 보기 어려움

05 ①
서비스 흐름도는 메뉴 항목과 주요 기능의 절차를 시각적으로 정리하여 서비스가 어떻게 동작하는지 쉽게 파악할 수 있도록 도와주는 도구. 주로 사용자의 동선과 인터페이스의 작동 방식을 한눈에 이해할 수 있게 하는 데 사용

06 ④
마진은 그리드 바깥 영역과 콘텐츠 간의 외부 여백이지, 컬럼 내부의 요소 간 간격은 아님

07 ②
러프 스케치는 아이디어를 빠르고 간단하게 표현하기 위한 스케치 방식으로, 전체적인 구상과 개념에 중점을 둠. 디테일보다는 큰 틀에서 아이디어를 나타내며, 선과 간단한 음영을 사용해 구체적인 방향성을 제시

08 ①
접근성은 장애를 가진 사용자를 포함한 모든 사용자가 시스템을 쉽게 사용할 수 있도록 설계하는 것을 의미

09 ③
UX 설계 시에는 사용자 피드백을 적극적으로 수렴하고, 데이터에 기반하여 설계를 개선하는 것이 중요함. 사용자의 요구와 기대를 최우선으로 고려해야 함

10 ②
사용자 경험은 사용자 기대(기대와 호기심) → 사용자 경험(실제 사용 중 느끼는 경험) → 사용자 반성(사용 후 평가와 비교)의 단계로 진행

11 ③
데이터베이스 구조는 정보를 테이블 형식으로 체계화하여 빠르게 검색하고 조회할 수 있는 구조를 제공

12 ②
특징이 명확한 정보는 구체적인 기준(예 날짜, 알파벳 순, 지리적 위치 등)을 기반으로 정렬하여 체계화함. 이는 사용자가 예상 가능한 방식으로 정보를 탐색할 수 있도록 도움

13 ②
뷰포트는 사용자의 디바이스 화면 크기에 맞춰 웹페이지가 적절히 표시되도록 조정하는 역할을 함

14 ②
길게 누르기(Long Press)는 컨텍스트 메뉴(추가 옵션)를 표시하거나 아이콘을 이동하는 등의 기능을 수행할 때 사용

15 ④
AI를 활용한 디자인 트렌드는 사용자 경험을 혁신적으로 변화시키는 데 중점을 두며, 고정된 레이아웃은 유연성과 개인화를 중시하는 현재의 AI 기반 트렌드와는 맞지 않음

16 ①
AI와 SVG는 벡터 전용 포맷

17 ③
24비트 이미지는 16,777,216가지의 색상을 표현할 수 있음. 이는 RGB 각 채널에 8비트씩 할당되어 256 x 256 x 256의 색상 조합이 가능하기 때문이며, 이러한 24비트 색상 표현을 '트루컬러'라고도 부름. 인간의 눈으로 구별 가능한 거의 모든 색상을 표현할 수 있는 수준임

18 ①
점은 디자인의 기본 단위이며, 시각적 요소의 시작점으로 사용

19 ②
트위닝 기법은 키 프레임 간 중간 프레임을 자동으로 생성하여 부드러운 움직임을 구현

20 ③
키네틱 타이포그래피는 움직이는 텍스트를 활용하여 메시지를 전달하는 기법이며, 음악이나 음성에 맞춰 텍스트가 화면에 나타나는 방식

21 ②
폐쇄성의 원리는 불완전한 형태라도 사용자가 전체적인 그림을 완전한 형태로 인식하는 원리

22 ②
프로토타이핑 과정은 아이디어를 스케치하고 이를 발표와 평가를 거친 후 프로토타입을 제작하고, 테스트를 통해 수정하는 방식으로 진행

23 ①
설문지는 정량적 조사에서 많이 사용되는 도구로, 데이터를 수집하고 통계 분석에 적합

24 ③
어포던스(Affordance)는 디자인 객체가 사용자가 어떻게 상호작용할지 자연스럽게 암시하는 특성을 의미함 ❹ 문 손잡이는 잡고 당기라는 동작을 암시)

25 ③
형성적 사용성 테스트는 제품이 완성되기 전, 초기 설계나 프로토타입 단계에서 사용자의 피드백을 수집하고 문제점을 찾아내어 제품을 반복적으로 개선하기 위한 목적으로 수행

26 ④
전체 사용성 점검은 모든 평가 항목을 종합적으로 검토하고, 사용성을 분석하여 향후 개선 방향을 제시하는 단계

27 ④
키오스크는 터치스크린을 통해 간단한 검색과 서비스를 제공하며, 직관적인 그래픽과 아이콘 사용이 중요한 UX 디자인 원칙

28 ③
웹 보안 표준을 준수하려면 HTTPS 적용, 사용자 인증 강화, 데이터 암호화가 필수적이며, 평문(암호화 없는) 데이터 처리는 보안 위협이므로 반드시 피해야 함

29 ②
W3C의 유효성 검사 도구는 웹 표준 준수와 접근성 검사를 통해 품질을 개선

30 ①
코렐드로우는 벡터 그래픽 디자인, 브랜딩, 마케팅 자료 제작에 적합한 소프트웨어

31 ④
750~1,200nm는 적외선에 해당하며, 인간의 눈에 보이지 않음

32 ④
색이 인식되는 과정은 광원(빛이 존재해야 색이 보임) → 물체(빛이 물체에 도달하여 일부는 반사되고 일부는 흡수) → 관찰자(반사된 빛이 인간의 눈(망막의 원추세포)에 도달하여 신호를 감지) 순서로 이루어짐

33 ③
감산혼합의 3원색은 시안(Cyan), 마젠타(Magenta), 노랑(Yellow)이며, 이를 CMY 색상 모델이라고 함

34 ①
- 명청색 : 순색(Pure Color)에 흰색을 섞어 밝고 부드러운 느낌을 주는 색
- 암청색 : 순색에 검정을 섞어 어두운 느낌을 주는 색

오답 피하기
- ② : 명청색은 밝고 부드러운 느낌을 주고, 암청색은 어두운 느낌을 줌
- ③ : 탁색은 회색을 섞어 채도가 낮아진 색이므로, 더 선명하고 강렬한 색이 아님
- ④ : 명청색과 암청색은 순색보다 채도가 낮음

35 ③

먼셀 표기법에서 두 번째 숫자는 명도를 나타냄. 이 예시에서 4는 해당 색상의 명도를 의미함

36 ③

먼셀 색입체에서 명도는 중심축을 따라 배치되며, 위로 갈수록 밝아지고 아래로 갈수록 어두워짐

37 ②

고명도 색상(밝은 색)은 가볍고 부드러운 느낌을 주며, 저명도 색상(어두운 색)은 무겁고 견고한 느낌을 줌

38 ①

#FFFF00은 빨강 255(FF), 초록 255(FF), 파랑 0을 의미함. 빨강과 초록이 섞이면 노란색이 됨

39 ③

난색 계열(빨강, 주황, 노랑)은 따뜻한 느낌을 주고, 한색 계열(파랑, 초록, 보라)은 차가운 느낌을 줌

40 ②

POP 디자인은 소비자의 시선을 끌어 구매를 유도하는 것이 목적이므로, 색채는 중요한 요소

41 ②

강조색은 특정 부분을 강조하기 위한 색상으로, 디자인의 균형을 맞추는 역할보다는 시각적 포인트를 주는 것이 주요 목적

42 ④

근접 보색대비 조화는 완전한 보색이 아닌, 보색에 가까운 색상을 사용하여 조화를 유지하면서도 대비 효과를 높이는 기법

43 ①

> **오답 피하기**
- ② 노란색 : 활기, 즐거움, 경고 등의 의미를 가지고, 어린이 제품, 경고 표지판, 음식 브랜드 등에 사용
- ③ 빨간색 : 열정, 에너지, 경고, 자극을 상징하는 색상으로 패스트푸드, 스포츠 브랜드, 경고 표지판 등에 자주 사용
- ④ 주황색 : 따뜻함, 친근함, 활력을 상징하는 색으로 식품, 엔터테인먼트, 광고 분야에서 많이 활용

44 ①

까마이외 배색은 동일한 명도/채도를 가진 다양한 색상 조합을 통해 통일성과 변화를 동시에 줌

45 ②

색채 분포도는 공간 디자인, 브랜딩, UX/UI 디자인, 광고 등에서 색의 배치와 조화를 분석하는 데 사용

> **오답 피하기**
- ① : 색채 분포도는 단순히 색의 개수만 측정하는 것이 아니라, 색상의 비율, 배치, 명도, 채도 등을 포함한 시각적 분석을 수행하는 도구
- ③ : 색채 분포도는 감성적 효과를 분석하는 데도 활용됨. 예를 들어, 따뜻한 색이 주로 사용된 공간과 차가운 색이 많은 공간은 각각 다른 분위기를 형성
- ④ : 색채 분포도는 무작위 배치가 아니라, 실제 공간이나 디자인에서 색상이 어떤 방식으로 구성되어 있는지를 분석하는 것

46 ③

ISO/IEC 10646은 국제표준화기구(ISO)와 국제전기표준회의(IEC)가 공동으로 제정한 유니코드 문자 집합의 국제 표준 명칭

47 ③

디지털화는 데이터가 디지털 형식으로 저장되어 수정, 복사, 전송이 용이해지는 것을 의미함

48 ①

파티클 시스템은 수많은 작은 입자를 생성하고 움직임을 시뮬레이션하여 기, 불꽃, 폭발, 비, 눈, 먼지 등과 같은 자연 현상을 사실적으로 표현하는 3D 그래픽 기법

49 ②

프리미어, 파이널 컷 프로, 소니 베가스는 영상 편집을 주로 담당하는 소프트웨어

50 ②

고러드 쉐이딩(Gouraud Shading)은 3D 그래픽스에서 사용되는 대표적인 쉐이딩 기법으로, 점(Vertex)에서의 조명 계산 결과를 폴리곤 내 다른 픽셀로 보간하여 면과 면 사이의 경계가 부드럽게 표현되도록 함

51 ③

JavaScript(JS)는 클라이언트 측에서 실행되는 스크립트 언어이며, 웹 서버에서 실행되는 것은 주로 PHP, Node.js 등의 서버 사이드 언어임. 따라서 "웹 서버에서 실행되어 동적인 콘텐츠를 생성하는 파일"이라는 설명은 잘못된 것

52 ③

유니코드(Unicode)는 한글 완성형 코드보다 훨씬 넓은 범위의 문자를 표현할 수 있도록 설계된 표준이며, 다양한 언어와 문자를 포함

53 ①

스패밍은 동일한 키워드를 반복 입력하여 검색 순위를 인위적으로 높이는 방법으로, 검색 엔진 최적화(SEO)에서 부정적인 방식으로 간주됨

54 ②

HTML5에서 〈audio〉 태그를 사용하여 오디오 파일을 삽입할 수 있음

55 ②

〈textarea〉 태그는 여러 줄의 텍스트 입력 필드를 제공하는 유일한 HTML 태그

56 ②

DOM에서 특정 ID를 가진 요소를 가져오려면 document.getElement-ById("id")를 사용

57 ③

데이터베이스는 멀티유저 환경을 지원하며, 여러 사용자가 동시에 데이터를 조회하거나 수정할 수 있음. 이를 위해 트랜잭션 관리와 동시성 제어기법이 적용

58 ④

산출물은 프로젝트 일정과 비용 관리와 밀접한 관련이 있으며, 프로젝트의 진행 상황을 명확히 하는 핵심 자료

59 ②

디지털 산출물 관리는 문서 및 코드의 재사용성을 높이고, 중복 작업을 줄여 불필요한 비용을 절감할 수 있음

오답 피하기

- ① : 프로젝트마다 새로운 관리 시스템을 구축하는 것은 오히려 비용 증가로 이어짐
- ③ : 종이 문서는 공간과 비용이 많이 들며, 디지털 방식이 더 효율적
- ④ : 개별적으로 관리하는 것은 비효율적이며, 표준화된 절차가 필요함

60 ③

데이터 분류 체계에서는 파일의 형식을 유지해야 하며, 모든 데이터를 동일한 .txt 파일로 변환하는 것은 오히려 정보 손실을 초래할 수 있음. 올바른 데이터 분류 체계에서는 고유 ID 부여, 네이밍 규칙 설정, 업무 단계별 점검이 필수적

기출 유형 문제 06회　　　　　176P

01 ④	02 ②	03 ①	04 ②	05 ②
06 ①	07 ③	08 ①	09 ②	10 ③
11 ③	12 ③	13 ③	14 ②	15 ②
16 ④	17 ②	18 ②	19 ③	20 ③
21 ②	22 ③	23 ②	24 ③	25 ②
26 ③	27 ②	28 ②	29 ④	30 ③
31 ②	32 ②	33 ②	34 ③	35 ④
36 ④	37 ①	38 ②	39 ③	40 ③
41 ②	42 ③	43 ④	44 ②	45 ②
46 ③	47 ④	48 ③	49 ①	50 ②
51 ②	52 ③	53 ①	54 ③	55 ①
56 ②	57 ③	58 ②	59 ①	60 ②

01 ④

디지털 데이터는 일반적으로 용량이 적은 경향이 있으며, 그 자체로 큰 용량을 차지하지는 않음

02 ②

정보 구조 관점은 데이터가 이해하기 쉽게 구성되어 있는지를 확인하는 항목

오답 피하기

- ① 인터페이스 관점 : 사용자가 데이터를 쉽게 탐색하고 조작할 수 있도록 직관적으로 설계되어 있는지 확인
- ③ 비주얼 관점 : 사용자층에 맞는 디자인 요소가 적절하게 배치되어 시각적으로 효과적인지 점검
- ④ 마케팅 관점 : 데이터가 신뢰성을 갖추고 있으며, 사용자의 신뢰를 얻을 수 있는지 확인

03 ①

레이블(Label)은 색상이나 데이터에 이름이나 태그를 붙여 구분하고 식별하는 기능

04 ②

마인드맵핑법은 주제를 중심으로 관련 아이디어를 시각적으로 연결하여 표현하는 기법. 핵심 개념을 도식화하며, 색상, 기호, 이미지 등을 사용해 정보를 기억하기 쉽게 시각적으로 구성할 수 있음. 이를 통해 생각을 자유롭게 확장하며 창의적 문제 해결과 학습에 유용하게 활용

05 ②

> 오답 피하기

- ① : 저작물을 다른 사람에게 사용하도록 허락하는 권리로, 이용 허락 권리에 해당
- ③ : 저작권의 일반적 특징에 대한 설명이지만, 공표권에 대한 설명은 아님
- ④ : 디지털 저작권 관리(DRM)와 관련된 설명

06 ①

스토리보드는 프로젝트의 사용자 흐름과 화면 구성을 시각적으로 표현하는 설계 도구

07 ③

와이어프레임은 웹사이트나 애플리케이션 설계 초기에 화면의 레이아웃과 주요 기능의 위치를 시각적으로 계획하는 도구. 페이지의 구조와 사용자 흐름을 구체화하여 개발 단계에서 발생할 수 있는 설계 오류를 줄이고, 디자인과 기능의 기본 틀을 잡는 데 중요한 역할을 함

08 ①

거터(Gutter)는 그리드 시스템에서 각 요소 사이의 여백을 제공하여 디자인의 시각적 가독성을 높이는 데 중요한 역할을 함

> 오답 피하기

- ②, ④ 행(Row)과 단(Column) : 그리드 시스템의 행과 열을 나타냄
- ③ 모듈(Module) : 그리드 내에 배치되는 개별 콘텐츠 요소를 의미

09 ②

러프 스케치(Rough Sketch)는 초기 아이디어를 비교하고 구체화하기 위해 선과 음영을 활용하여 개략적으로 그리는 기법. 이 단계에서는 아이디어를 검토하고 수정하는 데 집중하며, 최종 마무리가 아닌 기획과 아이디어 탐색이 주 목적임

10 ③

음성 사용자 인터페이스(VUI)는 사용자가 음성을 통해 장치와 상호작용하는 인터페이스로, 음성 명령을 사용하여 기기를 조작하는 특징이 있음. 이때 VUI는 주변 소음이나 발음 차이, 말의 속도 등 다양한 환경적 요인에 영향을 받아 음성 인식 오류가 발생할 수 있음

> 오답 피하기

- ①, ④ : 터치 사용자 인터페이스(TUI)에 관한 설명
- ② : 명령 줄 인터페이스(CLI)에 관한 설명

11 ③

UX는 사용자가 제품이나 서비스를 이용하면서 긍정적인 경험을 느낄 수 있도록 설계하는 것이 목표임

> 오답 피하기

- ① GUI : 그래픽 요소를 활용해 사용자가 컴퓨터와 상호작용할 수 있는 인터페이스
- ② UI : 사용자와 시스템 간 상호작용의 시각적, 물리적 요소들을 디자인하는 부분으로, UX를 구성하는 중요한 요소 중 하나
- ④ TUI : 손가락이나 터치펜을 사용해 직접 화면을 터치하여 조작하는 방식

12 ③

UX 디자인 원칙에서는 사용이 매끄러워야 한다는 것이 중요하며, 매끄럽지 못한 사용성은 UX 디자인의 원칙에 어긋나는 요소

13 ③

정보 구조 설계에서 고려해야 할 사항으로는 불필요한 정보 노출을 최소화하고, 명확한 분류 기준을 설정하여 정보 과부하를 방지하는 것

14 ②

반응형 웹은 동일한 URL을 통해 다양한 디바이스에서 화면 크기에 따라 레이아웃이 자동으로 조정되는 웹사이트이며, 미디어 쿼리와 유동적 그리드 등을 사용해 한 웹사이트가 데스크톱, 태블릿, 모바일 등 다양한 화면 크기에 맞춰 콘텐츠를 조정

15 ②

적응형 웹 디자인은 고정된 레이아웃 중 하나를 선택해 디바이스 해상도에 맞게 제공하는 방식

> 오답 피하기

- ④ 반응형 웹 디자인 : 유동적인 그리드와 CSS 미디어 쿼리를 사용하여 하나의 레이아웃이 화면 크기에 맞춰 유연하게 조정

16 ④

벡터 방식은 확대해도 품질이 떨어지지 않는 장점이 있으나, 복잡한 이미지를 표현하는 데는 한계가 있음. 복잡한 이미지는 비트맵 방식이 적합

17 ②

안티앨리어싱(Anti-Aliasing)은 그래픽에서 픽셀 경계가 계단처럼 보이는 앨리어싱 현상을 줄이기 위해 픽셀 색을 주변과 자연스럽게 섞어 경계를 부드럽게 만드는 기술

> 오답 피하기

- ① 앨리어싱 : 이미지나 그래픽에서 계단 현상이 나타나는 것을 의미함
- ③ 래스터라이징 : 벡터 이미지를 픽셀 기반의 비트맵 이미지로 변환하는 과정
- ④ 모아레 현상 : 촘촘한 무늬나 선이 중첩될 때 발생하는 시각적 간섭 현상으로, 일반적으로 줄무늬 패턴에서 물결무늬처럼 보이는 현상

18 ②

위치는 상관 요소에 해당하며, 디자인 내에서 요소가 배치되는 위치를 의미함. 시각 요소에는 형태, 색상, 질감 등이 포함

19 ③

반전과 명도에 의한 착시는 명암의 차이로 인해 원래 형태가 왜곡되어 보이는 현상

20 ③

픽토그램은 언어나 문화와 상관없이 보편적인 의미를 전달하여 쉽게 이해할 수 있음

21 ②

키 프레임 방식은 시작과 끝 프레임만 설정하면 소프트웨어가 중간 프레임을 자동으로 생성하여 효율적으로 복잡한 동작을 표현할 수 있음

22 ③

프로토타입은 반복적 수정이 가능하여 최종 제품의 품질을 높일 수 있음

23 ②

오답 피하기
- ① : 사이트맵은 특정 디바이스에 국한되지 않으며, 모든 디바이스에서 사이트 구조를 보여줄 수 있는 구성 요소
- ③ : 사용자가 현재 위치를 알 수 있도록 돕는 요소는 주로 브레드크럼(Breadcrumb)
- ④ : 사용자가 사이트의 주요 페이지로 쉽게 이동할 수 있도록 링크를 활성화해 제공하는 경우가 많음

24 ③

질문법은 사용자에게 설문지, 인터뷰, 질문지를 통해 직접 질문을 하고 피드백을 받는 방식으로, 주관적인 평가와 사용자의 의견을 수집하는 것이 주된 목적임. 사용자가 제품을 사용할 때 느끼는 감정의 변화를 관찰하는 방식은 감정법에 해당함

25 ②

이동의 용이성은 웹 페이지 간의 이동이 얼마나 쉽고 직관적인지 평가하는 항목

26 ③

사용성 테스트 준비물에는 녹음기, 필기도구, 테스트 스크립트 등이 포함되지만, 사용자 프로파일 정의서는 포함되지 않음

27 ②

효율성은 사용자가 작업을 수행하는 데 걸리는 시간과 노력을 평가하는 항목

28 ②

오답 피하기
①, ③ 인공지능 시대에 대체 가능하며 ④ 기존 기술보다는 신기술을 습득하는 것이 필수적인 역량

29 ④

디지털 사이니지와 키오스크는 모두 공공장소에 설치된 장치로 다양한 정보 제공이 목적

30 ③

웹 접근성에서는 시각적인 콘텐츠의 색상 대비를 높여 사용자들이 콘텐츠를 쉽게 식별할 수 있도록 해야 함

31 ③

HTML 태그는 대소문자를 구분하지 않으며, 〈div〉와 〈DIV〉는 동일하게 동작함. 하지만 소문자를 사용하는 것을 권장함

32 ②

색은 물체가 빛을 흡수하고 반사하는 방식에 따라 인식되는 시각적 현상

오답 피하기
- ① : 빛이 없으면 인간의 눈은 색을 볼 수 없음
- ③ : 색 지각은 반드시 빛과 연관되어 발생
- ④ : 색은 물체의 온도와 직접적으로 관련이 없음

33 ②

투과색은 빛이 투명한 물체를 통과할 때 나타나는 색으로, 스테인드글라스가 대표적

34 ③

푸르킨예 현상은 어두운 환경에서 빨간색은 어둡게, 파란색은 밝게 보이는 현상

35 ④

가산혼합은 빛의 색을 혼합하는 방식으로, 기본 색상인 빨강(R), 초록(G), 파랑(B)이 사용됨. 이때 빨강과 파랑을 섞으면 자주색(M)이 나옴

36 ④

병치혼합은 실제로 색이 물리적으로 섞이지 않으며, 시각적 혼합

37 ①

혼색계는 색의 혼합 방식을 분석하고 표현하는 체계로, 물리적 특성에 기반하여 색을 정의함

38 ②

오스트발트 표색계는 색을 순색(C), 백색(W), 흑색(B)으로 구분하는 색체계로, 순색(C)은 백색이나 흑색이 섞이지 않은 가장 순수한 색을 의미

오답 피하기
- ① : 백색과 흑색이 혼합된 색은 중간색을 설명하는 표현
- ③ : 빛의 반사율이 가장 높은 색은 백색
- ④ : 빛의 흡수율이 가장 높은 색은 흑색

39 ④

명도대비는 색의 밝고 어두움(명도) 차이로 인해 발생하는 시각적 대비 효과를 의미함. 밝은 색상과 어두운 색상이 나란히 배치될 때, 이 명도 차이가 크면 클수록 서로의 색이 더 선명하고 뚜렷하게 보이는 효과가 나타남

40 ③

잔상은 눈이 특정 색을 일정 시간 동안 응시한 후, 그 색을 보지 않더라도 시각적으로 남아있는 현상을 의미함

41 ③

올림픽 오륜기에서 파란색은 유럽을, 아프리카는 검정색을 상징함

42 ③

색의 연상은 특정 색상이 사람들에게 주는 심리적, 감정적 이미지나 느낌을 의미함. 이때 파란색은 안정, 신뢰, 차분함이 연상됨

43 ④

CI 디자인의 주요 요소에는 심벌마크, 로고타입, 전용 색상이 포함되며, 마케팅은 포함되지 않음

44 ②

오답 피하기
- ① 유행색 : 트렌드와 밀접하게 연결되어 있으며, 트렌드가 바뀔 때마다 유행색도 함께 변함
- ③ 트렌드 : 유행색에 큰 영향을 미치며, 유행색은 트렌드를 반영
- ④ 유행색 : 짧은 기간 동안 인기를 끌며 빠르게 변하는 것이 특징

45 ②

슈브뢸의 색채 조화론에서는 유사 조화와 대비 조화를 통해 색채 조화를 설명함. 유사 조화는 색상환에서 가까운 위치에 있는 색상, 빨강과 초록은 서로 정반대 위치에 있는 보색 관계로, 대조조화의 예에 해당. 따라서 빨강과 초록의 조합은 유사 조화가 아니라 대조조화를 형성

46 ③

기본색명을 무작위로 나열하지 않으며, 수식어나 한자 단음절을 통해 색상을 체계적으로 표현

47 ④

단색 이미지 스케일에서 중심점 0을 원점으로 상하좌우로 갈수록 이미지 강도는 점점 강해지는 특징이 있음

48 ③

동영상 관련 표준으로는 H.264가 있으며, 오디오 표준은 MIDI와 MP3, 그래픽 관련 표준에는 CGM, OpenGL 등이 있음

49 ①

과장을 통해 표현의 흥미를 더하고 메시지 전달을 효과적으로 할 수 있음

50 ③

MIDI 소프트웨어는 음악 제작과 사운드 편집에 주로 사용

51 ②

저작 도구는 미디어 요소를 편집하고 동기화하여 콘텐츠를 제작할 수 있음

52 ②

디더링은 색상이 부족할 때, 픽셀을 무작위 배치하여 색상 변화를 자연스럽게 표현하는 기법

53 ①

403 오류는 접근 권한이 없을 때 발생하는 오류

오답 피하기
- ② 404 오류 : 사용자가 요청한 페이지가 존재하지 않거나 삭제되었을 때 발생하는 오류로, 잘못된 URL을 입력했을 때 자주 나타남
- ③ 500 오류 : 서버 내부의 문제로 인해 요청을 처리할 수 없을 때 발생하는 오류
- ④ 503 오류 : 서버가 일시적으로 과부하 상태이거나 유지보수 중일 때 발생하는 오류로, 자원이 부족해 서비스를 제공할 수 없을 때 나타남

54 ③

UTF-8 인코딩을 설정하면 웹 페이지의 한글 깨짐 현상을 방지할 수 있음

55 ①

〈!DOCTYPE html〉은 HTML5 문서의 선언문으로, 브라우저에 HTML5 문서를 사용하고 있음을 알림

오답 피하기
〈html〉, 〈body〉, 〈meta〉는 HTML 문서의 구조를 구성하는 태그

56 ②

it는 특정 조건이 참일 경우 해당 블록의 코드를 실행하는 조건문

오답 피하기
- ① switch : 여러 값 중 하나가 조건과 일치할 때 해당하는 코드 블록을 실행하는 조건문
- ③ while : 조건이 참인 동안 코드 블록을 반복 실행하는 반복문
- ④ for : 특정 조건에 따라 반복해서 코드 블록을 실행하는 반복문

57 ③

PHP는 Windows, Linux, macOS 등 다양한 운영체제에서 실행 가능함

58 ②

Java는 플랫폼 독립적인 객체 지향 언어로, 다중 스레드 기능을 지원하여 다양한 환경에서 사용

59 ①

산출물 정리는 비용 관점에서 문서를 처리하거나 폐기하는 것이 아니라, 프로젝트에서 생성된 모든 문서를 체계적으로 관리하고 보관하는 과정

60 ②

하향식 계층 구조로 데이터 관리를 체계화하기 위해 단계-세그먼트-태스크 순서로 구성

기출 유형 문제 07회 184P

01 ③	02 ②	03 ③	04 ③	05 ④
06 ③	07 ③	08 ③	09 ③	10 ②
11 ②	12 ②	13 ②	14 ③	15 ③
16 ②	17 ①	18 ②	19 ④	20 ②
21 ②	22 ②	23 ②	24 ③	25 ③
26 ③	27 ②	28 ③	29 ④	30 ③
31 ④	32 ③	33 ④	34 ③	35 ③
36 ④	37 ①	38 ②	39 ②	40 ②
41 ③	42 ②	43 ②	44 ③	45 ③
46 ①	47 ④	48 ②	49 ③	50 ②
51 ③	52 ③	53 ②	54 ①	55 ④
56 ②	57 ②	58 ②	59 ①	60 ③

01 ③

기초데이터는 소프트웨어에만 사용되는 것은 아니며, 디자인, 연구, 마케팅 등 여러 분야에서 기초 자료로 활용

02 ②

개념(Concept)은 특정 대상의 정의와 기능을 설명하는 자료

03 ③

페르소나는 특정 제품 또는 서비스를 사용할 만한 가상의 대표 사용자를 의미

04 ③

체크리스트 기법은 작업의 각 항목을 빠짐없이 확인하고 순서대로 수행할 수 있도록 돕는 기법으로, 작업 순서를 명확히 파악하고 팀원의 역할을 명확히 구분하는 데 효과적

05 ④

디자인의 5대 조건은 합목적성, 경제성, 심미성, 독창성, 질서성

06 ③

와이어프레임 작성에는 전용 목업 툴이 존재하며, 실제로 여러 목업 및 와이어프레임 전용 툴(예 Sketch, Figma, Adobe XD 등)을 사용하여 디지털 환경에서 효율적으로 작성할 수 있음

07 ③

스토리보드는 주로 화면 구성, 정보 구조도, 서비스 흐름도 등을 포함함. 그러나 성능 지표는 주로 시스템의 성능을 평가하거나 최적화할 때 사용하는 지표

오답 피하기
- ① 개정 이력 : 수정 내역을 기록해 프로젝트 진행 상황을 추적하는 요소
- ② 정보 구조도 : 페이지 간의 관계와 구조를 시각화하여 사용자 흐름을 이해하는 데 도움을 줌
- ④ 서비스 흐름도 : 사용자 인터랙션의 전체적인 흐름을 나타내어 시스템 작동 방식을 한눈에 파악하도록 함

08 ③

디자인 관점에서는 디자인 요소의 일관성, 독창성, 그리고 변화에 적응한 그래픽 사용 여부가 중요하지만, 정기적인 업데이트 여부는 일반적으로 디자인 관점보다는 콘텐츠 관리나 유지보수 관점에서 다루어짐

09 ③

2차원적 시각화 방법은 데이터를 위치, 크기, 방향 등의 공간적 속성을 통해 시각적으로 표현하여 쉽게 이해할 수 있도록 돕는 방식. 반면 점자는 1차원적 정보 표현 방법

10 ②

GUI(Graphical User Interface)는 아이콘, 버튼, 메뉴 등 시각적 요소를 이용하여 직관적으로 시스템을 조작할 수 있게 해줌. 초보자는 복잡한 텍스트 명령어를 입력할 필요 없이, 마우스나 터치 등의 상호작용을 통해 쉽게 기능을 이해하고 사용할 수 있기 때문에 접근성이 높음

11 ②

신뢰성은 제품이 사용자에게 안정성을 제공하여 신뢰할 수 있도록 설계하는 것을 의미

12 ②

주로 텍스트가 많은 웹 페이지에서 나타나며, 첫 번째 줄을 좌측에서 우측으로 훑은 후, 시선을 아래로 이동하여 다시 좌측에서 우측으로 보는 형태가 반복

오답 피하기
- ① : Z 패턴은 광고나 랜딩 페이지와 같이 시각적 요소가 많은 화면에서 사용되며, Z자 형태로 시선을 이동
- ③, ④ : O 패턴과 S 패턴은 UI 가이드라인에선 사용되지 않음

13 ②

고정형 너비 레이아웃은 픽셀 단위로 너비가 설정되기 때문에 화면 크기가 변경되어도 레이아웃의 크기는 변하지 않음

14 ③

사용자 데이터 분석을 통해 사용자 요구에 맞는 맞춤형 콘텐츠를 개발하여 사용자의 만족도를 높임

15 ③

하이퍼텍스트 구조는 상호 참조가 가능하도록 설계된 정보 구조 방식으로, 웹사이트나 전자 문서에서 특정 단어, 문장, 이미지 등을 클릭하면 다른 페이지로 이동하게 하는 방식

오답 피하기
- ① 선형 구조 : 정보가 순서대로 나열되어 있으며, 사용자는 정해진 순서대로 탐색해야 함
- ② 계층 구조 : 상위에서 하위로 정보를 분류하여 트리 형태로 구성되며, 단방향 이동이 기본
- ④ 순차 구조 : 선형 구조와 유사하게 사용자가 정해진 순서대로 정보를 탐색해야 하며, 참조의 자유도가 제한적

16 ②

래스터라이징은 벡터 이미지를 픽셀 기반의 비트맵(래스터) 이미지로 변환하는 과정

17 ①

인덱스 컬러는 파일 크기를 줄이기 위해 256가지 색상 팔레트를 사용하여 이미지를 표현

오답 피하기
- ② 무제한 색상 : 주로 트루 컬러(True Color) 방식에서 사용되며, 인덱스 컬러는 제한된 색상 팔레트만을 사용하므로 적합하지 않음
- ③ 벡터 이미지 : 선과 점을 수학적 계산으로 표현하며, 인덱스 컬러는 래스터(비트맵) 이미지 방식에 사용
- ④ 인덱스 컬러 : 특정 색상 팔레트를 선택해 제한된 색상을 사용하는 방식으로, RGB 색상 체계와는 별개의 방식

18 ②

선은 점이 연결되어 형성되며 방향성과 운동감을 나타내는 요소임. 반면, 면은 선이 확장되어 만들어지는 2차원 공간으로, 공간을 구분하고 배치하는 데 중요한 역할을 함

19 ④

조화는 전체 디자인에서 요소들이 잘 어울려 안정적이고 통일된 느낌을 주는 것을 의미하며 동적인 느낌이나 생동감을 전달하는 것은 변화나 리듬, 동세 같은 원리에 더 가까움

20 ②

타이포그래피에서 행간은 줄과 줄 사이의 간격을 의미함. 행간은 텍스트의 가독성에 큰 영향을 미치며, 적절한 행간을 설정함으로써 읽기 편한 문장을 구성할 수 있음

21 ②

모션 캡처는 실제 배우의 움직임을 기록해 가상 캐릭터에 적용하는 애니메이션 기법

22 ③

프로토타이핑은 스케치, 프레젠테이션과 공개 평가, 모델링(프로토타이핑), 테스트의 순서로 진행

23 ③

계층형 구조로 트리 형태로 구성되며, 홈페이지에서 하위 페이지로 내려가는 방식

24 ③

웹 로그 분석은 대규모 사용자 행동을 분석해 사용성 개선에 활용할 수 있음

25 ③

정성적 조사는 사용자의 심층적인 감정과 숨겨진 요구를 파악하는 데 유리한 방법

오답 피하기
- ① : 객관적인 수치나 정확한 통계 분석은 정량적 조사의 장점이며, 정성적 조사와는 구별
- ② : 정성적 조사는 소규모 심층 조사를 통해 세부적이고 깊이 있는 정보를 얻는 데 유리하지만, 대규모 조사에는 시간과 비용이 많이 들어 비효율적
- ④ : 정성적 조사는 수치화가 어려워 분석에 제한이 있지만, 그 대신 질적 데이터를 바탕으로 사용자 감정과 니즈를 깊이 이해할 수 있는 장점이 있음

26 ③

트레저 헌터는 최고의 가치를 찾기 위해 다양한 정보를 탐색하는 소비자를 의미

27 ②

오답 피하기
- ① 면접 조사 : 개별 참여자와 대면하거나 비대면으로 대화하며 정보를 수집하는 방법
- ③ 관찰 조사 : 참여자의 행동이나 환경을 관찰하여 정보를 수집하는 방법
- ④ 사례 연구 : 특정 사례를 깊이 있게 분석하여 정보를 수집하는 질적 연구 방법

28 ③

과제 달성 용이성 측정 단계에서는 사용자가 각 과제를 얼마나 쉽게 수행할 수 있는지를 분석하며, 시간, 페이지 이동 횟수, 커서 클릭 횟수, 이동 동선 등을 검토

오답 피하기
- ① 만족도 측정 : 사용자가 과제를 수행한 후의 전반적인 만족도를 측정하는 것
- ② 과제 성공 여부 측정 : 과제를 성공적으로 수행했는지를 평가하는 단계
- ④ 과제 수행에 영향을 미치는 요인 파악 : 과제 수행에 어떤 요소들이 영향을 미치는지 확인하는 단계

29 ④

키오스크는 터치스크린을 통해 사용자가 간단한 검색과 서비스에 접근할 수 있도록 설계된 장치로, 주로 공공장소에 설치되어 다양한 정보를 제공함. 직관적이고 사용하기 쉬운 그래픽과 아이콘이 필요하며, 공공 서비스나 정보 제공, 간단한 결제 시스템 등에서 많이 사용됨

30 ③

XML은 웹 문서에서 데이터를 구조화하여 저장하고 교환하는 데 사용되는 마크업 언어. 웹 기술 표준화를 주도하는 기관은 W3C로, 웹 표준을 개발하고 관리하는 역할을 함

31 ④

색 지각의 3요소는 빛(광원), 물체, 관찰자

32 ③

빨 〉 주 〉 노 〉 초 〉 파 〉 남 〉 보 순으로 빨강이 긴 파장 보라색이 짧은 파장을 가지고 있음

33 ④

하늘의 파란색은 대기 중 입자와 빛의 상호작용으로 인해 발생하는 색

34 ③

명도는 색의 속성 중 가장 예민하게 반응하는 특성

35 ③

병치혼합은 눈의 잔상 효과가 아니라 시각적 혼합 효과로 인해 색이 섞인 것처럼 보이며 잔상 효과는 일반적으로 지속적으로 자극된 후 시각이 남아있는 현상을 의미하는 회전혼합에 관한 설명

36 ④

색입체는 색의 3요소인 색상, 명도, 채도를 3차원적으로 표현한 구조

37 ①

현색계는 색의 시각적 특성을 기준으로 색을 체계화한 것으로, 먼셀 표색계가 대표적

38 ②

CIE XYZ 색 공간은 색을 수치화하여 좌표로 표현

39 ②

노랑은 진출성이 강한 색상이며, 파랑은 후퇴성이 강한 색상임. 일반적으로 난색 계열(빨강, 주황, 노랑)은 진출성을 가지며, 한색 계열(파랑, 청록, 녹색)은 후퇴성을 가짐

40 ②

중성색도 주변 색에 따라 더 따뜻하거나 차갑게 느껴지며 한난대비에 영향을 받음

41 ③

명도가 높고 채도가 높으면 밝고 생동감 있는 느낌을 주며, 우울한 느낌은 명도와 채도가 낮을 때 더 많이 발생함

42 ②

색채조절은 피로를 줄이고, 작업 효율과 안전성을 높이는 데 도움이 됨

43 ②

웹 디자인은 웹사이트의 시각적 요소와 사용자 경험(UX)을 고려하여 웹 페이지를 설계하고 제작하는 작업. 이를 통해 사용자가 웹사이트를 편리하고 효과적으로 이용할 수 있도록 함

44 ③

색채 기획 단계는 디자인의 목적과 방향에 맞는 색채 사용 계획과 전략을 수립하는 단계

45 ③

톤인톤 배색은 서로 다른 색상이지만 유사한 명도와 채도를 가진 색을 조합하는 방식이며, 톤온톤 배색은 같은 색상 내 명도와 채도가 다른 색들을 조합하는 방식

46 ①

파버 비렌은 색 삼각형 이론에서 직선 상에 위치한 색들이 서로 조화를 이룬다고 설명

오답 피하기
- ② : 기본 3색은 순색, 백색, 흑색
- ③, ④ : 따뜻한 색과 차가운 색에 대한 연구도 진행

47 ④

텍스트 콘텐츠는 용량이 작아 경제적이고 간단한 정보 전달에 효과적

48 ②

멀티미디어 저작 도구는 인터페이스가 직관적이고 작업 과정이 단순해 적은 인원으로도 제작이 가능

49 ③

제작 이후 단계에서는 오류 수정과 최적화를 통해 최종 품질을 개선

오답 피하기
- ①, ②, ④ : 기획 및 설계 단계의 내용

50 ②

TIFF는 고화질 이미지에 적합하지만 파일 크기가 커서 웹 전송에 효율적이지 않음

51 ③

구글 크롬은 구글에서 개발한 오픈 소스 웹 브라우저

52 ③

인터레이싱은 웹 페이지 로딩 시 저해상도로 먼저 나타난 후 점차 고해상도로 바뀌는 효과

53 ②

NOT 연산자는 특정 단어나 구문을 제외하고 검색

오답 피하기
- ① OR : 입력한 키워드 중 하나라도 포함된 결과를 찾음
- ③ AND : 입력한 모든 키워드를 포함한 결과를 찾음
- ④ " " (따옴표) : 정확히 입력한 구문과 일치하는 결과를 찾음

54 ①

인라인 스타일은 개별 HTML 요소에 직접 적용되어 우선순위가 가장 높음. 그다음 내부 스타일, 마지막으로 외부 스타일이 적용

55 ④

_top은 새 창이 아닌 창 전체에 링크를 여는 값

56 ②

변수명은 숫자로 시작할 수 없으며, 자바스크립트 변수 선언 시 반드시 지켜야 하는 규칙으로, 변수명에는 공백과 예약어를 사용할 수 없고 알파벳, 숫자, 밑줄(_), 달러 기호($)만 사용할 수 있음

57 ②

자바스크립트는 클라이언트 측 스크립트 언어로 웹 브라우저에서 실행

58 ②

산출물은 주로 문서 형태로 작성되며, 프로젝트 이해관계자 간의 명확한 의사소통을 지원하는 역할을 함

59 ①

플로우차트는 사이트의 전체 사용자 흐름과 기능 동선을 시각적으로 표현한 문서

60 ③

산출물에 네이밍 규칙을 적용하여 명칭을 일관성 있게 작성하면 추적과 관리가 용이해짐

기출 유형 문제 08회

01 ②	02 ②	03 ②	04 ②	05 ③
06 ③	07 ③	08 ②	09 ②	10 ③
11 ③	12 ②	13 ②	14 ①	15 ②
16 ③	17 ③	18 ②	19 ③	20 ②
21 ②	22 ③	23 ①	24 ②	25 ②
26 ②	27 ③	28 ③	29 ③	30 ①
31 ②	32 ③	33 ②	34 ②	35 ③
36 ①	37 ③	38 ②	39 ①	40 ②
41 ③	42 ②	43 ③	44 ③	45 ③
46 ②	47 ④	48 ③	49 ②	50 ②
51 ③	52 ③	53 ②	54 ②	55 ②
56 ②	57 ③	58 ①	59 ②	60 ③

01 ②
프로젝트는 시간과 예산 등 다양한 제약 조건을 고려하여 목표를 달성하기 위한 계획과 실행 과정이 포함

02 ②
컨슈머 데이터는 사용자가 직접 만들어 제공하는 콘텐츠로, UCC, 인스타그램, 유튜브 등이 이에 해당함

03 ②
비주얼(GUI) 관점은 디자인과 그래픽 요소의 적합한 배치를 다룸. 데이터 구조 이해는 정보 구조 관점에 해당함

04 ②
브레인스토밍은 참여자가 자유롭게 아이디어를 제시하는 기법으로, 창의성을 최대한 발휘하도록 하기 위해 아이디어에 대한 비판을 금지하는 것이 기본 원칙

05 ③
좋은 디자인은 불필요한 주의를 끌지 않고 문제 해결에 중점을 둠
굿디자인의 10대 원칙
① 좋은 디자인은 혁신적임
② 좋은 디자인은 제품을 유용하게 함
③ 좋은 디자인은 아름다움
④ 좋은 디자인은 이해하기 쉽게 함
⑤ 좋은 디자인은 불필요한 관심을 끌지 않음
⑥ 좋은 디자인은 정직함
⑦ 좋은 디자인은 오래 지속됨
⑧ 좋은 디자인은 마지막 디테일까지 철저함
⑨ 좋은 디자인은 친환경적
⑩ 좋은 디자인은 심플한 디자인

06 ③
해당 CC 라이선스는 저작자 표시(CC BY)를 의미함

07 ③
웹 안전색은 다양한 환경에서 동일하게 보이도록 표준화된 색상

오답 피하기
- ① : 웹 안전색은 최신 디스플레이 전용이 아닌, 다양한 디스플레이 환경에서 일관성을 유지하기 위한 색상 팔레트
- ② : 웹 안전색은 블랙과 화이트뿐 아니라 다양한 색상 조합을 포함한 216가지 색상으로 구성
- ④ : 고해상도 이미지와는 관련이 없으며, 다양한 기기에서 일관성을 유지하기 위해 사용되는 색상 팔레트

08 ②
그리드는 웹 디자인에서 가로와 세로의 격자형 구조로, 페이지 구성 요소를 일관성 있게 배치하여 정보를 더 쉽게 인식하고 탐색할 수 있음

오답 피하기
- ① : 그리드는 대비 조절이 아닌, 디자인 요소의 위치와 정렬을 위한 체계
- ③ : 그리드는 특정 페이지가 아닌 전체 레이아웃에서 통일성을 유지하는 데 사용
- ④ : 그리드는 네트워크 속도와 관련이 없으며, 시각적 배치를 위한 디자인 도구

09 ②
시각화는 방대한 데이터를 그래프, 차트, 히트맵 등의 시각적 도구로 표현하여 정보를 쉽게 이해할 수 있도록 돕는 중요한 방법

오답 피하기
- ① : 시각화는 데이터를 감추는 것이 아니라 오히려 명확하게 드러내어 분석과 해석을 도움
- ③ : 시각화는 데이터를 효과적으로 전달하기 위해 시각적 요소를 적극 활용하는 과정
- ④ : 데이터 분석 과정에서 시각화는 주요 단계를 구성하며, 데이터를 직관적으로 이해하기 위해 필수적인 도구

10 ③
GUI는 시각적 요소를 사용해 직관적으로 시스템과 상호작용하는 방식

오답 피하기
- ① : 명령 줄 인터페이스(CLI)에 대한 설명
- ② : 제스처 사용자 인터페이스(GUI)에 대한 설명
- ④ : 터치 사용자 인터페이스(TUI)에 대한 설명

11 ③
UX 설계는 사용자 경험을 향상시키기 위해 사용자 피드백을 수집하고, 실질적인 데이터에 기반하여 설계 의사결정을 내리는 것이 중요하므로 데이터 기반 설계를 지양하는 것은 적절하지 않은 사항임

12 ③

오류 최소화는 실수를 유도하기보다는 실수를 방지하고 쉽게 수정할 수 있도록 도움

13 ②

비주얼 콘셉트는 일관성과 조화를 중시하여 전체 디자인이 통일된 느낌을 주도록 하는 것이 목표임

14 ①

카드 레이아웃은 모바일과 PC 등 다양한 디바이스 환경에서 쉽게 적용할 수 있는 디자인 방식임. 콘텐츠가 카드 형식으로 나뉘어 있어 작은 화면에서도 효과적으로 정보를 제공하며, 반응형 웹 디자인에 유리한 구조

15 ②

트루컬러(True Color)는 일반적으로 24bit 색상 표현을 의미하며, 이는 약 1,670만 가지의 색상을 표현할 수 있음. 32bit 색상 표현은 추가로 알파 채널을 포함

16 ③

RGB는 가산혼합 방식으로 색을 더할수록 밝아지며, CMYK는 감산혼합 방식으로 어두워짐

17 ③

시각적 중량은 디자인 요소가 얼마나 눈에 띄고, 무겁게 느껴지는가를 나타내는 개념

18 ②

폐쇄성의 원리는 불완전한 형태를 사람의 뇌가 완전한 형태로 인식하려는 경향

19 ③

모노스페이스 서체는 모든 글자 간격이 동일하여 각 문자가 일정한 공간을 차지하는 특징이 있음. 이러한 특성 덕분에 코드를 작성할 때 각 문자가 정렬되어 가독성이 높아지므로, 코드 편집기나 개발 환경에서 자주 사용함

20 ②

인포그래픽은 복잡한 정보를 시각적으로 간결하게 표현하여 빠르게 이해할 수 있게 함

> **오답 피하기**
- ① : 인포그래픽은 정보를 시각적으로 표현하는 데 중점을 두기 때문에, 이미지나 그래픽을 사용해 정보를 요약하고 강조
- ③ : 인포그래픽은 시각적 요소를 통해 정보를 빠르게 전달할 수 있어, 오히려 정보 전달 속도가 빠른 편
- ④ : 인포그래픽은 복잡한 데이터를 시각적으로 표현해 복잡한 데이터도 효과적으로 다룰 수 있음

21 ②

프로토타입은 제품이나 서비스의 초기 모델을 시각화해 기능과 디자인을 테스트하고 피드백을 수집하는 과정

22 ③

연속형(순차적) 구조는 특정 순서대로 페이지가 연결된 구조

23 ①

싱크 얼라우드는 사용자가 작업을 수행하며 자신의 생각을 소리 내어 말하도록 하여 문제를 파악하는 방식

24 ②

이동의 용이성은 페이지 간 이동이 쉽고 직관적인지를 평가하는 항목이며, 복잡하고 제한적인지 평가하는 것이 아님

25 ②

관찰자는 참여자가 수행 중 발생한 장애, 오류, 주요 의견 등을 기록하는 역할을 함

26 ②

웹사이트 사용성 분석 초기 단계에서는 웹사이트의 목적과 주요 역할을 명확히 정의하고, 사용자들이 주로 수행하는 활동을 파악하며, 이를 통해 사용성 테스트의 목표를 설정

27 ③

커서 클릭 횟수는 측정 가능한 행위적 데이터로, 정량적 분석에 가까운 항목. 만족도보다는 사용자의 동작을 구체적으로 파악하려는 질문이므로 만족도 측정을 위한 직접적인 질문으로는 적합하지 않음

28 ③

컴퓨터는 대형 모니터와 고해상도 화면을 지원하며, 복잡한 작업과 멀티미디어 처리가 가능

> **오답 피하기**
- ① : 이 설명은 스마트폰과 태블릿처럼 휴대성이 중요한 모바일 기기의 특징
- ② : 모바일 기기는 작은 화면에 최적화된 디자인과 기획이 필요하지만, 컴퓨터는 상대적으로 넓은 화면과 다양한 해상도에서 유연하게 작업할 수 있음
- ④ : 일부 컴퓨터 모델에서 터치스크린이 가능하긴 하지만, 터치 기반의 조작은 주로 스마트폰이나 태블릿과 같은 모바일 기기의 주요 특징

29 ③

블렌더는 무료 오픈소스 3D 소프트웨어로, 다양한 3D 작업을 지원

오답 피하기

- ① 포토샵 : 주로 이미지 편집과 합성에 사용되며, 로고 디자인이나 아이콘 제작에는 벡터 기반 프로그램(예 일러스트레이터)이 더 적합
- ② 피그마 : UI/UX 디자인과 프로토타이핑에 특화된 소프트웨어
- ④ 시네마4D : 모션 그래픽과 3D 애니메이션에 많이 활용되며, 인테리어 디자인이나 건축 설계는 보통 CAD 소프트웨어에서 주로 다룸

30 ①

W3C Validator는 웹 페이지가 표준에 맞게 작성되었는지 검토하고 유효성을 검사하는 사이트

31 ②

색을 인식하는 세포는 망막의 원추세포

32 ③

헤링의 반대색설은 색 지각을 적 – 녹, 청 – 황, 흑 – 백의 반대색 쌍이 작용하여 특정 색의 대비 효과와 보색 잔상 현상을 일으킨다고 주장하였음. 반면, 영 – 헬름홀츠의 삼원색설은 색 지각이 빨강(R), 초록(G), 파랑(B) 빛의 혼합에 의해 이루어진다고 설명하는 이론

33 ②

무채색은 색상과 채도가 없고, 명도만 있는 색을 의미함. 예를 들어 흰색, 회색, 검정이 무채색에 해당하며 밝기만으로 구분

34 ②

회전혼합은 색상이 칠해진 원판을 고속으로 회전시킬 때 시각적으로 혼합된 상태로 보이는 현상

35 ③

순색에 회색이 혼합된 색은 탁색

오답 피하기

- ① 명청색 : 밝은 청색을 의미함
- ② 암청색 : 어두운 청색을 의미하는데, 이는 회색 혼합이 아닌 어둡게 만든 색상을 가리킴
- ④ 순색 : 회색이나 흰색, 검정색 등의 색이 섞이지 않은 가장 순수한 색을 의미함

36 ①

먼셀의 색입체는 색의 3속성(색상, 명도, 채도)을 바탕으로 색을 3차원적으로 배열한 색체계

37 ②

오스트발트 표색계에서 등백색은 백색의 양이 동일하게 포함된 색들의 모임을 의미함. 이는 색상의 밝기(명도)가 일정하게 유지되는 색들의 집합으로, 색상과 채도는 달라질 수 있지만 명도는 같다는 특징이 있음

오답 피하기

- ① : 순색을 의미하며, 등백색과는 다름
- ③ : 흑색이 일정하게 섞인 색으로, 등흑색에 가까운 개념
- ④ : 색의 채도에 관련된 설명이며, 등백색과는 관련이 없음

38 ②

계시대비는 한 색을 본 후 잔상으로 인해 다른 색이 변형되어 보이는 현상

39 ①

고명도, 고채도의 색상은 주목성이 높아 눈에 잘 띄는 효과를 줌

40 ③

오답 피하기

- ① : 고명도 색상은 주로 높은 음을 연상시킴
- ② : 저명도, 저채도의 색상은 주로 낮은 음을 연상시킴
- ④ : 난색은 강렬하거나 에너제틱한 소리를 연상시킴

41 ③

브랜드 아이덴티티(BI)는 개별 브랜드의 정체성을 강조하며, 기업 아이덴티티(CI)는 기업의 철학과 목표를 시각적으로 표현

42 ②

에코 디자인은 환경 보호와 지속 가능성을 고려한 디자인 방식

43 ③

보색 대비는 강한 시각적 대비를 주며, 색상 간 차이를 줄이지 않음

44 ③

빨강, 노랑, 파랑 등은 KS에서 정의한 기본색명이며, 밤색이나 감색은 관용색명에 해당함

45 ③

색채분포도는 디자인, 그림, 패션 등에서 사용된 색채의 비율과 분포를 시각적으로 나타내며, 색상들이 어떻게 조화와 균형을 이루고 있는지 분석할 수 있는 도구

오답 피하기

- ① : 색채분포도는 색채의 비율과 조화도 함께 분석하는 도구
- ② : 색채분포도의 X축은 먼셀 10 색상환의 순서로 색상이 배열되고, Y축이 명도와 채도를 표시
- ④ : 색채분포도는 모든 색상을 분석하며, 무채색은 그 중 하나

46 ②

내용 전문가는 프로젝트의 목표와 관련된 지식을 제공하여 내용의 정확성을 보장

47 ④

멀티미디어 시스템 하드웨어 환경에는 메모리, 프로세서, 하드 디스크, CD-ROM, 사운드, 비디오 장치, 스캐너, 디지털카메라 등이 있으며 소프트웨어 환경에는 미디어 편집, 이미지 편집, 사운드 편집, 3D 그래픽, MIDI, 애니메이션, 비디오 제작 소프트웨어 등 콘텐츠 제작 도구가 있음

48 ②

멀티미디어 저작 도구의 메타포 중 시간선 방식은 미디어 요소와 이벤트를 시간 축에 따라 배치하여 순차적으로 재생되는 콘텐츠를 구성하는 방식

오답 피하기
- ① : 콘텐츠를 페이지 단위로 구성은 책 방식에 해당
- ③ : 콘텐츠의 흐름을 아이콘으로 표시는 흐름도 방식에 해당
- ④ : 다양한 미디어 파일을 순서 없이 배치는 저작 도구 메타포와는 맞지 않는 설명

49 ②

ASF는 인터넷 스트리밍을 위해 설계된 동영상 파일 포맷

50 ②

MP4는 손실 압축 방식을 사용하여 파일 크기를 줄이면서도 음질 및 화질을 유지하는 포맷으로, 영상과 음악 데이터를 모두 저장할 수 있는 멀티미디어 포맷

51 ③

서버 유지 관리는 웹 브라우저가 아닌 서버 관리자 역할

52 ③

〈iframe〉 태그는 다른 HTML 문서를 현재 페이지에 삽입하는 데 사용됨. 음악, 동영상 등의 미디어를 삽입하고 재생하기 위해 〈embed〉 태그를 사용할 수 있음

53 ②

window는 JavaScript에서 최상위 객체로, 창을 열거나 닫을 수 있는 메서드를 제공

54 ②

HTML 문서가 스타일 규칙을 읽기 전에 외부 CSS를 먼저 가져와야 하기 때문에 스타일 규칙 뒤에 작성하면 무시될 수 있음

55 ②

POST 방식은 데이터 크기에 제한이 없고 보안성이 높지만, 캐싱이 불가능함

56 ②

데이터베이스(Database)에 관련된 설명

오답 피하기
- ① 웹 서버 : 클라이언트(사용자) 요청을 받아 HTML, 이미지 등의 웹 콘텐츠를 제공하는 서버로, 주로 HTTP 프로토콜을 사용하여 웹 페이지와 같은 파일을 전송
- ③ CGI(Common Gateway Interface) : 웹 서버와 외부 프로그램 간의 상호작용을 위한 인터페이스로, 주로 동적인 웹 페이지 콘텐츠 생성을 위해 사용되었지만, 현재는 PHP, JSP 같은 서버 측 스크립트로 대체되었음
- ④ 자바(Java) : 다양한 플랫폼에서 동작 가능한 객체 지향 프로그래밍 언어로, 웹, 모바일, 데스크탑 애플리케이션 등 다양한 소프트웨어 개발에 활용

57 ③

WBS는 프로젝트의 자원을 효율적으로 배분하고 관리하는 데 사용되므로 자원 낭비를 방지하는 데 도움이 됨

58 ①

시스템 이행 결과서는 시스템이 구현되고 운영 환경에 배포된 후 작성되는 문서로, 분석 단계의 주요 산출물로는 정의서, 기능 차트, UI 설계서 등이 있음

59 ②

Work Table은 각 작업 단계별 데이터를 정리해 추후 재사용할 수 있도록 만드는 표 형식의 도구

60 ③

화면 정의서는 상세 설계 단계에서 작성되며 초기화 단계에서는 프로젝트 계획서, 예산안, 이해관계자 분석서 등이 작성됨

기출 유형 문제 09회   198P

01 ③	02 ②	03 ③	04 ①	05 ①
06 ②	07 ②	08 ③	09 ①	10 ②
11 ②	12 ②	13 ③	14 ②	15 ②
16 ②	17 ③	18 ②	19 ④	20 ②
21 ②	22 ②	23 ④	24 ③	25 ④
26 ③	27 ④	28 ②	29 ②	30 ①
31 ②	32 ②	33 ②	34 ②	35 ②
36 ①	37 ①	38 ①	39 ④	40 ②
41 ①	42 ②	43 ④	44 ②	45 ③
46 ③	47 ④	48 ②	49 ①	50 ③
51 ②	52 ①	53 ④	54 ④	55 ②
56 ④	57 ③	58 ③	59 ③	60 ②

01 ③
디지털 데이터는 부호, 문자, 음성, 영상 등 다양한 형태로 변환이 가능하며, 저장 매체를 통해 쉽게 유통할 수 있음

02 ②
페르소나는 다양한 사용자 유형을 반영하기 위해 여러 개를 생성할 수 있음

03 ③
프로슈머는 생산자와 소비자의 합성어로, 소비자가 콘텐츠나 제품의 생산과 개선 과정에 직접 참여하는 역할을 의미. 디지털 환경과 소셜 미디어가 발전하면서 소비자들이 상품에 대한 피드백을 남기거나 콘텐츠를 제작하는 등 능동적인 참여가 가능해짐

04 ①
강제 결부법은 의도적으로 관련 없는 요소를 결합하여 창의적 발상을 유도함

05 ①
저작권은 창작물에 대한 보호로, 사실 기록은 보호 대상이 아님

오답 피하기
- ② : 일정 기간 사용을 허락하는 것은 저작권 자체가 아니라, 저작자가 허가한 라이선스나 사용 계약에 해당
- ③ : 공개된 자료라도 저작권이 소멸된 경우에만 자유롭게 사용이 가능하며, 모든 공개 자료가 저작권 없이 사용될 수 있는 것은 아님
- ④ : 사실 데이터는 창작적 표현이 아니라 단순한 정보이기 때문에 저작권 보호 대상이 아님

06 ②
질서성은 디자인의 4대 조건이 조화롭게 이루어져 있는가를 평가

07 ②
모듈은 로와 칼럼이 교차하는 부분으로, 시각적 요소가 배치되는 단위

08 ③
초점선은 시각적 요소를 수직적으로 구분하는 것이 아니라, 시각적인 관심을 끌거나 시선의 흐름을 유도하는 역할을 함

09 ①
섬네일 스케치는 대략적인 표현에 중점을 두고, 러프 스케치는 더 구체적으로 아이디어를 표현

10 ②
접근성은 모든 사용자가 불편 없이 접근할 수 있는 인터페이스를 설계하는 것

오답 피하기
- ① : 디자인의 미적 요소가 사용자 경험에 영향을 미치는 측면으로, 주로 심미성에 해당
- ③ : 기능성에 대한 설명으로 제품이 사용자가 원하는 기능적 요구를 얼마나 충족하는지를 다룸
- ④ : 신뢰성에 대한 설명으로 제품이 얼마나 안정적이고 신뢰성 있게 작동하는지를 의미함

11 ②
피드백은 사용자가 조작했을 때 시스템이 반응하여 결과를 인식하게 하는 중요한 요소

12 ②
메타포는 사용자가 익숙한 방식으로 복잡한 개념을 쉽게 이해하도록 도움

13 ③
아이콘은 GUI에서 특정 기능을 실행하는 작은 그래픽 이미지

14 ②
웹 디자인에서 정보 구조화는 일반적으로 하향식 계층 구조를 따르며, 계층 구조의 폭은 일반적으로 5개에서 9개 사이로 설정해야 웹 디자인의 접근성과 사용자 경험을 최적화할 수 있음

15 ②
점진적 컬럼 숨김 그리드는 해상도에 따라 덜 중요한 컬럼을 숨겨 모바일 환경에서 핵심 정보를 제공하는 방식

16 ②
비트맵(Bitmap) 이미지는 흑백으로 표현되며, 각 픽셀이 검정 또는 흰색 중 하나로만 표시됨. 회색 톤으로 256단계를 표현하는 것은 그레이스케일 이미지임

17 ③

인쇄에서 선명한 품질을 얻기 위해 일반적으로 300 DPI가 표준으로 권장됨. 72 DPI는 웹용 해상도, 150 DPI는 간이 인쇄용이며, 600~1200 DPI는 일부 특수 인쇄에서 사용됨

18 ②

율동은 디자인이나 예술에서 일정한 규칙에 따라 요소들이 반복되고 배열되는 움직임을 의미하며, 해당 그림에서 오브젝트가 일정한 규칙에 따라 반복됨

19 ④

전통 건축이나 예술에서는 금강 비례가 사용되며, 이는 자연과 조화를 이루는 인간적 비례를 따름. 상가수열 비례는 일정한 값을 주기적으로 더해가는 방식으로, 주로 음악적 리듬이나 반복적인 패턴에 사용됨

20 ②

세리프 서체는 글자 끝에 장식이 있는 서체로, 고전적이며 장문의 텍스트에 적합

오답 피하기
- ① : 글자 끝에 장식이 없는 서체는 산세리프 서체의 특징. 산세리프 서체는 글자 끝에 장식이 없어 깔끔하고 현대적인 느낌을 줌
- ③ : 산세리프 서체가 현대적이고 간결한 느낌을 주며, 디지털 화면에서도 자주 사용
- ④ : 코드 작성에는 주로 모노스페이스 서체가 사용되며, 모든 글자 간격이 동일하여 가독성을 높여줌

21 ②

폐기 처분용 프로토타입은 사용자 요구를 분석하기 위해 제작되며 테스트 후 폐기

22 ②

TFT(Task Force Team)는 특정 문제를 해결하기 위해 임시로 구성된 팀

23 ④

웹사이트 사용성 평가 항목에는 기능의 위치, 이동의 용이성, 레이아웃의 일관성 등이 포함되며, 광고 효과는 해당되지 않음

24 ③

어포던스는 사용자가 직관적으로 상호작용 방법을 이해할 수 있도록 행동 가능성을 제공하는 것을 의미

25 ④

아티젠은 예술과 디자인이 결합된 제품을 선호하며, 디자이너의 개성을 중시하는 소비자 유형

26 ③

좋은 체크리스트는 명확하고 중복되지 않는 항목으로 구성되어야 함. 중복 항목은 효율성을 떨어뜨리고 혼란을 초래할 수 있으므로, 체크리스트는 간결하고 체계적으로 작성하는 것이 중요

27 ④

목표 사용자에 대한 이해를 높이기 위해서는 다양한 방법으로 사용자 정보를 수집하고 분석하는 과정이 필요함. 이 중 사용자에 대한 조사를 생략한다는 목표 사용자 이해를 높이는 방법이 아니며, 사용자를 중심으로 한 설계 원칙에 위배됨

28 ②

보안 표준에는 사용자 인증, 데이터 암호화, HTTPS 사용 등이 포함되며 파일 크기 줄이기는 성능 최적화에 해당됨

29 ②

어도비 일러스트레이터는 벡터 그래픽 제작에 적합하며 로고와 아이콘 작업에 주로 사용됨

30 ①

DPI가 높을수록 더 많은 픽셀이 사용되어 이미지가 더 선명하게 표시

31 ②

스펙트럼은 빛이 프리즘을 통해 굴절되면서 여러 색으로 분해된 현상

32 ②

오답 피하기
- ① 암소시 : 어두운 환경에서 시각을 담당하는 상태
- ③ 명소시 : 밝은 환경에서 시각을 담당하는 상태
- ④ 암순응 : 어두운 환경에 적응하는 과정

33 ②

특정 색에 지속적으로 노출되면 감각이 둔감해지는 현상을 색순응이라고 함. 파란 배경을 오래 보면 다른 색상이 덜 푸르게 느껴지는 경우를 일컬음

34 ②

혼색계는 색을 빛의 혼합 방식에 따라 설명하는 체계이며 현색계는 색상, 명도, 채도에 따라 물체의 색을 체계적으로 배열한 색상 체계

35 ②

조건등색(메타머리즘)은 서로 다른 스펙트럼 분포의 빛이 특정 조건에서 동일한 색으로 보이는 현상을 의미함

오답 피하기
①, ③, ④ : 각각 색채의 명도와 채도, 흡수와 반사, 특정 조명에서만 발생하는 현상에 관한 설명으로 조건등색과는 관련이 없음

36 ①

먼셀 색체계는 색을 색상(Hue), 명도(Value), 채도(Chroma)라는 세 가지 속성으로 나누어 체계적으로 구분하는 시스템. 색의 혼합 양에 따라 결정되는 것이 아니라, 이 세 가지 속성을 기준으로 색을 정확하게 정의하고 표기함

37 ①

경연감은 명도와 채도에 따라 단단하거나 부드러운 느낌을 주는 특성

38 ①

웹 디자인에서는 고채도 색상이나 지나친 대비를 피하고, 시각적 피로를 줄이는 배색이 요구됨

39 ④

주조색은 전체 디자인의 분위기를 결정하는 핵심 색상으로, 가장 넓은 영역에 적용

40 ②

트렌드는 유행보다 오랜 기간 유지되며, 사회, 문화, 경제 등 여러 분야에 영향을 미침

41 ①

오답 피하기
- ② 색의 대비 : 서로 다른 색이 배치되어 그 차이가 뚜렷하게 나타나는 현상
- ③ 색의 혼합 : 두 가지 이상의 색을 섞어 새로운 색을 만들어내는 과정
- ④ 색의 명시 : 색이 주변 환경에서 쉽게 눈에 띄는 정도를 의미

42 ③

연변대비는 색의 경계선에서 나타나는 대비 효과를 설명할 때 주로 사용됨. 해당 설명은 계시대비에 가까움

43 ④

명료성의 원리는 색상 간의 명도와 채도의 차이를 통해 시각적 명확성을 높이고 색상 구분을 용이하게 하는 원리. 유사한 성질의 색상을 사용하여 안정감을 주는 것은 친근감의 원리와 관련이 있음

44 ②

비콜로 배색은 두 가지 색상을 사용해 강렬한 대조 또는 조화를 이루는 배색 방식

오답 피하기
- ① : 트리콜로 배색에 대한 설명
- ③ : 명도에 초점을 맞춘 배색 방식으로, 비콜로 배색과는 다른 개념
- ④ : 채도를 일정하게 유지하는 방식은 색의 통일감을 주는 배색 방식이지만, 비콜로 배색과는 연관이 없음

45 ③

문·스펜서의 색채 조화론에서 조화를 이루는 배색은 동일 조화, 유사 조화, 대비 조화의 세 가지로, 정량적인 색 좌표에 의해 과학적으로 설명함

46 ③

멀티미디어의 주요 특성에는 통합성, 상호작용, 비선형성, 디지털화가 포함됨

47 ④

SSD는 저장 장치에 해당하며, 데이터를 저장하고 읽는 역할을 함. 통신 장치는 데이터를 전송하고 네트워크 연결을 제공하는 장비를 의미함

48 ②

일러스트레이터는 벡터 그래픽 디자인 소프트웨어로, 주로 로고, 아이콘, 일러스트 등을 제작하는 데 사용됨. 웹 페이지 제작 소프트웨어로는 드림위버나 Visual Studio Code 같은 프로그램이 더 적합

49 ①

PNG는 웹 그래픽과 반투명 효과를 위해 적합하며, 인쇄보다는 화면상에서 주로 사용됨

50 ③

색인(Indexing)은 중요한 키워드를 추출해 데이터베이스에 저장하는 작업

51 ②

HTTP는 웹 브라우저와 서버 간 데이터를 전송하는 프로토콜

52 ①

쿠키는 방문 기록과 설정 정보를 저장하여 맞춤형 정보를 제공하는 역할을 함

53 ④

//는 한 줄 주석을 나타내는 JavaScript 주석 표기법이며, 여러 줄 주석은 /* */로 작성

54 ④

const, for, function은 모두 자바스크립트에서 특정 기능을 수행하는 예약어로, 변수명으로 사용할 수 없음. 반면, total은 예약어가 아니므로 변수명으로 자유롭게 사용할 수 있음

55 ③

XML은 SGML에서 파생된 언어로, 데이터를 구조화하고 저장 및 전송하기 위해 사용됨. XML은 문법이 엄격하여 태그의 정확한 닫기, 대소문자 구분 등 문법적 규칙을 반드시 지켜야 함

56 ④

SMTP는 이메일 전송 프로토콜이며, HTTP, HTTPS, FTP는 웹 브라우저와 서버 간의 데이터 전송 프로토콜

57 ③

웹 서버의 작동 원리는 클라이언트가 요청을 보낼 때부터 시작됨
① 연결 설정 : 클라이언트와 서버가 통신하기 위해 연결을 설정
② 요청 수신 : 클라이언트가 보낸 요청을 서버가 수신
③ 서버 응답 생성 : 서버는 요청을 처리하고 이에 대한 응답을 생성
④ 응답 반환 : 서버는 생성된 응답을 클라이언트에 반환
⑤ 연결 종료 : 통신이 완료되면 연결을 종료하여 자원을 해제
이 순서는 클라이언트 – 서버 통신의 일반적인 흐름을 설명

58 ③

ERD(Entity Relationship Diagram)는 데이터베이스의 테이블 간 관계를 시각화하여 데이터베이스 설계에 도움을 줌

59 ③

유지보수 작업 최소화는 산출물 체계화의 직접적 목적이 아니며 검색 및 분석이 용이하고, 프로젝트 가치를 높이는 데 목적이 있음

60 ②

산출물 정리를 위해 필요한 데이터를 선별하고 정리하며, 보존 또는 폐기 여부를 결정

기출 유형 문제 10회   205P

01 ③	02 ④	03 ③	04 ②	05 ①
06 ①	07 ③	08 ③	09 ②	10 ②
11 ①	12 ②	13 ②	14 ②	15 ②
16 ②	17 ④	18 ②	19 ④	20 ②
21 ②	22 ②	23 ③	24 ①	25 ④
26 ③	27 ②	28 ②	29 ②	30 ④
31 ①	32 ②	33 ②	34 ④	35 ③
36 ③	37 ①	38 ②	39 ②	40 ②
41 ①	42 ②	43 ④	44 ③	45 ④
46 ④	47 ③	48 ②	49 ②	50 ②
51 ②	52 ②	53 ②	54 ①	55 ①
56 ②	57 ④	58 ②	59 ②	60 ③

01 ③

외부 데이터는 외부에서 수집된 정보로, 일반적으로 조직 외부의 출처에서 획득하는 데이터. 주식 정보와 날씨 정보는 외부 기관이나 서비스에서 제공되는 외부 데이터에 해당. 반면, 비디오 클립과 고객 구매 이력은 내부에서 생성되거나 관리되는 데이터일 가능성이 큼

02 ④

공학적 관점은 데이터 분석 체크리스트의 주요 항목에 포함되지 않음

03 ③

인지 모형은 사용자가 정보를 처리하고 문제를 해결하는 과정을 설명하는 이론적 모델

04 ②

빨간색은 감정적 사고를 상징하며, 주로 감정을 표현하는 데 활용
육색모 사고법 : 색상의 역할
 • 흰색 : 객관적 사고
 • 빨간색 : 감정적 사고
 • 검정색 : 비판적 사고
 • 노란색 : 긍정적 사고
 • 초록색 : 창의적 사고
 • 파란색 : 전체 관리역할

05 ①

비영리 조건은 상업적 목적으로의 사용을 금지

06 ①

DRM은 복제 방지, 접근 제어, 추적 등 불법 복제 방지에 중점을 둠

07 ③

와이어프레임은 웹사이트나 애플리케이션의 전체적인 레이아웃과 콘텐츠 배치에 중점을 두고 작성하는 기본 설계 단계. 이 단계에서는 주요 구조와 사용자 흐름을 계획하며, 고해상도의 그래픽이나 세부 디자인 요소는 포함하지 않음

08 ③

레이아웃 구성은 페이지 간의 일관성을 유지하는 데 매우 중요한 역할을 함. 일관된 레이아웃은 사용자에게 안정감을 주고, 콘텐츠를 보다 쉽게 이해하고 탐색할 수 있도록 도움

09 ②

시각화 과정에서 '완성' 단계는 명암, 채색, 세부 표현 등을 통해 아이디어를 시각적으로 완성하는 작업

오답 피하기
- ① : 초기 구상 단계에서 이루어지는 작업으로, 아이디어의 개념을 대략적으로 정리
- ③ : 시각화의 에스키스 및 러프 단계에서 아이디어를 시각적으로 비교하고 발전시키는 과정
- ④ : 에스키스 단계에서 간단한 그림을 여러 개 그려 다양한 아이디어를 탐색하는 데 주로 사용

10 ②

사용자가 직관적으로 정보를 찾을 수 있도록 생각과 행동을 반영한 체계화가 중요함

11 ①

오답 피하기
- ② 사용의 효율성 : 사용자에게 최소한의 노력으로 원하는 작업을 빠르게 완료할 수 있도록 설계하는 것을 의미
- ③ 오류의 최소화 : 사용자가 실수할 가능성을 줄이고, 오류가 발생하더라도 쉽게 수정할 수 있도록 설계하는 것을 목표로 함
- ④ 사용자 만족 : 사용자의 기대를 충족시키고 긍정적인 경험을 제공하는 것을 의미

12 ②

정보 디자인은 복잡한 데이터를 시각적으로 정리하고 표현하여 사용자에게 명확하고 쉽게 이해할 수 있도록 전달하는 것을 목표로 함. 이를 통해 정보의 가독성을 높이고 사용자 경험을 개선

13 ②

헤더에는 로고, 내비게이션 바, 로그인, 회원가입 등의 요소가 포함되며, 내비게이션에 검색, 위치 정보, 내비게이션 막대, 풀다운 메뉴, 사이트 맵 등을 제공

14 ②

웹사이트 그리드 시스템은 페이지의 레이아웃을 체계적으로 구성하고, 다양한 해상도와 디바이스에 적응할 수 있도록 도와줌. ②는 다소 모호한 표현으로, 웹 디자인에서 사용하는 주요 그리드 시스템의 설명과는 거리가 있음

15 ②

온드 미디어 전략은 기업이 직접 소유한 미디어 채널을 통해 브랜드 메시지를 전달하는 방식

16 ②

고정형 너비 레이아웃은 픽셀 단위로 너비가 설정되기 때문에 화면 크기가 변경되어도 레이아웃의 크기는 변하지 않음

17 ④

LAB 색상 모델은 인간의 시각에 기반하여 색을 정의하며, 다른 모델보다 더 넓은 색 영역을 표현할 수 있음

18 ③

점이(점층)은 디자인 요소가 점점 커지거나 작아지는 등 일정한 변화를 통해 시각적 리듬을 만들어내는 원리

오답 피하기
- ① 통일 : 디자인의 요소들이 일관성 있게 조화되는 것
- ③ 동세 : 디자인에 움직임을 암시하여 동적 느낌을 부여하는 것
- ④ 대조 : 명암, 크기, 색상 등을 대비시켜 강조 효과를 주는 원리

19 ④

분할 균형이라는 용어는 균형의 종류에 해당하지 않음. 균형의 종류에는 대칭, 비대칭, 방사 균형이 있음

20 ②

다이어그램은 정보를 도식화하여 데이터 관계를 쉽게 파악할 수 있는 도구

21 ②

모핑 애니메이션은 한 이미지가 다른 이미지로 부드럽게 전환되는 방식

오답 피하기
- ① : 키네틱 타이포그래피에 대한 설명
- ③ : 블러 효과에 대한 설명
- ④ : 플립북(Flipbook) 방식의 애니메이션에 대한 설명

22 ②

Quick and Dirty 프로토타입은 개발 초기 가능한 빨리 아이디어를 시각화하여 제작하는 것이 목표

23 ③

사용성 테스트는 사용자가 제품을 얼마나 쉽게 사용할 수 있는지를 평가하고 문제점을 찾아 개선안을 도출하는 것이 목적

24 ①

사용자의 태도 분석에 주로 사용되는 방법으로는 포커스 그룹 인터뷰와 사용자 설문이 포함됨. 이 두 방법은 사용자의 생각, 감정, 태도를 직접적으로 물어보거나 확인하여 분석

> 오답 피하기

웹 로그 분석(ㄱ)과 A/B 테스트(ㄷ)는 사용자 행동을 데이터로 분석하는 방법으로, 태도보다는 행동 경향을 파악하는 데 적합함

25 ④

참여자 선발 과정에서는 참여자 수를 계획적으로 제한하고 관리하는 것이 중요함. 연구나 프로젝트에 필요한 인원을 미리 정하고, 불확실한 상황에 대비하여 대기자 명단을 확보함. 적합한 인원을 보장하기 위해서는 참여자의 자격과 적합성을 확인하는 단계도 필요함

26 ③

전화 인터뷰는 참여자의 적합성을 재확인하기 위해 진행

27 ②

네티즌 이해는 조사 자료를 통해 목표 사용자의 경향을 파악하는 방법

28 ②

대표적인 해상도를 선택해 제작하면 시간과 자원을 효율적으로 사용할 수 있음

29 ②

HTTPS 사용은 보안 표준에 해당하며, 성능 최적화 표준에는 이미지 압축, 파일 크기 줄이기, 캐싱이 포함됨

30 ④

디지털 사이니지는 일방향 정보 제공을 위해 설계되며, 실시간 피드백 기능은 포함되지 않음

31 ①

암소시는 어두운 환경에서 간상세포가 활성화되는 시각 체계

32 ②

파장이 짧을수록 빛의 굴절률이 커짐

33 ③

가산혼합은 빛을 혼합할수록 밝아지며, 최종적으로 흰색이 됨

34 ④

감산혼합의 삼원색은 자주(M), 청록(C), 노랑(Y)

35 ③

색상환에서 보색은 정반대 위치에 있는 색이지만, 근접 보색은 보색과 가깝지만 완전 반대가 아닌 색들을 지칭

36 ③

혼색계는 빛의 파장에 따른 색의 물리적 특성을 측정하고 수치화하여 색을 표현하는 체계

37 ①

검정색 원반을 40초 동안 주시한 후 시선을 다른 곳으로 옮기면 원래 봤던 색과 반대되는 색상이 보이게 되는데 이것을 부의 잔상이라고 함

38 ④

먼셀 색입체를 수직으로 절단하면, 동일한 색상을 가진 색들의 명도와 채도 변화를 나타내는 단면이 나타나게 됨. 이 단면을 동일 색상면이라고 하며, 같은 색상 내에서 명도와 채도의 변화만을 보여주는 구조

39 ②

오스트발트 표색계에서 무채색은 흰색과 검정색의 혼합으로 이루어지며, 두 색의 비율 합이 항상 100%가 되어야 함

40 ②

POP 디자인(Point of Purchase Design)은 판매 시점에서 소비자의 주목을 끌어 구매를 유도하기 위한 광고물이나 디자인을 의미함

41 ①

색채 디자인은 디자인 영역별로 내용과 방법이 다양하지만 일반적으로 색채 기획 → 조사 · 분석 → 콘셉트 설정 → 색채 디자인 → 색채 관리 같은 프로세스를 바탕으로 계획하고 적용

> 오답 피하기

- ② 색채 기획 : 디자인의 목적과 방향에 맞는 색채 사용 계획 및 전략 수립
- ③ 콘셉트 설정 : 조사된 자료를 바탕으로 색채 이미지 설정
- ④ 색채 디자인 : 설정된 콘셉트를 기반으로 주조색, 보조색, 강조색을 선정하여 디자인에 적용

42 ②

톤은 색상에 회색을 추가하여 밝기를 낮추고 차분한 느낌을 주는 방식

43 ④
색상 수를 될 수 있는 대로 많이 하는 것은 색채 조화의 원칙에 맞지 않으며, 배색 시 색상 수는 제한하여 조화롭고 깔끔한 인상을 주는 것이 중요함

44 ③
저드는 질서성, 친근감, 유사성, 명료성의 원리를 통해 색채 조화를 이룬다고 주장함

45 ④
주홍색, 다홍색, 벽돌색은 모두 빨강 계열의 색상. 이 색들은 각각 채도나 명도의 차이에 따라 다양한 빨간색의 변형으로 인식됨. 반면 호박색은 노란색 계열로, 주황색과 노란색 사이에 속하는 색

46 ④
기획서 작성은 요구 분석과 목표 정의부터 시작하여 순차적으로 진행

47 ③
웹사이트, 게임, 교육은 다양한 미디어 요소를 활용하는 대표적인 멀티미디어 응용 분야임. 반면, 포토 앨범은 정적인 이미지 중심으로 구성되어 멀티미디어 요소가 적어 대표적인 응용 분야로 보기 어려움

48 ②
기획 및 설계 단계에서는 프로젝트 목표와 사용자 인터페이스 설계, 그리고 제작 기획서 및 스토리보드 작성이 이루어짐

49 ②
모아레 현상은 두 개 이상의 규칙적인 패턴이 겹쳐질 때 발생하는 시각적 간섭으로, 물결무늬나 줄무늬 같은 불규칙적인 무늬가 나타나는 현상을 말함

오답 피하기
- ① 디더링 : 색을 부드럽게 표현하는 기술로, 애니메이션 편집 기능이 없음
- ③ 인터레이싱 : 이미지나 비디오를 단계적으로 로드하는 기법
- ④ 안티 앨리어싱 : 계단 현상을 줄여서 그래픽을 부드럽게 만드는 기술

50 ②
MPEG-2는 720×480 해상도로 DVD 및 방송 용도로 주로 사용

51 ②
웹(월드 와이드 웹, WWW)은 인터넷을 기반으로 하여 전 세계의 정보를 연결하고 제공하는 정보 공유 시스템으로, 사용자가 다양한 정보에 쉽게 접근할 수 있도록 함

오답 피하기
- ① : 인터넷의 물리적 인프라를 의미하는 것은 인터넷 자체이며, 웹은 그 위에서 동작하는 정보 공유 시스템
- ③ : 팀 버너스 리는 월드 와이드 웹(WWW)을 발명했지만, 인터넷 자체를 발명한 것은 아님. 인터넷은 그보다 이전인 1960~70년대에 개발되었음
- ④ : 하이퍼텍스트뿐만 아니라 멀티미디어 콘텐츠(이미지, 비디오, 오디오 등)도 지원

52 ②
메타 검색은 여러 검색 엔진의 결과를 동시에 수집하여 하나의 화면에 종합적으로 제공하는 방식

오답 피하기
- ① 불리언 검색 : 논리 연산자(AND, OR, NOT 등)를 사용하여 검색 조건을 조합하는 방식
- ③ 통합 검색 : 웹, 이미지, 동영상, 뉴스 등 다양한 정보를 한 번에 제공하는 방식
- ④ 키워드 검색 : 단순히 특정 키워드로 검색하는 방식으로, 메타 검색과는 차이가 있음

53 ②
HTML에서 〈tr〉, 〈th〉, 〈caption〉 태그는 모두 표(table)와 관련된 태그이지만, 〈dt〉 태그는 정의 목록(〈dl〉) 내에서 용어를 정의할 때 사용됨

오답 피하기
- ① 〈tr〉 : 테이블의 각 행을 정의함
- ③ 〈th〉 : 테이블 헤더 셀을 정의함
- ④ 〈caption〉 : 테이블의 제목을 지정함

54 ①
HTML은 웹 페이지의 기본 구조와 콘텐츠를 정의하는 마크업 언어

55 ①
alert() 메서드는 브라우저에서 경고 창을 띄움

56 ②
DHTML(Dynamic HTML)은 HTML, CSS, JavaScript를 결합하여 동적인 웹 페이지를 만들 수 있게 하는 기술

57 ④
디지털 산출물 관리는 효율성과 비용 절감을 위해 중앙에서 체계적으로 관리하는 것이 핵심. 이를 통해 문서의 전체 수명 주기(생성부터 폐기까지)를 관리하고, 정보의 보안을 강화하며 안전하게 공유할 수 있도록 함

58 ②
WBS 작성 시 가장 먼저 프로젝트의 목표와 범위를 정의하며 이를 토대로 이후 작업을 구체화함

59 ②
디자인 가이드는 프로젝트의 디자인 원칙, 일관성 있는 스타일 규칙, 최종 산출물 파일 등을 포함하지만, 유지보수 담당자 정보는 포함되지 않음

60 ③
유지보수자는 시스템 운영 후 지속적인 문제 해결과 개선을 담당